カール・バルトの教会論

旅する神の民

佐藤司郎著

新教出版社

本書を心からの感謝をもって大洲教会と信濃町教会の兄弟姉妹に献げます。

まえがき

本書は、カール・バルトの教会理解の全体像を、その内的な発展、およびそれを促した外的状況に留意しながら、組織的に究明し叙述したものである。バルトの歩みのそれぞれの時期の、あるいは個々の状況における教会論の研究は内外共に少なくないが、その全体を統一的に解明する試みは多くない。そのことは、彼の教会理解、また教会との関わりが時代的にも内容的にも多岐にわたり、系統的につかむことが容易でないということに、理由の一半があるであろう。しかしその理由はともあれ、その統一的・全体的な把握は、バルトの教会論を理解し有効な対話にもたらすためには不可欠であり、またそのための前提でなければならない。その全体的な把握を本書は試みた。

カール・バルトは一八八六年スイスのバーゼルに生まれ、激動の二十世紀を生き、同じくバーゼルの地に一九六八年に没した。膨大な著作により、またその生涯の歩みを通して、今日のキリスト教に多大な影響を与えた、「シュライエルマッハー以後もっとも重要なプロテスタント神学者」（E・ユンゲル）である。M・バイントカーは事典『歴史と現在における宗教』（RGG）第四版で、バルトの影響が一九七〇年以降目立って後退したことを指摘しているが、むしろそれは、受容的にせよ批判的にせよわれわれが共通してそれとの対論から出発するほかない神学として、もっとも新しい古典の地位を占めるに至ったということでもあるであろう。それは、歴史の棚の中に収まってしまったという意味ではなくて、われわれがわれわれの当面する問題をかかえ、事あるごとにこの神学者に尋ね新しく対話することが可能な、しかも豊かな実りを期待することのできる生きた神学として評価され、位置づけられ、神学的な諸主題を巡って、あるいは神学的思惟の社会的・政治的諸連関を巡って、なお世界の教会に直接・間接の刺激を与えつづけているということにほかならない。

E・ブッシュは、バルト神学の性格を、「運動」ないし「転換」の中にある神学と規定した。教会理解についても同じことが言えるであろう。なぜなら初期と後期では大きく異なっているからである。バルトの教会理解の発展、深まり、あるいはその転換は、基本的に彼の神学的履歴と軌を一にしている。われわれはその第一段階を、自由主義神学から訣別し教会の危機を鋭く指摘した『ローマ書』(第一版一九一九年、第二版一九二二年)に見る。第二段階を、一九二〇年代のいわゆる弁証法神学の時代のバルトに見、そして第三段階を一九三二年に第一巻が刊行された『教会教義学』におけるキリスト論的教会論に見る。このキリスト論的教会論、ないし私の見方に従えばキリスト論的・聖霊論的教会論は『教会教義学』の第四巻「和解論」(一九五三〜五九年)において成熟した形で提示された。それゆえこの「和解論」三部で展開された教会論を、最終的なバルトの教会論として指示することは間違っていない。人間・文化・宗教そして世の頂点における人間的企てとして福音の廃棄でしかない教会の危機を批判することから始まったバルトの教会論(『ローマ書』)は、受肉論の発見と深まりをへて(『教会教義学』「神の言葉の教説」)、キリスト論的教会論として豊かに展開されることになる(同「和解論」)。この教会論は、特に派遣の教会論を語る「世のための教会」論においてこれまでのどの教会論にも見られない広がりと射程を獲得した。この教会論をふくむ「和解論」第三部は、教会と世の問題、あるいは証しの問題を神学的に徹底考察することによって、バルトの教会論をきわめて現代的で有用なものとすることになった。ここから今日的な宣教の神学を目指す試みも、特に英語圏に散見されることを付言しておきたい。

ところでわれわれは本書で、ドイツ告白教会の信仰宣言である「バルメン神学宣言」（一九三四年）を、バルトの教会論のテキストでもあると見て、バルトの教会論の全体像の中に組み入れた。こうした取り扱いは決して特殊なことではないが、バルトの著作およびその神学思想との内容的な一致においてはじめてその扱いの正当性は証明されるものであろう。いずれにせよ、バルメン神学宣言第三項、第五項、第六項を、第四項も視野に置きつつ詳細に検討し、その教会論的輪郭を浮かび上がらせた。特に、われわれは、バルメン第三項の教会規定、すなわち、キリスト教会は、「イエス・キリストが御言葉とサクラメントにおいて、聖霊によって、主として、今日も働きたもう兄弟たちの共同体《ゲマインデ》である」、約めて「兄弟団的キリスト支配」（エーリク・ヴォルフ）という表現に、一九四七年の論文の表題「教会《キルヒェ》――活ける主の活ける教会《ゲマインデ》」と共に、バルトの教会論の一つの端的な表現を見いだし、バルト教会論の全体理解の一つの手引きとした。

最後に、二つのことを付記しておきたい。一つは、バルトの著作の邦訳は、できるかぎりこれを利用したことである。特に『教会教義学』については、われわれは井上良雄先生と吉永正義先生のすぐれた訳業を持っており、この貧しい研究もその助けなしに遂行されえなかった。感謝しつつこれらを用いた。ただ邦訳の頁数は邦訳書でも簡単に確認できるし、煩雑になるので記さなかった。他の邦訳については、脚注ないし巻末の文献表を参照していただきたい。これに関連して、もう一つのこと、「教会」という言葉についてお断りしておく。周知のように新約聖書で教会を表わす語エクレーシアの訳語としてドイツ語で一般に用いられるのは Versammlung と Gemeinde と Kirche である。Versammlung は集まり、集いなどの訳語が当てられる。ゲマインデ（Gemeinde）はもともと共同体・団体の意味であり、教会に関連して言えば、各個教会、教区、教会員、礼拝出席者などを表わす。これに対してキルヒェ（Kirche）は、教会堂、礼拝、教派など全体教会、社会的組織としての教会などを表わす。バルトはこれらのうち、ゲマインデを教会を表わす言葉として多用した。特に『教会教義学』「和解論」からそれは目立ったものとなった。ゲマインデについては「教団」という訳語も可能だが、総合的に考え本書でわれわれは「教会」とした。本書第四章では「神の民」という訳語も用いた。ゲマインデであることができるかぎり分かるようにルビなどもふったが、十分ではない。本書でも教会という言葉の多くがゲマインデであることをご承知おきいただきたい。〔なおバルトを含む引用文中の（ ）ないし〈 〉は邦訳文に従い読み易さを考慮しそのまま使用した。小文字による（ ）ないし〔 〕は著者の補いである〕。

バルト研究では世界の中でも日本は早くから、すなわち一九二六、二七年頃から、独自の長い歴史を積み重ねてきた。ただその教会論研究は必ずしも多くはない。その中で本研究が今日多くの困難な課題に直面しているわれわれの教会の宣教と神学の前進に役立つことがあれば、それは著者のささやかな望みであり、まことに幸いである。

目次

第五章　和解論の教会論……259

第一章　『ローマ書』における教会理解

はじめに

『ローマ書』からカール・バルトの教会論の解明を始めたい。これによってわれわれは、後に『教会教義学』「和解論」において最終的に叙述されるに至った彼の教会論の出発点を確認することになろう。[1]

バルトの神学的出発点が『ローマ書』にあることは論を俟たない。『ローマ書』は、一九一九年の刊行年を付されて、前年一二月、クリスマスに、世に出た。はじめさしたる反応もなく、それもスイス国内にとどまっていたが、一九一九年九月のタンバッハ講演を機にドイツに知られるようになり、三百部売れた後クリスチャン・カイザー社に引き取られた残部七百部は、たちまち売れてしまったという。[2] 反響は大きく、数多くの書評が現われた。バルト自身が集めたものだけでも四五にのぼった。[3]

周知のようにこの『ローマ書』は「石ころ一つも残っていないほどの大改訂」[4]をほどこされ、ほぼ三年後、一九二一年クリスマスに、一九二二年の刊行年を付されて再び世に送られた。第二版である。全く別な本の様相を呈した。「第二版への序」でバルトは、第二版への前進を促した要素として四つのことを挙げている。第一に、さらに続けてパウロに取り組んだこと。第二に、オーフェルベックとの対論。第三に、プラトン、カントをしっかり学び、キルケゴール、ドストエフスキーにこれまで以上に注意を向けたこと。そして第四に、第一版の、とり分け賛辞の鏡の中に、かえって第一版の欠点を見いだしたことなどを挙げた。この最後の要素に関連して、バルトの改訂の決断の「触媒」[5]となったのはゴーガルテンとの対話であった。一九二〇年一〇月、ザーフェンヴィルを訪ねてきたゴーガルテンが帰るやいなや、『ローマ書』で自らの意図したことがこのままでは伝わらない、それゆえ再刷して出すことはできない、徹底的に改良されなければならないという霊感が突如バルトを襲った。[6]それからおよそ一一ヶ月後、一九二一年九月には全く新しい第二版が誕生していた。

こうした成立事情を考慮すれば、われわれがバルトの教会論の解明を『ローマ書』から始めるとき、第二版を基本とすべきであろう。われわれはここで第二版を考察の主たる対象とする。しかし同時に、何がバルトの主意か、それを明確にするため第一版の論述に注意する必要のあることも、当然のことと思われる。それゆえにここでは両版に注意を払いつつわれわれの論題に接近してみたい。はじめにローマ書九～一一章の釈義のアウトライン（第一節）を確認し、その上でバルトの教会論の特色（第二節）を明らかにすることになる。

ところでここで『ローマ書』第一版と第二版の一致と相違とに総括的な形で触れておくことは今後の論述の役に立つ。「第二版への序」でバルトは、両版の連続性について、次のように書いている、「歴史的対象と主題的事実（Sache）そのものとの一致が、こちらとあちらとの連続性をもたらしたのであり、またもし読者がこの第二の『予備的著作』についてもわたしと共に考えるという労をいとわないなら、読者の間にも連続性をもたらすであろう」[7]。これによれば、両版の連続性を保証するのはローマ書それ自身ということになる。それに違いはない。しかしわれわれとしてはさらに内容的に問えば、一九一六年にバルトをして「ローマ書」に向かわしめたもの、すなわち、同年秋のある講演の言葉を用いて言えば、聖書における「新しい世界、神の世界」[8]の発見が、第二版までつらぬかれている連続性であると言ってよい。「聖書の内容を構成しているのは、まさに神についての人間の正しい思想では全くない、そうではなくて人間についての正しい神の思想である」[9]。それゆえ第一版の最初の頁に記された言葉、「彼が伝えなければならないのは、神の使信であって、人間的な宗教の教説ではない」[10]という認識が両版をつらぬく。「神の国」、「神認識」、「神の自由」、あるいは「生ける神」などの諸概念が多用される。いずれにしても問題は神であった。

ただまさにこれらの概念においても第二版では変化や進展、ないし深化が見られる。たとえば「神の国」について言えば、むろん第一版でも、「神の国」と人間の宗教的な諸可能性との区別ははっきりしている（「古い時代《アイオーン》の内部における上昇ではなく、新しい時代の開始」[11]。「教会と宣教、個人的心情能力と道徳性、平和主義と社会民主主義は、神の国の代理とならない、むしろそれらは新しい形式における人間の古い国である」[12]）。しかし第二版でバルトは、それらの区別を語っただけでなく、それを矛盾と相剋において語り、また「神の国」の彼岸性を強調することによって、神の可能性と人間の可能性の混同を徹底して排除した[13]（「神の国は、まさに十字架の彼岸に始まる国であり、したがって『宗教』あるいは『生』、保守主義あるいは急進主義、自然学あるいは形而上学、道徳あるいは超道徳、この世の歓喜あるいはこの世の苦痛、人間愛あるいは人間侮蔑、能動的な生活形態あるいは受動的な生活形態などとして、すなわち、あれこれの、しかじかのものとして理解されるべき人間のすべての可能性の彼岸にある」[14]。「教会と神の国の対立は無限である」[15]）。つまり神の国は、まさに神の国なのである。

同様の事態は「神認識」の概念にも見られる。バルト初期の自由主義神学時代の宗教的な神認識論からの決別を明示する「神認識」の概念は、特に第一版で重要な役割を果たした[16]。「われわれの主題的事実はキリストにおいて実現されたわれわれの神認識である。そこにおいて神はわれわれに対象的にではなくて直接的かつ創造者的に近づく、そこにおいてわれわれは見るのではなく見られるのであり、たんに理解するのではなく理解されているのであり、たんに把捉するのではなく把捉されるのである」[17]。「それ〔神認識〕は〔一切の人間的な恣意とは異なり、しかしまた一切の人間的な道徳性と宗教性とは異なり〕、『イエス・キリストの御顔に輝く神の栄光を悟る〔認識する〕』（Ⅱコリント四・六）ことであり、神の最内奥の本質の前での跪拝であり、キリストと同様の服従である。そして問題はほかの何物でもなく神の義なのであるから、われわれは神自身がわれわれの主題的事実であるという確信において思い違いはしていない」[18]。これに対して第二版では、「神認識」の直接的な説明は影をひそめ、ほとんどが否定的な言辞によって、あるいは弁証法的表現によって鋭く言い表わされる。「……神認識は……人間の認識を廃棄することによってくり返し人間の認識を造り出す……。われわれが不可能なものの可能性を理解し、われわれ自身の課題として把握するということ、それがわれわれが服従の力であり、その中にわれわれは存在している、なぜなら服従の力は復活の力なのであるから」[19]。「……この神認識は、永遠に、不可視的に、すべての時間の前に、その時間を越えて、またその時間の後に生じ、したがって決して時間の中での人間の認識と一つではなく、むしろすべての人間の認識にとっては、危機であり、前‐提〔前もって‐措定されていること〕であり、廃棄である」[20]。かくて第二版の神認識は、第一版のそれが「現実的現実性」において捕らえられていたのに対して、それは「不可能な可能性」[21]であった。

第一節　釈義のアウトライン

『ローマ書』の教会理解の特徴を述べる前に、ローマ書九～一一章のバルトの釈義のアウトラインを確認しておきたい。『ローマ書』第一版と第二版は、この部分に関してもまさに別の本と言わざるをえない様相を呈しているが、しかし慎重に論旨をたどれば、バルトの理解の仕方が決定的に変わったということはできず、第一版に内包されていたものが、すなわち、『ローマ書』の主意が、第二版においていっそう明確に表現された、しかも神学的な輪郭を持って表現されたと受け取ることができるであろう。この見方に従ってわれわれは第一版と第二版をまとめて取り扱い、この箇所のバルトの理解をまず手短に述べておくことにする。

いま言及したこの箇所に関する第一版と第二版の連続性と相違性は、何よりも九～一一章の表題に明らかであ

	第一版の表題	第二版の表題
第九章	危　急	教会の危急
第一〇章	罪　責	教会の罪責
第一一章	希　望	教会の希望

る。

表題を見るかぎり、九～一一章の各章をそれぞれ「危急」(Not)、「罪責」(Schuld)、「希望」(Hoffnung) ととらえる理解の仕方において、第一版と第二版は同じである。しかし第二版は、それぞれを、「教会の」という言葉で限定している点で同じでない。しかも、そもそも、ローマ書のこの箇所は、「イスラエル」の不従順という歴史的現実をどのように理解するべきかというのが問題であった。[22] とすれば、バルトは、この「イスラエル」を「教会」と読み替えてこの箇所を理解しようとしたことになる。むろん第一版の表題にそれが含意されていなかったわけではない。そのかぎり第一版に含まれていたことをここでも第二版ははっきり表現したにすぎない。これらを考慮し、われわれがこの第一節で明らかにすべきことは以下の三つということになろう。第一に、ローマ書九～一一章を、「危急」「罪責」「希望」としてとらえるその理解そのものの問題。そして第三に、「イスラエル」を「教会」と読み替えていることに含まれる問題、別言すれば、イスラエルと教会はどのような関係においてとらえられているかである。この三番目の問題には第二節で言及するが、詳しくは本書第四章で論究される。はじめにわれわれは、バルトの釈義のアウトラインを辿ることによって、第一と第二の問題に答えることにしたい。

1．「問題」としての教会——九～一一章の意味

バルトは第一版でも第二版でも、後年の『ローマ書新解』（一九五六年）などとは全く異なり、ローマ書全体におけるこの箇所の位置・意味について一般的な、すなわち、この場合歴史批評的な説明を一切しない。ローマ書が八章で終わらず、九～一一章に続くということをバルトがどう理解しているか、われわれは『ローマ書』の九章一～五節の釈義に注意してみたい。

第一版の九章の講解のはじめにバルトは、ローマ書八章の終わりまででパウロが語ってきたのは「理論ではなく、神認識」（1. Fassung, 356）[23]であったとし、次のように書いている、「神認識とは、純粋理念の確かな高みに逃れ去ることではなくて、今日の世界の危急の中に、共に苦しみ、共に創り出し、共に希望しつつ立ち入ることである」（ibid.）。こうした命題を導入として、次のようにバルトはその理解を展開する、すなわち、「イスラエルの危急、教会の危急」（ibid.）こそわれわれにとっての現実的な危急・特有の危急であって、そこから独善的に逃れることはできず、むしろそれをわれわれ自身の最も固有な問題として引き受けねばならないと。[24]バルトはここで「神認識」の必然的帰結としての世界の、そして教会の危急への関与という観点から、パウロの九～一一章を説明した。

第二版の説明の仕方は少し異なる。「なぜローマ書第八章でもって立派に終結をつけないのか。そして、教会は決して真剣な本質的な問題ではなく、むしろ歴史的偶然的な問題に過ぎないというふうに取り扱わないのか。それは、結局、イスラエルという事実ないしは教会という事実そのものが問いとなって、ローマ書の第三章から第八章にいたるまでの答えを促したのであるということが、あまりにもわれわれを悩乱させるからである。すな

わち、まさにこの与件があの非与件的なものに目を向けさせ、まさにこの人間的なものが神を望見させるということが、われわれを悩乱させるのである」(2. Fassung, 461)。これによれば、なぜ八章につづいて九～一一章があるのか、それは教会が「歴史的偶然的な問題」(ibid.)ではなく「真剣な本質的な問題」(ibid.)だからであり、三～八章を「答え」とする「問い」の発出点であり、この「教会的人間性の袋小路をもう一度幸運にも最後まで行きつく」(ibid.)その時にしか神の問題が真剣かつ根本的な形で現われることはないからである。簡単に言えば、教会が、本来の問題であるからにほかならない。この問題に直面して、しかしバルトにとって重要なことは、問題としての教会を回避しないこと、そこにとどまることであった。イスラエルと教会とに「連帯」(第二版の九・一～五の題)すること以外に道はない。そこから離れないこと、その先にしか希望はないというのがバルトの論理である。問題と化した教会、教会に対する強烈な危機意識、これがバルトの『ローマ書』の根本的モティーフであったし、それはまた、なぜ八章につづいて九～一一章があるのかという問いに対する答えでもあった。

2.「危急」「罪責」「希望」

以下、釈義のアウトラインを、第一版と第二版の共通の理解だけでなく、その違いにも注意しながら、辿っておきたい。各章内の区切りに関し、九章と一一章で両版に特に違いはない。大きな違いは一〇章に見られる。第一版で九章「危急」の中で取り扱われた九章三〇～三三節は、第二版では、九章三〇節～一〇章三節としてひとまとまりにされ、一〇章「教会の罪責」の中で取り扱われる。第一版で一〇章は三つに区切られていたが、第二版では二つに区切られている。これによって見通しがよくなったと同時に、内容的な深まりも明らかになった。その意味は、当該箇所で言及したい。それ以外の形式上の大きな変化はない。

（１）九章をバルトは「危急」（第一版）、「教会の危急」（第二版）としてとらえた。この危急がイスラエルの危急であると共に教会の危急でもあるともとらえられていることは、第一版でも変わりはない（1. Fassung, 359, 365, 393）。イスラエルの危急、そして教会の危急とは何か。それはイスラエルも教会も神の言葉の受領者でありながら（359）、本来のあるべき姿にないということである（361）。「キリストは彼ら〔その時を知らない僕たち＝イスラエル〕[25]に、つまづきの石、妨げの岩となってはならなかった。彼らは本来彼を基礎として自らを『霊なる神のすまい』[26]へと新しく建て上げることもできたであろうに。しかし彼らはあまりにも自分のことにだけ関わっていたために、そうなるほかなかったのだ。そして今や、彼らはなるほど建てはする、しかし岩の上にではない、そうではなくてその隣の砂の上にである、そして彼らの家は倒れるであろう。それが教会の危急である」（393）。この第一版九章の講解の締めくくりにおいても、イスラエルの危急はそのまま教会の危急にほかならなかった。

第二版では、表題から明らかなように、イスラエルは完全に教会と読み替えられた。むしろ第二版では、読み替えは深められ、徹底され、強調された。どのようにしてそうなったか。それは危急の理由がいささかも神の言葉の受領者の側の責任の問題としてとらえられず、反対に神自身が教会の危急としてとらえられたからである。それは神の認識によって教会にもたらされる危急、換言すれば、神との関係で「宗教的人間自体」（2. Fassung, 492）の直面する危急として理解された。

神に属する者たちにとって、まさに神が危急であるがゆえに（485）、イスラエルの危急は教会の危急であるほかはない。それゆえ次のように言われる、「神が意志する。神が憐れみ、かたくなにされる。神が！　である。この神が教会の危急である、けだし教会の人間的な行為は決して神の業ではありえないから、しかしこの神は危急の彼岸にある教会の希望でもある、けだしこの神に対する跪服は人間の行為の終局を意味するから。もし教会が全然モーセであろうとせず（どの教会、どの小教会でもこのことを願わないだろうか）、自分がファラオであり、エサウであると自覚し、考慮するなら、それによって、教会がまさにそのために、神に対する跪服において、モーセとなり、ヤコブの教会となることができるという、絶対的奇跡のための空間が造り出されるであろう」（481）。ここにはすでに一〇～一一章までも見通させる論理がある。それを踏まえて、以下、「罪責」「希望」のバルトの理解の輪郭をたどっておく。

（2）一〇章の表題は、第一版が「罪責」、第二版が「教会の罪責」である。第一版のこの部分は、そのはじめのところで、イスラエルは敬虔と熱心に充ちているが、認識においてはきわめて乏しく、神の義をとらえそこなった（1. Fassung, 398）、それゆえ「イスラエルの危急は運命ではなく、彼の罪責である」（ibid.）と断定する。この理解は第二版もむろん基本的に変わらない。しかし第二版は九章で神自身が教会の危急としてとらえられていたことに応じて、罪責を神との関係で語る箇所が多くなる（2. Fassung, 530）。教会が「自分の危急を、すなわち、自分の賜物と課題とによって、自分の主題によってもたらされる危急を承認せず、この危急を、すなわち、神を回避しようとする点に」（507）教会の罪責はある。そしてバルトによれば、「教会が自分自身の主題に忠実であり続ける……という不可能な可能性に対して、人間を（もちろん宗教的な人間を！）自らの主題にするという可能な可能性を選ぶことによって、教会は危険を冒しその危険に死ぬ」（500）。第一版では用いられなかった「不可能な可能性」という表現、あるいは第一版に較べてはるかに多用された「奇跡」（497）、さらに「絶対的瞬間の奇跡」（ibid.）、あるいは奇跡としての「信仰」（ibid.）などの言葉を用いて「ヤコブの教会」、「本当の教会（die ernste Kirche）」（509）の生成が示唆される。「教会は、奇跡が起こる時にのみヤコブの教会である。さもなければ、教会はエサウの教会であり、ただそういう教会であるにすぎない」（497）。この考えが、第二版では、一〇章四節以下の展開に引き継がれる。

一〇章四〜二一節は、すでに触れたように、第一版がこの部分を二つに（四〜一五節「使信」、一六〜二一節「閉ざされた耳」）区切っていたのに対して、第二版はこれを一区切りとし「暗闇の中の光」と題している。第一版が神の義の使信に耳を傾けなかった、あるいは間違って聞いたイスラエルの罪責をなお鋭く追求するのに対して、第二版では、その罪責が、それを包み込み超克する視点と共に説き明かされた――それが第二版における新たな区切りの意味であろう。「光は暗闇の中に輝く。われわれはこのことをはっきりさせておかなければならない。それは教会の危急が、全く明確にまた激しく教会の罪責として意識されるためばかりでなく、まさにこの点において、教会の危急と希望との関連がわれわれの眼前に現われるためである。神の不可能な可能性、それは教会の可能性の領域内にある。そして、永遠の光、非被造的光の光、それが教会を照らす。教会が見る目を持つかどうかということ、ただそれだけが問題である」（507）。むろんバルトによれば、罪責は罪責であって「無罪責」（525）ではない。神に対するわれわれの頑なさ、そして無益な反抗、これこそ人間の本性、教会の本性にほかならない。しかしまさにその暗闇に、光は輝くのである（526）。

(3)「希望」（第一版）、「教会の希望」（第二版）が、一一章につけたバルトの表題である。一一章内の区分は両版でほとんど変わらず、小節の表題の相違はともかく、基本的な理解は変わらない。

イスラエルの危急は罪責であったが、しかしそれは、イスラエルの「役割」（1. Fassung, 427）、「課題」（ibid.）、「約束」（ibid.）の終わりを意味しない。イスラエルが神において苦しみ神に対して罪責を負う者となったのは、イスラエルの「希望」（ibid.）でもある。危急がなぜ希望なのか。その理由を第一版は「神の自由」（一〜一一節の表題）において見た。「というのも神は自由であり、そうでありつづけるからである。彼はとどまってはいない。彼の意志は鉄のごとき自然法則ではなく生きて前進する行為である」（ibid.）。かくてバルトの言葉に従えば、われわれは希望に満たされて「残りの者」（ローマ書一一・五）に、換言すれば、イスラエルの少数の者たちに目を注ぎ、また希望なしではなく、「他の者」（一一・七）に、換言すればイスラエルの多数の者たち目を注ぐ。神は自由であり御自分の民を退けたりしなかった（一一・二）ということ、それをわれわれは希望の源として想起することができる。同じ事態を第二版は「神の一元性」（Einheit Gottes）という言葉で説明しようとした。神の一元性とは「怒る者と憐れむ者との同一性、エサウの神とヤコブの神との同一性、ひと言でいえば、完全な不可視性と未聞性において、キリストの十字架において啓示された神の一元性そのもの、それがわれわれの希望である」（531）。教会は「神にかけた希望を持つ」（530）。

この希望の神と「外の者たち」、すなわち、異邦人キリスト者との関係はどのように理解すべきであろうか。それを問うのが、第一版では一二～二四節「神の力」であり、第二版では一一～二四節「外の者たちへの言葉」である。しかし第一版も第二版も基調は変わらず、第一に、神は御自身の民を追放したのではない、放置しておられるのではない、神の糸は切れていないことをしっかり見つめることであり、したがって第二に、「新しい神の人々」（第一版）、「外の者たち」「選ばれた外の者たち」（第二版）に対して高慢さを警めることである。じっさい「本当に選ばれた外の者たち」（554）は「勝利者の合い言葉」（ローマ一一・一九）を口にすることはないだろう（ibid.）。そこでこの箇所の結びは次のようになる、「教会の希望は毅然としていて攻撃されることはない。……棄却と選びの両方が神から来る。両方はいつも変わらず不可思議で、不可解で、おぼろげである。神を求めなかった者たちの選びは、神を常に求めていた者たちの選びより不可思議で、不可解で、おぼろげである。かれらは恵みにのみ期待し、またそれゆえに教会と共に、教会のために希望するきっかけ（接ぎ木されること――ローマ一一・二三～二四）を持っている」（ibid.）。

一一章の最後（二五～三六節）の釈義の表題は、第一版は「神の憐れみ」、第二版は「目標」である。この部分も表現や叙述は異なっているもののその理解の方向性において両版に大きな違いはない。第一版では希望は「神の憐れみ」によって担保される。異邦人とイスラエル、世と教会といった今の不快な対立の絡み合う歴史の「中間状態」（450）にあって、しかしそれが決定的なものではなくて、そうした対立を最終的に凌駕する、その本来の究極的意図において「普遍的な憐れみ」（451）を目指す「神の歴史秩序」（ibid.）をわれわれは真剣に受け取らなければならない。第二版は希望の「目標」を問う。パウロはイスラエルの再興（一一・二五〜三二）を語る。バルトによれば、それは新しい人間の創造にほかならない。「破滅した者たちの救い、義と認められるべきでない者たちの義認、死者の復活はまさにかれらの破局の由来したあの点からやって来なければならない。教会は啓示を受ける人間の具体化である。この人間はその者としては破滅しており、不正のうちにおり、死んでいる。これが教会の中で突発するヨセフの災い〔アモス六・六〕である。救い、義認、復活は、人間に対する神の啓示によって、不可視的にこの人間を弁護し、その意味、その目標、その実現である新しい人間が創造されるということだけが期待されうるにすぎない。……この到来する新しい人間とは、神の啓示によって救われ、義とされ、生かされて、イスラエルから選ばれると共に、キリストにあって選ばれた異邦人たち全体である」（559）。これがヤコブから罪が取り除かれる「不可解な神の道の目標」（562）であり、その目標においてまた、異邦人が・外にいる者たちが・救われえない者たちが・希望のない者たちが憐れみを受ける（565）。「われわれの語る憐れみは、キリストの死と復活の中に啓示されるものである」（566）。かくて「啓示の『今』において不可視的に可視的となるものが、新たにすべての人間的なものの公分母となるのである」（567）。バルトはこうした事態を受けた、こうした事態を指し示すローマ書一一章三二節こそ、すなわち、恵みと裁きの二重性の平衡にではなく、つねに前者による後者の克服に定位した立場こそローマ書全体の、いなたんにローマ書だけではない、鍵となる「公理」（ibid.）、すべてのものの「尺度」（ibid.）、二重予定の究極的意味を明らかにする「二重予定の基準」（ibid.）であるとした。

第二節　『ローマ書』における教会理解の特色

1．教会批判的線

前節でわれわれはバルトの「ローマ書」講解の大筋を辿った。講解を導いた中心的な視点が超越的・主権的・生命的・運動的な神理解にあったことも確認した。そしてそこからしてバルトは、イスラエルの不従順という歴史的現実に関わるパウロの言説を解釈し、記述したのである。

教会理解に関してわれわれは、第一に、徹底した教会批判的な線を指摘しなければならない。

この線は、前節で述べたように、「ローマ書」本文で「イスラエル」とあるところを「教会」と読み替え、当時すでに書評者を困惑させた、[27]バルトの「驚くべき決断」[28]に明らかに看取される。この読み替えによって教会はイスラエルに組み入れられる。教会はイスラエルと共に、神の言葉・啓示の受領者であるにもかかわらず、それに相応しく存在していないことで危急に陥り、その罪責が問われる。両版をつらぬいて響く、教会がキリストを十字架につけた！　という言葉は、[29]イスラエルを教会と読み替えることの帰結にほかならない。こうした認識の背景に、当時の教会の現状に対するバルトの厳しい視線のあったことは言うまでもない。[30]

この読み替えとそれに内包されている教会批判は、第二版においてさらに本質的なものとなる。それはすでに指摘したように九～一〇章の表題において明らかである（「教会の危急」「教会の罪責」）。[31]なぜそうなったかと言えば、第一版における、「新しい世界」と「古い世界」の弁証法的な関係が、第二版では「永遠」と「時」の間の、あるいは「神」と「人間」の間の無限の質的差異の中に求められたからである。[32]「イスラエル・教会」が属するのは、たんに過ぎゆく古い世界と言っただけでは不十分である。教会は徹底して「人間」の側において見られる。教会の危急とは神が神であるがゆえの危急であり、神の前での危急である。これ以上の本質的危急はない。教会の危急とは、人間そのものの、[33]宗教的人間の、[34]文化の、[35]この世の危急に等しい。[36]それどころかバルトにとって教会の危急は、それらすべての危急を、まさにその頂点において代表しているのである。「福音に対して、教会は、神の不可能な可能性の此岸における人間の究極の可能性の具体化として対立する」。[37]そのようなものとして「教会が福音の廃棄であるのと同様に、福音は教会の廃棄である」。[38]要するに、教会とは、バルトにとって、「神的なものを人間化し、時間化し、事物化し、この世化し、実用的な何ものかとする多かれ少なかれ包括的精力的な試みである……要するに、不可解な、しかも不可避な道を理解しうるものにしようとする試み」[39]のことなのである。こうした人間的な試みは罪責以外の何ものでもない。危急は罪に由来する。「教会には、いつもどこでも、神が欠けていたし、現に欠けているし、またこれからも欠けるであろうということが、そのすべての範囲においてひとたび理解されているならば、それは教会の欠陥として語ることが許され、また語ることができ、語らなければならない」。[40]さらにこの罪責は、決定的には、われわれが第一節〔2.（2）〕で確認したように、神の不可能な可能性が「教会の可能性の領域内」にあり永遠の光が教会を「照らす」にもかかわらず、見る目を持たず、「神に対する頑固で見込みのない反抗――それが人間の、それが教会の固有の本質であるように思われる」[41]をくり返すところにある。以上のような教会批判的な線、これをわれわれはバルトの最初期の教会理解の第一の特色として指摘したい。

2．教会肯定的線

しかしもう一つの線に目を向けなければ、われわれはバルトの『ローマ書』の教会理解の特色を知ったことにはならない。それは教会批判的線を超克する教会肯定的な線にほかならない。この線は「教会の希望」と題された「ローマ書」一一章の釈義と共に明らかにされた。

前節で明らかにしたように、教会の危急と罪責は、それが神の前での危急であり罪責であるかぎり、教会の希望でもあった。人間的に言えば、教会は何の希望も持たないがゆえに、神への希望を持つ。(42)そして裁く方であると共に憐れむ方であり、隠された神と共に啓示された神であり、エサウの神であると共にヤコブの神でもあるという「神の一元性」こそ、われわれの希望にほかならなかった。この神の一元性が教会史の「別の、全く別の側面」(43)をなす。それがバルトの教会理解における肯定的な線をつくり出す。教会肯定的線が人間の可能性として考えられることはありえない。神の不可能な可能性において、奇跡において、時間の中ではいかなる瞬間も満たされることのない神に対する人間の実存的関係が出来事となり、信仰が生起し、教会は「実り多い約束に満ちた悔改めの場所」(44)となり、また教会は「人がまさにそこですべての善意ある感傷的な道徳的な言葉ではなくて十字架についての極度に否定的な言葉を聞き、しかもただそれのみを聞くがゆえに喜ばしき使信を、神の肯定的な言葉を聞く場所」(45)となる。「われわれがこのように退いて集中した（ローマ一〇・八「御言葉はあなたの近くにあり」の釈義）、厳密に主題《ザッヘ》に即した、『改革された』教会以上の教会ということで考えるのは、ヤコブの教会であり、奇跡と信仰の教会、不可能の可能性、『荒れ野の教会』（ユグノーの教会）……である」(46)。それは神に対しつねに開かれた可能性であり、その意味でエサウの教会の背後にはヤコブの教会が存在すると言わなければならない。(47)

さてこうした教会肯定的線にとって最も重要な聖句をバルトは、ローマ書一一章三三節に見た。第一版で「存在」と「仮象」への分裂として示されていた「ヤコブの教会」と「エサウの教会」の二重性を、第二版では、第一版に比べいっそう徹底した仕方で永遠の二重予定として理解した。しかしそれは決して固定的な二重性ではない。バルトはヤコブとエサウ、モーセとファラオらの解釈を通して、選びと棄却、恵みと裁きが同一の神に基づくこと、[48]しかも決して「平衡」[49]を意味せず、前者による後者の永遠の克服が神における二重性の意味であることを強調することにより、[50]絶対的二重予定を突破する。神は二元性を望んではいない。それは「永遠の、神にのみ基づく、可動的な二重の可能性」[51]（328）である。この予定論は決定的に義認論に媒介されており、[52]人間を二つのグループに分けることをしない。しかしこのことは、バルトにとって、注解者リーツマンのように、ローマ書一一章三三節をその「喜ばしい結果」のゆえにめでたしめでたしと結ぶべきものでは決してなかった。そうではなくて、バルトにとって、ここでローマ書全体の鍵と、「恐ろしく不安にする公理」[53]と関わりを持つことになる。「ここに、隠された、未知な、理解の難しい、どのようなものも不可能ではない神、このような方としてイエス・キリストにおいてわれわれの父である主なる神がいる。ここに神の可能性がある、それは全く迫るほど近くにあり、そのあらゆる富のすべてにおいてあり、しかし全く把握不可能な仕方においてである。ここに神という思想の初めと終わり、その道程と目標がある。ここに信仰の（決して『対象』となることができない）対象がある。ここに（すべての『本質』を越えた）キリスト教の本質がある。教会には希望がある。これが希望である。他の希望は教会にない。教会はこの希望をつかむがよい」[54]。以上が、バルトの教会理解のもう一つの線、教会肯定的線である。

この二つの線がそれぞれ無関係に存在しないことは、言うまでもない。バルトにとって教会批判的・否定的な線と別なところを、教会の肯定的線が走っているのではない。神において人間的可能性を断念するところ、そこに神の不可能の可能性において教会は生起する。教会肯定的線はその否定的線からしか理解できないし、明らかにならない。バルトがそうした意味で肯定的線に目を注いでいたことは、たしかである。危急に陥り罪責を問われる教会に彼はなお希望を失わなかった。その意味で、一〇章一節のパウロの祈りに関して記されたバルトの次のような言葉は、彼自身の教会への思いを垣間見させるものとして受けとることができる。「非教会的あるいは反教会的だという非難は……われわれを全く冷静にする。そしてわれわれは、あの非難に結びつけてそのような性格をもつ教会を棄てようという誘いに、そうたやすく従いはしないであろうし、また他人を従わせもしないであろう。われわれは全然そんなことは考えていない」(55)。パウロが、非イスラエル・反イスラエルの言辞を弄していると非難されたとしてもイスラエルとの連帯に生きようとしたように、バルトもまた、教会の危急と罪責の中で、その希望を失うことなく、まさに教会にとどまり続けた。それゆえに、次の言葉も、われわれの記憶にとどめられてよい。「彼は、教会が置かれている避けることがむずかしい破局に直面していながら救命ボートには乗らず、それを断って、あるいは断るどころか、汽缶室や指令橋などの自分の持ち場に留まるであろう」(56)。

結び——展望

バルトは、よく知られているように、第二版の序文で、もし私に体系があるとすればそれは「キルケゴールが時と永遠の『無限の質的差異』と呼んだことを、その否定的かつ肯定的意味において可能なかぎりねばり強く見つめる」(57)ことにあると書いた。この方法論は九〜一一章の主題である教会の考察においても適用された。この「否定的意味」はわれわれの指摘した教会批判的線において明らかであるし、その「肯定的意味」は教会肯定的線につながっている。教会とは、バルトにとって、啓示そのものではなく、啓示の「人間的刻印、中間駅、道標、想起、否定」[58]以上のものではありえず、歴史的・人間的刻印としての教会自身に肯定的意味があるのではなく、またそれ自身から希望が出てくるのでもない。逆説的に言えば、肯定的意味はこの否定的意味の中で神の不可能の可能性において現われ出る。こうした批判と否定において教会をとらえるよう彼を導いたのは、「文化プロテスタンティズム的な代用品の中で福音が別種なものになっているという革命的発見」[59]であった。教会は、人間、文化、宗教、そして世の頂点における人間的な企てとして福音の廃棄である。こうした「敬虔と関係する共同体以外のなにものでもない」教会（シュライエルマッハー）[60]もまた福音によって否定・廃棄されるほかない。バルトによれば、教会がつねに新たな危急に陥ることなしに、教会の主題、課題が果たされることはないのである。信仰の教会、神の義の教会、すなわちヤコブの教会は、エサウの教会が教会の主題に照らして裁かれる中でしか生まれない。しかしそこに「肯定的意味」が含まれるということは許されるし、また言わなければならない。[61]たしかにその場合、現実の教会、すなわち、エサウの教会そのものが十分とらえられていたかと言えば、問題が残る余地はあろう。それゆえ「人間と共なる神の歴史は、その中で、永遠との関係における時間と歴史の歴史喪失的弁証法に転換されている」[62]という批判的問いが、つとに投げかけられてきたことも理解できないことではない。しかしバルト自身、早くも『ローマ書』（第二版）を出版した翌年、一九二三年に、『ローマ書』とは別の視点から教会をとらえることを始めた。その萌芽を示すのがリューベックの講演「教会と啓示」である。そこでわれわれは次に、この講演の検討からはじめて、二十年代から三十年代にかけてのバルトの教会論を概観することにしたい。

最後に、もう一つのことに言及しなければならない。それはイスラエルと教会の関係の問題である。われわれはすでに、バルトがイスラエルを教会と読み替えたこと、それは両版に共通しており、むしろ第二版においていっそう著しいことを述べた。イスラエルと教会は共に古い世界、人間の世界に位置づけられた。イスラエルを教会と読み替えることは教会がイスラエルに取って代わったという教会の一般の人の口に上る考えにバルトも立っているからではない。そうではなくて、反対に、教会にはイスラエルに優位しているものは何もないという批判的認識がそこには含まれているのである。そこに教会の現状批判も映し出されている。ただその分イスラエルの独自性は明確でなくなったという問題も生じていることは否定できない。(63)『ローマ書』においてイスラエルと教会を一緒に考えたためできなかったイスラエルと教会の関係の問題は、やがて『教会教義学』「神論」の第二巻「神の恵みの選び」(三十四節「神の民《ゲマインデ》の選び」一九四二年)で、徹底的に考究されることになる。『ローマ書』で明らかにされたイスラエルと教会の神の民《ゲマインデ》としての同一性を大前提に、その上で両者の関係が闡明されることになる。イスラエル論がじつは選びの問題であるという洞察も、ブッシュが指摘するように、『ローマ書』でバルトの得た認識であった。(64)

(1) Vgl. K. J. *Bender*, Karl Barth's Christological Ecclesiology, p.24-37.

(2) *Barth*, Vorwort zum Nachdruck dieses Buches [1963], in: Der Römerbrief (1. Fassung) 1919, GAII (16), S.6.

(3) Vorwort : Der Römerbrief (2. Fassung) 1922, GAII (47), S.XII.

(4) *Barth*, Vorwort zur zweiten Auflage, ibid., S.5.『ローマ書』吉村善夫訳、『ローマ書講解』上下、小川圭治・岩波哲男訳の両書を参考にした。

(5) *Cornelis van der Kooi* und *Katja Tolstaja*, Vorwort, in: Römerbrief (2. Fassung). 2010, S.XI. 二〇一〇年に全集(GA)に収録された『ローマ書』第二版の編者による解説は成立事情のもっとも新しい研究である。大崎節郎『カール・バルトのローマ書研究』(一九八七年)、特に「序章」を参照せよ。

(6) Barths Briefe an Thurneysen vom 27.10.1920, 27.9.1921, in: Barth-Thurneysen Briefwechsel, Bd. 1, GAV (3),

S. 435 f., 520.

（7）Vorwort zur zweiten Auflage, ibid., S. 5.

（8）Die neue Welt in der Bibel, in: Das Wort Gottes und die Theologie, 1929, S. 21.〔「聖書に於ける新しき世界」〕。

（9）Ibid., S. 28.

（10）Römerbrief (1. Fassung), S. 12.

（11）Ibid., S. 137.

（12）Ibid., S. 2.

（13）Barths Briefe an Thurneysen vom 13. 4. 1919, ibid., S. 325.「ハインリヒ〔・バルト〕の講演は私には神の国の絶対他者性（totaliter aliter）をもっと強烈に考えなければならないということの機縁となった」。

（14）Römerbrief (2. Fassung), S. 219.

（15）Ibid., S. 557.

（16）バルトは九章の講解のはじめに、八章までを総括し、問題の中心は「神認識」であると記し、一〇章二節に関連して「それゆえここで再び真正の神の認識が中心に現われてくる」と書いている。Römerbrief (1. Fassung), S. 356, 469.

（17）Römerbrief (1. Fassung), S. 19.

（18）Ibid., S. 22.

（19）Römerbrief (2. Fassung), S. 315.

（20）Ibid., S. 444.

（21）*I. Spieckermann*, Gotteserkenntnis. Ein Beitrag zur Grundfrage der neuen Theologie Karl Barths, 1985, S. 82, 108.

（22）後の『ローマ書新解』（*Barth*, Kurze Erklärung des Römerbriefes, 1956, S. 134 ff.）では、九〜一一章は「ユダヤ人のもとにおける福音」の表題で取り扱われる。〔『ローマ書新解』〕。

（23）以下、本節の終わりまで、本文中の括弧内の数字は、Römerbrief (1. Fassung) 及び Römerbrief (2. Fassung)

の頁数を示す。

(24) Römerbrief (1. Fassung) S. 362.

(25) マタイ二五章一三節。

(26) エペソ二章一二節。

(27) *A. Jülicher*, Ein moderner Paulusausleger, in: *J. Moltmann* (Hg.), Anfänge der dialektischen Theologie, Teil 1, 1962, S. 96. *A. Schlatter*, Karl Barths «Römerbrief», S. 144.

(28) *E. Busch*, Unter dem Bogen des einen Bundes. Karl Barth und die Juden 1933-1945, 1996, S. 22.〔エーバーハルト・ブッシュ『カール・バルトと反ナチ闘争——ユダヤ人問題を中心に』上下〕

(29) Römerbrief (1. Fassung), S. 361, 422. Römerbrief (2. Fassung), S. 524, 546.

(30) 「現代のキリスト教の衰弱は、社会問題に対するその機能不全の中に、戦争に対するその混乱した狼狽の中に、今日大口をたたくその神学の中に啓示されており、そのようにしてそれはそれ自身——おそらく——神の国の使信が教会の使信から相応の距離をとることによって再び輝くようになりうるための諸条件をつくり出す」(1. Fassung, S. 442 f.)。「しかし勝利する教会、時代に迎合する、民族的な、当世風の、人間のすべての欲求を(あの一つの欲求を除いて!)満足させる、どんなに恥をさらしても、くり返しうぬぼれ、くり返し浮わつき、くり返し逃げ道を探してそれを見いだす教会、『教会生活』の教会は、神の教会となることはできないであろう」(2. Fassung, S. 502.)。

(31) 強調は筆者。

(32) Römerbrief (2. Fassung), S. 17, passim.

(33) Ibid., S. 492, 500, 526.

(34) Ibid.

(35) Ibid., S. 504, 562.

(36) Ibid., S. 541, 546.

(37) Ibid., S. 454.

(38) Ibid., S. 455.
(39) Ibid., S. 455.
(40) Ibid., S. 492 f.
(41) Ibid., S. 526.
(42) Ibid., S. 530.
(43) Ibid., S. 533.
(44) Ibid., S. 511.
(45) Ibid., S. 512.
(46) Ibid., S. 513.
(47) Ibid., S. 514.
(48) Ibid., S. 487, 539, 567.
(49) Ibid., S. 474.
(50) Ibid., S. 474, 566 f.「いつも選びが第一のもの、起源的なもの、人間に関する本来の神の思い、それゆえにまた最後のもの、終わりの日に歴史の現実としても実証され確証されるすべての歴史の真理である」（1. Fassung, S. 457.）。
(51) Ibid., S. 469.
(52) Römerbrief (2. Fassung), S. 442, 502, 536, 538 f., 564. 第二版の予定論において義認論が決定的役割を果たしていることについてはE・ブッシュの前掲書（*E. Busch*, Unter dem Bogen, ibid., S. 19, 21 ff.）を参照。
(53) Ibid., S. 567.
(54) Ibid., S. 567 f.
(55) Ibid., S. 503.
(56) Ibid., S. 460.
(57) Ibid., S. 16 f.

(58) Ibid., S. 508.「あらゆる啓示の刻印の歴史的現実は、印、証言、模写、記念、指示である。すなわち、それはくり返しすべての歴史的現実の彼岸にある啓示そのものへの指示である」(S. 178)。S. 112 f. も参照せよ。

(59) *M. Honecker*, Kirche als Gestalt und Ereignis, 1963, S. 162.

(60) Vgl. *F. D. E. Schleiermacher*, Der christliche Glaube, 2. Aufl., 1983O/31, §3, Ders., Über die Religion, 4. Rede.〔『宗教論』〕。

(61) *J. von Soosten*, Die Sozialität der Kirche, 1992, S. 217-227. ゾーステンはボンヘッファーの『聖徒の交わり』における『ローマ書』(第二版) 批判を手がかりに、ボンヘッファーとバルトの教会理解の比較検討を行なっている。ゾーステンは、バルトの立場を、基本的にルター神学の地平を動いているボンヘッファーに対して、最終的にカルヴァン主義的外部から説明する。

(62) *M. Honecker*, ibid., S. 161.

(63) E・ブッシュは、イスラエルを教会と読み替えたことはイスラエルを教会に解消してしまう危険を呼び起こすだけではない、同時に教会を旧約的に理解し「肉によるイスラエル」の中に強力に引き入れて行くことになることを指摘し、むしろそれこそがバルトの神学的特徴をなしていることだという。彼は「約束のカテゴリーの追加利益」としておおよそ以下のように論じている。すなわち、約束と成就というシェーマでイスラエルを教会によって止揚・克服されたとするのではなく教会も成就を自分の前方に持つという教会理解が生じ、二〇年代にそれが様々に強調された。旧新約においてわれわれは同じ啓示と関わる。したがって預言者たちはただ約束において生き、使徒たちはただ成就において生きたというのではない。両方とも、全く同じく、約束と成就とを生きた。なるほどここにはイスラエルの特別性に対する見方はない。しかしキリスト教会から旧約が失われそうになっている時代にあって、教会が旧新約を引き裂くことを許すなら神と人間の出会いの認識が危険にさらされるというバルトの認識は、途方もない利点を持っていた、と。Vgl. *E. Busch*, Unter dem Bogen, ibid., S. 30-36.

(64) *E. Busch*, Unter dem Bogen, ibid., S. 25.

第二章　二十年代から三十年代にかけての教会理解

はじめに

前章でわれわれは、『ローマ書』により、バルトの教会理解の出発点を確認した。教会はそこでは、福音の廃棄として、絶対的否定のもとにとらえられた。しかしそれだけではない。神の可能性において、絶対的肯定の線においてもとらえられていた。ただその肯定がいまだ抽象的にとどまっていることも確認した。

本章では『ローマ書』に続く二十年代から三十年代初頭にかけての教会理解とその変容を、弁証法的教会理解からキリスト論的・聖霊論的教会理解へという大きな流れの中で取り扱う。

バルトの教会論研究に先駆的業績を残したマルティン・ホネッカーは、この時期のバルトの教会理解の特徴を、「罪人の教会としての教会」、「教会の相対的権威」、「出来事としての教会」、「教会の可視性」をあげて解明し、次のように総括する、すなわち、『ローマ書』段階において教会は文化の一要素として裁きのもとに置かれたが、弁証法神学段階では、「教会はそこにおいてまたそれを通して神が行為したもう場として文化から区別される。……教会と文化は神学的には『ローマ書』におけるのとは違ってもはや同一価値ではない。ラディカルな批判の言葉が文化に向けられるのに対して、教会は弁証法的に考察される。教会は人間的な罪人の組織であるにもかかわらず、神が欲する時と所において御言葉を媒介するものである。教会は、霊の自由にもかかわらず、権威を要求しなければならない。ただしそれはただ行為における、御言葉の出来事における権威であって、制度としての権威ではない。神と人間の無限の質的差異は教会において主と僕の支配秩序となる」[1]。そして彼はこれを「御言葉のアクチュアリズム」の教会論と評し、それゆえこの教会理解からはあらゆる「教会の社会学」[2]が排除されることになるとの解釈を示した。また『教会教義学』の和解論の教会論を研究したエルンスト・ヴィルヘルム・ヴェンデブルクは「『ローマ書』と『教会教義学』との間」の教会論の発展について、「今やますます彼は、教会をキリストと失われ救われるべきこの世との間におけるその特殊性において、したがってその証人としての性格において見ようとする」ところにその特徴を見ている。[3]

　われわれはこれらホネッカーの理解、ヴェンデブルクの見解を基本的に受け入れることができるであろう。

　そこでわれわれも、この時期のバルトの教会理解の変化・発展を、『ローマ書』で世と同一価値として批判・否定において見られていた教会のその独自性・特殊性をさぐる過程として理解したいと思う（第一節1.〜3.）。しかしその上でわれわれは、この時期のバルトの教会論の理解のためには二十年代後半の政治的・教会的状況との関連をさらに問う必要があると考える（第一節4.）。というのも、そうした状況との関連の中で教会理解は本質的な意味で深められたからである。特に現実の社会の中での教会の在り方について根本的な反省がなされ、それはやがて教会闘争期の教会理解へ、ナチ政権に対する教会の具体的な闘いへとつながっていった。第二節「キリスト論的・聖霊論的教会理解への道」では『教会教義学』第一巻、すなわち、教義学序説《プロレゴメナ》により、教会の独自の現実をイエス・キリストの現実として把握する「新しいバルト」の出現が考察される（第二節2.）。それに先立ってわれわれは、新しいキリスト論的・聖霊論的教会理解はバルトの新しい神学理解との関連なしに生まれなかったことを、明らかにしておかなければならない（第二節1.）。

第一節　弁証法的教会理解

1．教会の根拠としての神の啓示の言葉

一九二三年一一月のリューベック講演「教会と啓示」(4)は、『ローマ書』第二版以後の神学的方向性が、教会論の分野ではじめて萌芽的に示された貴重な記録である。われわれはこれを取り上げて、教会の現実存在の独自性をさぐるこの時期のバルトのその後の展開の序説としよう。

はじめにこの講演で彼が掲げた「内容梗概」を、以下に示しておく。「1．人間の宗教的体験の産物としてのキリスト教会は本当の共同体（Gemeinschaft）、換言すれば、真理における共同体でありうるのか。2．同じ意味で理解された教会は建てる（erbauen）ことができるのか、換言すれば、時代に対する預言者的言葉の担い手でありうるのか。3．これらに対して否定的に答えることは、宗教的人間そのものが神の裁きのもとに立たされているという意味をもちうる。4．その時、それらに対して否定的に答えることは、洗礼によって構成された教会を考察することと同一であろう。5．この真のキリスト教会は裁きの中で恵みを受けた者たちの共同体である。いつも新しく認識されるべき教会の根拠は、人間の宗教的体験ではなくて、人間に差し向けられた神の啓示の言葉である。6．真のキリスト教会のこの根拠は根本的にキリスト教的主観主義の終焉であり、そして本当のキリスト教的預言の前提である。7．しかし裁きの・洗礼の・神的な啓示の認識は、信仰と呼ばれる。そして信仰は

聖霊の業である」[5]。

この講演でも『ローマ書』におけると同じくバルトは、「宗教的体験の産物」と化した「人間教会」[6]の現実を、次のように鋭く問う。「こうした〔教会の現実に関する〕見方がただたんにわれわれの今日的状況の偶然的意識であるだけでなく……、以下に述べるような最も普遍的な病気、すなわち、神の語り手になるのに人間は一度もどこでも成功したことがないということ、たとえ小預言者だとしても、預言者であろうとした者で本当に預言者であった人は一人もいないということ、他人の前に進み出てそれら他人に神からして『真実に語る』という企て、この大胆な企てそのものが不可能であり、したがって当然それに対応したことに耳を傾けようとすることもそこに対象がないのだから不可能であり、それは一言で言えば共通の宗教的財産に基づく宗教的交わりの企てであるということ、こうした病気の激化であるにすぎないということが、われわれに少しでもはっきりするとしたら、その時われわれはどこに立つのであろうか」[7]。こうした問いは前記「内容梗概」の1．～3．に相当するであろう。『ローマ書』に対して新しいのは、バルトが、われわれはどこに立つのかと教会理解の新たな視点を探し求めていることである。その手がかりを彼は洗礼の「単純な事実」[8]に見出した。洗礼の意味を示す「使徒と預言者の証言」[9]へ、さらにこれらの証言によって証しされる「啓示」[10]へと遡り、そこに教会の根拠を求めた。

バルトは教会が洗礼によって構成されていることに着目する。「キリスト教会は決して関与している人間の振舞いによってではなく、全く素朴にただ洗礼によってのみ構成される」[11]。洗礼がわれわれに思い起こさせるのは、彼によれば、われわれが罪人であるということ、「生まれながら神の怒りを受けるべき者」（エフェソ二・三）であるということであって、われわれが神を見たり聞いたり「体験」したりすることが可能だというようなことは含まれない。洗礼はわれわれが神の裁きのもとに立っているということと直ちに同一であるがゆえに、洗礼から構成される教会について、次のように言わなければならない、「まさに神の裁きのもとに立つ教会は罪人の教会……である」[12]と。そしてバルトによれば、まさにこうした罪人の教会こそ真のキリスト教会なのである。これを知るためにわれわれは使徒と預言者の証言に聞かなければならない。それによれば、洗礼とは、われわれ罪人、裁かれた者たちにも「神の好意の然り」[13]、すなわち、恵みが妥当することを意味し、したがって裁きと恵み、これら二重のことを洗礼は示す。「洗礼はただ啓示される裁きの場所としてのみ啓示される恵みの場所である」[14]。かくて「内容梗概」4．5．が示しているように、洗礼が示す教会は、裁きの中で恵みを受けた者たちの共同体にほかならない。

バルトがここで提示したのは洗礼によって構成された教会、すなわち、罪人にして義人という弁証法的認識に応じる裁きの中で恵みを受けた者たちの共同体という弁証法的教会理解であった。[15]教会の根拠は人間の宗教的体験ではなく、また神の不可能な可能性でもなく、神の啓示の言葉に求められた。[16]『ローマ書』以後、バルトの教会理解の模索は新たに始まった。

2．啓示の証しと教会の相対的権威

『ローマ書』以降のバルトの教会論の歩みをわれわれは、世ないし文化と区別されそれと対立する教会の独自の現実をとらえようとする模索と理解し、今その最初の認識を罪人の教会としての真の教会という教会理解に見た。一九二五年の講演『教会と神学』を次に取り上げたい。この論文でバルトは罪人の教会に与えられた権威の意味と性格を明らかにした

『教会と神学』は一九二五年一〇月に最初にゲッティンゲンで二度目はエルバーフェルトでなされた、エーリク・ペーターソンによるバルト批判との対決講演である。[17]ペーターソンは『神学とは何か？』（同年七月）におい

てキルケゴールとバルトのほかブルトマンも取り上げているが、矛先はバルトに向けられており、『ローマ書』から、その前年出版された第一論文集『神の言葉と神学』（特に「神学の課題としての神の言葉」）まで、弁証法神学の神学理解を論難した。[18] バルトは講演の冒頭でペーターソンの立場を「神学とは……具体的な権威という形において与えられた神認識の、詳しく言えば非逆説的神認識の可能性の従順な遂行である」[19]と要約し、その非逆説的神学理解を「教会と神学という概念、並びにこれらの相互の関係を定義する」[20]ことによって反批判を試みた。この中で弁証法神学に立つバルトの教会の権威理解の基本が示された。

ペーターソン批判のこの論文でバルトは「神学の本質は具体的な権威に対する具体的な服従に存する」[21]というペーターソンの命題をそれ自身は受け入れられるとしつつも、同時に次のように言い換える。すなわち、「神学とは、神の啓示に対する、特定の人間の、今ここでという特定の時と場所とにおいて、概念的思考の形式においてなされる奉仕である」[22]と。この場合神学の奉仕は、バルトによれば、啓示の現在化がなければ起こりえないが、この現在化は直接的にも間接的にも遂行される。「間接的」ということで考えられているのは、「聖書正典と本文、信仰告白として書き記されている教会によって多かれ少なかれ共通に受け入れられ獲得された認識、教会によって権威あるものと認められた教師の働きによって示された路線、最後に啓示自身が今ここでという特定の時と場所においてまさにそれ以外ではありえない仕方で自らを現示する特定の形態」[23]などを通して起こる啓示の現在化である。そしてそれらはすでに形式を形づくっており、バルトによれば、これらの形式が、われわれの具体的な服従が捧げられるべき、「具体的な権威」にほかならないのである。

バルトが、こうした教会の権威を、その理解の仕方において大きく異なるとはいえ、ペーターソンと同じく承認していることを正しく理解するために、[24] われわれは、以下、三つのバルトの認識を指摘しておきたい。

第一に、最も重要なことは、バルトが、教会の具体的権威の成立を教会の啓示の証しの務めから理解していることである。「教会への権能委託、教会の具体的権威の原理的成立は、啓示の証しというまさしく単一の・くり返しえない・無比の職務への任命という形において、すなわち、旧約的預言者的な御言葉の確証と、新約的使徒的な御言葉の発効という形において起こる」。[25] E・ハームスの言葉を借りれば、教会の具体的権威を成立させるのは、「啓示そのものによって立てられた教会の証しの務めによる啓示の現在化から生じる教会の現在的な証しの状況」[26]、つまり教会の宣教的状況にほかならない。そしてこの啓示の証しは御言葉と聖霊において起こるのであるから、[27] 教会の具体的権威の基礎は御言葉と御霊にあるのである。「御言葉と御霊とは相共に（そのどちらかが大きいとか小さいとかいうことはなく）、キリストの直接的権威が、教会の間接的権威に、この間接的権威を基礎づけ、しかしまた限界づけつつ向き合って立つその分岐点を形成する。前者との関係において後者が存在するのであり、固定化された正典、布告された教義、権威ある教会の教師たちの価値等々をわれわれはこの間接的権威の現われとして認識しなければならない」[28]。

第二に、われわれが指摘したいのは、今引いたバルトの言葉にもあるように、キリストの権威と教会の権威の関係理解、別な言い方をすれば、教会の権威の厳密な規定である。ペーターソンは「派生的な」あるいは「委ねられた」キリストの権威について語った。[29] しかしバルトはまさにこの「委ねられた」ことの意味をペーターソンは十分に考えていない、昇天に際してキリストが権威を放棄し、いわば辞職したかのように語っていると批判し、次のように述べる、「教会が正典を固定し教義を布告する等々の権威は明らかに第二次的な意味におけるキリストの権威である、換言すれば、時間的、相対的、形式的な権威である」と。[30]

第三にわれわれの注意すべきことは「具体的権威の信仰的・告白的性格」[31]である。[32] ペーターソンが教義は人間の信仰的行為の延長線上にない、告白とは無関係だという時、事柄の半分を隠すことになるとバルトは批判する。つまりバルトは、一方でペーターソンの権威の「無邪気な」[33] 客観主義的理解にも、他方で同じく素朴な主観主義的理解にも反対する。教会の具体的権威は一方的に神の側に帰属しているのでもないし、一方的に人間の側に帰属しているのでもない。むしろバルトは教会の具体的権威が「真中に位置していること」(34)をもって本質的なことだとした。真中とはそこで「教会が神の全き恵みによって神を認識し告白するのだが、しかしこの両者を人間的制約において、教会、すなわち、罪人の教会に贈り与えられた信仰のはかりに従って行う」(35)場所、「教会は神の言葉を聞き宣べ伝えるのだが、しかしこの両者を弱き人間の言葉で行う」(36)場所、あるいは「神によって与えられたものの無謬性と人間によって受け取られたものの可謬性とが、各人が各人として必要とする日々の悔改めに対する各人が受け入れられている恵みの契約の恒常性と同じく排他的対立とならない」(37)場所であり、その場所に具体的権威は存在する。したがって教会に具体的に権威が与えられていることと、それが人間の信仰の行為の延長線上にあり信仰の告白でもあることとは、バルトにおいて矛盾しない。こうして教会には、バルトによれば、啓示や信仰という概念と同じく、「神の永遠の真理」と「人間的主体の宗教的意見と発現」との間の「第三のもの」(38)があるのである。この第三のものであるもの、すなわち、バルトがここで見いだしたそれ自身において独自のものを持つ教会とは罪人の教会であり、しかも与えられた相対的権威に拘束されつつただ自らに託された啓示の証しの務めに生きる教会であった。(39)

3．教会と文化

文化から区別された教会の独自の現実をバルトは、神の啓示の言葉に根拠づけられているものと理解した。それは罪人の教会であったが、前項で確認した通り、証しの務めの中で相対的権威が与えられているものでもあった。

さて今われわれは、文化と、文化から区別された教会との関係を、逆に問うことができるし、問わなければならない。一九二六年六月にアムステルダムでラインホルト・ゼーベルクの議長のもとに開かれた「内国伝道大陸同盟総会」でなされたバルトの講演『教会と文化』を取り上げたいと思う。彼はこの講演で教会における御言葉の出来事に基づく教会と文化の関係の原理的な考察を示している。同時期の倫理学講義も御言葉の出来事の社会倫理的帰結を問うているという点で『教会と文化』と発想は同じであり、そのように見るのが正当である。[40]本項では『教会と文化』を主として取り上げ、倫理学講義は必要な限りにおいて論及する。

教会と文化の関係といっても、バルトによれば、「完結的に非神学的に定義された文化概念」[41]と教会とは、互いに排除し合う関係においてしか語られえないのであり、この点で『ローマ書』の基本認識は維持されている。ここで文化は神学的概念として問題になる。そのためには、まず第一に教会を神学的にとらえること、換言すれば、教会の自己定義が優先されなければならないという。

教会の自己定義は、次のようになる。「教会は、神御自身によって設立された、罪人たちの、御言葉によって生きる信仰と服従の共同体である」[42]。これはわれわれがこれまで見てきたこの時期のバルトの神学的教会理解を要約するものと言ってもよいであろう。バルトは、ここに含まれている四つの概念、「神の言葉」、「信仰と服従」、「罪人たち」、「神によって設立された共同体」によって教会に関し「本質的なこと」、「内的なこと」は語られているという。重要なのは、これらすべての概念が、神と人間の出会いの出来事から理解されなければならず、その出来事の現実から抽象されてはならないというバルトの理解の仕方である。「これらすべての概念は……個々にまた相共に、神と人間との間で――両者はその質的な特性と差異性において、しかしまた両者は人格として理解される――生起する決断に関係している」[43]。この現実において文化がなぜ問題になりうるのか、それは「われわれが教会の中にありつつ、世の中にも、時間の中にもいる」[44]からであり、「われわれが御言葉を信じ服従するということは、一瞬たりとも、われわれが人間存在を無視するという意味を持ち得ない」[45]からである。それゆえ文化の神学的定義は次のようになる、「文化は、神の言葉によって立てられた、魂と体の統一において実現されるべき人間の定めの課題である」[46]。端的に言えば、「文化とは人間性（Humanität）」[47]のことであり、「人間が、魂と肉体、精神と自然、主観と客観、内的と外的として、これら両方の要素の総合へと方向づけられているが、しかしまさにこの総合をまた――欠いたまま現実存在している」[48]という事実とその課題のことなのである。いずれにせよ、こうしてバルトは、教会と文化を、それぞれに神の言葉との関係で理解し、それゆえ両者の関係も神の言葉に聞くことによって答えられるべき問題とした。

さて教会と文化の関係は、神の言葉が三つの視点からとらえられることによって三重に解明される。神の言葉はその「内容」から言えば和解の言葉であり、創造の真理を明るみに出すという「意味」を持つ限り創造の言葉であり、終末論的な「形式」において語られる救済の言葉でもある。教会と文化の関係も、創造、和解、救済の観点から解明されなければならない。[49] 両者の関係は、以下のように説明される。第一の関係の線を示す提題はこうである。「創造（自然ノ王国）の視点のもとで、文化は、人間に対して起源的に与えられている、人間がなるべきはずのものの約束である」[50]。バルトは文化は人間性だと言った。創造の観点では「人間性は約束」[51]ととらえられる。バルトにとって、シュライエルマッハーのように文化の業を一般的に聖なるものと言明することは問題にならない。[52] しかし文化の業が「比喩可能」[53]であり「約束に満ちた」[54]ものであることを否定することは、いっそう問題にならない。むしろ教会は、なるほど「神の国が人間の文化的な業において始まっているのを見はしないだろう」が、「おそらく多くの文化の業において自己を告知しているに違いない神の国が近づいたという徴候に対して開かれた態度を取るであろう」[55]。次に、和解の観点からの教会と文化の関係はこうである。「和解（恵ミノ王国）の視点のもとでは、文化は、神によって聖化された罪人がそれを念頭に置きつつ自らの信仰と服従を実行しなければならない律法である」[56]。文化、すなわち人間性は、この観点では律法である。バルトはここで、「神的要求は人間性と呼ばれる。積極的な啓示の命令はここでは自然法の命令と内容的に正確に一致する」[57]との認識を示した上で、次のように言う、「律法の内容はつねに全く単純に文化である。それゆえ、聖化、神のために選び分かたれること、神の意志を行うこと、それはつねに内容的に人間化（Humanisierung）を意味する。人間は人間となるべきであって、それ以上でもそれ以下でもない」[58]。律法が語るのは服従においてはそうしたことすべてが問題になるということである。いずれにせよ、「教会は御言葉によって人間に与えられている律法を文化の中で肯定する」[59]。第三の結びつきは救済の観点から論究される。提題は以下のようになる。「救済（栄光ノ王国）の観点のもとでは、文化は、人間に対して置かれた限界、すなわち、それの彼岸において神御自身がその約束を成就しつつすべてを新しくしたもう限界である」。神の言葉は救済についての言葉として一貫して終末論的であり、この観点から教会と文化の関係が解明される。「『人間性』が、この第三の観点のもとでは、一つの『限界』概念になるということは明らかである」[60]。文化はたんに約束でもなく、たんに律法でもなく、むしろ出来事であり、現実的な形態であるが、しかしそれはここにはなく到来するものであり、われわれのもとにではなく神と共にあるものである。したがって教会と文化を結びつける第三の線は、バルトによれば、「批判的な」[61]線とならざるをえない。教会は人間のために神を待ち望むのであって、人間を待ち望むのではない。教会は「終末論的留保」[62]をもって社会と出会う。これが、救済論的観点から見た教会と文化の関係の第三の線にほかならない。そしてバルトは言う、教会がもしこの「留保」を、社会を妨害しないために、あるいは教会自身が嫌われ者とならないために社会に対し効力あるものとしようとしないなら、またその態度と教説において永遠の持つ慰めと警告を表現しないなら、社会に対していかなる奉仕もしていないということになる。むしろ社会は教会のこの奉仕を待っているのであり、社会を妨害し、自らを嫌われ者とする教会に敬意を払うであろう、と。

以上のような教会から見ての約束、律法、限界としての三重の文化理解は、じつはバルトによれば教会自身にも適用されなければならない。というのも「人間的な‐罪深い意志と働きの共同体としての教会」[63]は「人間社会の枠内における文化的労作」[64]にほかならず、教会における人間的行為もこの世における人間のそれと何ら変わるところがないからである。文化の一部、いなその頂点としての教会という教会理解への批判は、すでにわれわれは『ローマ書』で見た。しかしバルトはここで、そうした「全線にわたって文化の流れの中で一緒になって泳ぐ」[65]しかない教会をもはや全面的に否定的にとらえることをしない。むしろ三つの文化理解は教会自身に対しても言われうるし、言われなければならないのである。すなわち、創造の観点から文化が約束としてとらえられたように、第一に、教会は、「キリストにおける和解に基づき、人間的な意志と働きは比喩可能であり、明瞭であり、関連性に富んだものであり、根源的に人間に与えられている約束に参与するものであることができる」[66]。そしてこの教会の可能性と現実性をつなぐのは、バルトによれば聖霊にほかならない。第二に、教会は、「和解の中で和解と共に肉と呼ばれるすべてのものの上に神の法が打ち立てられているということ、そしてこれらの法に服しつつ、たんに行動することが許されているだけでなく、行動すべきであることを考慮に入れるであろう」[67]。こうした服従の中でなされる行為は、神によって受け入れられないことはありえない。しかし第三に、教会は、「永遠の持つ慰めと警告を、限界としての神の想起を、自分自身にも、いな就中自分自身に向けるであろう」[68]。教会が自分に対してなす奉仕は、「事柄の真剣さのゆえに、自らの行為の最後的に真剣‐ならざることを自覚しつづける」ことであり、神御自身が「ご自分の栄光を、ご自分の栄光の宣べ伝えをも」[69]ご自分の他の誰にも任せないことを考慮することである〔イザヤ四八・一一〕。教会がなすべきことは「敬虔なバベルの塔」[70]を建てることではないし、「神化の実験」[71]をすることでもない。「あなたの御国が来ますように！　あなたの御国が来ますようにという希望は、教会にも妥当する」[72]。これらが文化としての教会の可能性であり限界性である。

重要性にかんがみ少し詳しく全体の論旨をたどったが、この講演でわれわれが注意しなければならないのは、バルトが以上の三つの線のうちの第三の線、文化に対する終末論的な批判的な線、限界を問う線を特に当時の教会にとって最も必要なこととして強調したことである。「約束についての知識と律法についての知識は、限界についての知識にかかっている」[73]。バルトは、まさにその点でリベラル神学および文化プロテスタンティズムには欠けがあり、教会は今日その反対側に立つほかないとした。

周知のように後にバルトはこの講演について『ナイン!』(一九三四年)の中で、ここにきわめて明白な仕方で自然神学の存在することを認めた[74]。それはたとえば、啓示神学の中に自然神学が共に含まれているというような言い方に認められるであろう。しかしわれわれにとって本講演の重要性は、第一に、神の言葉の出来事としての教会において文化が位置づけ直されそれとの関係において教会がとらえられたということ、第二に、文化との関係で終末論的留保が強調されたこと、のみならず第三に、それ自身文化としての教会の社会における在り方へと問いが向けられたこと、この三点である。第一の点はその後教会と世とのキリスト論的な関係理解の基礎となり、後二者は次項で取り上げることになるが、「教会の世紀」の言説に代表される二十年代のドイツ・プロテスタンティズムの教会主義に対する鋭い批判的問題提起の神学的基礎となった。そしてこの線は教会闘争期の中まで入り込み、「バルメン神学宣言」第三項に示されるように、教会はその本質に相応しく可視的に存在しているか、その使信に相応しい形態をとっているかという鋭い問いとなった。その意味でこの『教会と文化』はバルトの教会理解の発展の中で一つの転換を示唆する論文であった。

4. 教会の本質と実存

相対的権威を与えられそれぞれに拘束されつつ啓示の証しをなすことを罪人の教会に可能ならしめるのは、バルトによればただ神の行為であり、[76]詳しく言えばただ御言葉自身である。それゆえに「御言葉への奉仕」[77]がなされ、御言葉が御霊によって啓示の言葉となるところに教会は存在する。[78]それは、一言で言えば、神の言葉の出来事としての教会と言ってよい。[79]同じ意味でバルトは同時期に「御言葉の教会」、[80]「説教の教会」[81]についても語った。その場合、御言葉はつねに自由であり行為であり出来事であって決して状態や習慣とはならない。[82]こうした認識は一方で、神の言葉の「自然主義化」[83]、引いては教会の自然主義化として当時のカトリック批判となり、[84]他方同じことがプロテスタント教会自身にも向けられ、二十年代後半のヴァイマル共和国後期のドイツ・プロテスタント教会の教会的・政治的状況に対する彼の神学的な憂慮となり批判原理となった。そこで以下、われわれは「弁証法神学」として出発した二十年代のバルトの教会理解の四つ目の重要な要素を取り上げなければならない。それはまさに教会の可視的形態を巡るものであるが、バルトはそれをたんに理論的な観点からだけ取り扱ったのではなく、[85]教会の本質との関連で世にある教会の在り方を問うという仕方で問題にした。[86]それは教会闘争期に深められた彼の教会理解の形成において重要な意味を持つことになる。はじめに一九三〇年の『神学と今日の人間』を瞥見し、その上で一九三一年の『福音主義教会の危急』を検討したいと思う。

第一次大戦後ドイツのプロテスタント教会の歩みを大きく規定したのは一九一九年夏のヴァイマルの国民議会とその年の秋ドレスデンで開催された第一回ドイツ福音主義教会大会であった。[87]福音主義教会は「国の教会」がもはや存在しない（ヴァイマル憲法一三七条）新しい政治体制の中で新しい道を歩み始め、やがて一九二二年ヴィッテンベルクにおいてドイツ福音主義同盟の成立を見る。「帝冠と祭壇」の結びつきを失い帝冠に代わり「国民」（Volk）のうちにその結びつきを求め国民教会（Volkskirche）の再形成に向かいつつあった福音主義教会に「一つの新しい領邦教会的イデオロギー」[88]を与えたのはオットー・ディベーリウスの『教会の世紀』（一九二六年初版）であったが、同じ年にドイツの大学教授である限りでドイツ国籍をスイス国籍のほかに取得したバルトは、いっそう注意深くドイツとドイツの教会の政治的・精神的状況に注意をこらし始めていた。後年の彼の回想によれば、彼は、当時の教会の二つの傾向を、すなわち、一つには教会が、いずれにせよその指導機関と諸グループにおいて、黒白赤の三色旗〔第二帝政期、一九一八年までの国旗〕で示される反動への見まごうべくもない傾向を示していること、もう一つはこの教会が、国家に対してはじめて自立を獲得したことによって、教会の宣教内容と深みに一致するとは思われない驚くほど尊大な自己意識を造り上げたということ――ある人びとはすでに、時代の奸計を嘲笑しながら、菫色になった空に全くの「教会の世紀」の星が上がるのを見ていたとバルトは言う――を、教会の事柄には役に立たないと見、可能な限りそれに抵抗したと述べている。[89]『いったいいつまでか?』（一九三〇年）はまさにその一つの抵抗を示したものであったが、[90]すでに『神学と近代の人間』（一九二七年）などでバルトの状況認識ははっきり表明されていた。

『神学と近代の人間』は、一九二七年一〇月に、テューリンゲンのラウエンシュタイン城で「老年学友会同盟」の「学友会週間」への招きで行った講演である。バルトに講演を依頼したライムキューラーは、全体のテーマが「われわれの現在の状況と私」であること、講演によって「われわれの現在の危機に対するより一層明快な認識を得たい」こと、「われわれの現実がわれわれ一人ひとりから要求する責任を自覚するようになりたい」ことなどを告げている。[91]この講演は出版されず、三年後修正されて『神学と今日の人間』としてフランクフルト・アム・マインとブレーメンで語られ、『時の間』に発表された。教会と神学を巡る状況は三年の間にも急速に変化しており、一九三〇年の講演では、二七年では使われなかった「自然神学」[92]という言葉で、カトリシズムと、結局のところそれと神学的に同一歩調で歩んでいる「最近のプロテスタント主義神学の陣営」のはらむ問題が鋭く的確に指摘された。

この『神学と今日の人間』でバルトは今日の人間が神学に対して取るであろう三つの可能性を上げる。第四の可能性をバルトはここで語ることをしないが、上げられた三つの可能性を用いない可能性、それが第四の可能性、すなわち、バルトの取ろうとした神学の道であった。第一の可能性は神学における御言葉の「主権的自由」に躓く無神論的な神学否定。第二は、神学を一般的なものに解消し無害化しようとする近代プロテスタンティズム。第三に、「最も大胆な」[93]、そしておそらくは「最も危険な可能性」[94]としてローマ・カトリックの神学の可能性が上げられる。そこでは信仰も服従も人間の学問と生活の一つの意味深い可能性として示される。信仰はもはや冒険でなくなり「一つの習慣」[95]となる。「そうなれば今や、歴史的生活の特定の現象が、同時にまた神の諸秩序ということになるであろう」[96]。これこそバルトによれば神学の最も危険な可能性であり、この可能性に関して今最も危険な瞬間にあるのである。バルトがここで「カトリック的な心」[97]と呼ぶこうした態度は、彼によれば、当時プロテスタント神学に澎湃として起こりつつあった「自然神学」を求める叫びと通底していた。「『自然』神学を求めての叫びがすでにあらゆる方面で鳴り響いており、自然神学を新しく基礎づける作業が同じようにあらゆる方面において、またさまざまの装いをこらして、盛んに行われている。そしてこのことが、教会を求めての周知の叫びと、さらに、最もしたたかで、最も頼りがいがあり、またまったくびくともしない教会主義と、まさにプロテスタントの地盤においても、じっさい時を同じくして登場していることは、両方の側〔カトリックとプロテスタント〕にとってきわめて疑わしいことである。その関連は、明らかに、人が安定化を志向しており、またその安定化をどこまでも実行できると考えているところにある」[98]。なぜこの可能性が「最も危険」なのか。それは神の言葉の自由に対する躓きを取り除こうとしているからにほかならない。その点では神学の第一と第二の可能性の持つ危険と同じであったが、そのことが用心深く隠されているという点で、バルトによれば最も危険なものであった。バルトはこれを「まさにわれわれの世代に対して立てられている運命を決する問題」[99]であるとして、この困難に立ち向かうのは教会全体の課題であるから非神学者も手をこまねいて神学者の傍らに立っているべきではないと聴衆に訴えた。「世にある教会」[100]の危機の本質を、教会が神の言葉の自由の躓きを取り除こうとするところに生じているとしたバルトにとって、こうした神学の危機の克服なしに教会そのものの危機の本当の克服はあり得ないことであった。

教会は教会の本質に根差す危急を回避しようとするとき自らの「今日的実存の危急」[101]に陥らざるをえない〔強調、筆者〕。『福音主義教会の危急』はそれを、ヴァイマル末期の教会の状況においてあますところなく描き出した。われわれはこれを取り上げて、バルトが世にある教会の危急を教会の本質的危急との関連でどのように見たかを考察しておきたい。この関連性の認識、すなわち、積極的な言い方をすれば、教会の神学的本質と教会の可視的形態との不可分離の関係の認識が、われわれが次章で見る「バルメン神学宣言」の教会論の根底にあるバルトの基本的な認識になるであろう。講演は一九三一年一月ベルリン大学の新しい講堂でなされた。そこにはディベーリウスも来ており、彼は八日後同じ場所でバルトに対する反対講演を行なった（『教会の責任――カール・バルトへの回答』）。バルトは、『福音主義教会の危急』をディベーリウスの反対講演に対するコメント（「後書き」）もつけて発表した。

バルトはここで福音主義教会の「二重の危急」[102]について語る。第一の危急は福音主義教会の本質に根差すものであり、必然的なものであり、大きくかつ担うことの困難なものであるが、救いと希望に満ちている危急である。第二の危急は「今日的実存の危急」[103]であり、それは第一の危急を見誤り、否定し、回避しようとするところに生じる。そしてそうした事態がまさに現実に生じていることをバルト鋭く指摘し、「抗議」[104]し、警告し、なお残された時間、すなわち、今のこの時、熟慮すべきことを訴えた。

　はじめにバルトは第一の危急について語る。ここでバルトが語っていることはこの時期の彼の教会理解の根本を示している。バルトによれば、「十字架のもとにある教会」[105]、これが福音主義教会の本質の決定的特徴であり、パウロならびに宗教改革者にとってと同じく今日の福音主義教会にとっても根本的なことでなければならない。そこから生まれた教会は「罪人たちの教会、換言すれば、違反者たち、神の敵対者たちの教会」[106]である。またそれは向こうから来た救いを信じる教会、「十字架につけられたキリストの教会として罪人の教会、赦しと信仰と希望の教会」[107]である。バルトはさらに五点にわたり、それが何を意味するかを述べる。第一に、福音主義教会は自らが真の教会であるか否かについて自分の決断や行為がとり去られており、神の決断に委ねられている。「奇跡」[108]としてその都度「出来事」となるほかない。第二に、福音主義教会は、根本的にただ神にのみ仕えることができる。なるほど人間において神に仕えるのではあるが、決して人間に仕えるのではない。まして自分自身に仕えるのではない。第三に、福音主義教会は神にただ仕えようと欲することができるだけにすぎない。教会が救いをつくり出すのではない。救いの出来事をただ神の業としてのみ信ずるのである。第四に、福音主義教会は可視的な一致をただ求めることができるだけであって、それを見いだしたと考えることはできない。目に見える一致を御心にかなうようつくり出すのは神であって、教会のなすべきことは、宣教、礼拝、サクラメント、会員の生活の証し、内国伝道・外国伝道と呼ばれる社会に対する証し、あるいはその法的組織、神学的な信仰告白といったその「しるし」[109]を打ち立てること以外ではない。第五に、福音主義教会は、自らがそれによって生きているもの、また自らが提示しなければならないものが「神の約束」[110]であることを知っている。それを教会は証しするし、証しなければならない。かくてバルトがここで示した「十字架のもとにある教会」とは、神以外のものを

「慰め」[111]として持ったり、「総合」[112]として持ったりしない教会、すなわち、人間の一つの可能性でもない、一つの状態でもない、まさに信仰と服従の教会であった。

教会の本質と教会の実存との関連の洞察がこの講演でのバルトの核心であるとわれわれは言った。バルトの次のような言葉はそれを明瞭に示している。「福音主義教会は本来次のように現実存在しなければならないであろう。この状況に、すなわちただ全く排他的に律法であり人間の救いの創始者である十字架につけられたキリストと人間とが相対《あいたい》する状況に固く立ち、他の社会あるいは他のあらゆる社会に対してこの状況のしるし、そして要求がましいところのない服従の中になされるその状況の証し以外の何ものでもあろうとせず、それ以外の何ものも意味しようとしないところにその特別の活動の本質が存する人間社会の只中の一つの場所として、いやもっとはっきり言うならば、他のすべての人間社会の只中でそれらと並んで存在する一つの社会として現実存在しなければならないであろう」[113]。教会の可視性とは、教会の本質に対応した「人間社会の只中」における現実存在のことでなければならないのである。それは教会が自らの本質的な危急をいかなる現実においても引き受けるということであるが、もしそれを回避するなら、教会はまさに「第二の危急」に陥らざるをえないのである。

第二の危急は、バルトによれば二つの仕方において起こる。一方でそれは教会の可視性からの逃亡という仕方で起こり、他方でそれは反対に、可視性への逃亡として起こる。教会が存在するとは必然的に可視的に存在するのであるから、前者は教会的な観念論への逃亡と言わねばならない。しかし後者、すなわち、第二の危急のもう一つの形態に、バルトによれば今日前者より一層大きな危険が存在する。それは実在論への逃亡である。そしてバルトは、『教会の世紀』の言説に代表される「福音主義教会における今日の時代的運動」[114]対して、以下六つの問いをもって、教会の本質的危急からの逃亡ではないかと問うた。第一に、教会の可視性が教会の言論人や著作家によって新しく強調されるさいに、なるほど一般的な実存の問題を表わしうるとしても教会の実存を表わすことのできない時代のキイワードやキャッチフレーズ、たとえば「歴史、運命、現実、社会学的必然性、共同性、形態、秩序、所与性、身体性」などが無批判に用いられていること。バルトによれば、それらの言葉は十字架のもとにある真の教会の可視的な実存を表わす言葉ではない。第二はこうである。今日教会は「性格」、「公共意志」、「行為意志」を持たなければならないと主張される。しかしバルトは問う、「人は教会の実存に誠実に熱心に関わっていれば、本質への問いは好んで笑い者にされる理論家や書斎の学者先生にまかせておけると、本当に考えているのだろうか」と。第三に、人は本質への問いに対して「教会は福音を持っている」と答えるのがつねであるが、バルトは「持つ」とはどういうことかと問う。福音を持つというのはただ持っているというのとは違う仕方で持つことであり、持つのは「信仰においてであって、見ることにおいてではなく、祈りにおいてであって、所持物としてではなく、霊においてであって、肉において——たとえ才気に充ちた敬虔な活動的な肉においてであっても——ではない」。そしてこう問う、「十字架のもとにある教会の可視性は、明らかに非常に豊かな、そして満杯に詰まった宝庫の中から手にいっぱい持って施しをするそうした人々の精神性において存在する群れの可視性であることが可能なのか、それは許されるのか」、むしろ「失われた人びと、霊的に破産した人びと、憐れみに寄りすがり憐れみによって生きている人びとの教会は、いったいどこで、いつ、そしてどのように可視的となるのか」と。そしてバルトによれば、ベテル、ケーニヒスベルク、ニュルンベルクの教会大会の公式発言にも、教会の報道機関からも、そして教会の「平均的な説教」からも、教会の本質的困惑を語る言葉は聞こえてこないのである。第四にバルトによれば、教会がもし福音を真に持っているというのなら、教会が語らなければならずそこで可視的にならなければならないのは罪の赦しの福音であり、人間の罪と危急の深みにおける憐れみの神の現臨の福音であり、キリストが世の罪を完全に担い取り除くことの福音でなければならない。しかしじっさいにはこうした神の恵みよりも人間の罪が重大に取り扱われており、語られているのは福音ではなくて律法、しかも人間的律法なのではないだろうか。第五に、教会の本質の問題が問われずに、ただその実存だけが問題だとすれば、「教会の生命の問題が権力の問題」とならざるをえなくなり、バルトによれば、「権力の問題を特徴とするローマ教会との競争」ということが決定的関心事になるということでもある。はっきりしておくべきことは、「十字架のもとにある教会、すなわち、約束と信仰の教会は、いわば他日のための権力、その使用については これから定められなければならない何らかの権力を欲することも、求めることもできない」ことである。最後に第六、バルトは、もし先ず第一に神の国を求めることが教会にとってより実践的より現実的なことでないとすれば、教会の中心に、ただ一つの名ただ一つのものではなく、「異なる名と存在」が広がるという事態は避けられないと言う。いや今やじっさい、「この異なるものが、大きな力と大きな自明性を持って登場している」。それは平均的牧師の言葉に表われており、バルトはそれを「中産階級上層のイデオロギー」と断じて、次のように述べた。「キリスト教と民族性、福音的とドイツ的、これらの結合とハイフンが、口頭であれ文書によってであれ、われわれの教会の発言の備蓄品の中にだんだんと取り入れられたということ、そして今日ではそれが、すなわち、このハイフンが、教会的正統性の本来的規準となっていると言わねばならないということを、われわれはどのように考えるべきであろうか。……結局、ドイツ民族が今日必要としているのは、福音主義的教会の実存であって、まさにドイツ的な - 福音主義的教会ではないということを考えることが、真剣なナショナルな思惟にとっても、いやまさに真剣にナショナルな思惟にとってこそ可能であり、必要なことでなければならないのではないだろうか」[115]と。バルトは、それらの「ハイフン」、それらの並置に、ヴァイマル末期のプロテスタント教会の神学的な根本問題を見ていた。それは彼にとって、教会と神学を、イエス・キリストというただ一つの土台の上に立てず、むしろ啓示と理性、信仰と知識、あるいは福音と民族という仕方で立てようとした二百年来の新プロテスタント主義の、そしてまた今日の教会の誤りであり、拒否するしかないものであった。こうした神学的洞察が、本講演の三年後、ドイツ教会闘争のマグナ・カルタとしての「バルメン神学宣言」において、はっきりした形で示されることになった。

『福音主義教会の危急』は教会の本質と実存の連関を根本的に問い、世にある教会の在り方は教会の使信から、したがって教会の本質から切り離されないし切り離されるべきでないことを明らかにすることにより、バルト神学は、その教会理解の形成の上でも重要なステップを刻んだ。

第二節　キリスト論的・聖霊論的教会理解への道

バルトの教会理解の画期が『教会教義学』と共にもたらされたという理解は、ホネッカーをはじめ、ボイムラー、ヴェンデブルクなど、大方の研究者において一致している。われわれもそのように考える。それは弁証法的教会理解からキリスト論的・聖霊論的教会理解への転換である。神の言葉の出来事において生起する相対的権威を与えられた罪人の教会という弁証法的教会理解は、イエス・キリストの教会、詳しく言えば、その天的な頭《かしら》であるイエス・キリストのわれわれのための地上的な形態としての教会というキリスト論的理解へと転じた。この新しい教会理解とそれ以前の教会理解の間には、一方で連続性がある。たとえば「罪人の教会」という理解は変わらなかったし、(116) ホネッカーの言うように、(117)「出来事としての教会」という弁証法神学時代の認識も連続し最後まで変わらなかった（「教会は、それが出来事して起こることにおいて存在する」）(118)。そうした意味を含めて、教会を意味する用語として、組織としての教会の存在を表わすKircheではなく、集合と交わりの出来事としてのGemeindeが、『教会教義学』では序説《プロレゴメナ》の受肉論（KDI/2）あたりから、教会論が本格的に展開される「和解論」

では恒常的に用いられることになった。しかし他方で弁証法的教会理解とキリスト論的・聖霊論的教会理解という旧新の教会理解に決定的相違のあることも、はっきり認識されなければならない。その違いは教会のキリスト論的基礎づけとその理解にあり、新しい理解は、ホネッカーと共に言えば、「教会《キルヒェ》は生けるイエス・キリストの生ける教会《ゲマインデ》としてイエス・キリストの受肉に含まれているとする教会のキリスト論的基礎づけの厳密な遂行によって」[119]それ以前の理解から区別される。教会は受肉において基礎づけられる。受肉はバルトにおいて啓示であり、事柄から言えば和解であって、[120]教会も神の和解の歴史の中に位置づけられる。和解と教会の関係については、われわれは第五章で詳しく検討することになる。

本節でのわれわれの課題は一九三八年の『教会教義学』序説《プロレゴメナ》(KDI/2)による受肉論と教会論との関係の確認である（第二節2.）。バルトにおいて教会を基礎づけるのは啓示である。詳しく言えば、「啓示の客観的実在」であるイエス・キリストであると共に「啓示の主観的実在」たる聖霊でもあり、われわれは「キリスト論的教会理解」ではなく「キリスト論的・聖霊論的教会理解」と呼ぶのが正しいであろう。しかしそれに先立ってわれわれは、一九三二年の『教会教義学』の最初の巻(KDI/1)における「教会の存在」(Das Sein der Kirche)という神学方法論的概念の持つ教会論的含意に注目したい。というのも、われわれは、一般に「『弁証法』から『類比』へ」[121]の転換として知られる一九二七～一九三〇年頃に起こったバルトの神学的転換と関連してなされた新しい教会理解への転換は、この「教会の存在《ザイン》」という概念と共に明らかになったと考えるからである（第二節1.）。[122]

1．教会と教会論の発見――「教会の存在《ザイン》」としてのイエス・キリスト

周知のようにバルトは、一九二七年の『キリスト教教義学試論』(Die christliche Dogmatik im Entwurf. I. Die

Lehre vom Worte Gottes）の第二版を出版することを断念し、改めて『教会教義学』（Die Kirchliche Dogmatik）第一巻（KDI/1）として刊行した。「はしがき」でバルトは、『キリスト教教義学試論』と『教会教義学』の相違について、論述が詳細になり書物としていっそう大部になったという形式的なことのほかに、前者の書名にあった「キリスト教的」を「教会的」という言葉に変えたことに特に注意を促した。バルトは、教義学は「教会という場所に拘束された、その場所で、そしてただその場所でだけ可能で意味深い学問」[123]であり、この方向において『教会教義学』のもろもろの線はいっそう鋭く引かれると述べている。『キリスト教教義学』における「実存哲学による神学の基礎づけ、支え、あるいはただの正当化にすぎないもの」[124]まで、教会の外からする人間的基礎づけの一切を除去したことも、そのことと関連する。E・ハームスの指摘するように、神学を排他的に可能にしかつ神学の排他的な主体であり対象であるのは教会であるという「発見」[125]が、書名の変更となって現われた。そのことは、「教会の存在、換言すれば、イエス・キリスト」[126]という等式をかかげて自らの神学論を述べた『教会教義学』の序説の記述において明らかである。バルトにおける新しい教会理解、すなわち、キリスト論的教会理解は、そうした神学理解の中で、すなわち、まさにアンセルムス研究をへて弁証法的神学理解から類比の神学理解へと転換する中ではじめて立ち現われたものであり、立ち現われるほかなかったものである。その消息が『教会教義学』の最初の二つのパラグラフ、すなわち一節「教義学の課題」と二節「教義学序説の課題」によって確認されなければならない。

バルトの教義学の課題理解は、一節の提題に明らかである。「教義学は、神学の学科として、キリスト教会に固有な神についての語りの内容について、キリスト教会がなす学問的な自己吟味である」[127]。バルトは神学、その一学科としての教義学を教会の自己吟味と規定することによってその課題を「真理問題」[128]として提起した。[129]それは「神についての語りの真理性への問い」[130]を取り扱う。それは教会が「教会に固有な神についての語り」を「教会としての自らの存在」[131]によって測る、あるいは教会の語りと「教会の存在」との一致を問う。「教会の存在」こそが「キリスト教的語りの基準（Kriterium）」[132]にほかならず、この「基準」たる「教会の存在」をバルトはイエス・キリストと「同一」[133]であるとした。それゆえおよそ神学はこの基準との関係ではじめて成立する。聖書神学は教会の語りがイエス・キリストから由来しているか、その「基礎づけ」[134]を、実践神学はその語りが彼を目指しているか、その「目標」[135]を、そして教義学は教会の語りが彼に適っているか、その「内容」[136]を問う。これが『教会教義学』序説における教義学理解、さらに広く神学理解であるが、その考えの基本は『キリスト教教義学』においてすでに明らかであった。『キリスト教教義学』は教義学を「神と人間についてのキリスト教的語りの正しい内容の認識を巡る努力」[137]とし、「われわれは『キリスト教的語り』という概念のより詳しい規定から出発して、この概念の中に共に措定されている批判的原理を問わなければならないであろう。この原理こそ本来教義学が『キリスト教的語り』の概念に属する一切をそれによって測らなければならない規範であろう」[138]と述べている。キリスト教的語りに「共に措定されている」この自己「批判的原理」ないし「規範」が『教会教義学』序説において「教会の存在、換言すれば、イエス・キリスト」と名指しされてはじめて、バルトの神学、教義学はキリスト論的に明確な構造を持つて遂行されることが可能になると共に、そこにはすでにキリスト論的教会理解が立ち現われていた。教会はバルトにとって神学の前提であると共に対象でもあった。

バルトの教義学、さらに広く神学理解の根底にキリスト論的教会理解が存在し、それが教義学を可能にしていることは、「教義学序説の課題」を問う二節においても明らかである。教義学序説でなされるべきことは、バルトによれば「教義学の特別な認識の道についての了解」[139]ないし「弁明」[140]である。彼にとって教義学の「認識根拠」はすでに一節で明らかなように「教会の存在」であるが、すでにこの認識根拠理解からして異なる理解が存在すると言う。それゆえ教義学の認識の道の弁明とはまたその「純化」[141]のことでもなければならない。その点に、バルトは、「われわれに今日課せられている教義学序説の内的必然性」[142]があるとした。

　教義学の認識の道はどこにあるのか。バルトはここで一方で「敬虔主義的・合理主義的近代主義」[143]の教義学を、他方で「ローマ・カトリック主義」[144]のそれを上げ、両者を批判しつつ、自らの立場を明らかにする。それによれば、近代主義の教義学は、教会と信仰の事柄を、存在論、人間論といったより大きな、より上位の「存在連関」[145]の一要素として観察する。それは「一般的な人間的な可能性」[146]から教義学の認識の道へと入ろうとする。これに対しローマ・カトリックの教義学は「教会的実在」[147]から認識の道へと入ろうとする。しかしバルトによれば、福音主義の教義学がなしうるのは自らの道にただあえて足を踏み入れることだけである。それが可能なのは、「神学以前にも神学なしにも教会において神についての語りが存在する」[148]からであるが、教義学はしかる後に「この道の途上で」[149]この道の「正しさ」の認識を得ようと努めるのである。それゆえ教義学の特別な認識の道の弁明として教義学序説で語られるべきことは、近代主義あるいはローマ・カトリックおいてそうであるように「前もって」（vorher）語られるべき事柄ではなくて、教義学で「最初に」（zuerst）[150]語られるべき事柄である。バルトは教会における教会による神についての語りから出発する。この語りは神の言葉に自らを関係づける語りである。神御自身が教会に語りかけているときはじめて可能になる語りである。そのときそれは、教会の語り自身にすでにその語りを測る基準が与えられていることでもある。それは教会の神についての語りの正しさの基準であり、その語りの正しい批判と訂正の基準である。そしてその基準は「神の言葉そのもの」[151]にほかならない。それゆえにバルトは教義学序説において「教義学の基準としての神の言葉」[152]を問うた。これが教義学の認識の道の始め（Pro-）、すなわち、教義学序説を形づくる。

　ここでのバルトの洞察は、教義学、あるいはもっと広く神学理解と教会理解の密接な連関にある。近代主義教義学の認識の場はすで述べたように一般的存在論に存する。教会の存在も、シュライエルマッハーの「教会の存在としてのキリスト教的敬虔性」というその教説に典型的に示されているように、[153]人間的実在の一規定として理解される。「存在的‐実存的信仰の存在論的‐実存論的以前（Prius）があるという主張、あるいは信仰を人間的実存の歴史的存在の一つの在り方として定義することは、以下のような信仰の、すなわち教会の存在を、自己自身を、決定的に、人間的実在の一規定として、敬虔性として理解する信仰の根本命題である」[154]。これに対してどう言われるべきか。バルトは、近代主義の教義学が教会の存在を「人間的実在の一規定」として見ている点については正しい、しかしこの実在の可能性を人間的可能性として理解し、教会の存在がただ「すべての人間的可能性の外部」[155]、すなわち「行為する神」[156]からしか洞察されえないものであることを見逃しているところに誤りがあるとした。それゆえわれわれは、キリスト論的教会理解は近代主義的な教義学理解に一致しない、と言ってよいであろう。ローマ・カトリックではどうか。これもすでに述べたように教義学的認識の場は教会の実在にある。そのとき「教会の存在、イエス・キリストは、もはや教会の〔具体的〕存在《ダーザイン》の自由な主ではなく、むしろ教会の〔具体的〕存在《ダーザイン》の中に閉じこめられてしまっており、イエス・キリストの啓示とその啓示を把握する信仰の人間的な理解の特定の具体的な諸形態によって決定的に制限されかつ条件づけられている」[157]という。キリストの主権性、教会の存在の出来事性が危うくされていると言わざるをえないということであろう。それゆえここでもわれわれは、この神学理解ともキリスト論的教会理解は対応していない、ということができよう。これに対しバルトにおいて教義学の認識の道として問題になるのは、近代主義のように「人間論的な可能性の以前（Vorher）」[158]でも、ローマ・カトリックのように「教会的な実在の以後（Nachher）」でもなく、「イエス・キリスト御自身が語りたまい聞かれるようになる、われわれの心の中に神が『光を照り輝かしめたもう』〔Ⅱコリント四・六〕その都度の現在的瞬間だけ」[159]である。教義学の認識の道が教会におけるこうしたまさにキリスト論的・聖霊論的出来事の現在以外のどこにもないという神学理解に対応するのは、いなすでにそれの前提としてあるのは、教会をイエス・キリストの教会として理解するキリスト論的、ないしキリスト論的・聖霊論的教会理解にほかならないと言ってよい。『教会教義学』への書名の変更はたんなる書名の変更ではなかった。二十年代の終わりから三十年代のはじめにかけてのバルトのキリスト論的・聖霊論的教会理解への転換は、この『教会教義学』第一巻において明白な表現を与えられた彼の神学理解の転換と軌を一にし、かつそれと共に開始された。

2．教会のキリスト論的・聖霊論的基礎づけ

バルトにとって、今前項で述べたような神学方法論の確立なしに『教会教義学』序説（「神の言葉の教説」）も、引いてはそれ以後の『教会教義学』諸巻の展開も、おそらく不可能であった。[160] 宣教における教会の現実存在の「学問的自己吟味」は「教会の存在《ザイン》」、すなわち、イエス・キリストに照らしてなされるのであって、人間的現実の一般的な基準に従ってなされてはならないし（近代主義の誤謬に反対）、そもそも基準たるイエス・キリストが教会の現実存在に条件づけられるようなこともあってはならない（ローマ・カトリックの誤謬に反対）。[161] こうした「教会の存在」（＝イエス・キリスト）によって宣教における教会の現実存在を吟味するというバルトの神学方法論は、イエス・キリストと教会との同一性を予想し、その限りキリスト論的教会理解、ないしキリスト論的・聖霊論的教会論という和解論で展開される後期の教会論は、『教会教義学』序説において姿を現わし、その基礎が置かれた。受肉を教会の実在根拠とし、さらに教会の現実を聖霊の力において語るバルトの新しい教会理解の誕生を、以下、バルトの神学プロレゴメナとしての「神の言葉の教説」に辿っておきたい。[162]

（1）啓示論の輪郭と特徴

『ローマ書』におけるそれとも、弁証法神学におけるそれとも異なる、教会の新しい基礎づけが、『教会教義学』の啓示論で示されることになった。はじめにバルトの啓示論の位置、その輪郭と特徴を確認しておくことは、教会論との関連を明らかにするために不可欠である。

神学プロレゴメナとしての「神の言葉の教説」(KDI/1-2)の本体を形成するのは、「啓示論」(八〜十八節)、「聖書論」(十九〜二十一節)、「宣教論」(二十二〜二十四節)である。これが神の言葉の三形態(四節)に応じた構成であることはいうまでもない。この中の「啓示論」でバルトは、啓示の主体を問う問いに対し「三位一体の神」(八〜十二節)をもって、啓示の遂行を問う問いに対し「言葉の受肉」(十三〜十五節)をもって、そして啓示の目的を問う問いに対して「聖霊の注ぎ」(十六〜十八節)をもって答え、啓示概念全体の解明を遂行した。

これらのバルトの試みに示されている彼の啓示理解の三つの特徴をわれわれは指摘できるであろう。

第一に、啓示の主体の強調である。主体は「三位一体の神」であり、この神が御子においてわれわれに啓示されるようになるとしても、そしてまたこの神が聖霊においてわれわれに対して啓示されているとしても、神は決して「われわれの存在と行為の賓辞あるいは客体」[163]とはならない。啓示されることも啓示されてあることも啓示の「神の存在の規定であり、神の行為であり、神の業であり、またあくまでそうあり続ける」[164]。

第二に、「啓示概念の第二、第三の構成要素」が相互の密接な関連性と補完性のもとにとらえられていることである。バルトは啓示のこの第二の要素の表題として「人間のための神の自由」(十三節)、第三の要素のそれとして「神のための人間の自由」(十六節)を掲げたほか、その関連性を様々に表現している。たとえば第二の要素が「どのように起こるのか」であるとすれば、第三の要素は「何のために起こるのか」であり、また同じく第二の要素が「啓示の出来事」であるとすれば、第三の要素は「啓示の力、意味、働き」である。あるいは二つの要素の関係は「神が御自身を・啓示したもうこと」と「神がわれわれに対して・啓示されて・あること」——前者は神の啓示の「客観的実在」と呼ばれ、後者は「主観的実在」と呼ばれる——として、あるいは「神から人間に向かって進む運動」と「神から人間に向かって進む運動」として、したがってまた啓示の中での「神の自発性」と「人間の受容性」、などとしても語られている。要するに「言葉の受肉」と「聖霊の注ぎ」、すなわち、キリスト論と聖霊論は相互連関の中でとらえられている。

第三の特徴は、記述の方法に関わる。バルトは「言葉の受肉」の部分でも、「聖霊の注ぎ」の部分でも、その「実在性」を第一に問い、その「可能性」を第二に問うた。実在性の可能性をその実在性の中に求めることによって、啓示における神の主体としての自由とその啓示の内的必然性を承認し、確保しようとしたのである。

これら三つの特徴のうち、教会論との関係でいえば、第一と第二の特徴が重要であるが、その中でも特に第二の特徴に、すなわち、受肉論と聖霊論の密接な関連にわれわれは注意を向けなければならないであろう。教会論は、このプロレゴメナでも、後の『教会教義学』の「和解論」におけると同様に、聖霊論（「聖霊の注ぎ」）で論究される。しかし、ここでも、かしこでも、キリスト論が、すなわち、受肉論（「言葉の受肉」）が、教会の実在根拠として決定的な位置を占めることになる。

（2）言葉の受肉

a．「言葉の受肉」（十五節）の末尾でバルトは、「聖霊ニヨリテ宿リ」（使徒信条）と関連して、受肉論でほとんどはじめて啓示と教会の関係に言及している。重要であり、長さをいとわず、ここに引いておきたい。

「聖霊の力によって、ただ聖霊の力によってだけ、教会——すなわち、教会がそこで神の言葉のために言葉を持つがゆえに、啓示について教会の語ることが啓示についての教会の証言でありまたその限り啓示を新たにすることであるがゆえに、神の言葉に対して奉仕がなされうる、そのような教会――は存在する。聖霊がこの意味でこの領域においてわれわれに与える自由――この自由は、それが聖霊自身の自由であり、また聖霊がわれわれにご自分以外の何ものもご自分以下の何ものも与えない限り与える自由なのだが――、このような自由が、教会の自由、神の子たちの自由である。まさに聖霊のこの自由、そして聖霊におけるこの自由こそが、しかし基本的にはすでに神の言葉の受肉の中で、神の御子が人間の性質をおとりなることの中で問題である。この中にわれわれは、神の子たちのあの自由の実在根拠を、啓示を受けとることすべての、人間に対する恵みのすべての支配の実在根拠を、教会の実在根拠（Realgrund）を認識しなければならない。人間の性質が神の子との統一性の中に取り上げられる可能性、それが聖霊である。それゆえに、啓示のこの原点（Quellpunkt）においても、いやまさにこの啓示の原点においてこそ、神の言葉は神の霊なしではない。そしてこのことがすでにここで霊が言葉とともにある共存である。すなわち、そのことは、被造物が、人間が、神のためにそこに存在し、かつ自由であるということが、霊を通して、実在となり、それとともに可能となるということである。霊を通して肉は、人間の性質は、神の子とのあの統一性の中へと取り上げられる。霊を通してこの人間は神の子であり、同時に第二のアダム、そのようなものとして『多くの兄弟の中での長子』（ローマ八・二九）であり、彼のゆえに彼を信じる信仰の中で自由とされたすべての者の原型であることができるのである。あの方の中で人間の性質が啓示の担い手（Träger）になったように、人間の性質はわれわれの中で啓示の受領者（Empfänger）となる。それは何も人間の性質そのものの能力によるのではない。むしろ霊によって――Ⅱコリント三・一七によればその方自身が主である霊によって――人間の性質に与えられる能力からして啓示の受領者となるのである」。[165]

われわれはここから教会を啓示に基礎づけるバルトの核心の論理を読みとることができるであろう。受肉において神の御子が人間性をとること、そこにわれわれは教会の根拠を認識することが許されるし、また認識しなければならない。それによって御子の人間性が啓示の担い手となったように、われわれの人間性は啓示の受領者となる。[166] 人間性が神の子との統一性の中に取り上げられる可能性、それが聖霊であるとすれば、まさにその聖霊の力と自由によってしか、神の言葉を持ち・証しし・奉仕する教会は存在しないのである。かくてバルトは、教会を啓示に基礎づけた。「啓示に」ということは、教会を、ただキリストにだけでなく、キリストにであるがゆえに聖霊にも基礎づけたのである。このキリスト論的・聖霊論的教会理解は、後の「和解論」のいわゆる成熟した教会論においても、変わることはなかった。

b. 受肉において神の子が人間の性質をとるということに関して、バルトの所論をもう少し明らかにしておきたい。そのことの類比として語られた教会理解にもそれは関わることであるから。

この問題に彼はさらに「言葉は肉となった」（ヨハネ福音書一・一四）の「なった」を解き明かすことによって取り組む。[167] この「なった」こそ「啓示の秘義」を言い表わしているものとして、「キリスト論的な問い全体にとって決定的な要素」[168] にほかならない。ここでバルトが主張している第一のことは、言葉の神性は受肉にさいしても決して失われていないということである。「神の言葉がそれとしてそのまま、それであるから神であることをやめることなしに、それが、被造物である人間存在を、それ自身の存在に加え、その限りそれ自身の存在とするといった仕方でわれわれのもとにいるということが、受肉の理解を絶した事実である」[169]。したがって「言葉は肉となった」という命題は「言葉は肉をとった」という命題によってしか置き換えられない。この関連でここでバルトが言葉と肉の単一性を他の被造物と神との単一性と比べて説明していることに、われわれも注意しておく必要がある。たとえば「説教の言葉および聖礼典《サクラメント》（そのことでもって人が、言葉と要素の外面的な、被造物的なしる心の中での神の恵みの現臨に関しても、信仰を通して選ばれ、召された者たちの心の中での神の恵みの現臨に関しても」[170]、前者について神と結びあわされている、後者について神と共に生きるということはできる。しかしこの単一性は「神と同一であること」を意味しない。これに対して「言葉の受肉」においては、この人間、イエス・キリストは神と同一であり、ただ「彼の神性の賓辞」[171]でだけありうる。ここでバルトが問題にしているのは、イエス・キリストにおける神と人間の「位格的ナ結合」(unio hypostatica) をどのように理解するかということである。彼は古代教会のキリスト論の一致した見解、すなわち、キリストの人間性のエン・ヒュポスタシアとアン・ヒュポスタシアの教説にしたがって、キリストの人間性は言葉の受肉の出来事を離れてそれ自身の実体を持たないし、反対にそれは言葉が肉と「なった」ことのゆえに、あるいは言葉が肉を「とった」ことのゆえに、神の存在にあずかり実体を入手するとした。

今述べたように、言葉の受肉理解において、バルトは言葉の神性、言葉の行為を強調した。教会がまさにこうした神の子の受肉との類比においてとらえられるとき、教会はイエス・キリストとの関係においてはじめて真実にとらえられることになる。以下、それを確認しておきたい。

「イエス・キリストの人間的な性質はいかなるそれ自身の実体 (Hypostase) も持っておらず、むしろそれは実体をただロゴスの中にのみ持っている、ということをわれわれは聞いた。まさにこのことこそ今やまた神の教会および神の子たちの地上的‐歴史的生についても、したがってキリスト教宗教についても、妥当する。キリスト教宗教はキリストの地上的体およびその肢体――すなわち、幻影のような単なる可能性から、頭《かしら》でありたもうイエス・キリストが彼らをご自分の天的な体の地上的な形態としてご自分のもとに取り上げ、集めたもうたことを通して実在へと呼び召されている肢体――の生である。頭でありたもうイエス・キリストから切り離されるならば、肢体である彼らはただあの幻影のような可能性の中に、換言すれば、そこから彼らが出てきたあの非‐存在の中に、逆戻りして落ちてしまうことができるだけであろう」。[172]

「教会の主はイエス・キリストである。イエス・キリストが教会を生命へと呼び出し、イエス・キリストが教会を生命において保持したもう。教会はイエス・キリストを信じ、イエス・キリストを宣べ伝える。教会はイエス・キリストを拝しうやまう。教会がイエス・キリストに対して持っている関係は、ちょうど彼〔イエス・キリスト〕によって受け取られた人間性が彼の神性に対して持っている関係と同様である」。[173]

「イエス・キリストにおける啓示の客観的実在にわれわれの側で、人間の側で、『この世』の側で対応するのは、これまで述べたような仕方で発生し、存続し、性格づけられた共属性の現実存在、すなわち、教会の現実存在である。それゆえこうした対応、教会は、今詳論されたところによれば、たしかに人間的な集まりであり、制度であるにもかかわらず、人間的な集まりであり、制度であるあいだに、人間的に生み出されたものとして理解されてはならず、それは世の中にあるにもかかわらず、この世からして存在しているとして理解されてはならないのであって、むしろ、われわれは教会の中におり、いや、われわれ自身が教会であるにもかかわらず、それはわれわれのための神の啓示の実在以外の何ものでもないのである。それはわれわれに対する神の啓示と厳密に関連しており、徹頭徹尾それに従属しているが、しかしこの関連性と従属性の中で結局あのものと同様に啓示であり、神御自身の業である」。[174]

これらの文言はわれわれに、神の子が人間性をとることと類比的にとらえられた教会が、上述したバルトの受肉理解に応じて、徹底してキリスト論的に理解され始めたことを語るものであろう。

C・われわれは今バルトのテキストによって、教会は啓示の客観的実在への対応であり、イエス・キリストと密接に関連しつつ、かつまた徹底して従属しつつ、しかしそれ自身「啓示の実在」としても理解されたことを確認した。この関係について、もう一つのことを付け加えておきたい。

「教会の現実存在の中で問題なのは、イエス・キリストの人格の中で起こった神の言葉の受肉のくり返しが、すなわち、今やイエス・キリストの人格とは異なったそのほかの人類の場の中で遂行されている、したがって全く違った種類の、しかもそれでいてその全くの別様性の中でまた同じ種類のくり返し（その場合人は客観的啓示そのものの独一無比性のゆえに、継続、延長、広がり、等々と言ってはならない）が問題であるということである」。[175]

教会はそれ自身も啓示の実在であるが、しかしそれはイエス・キリストへの「対応」において存在するのであって、イエス・キリストと「同等」でも「同一」でもないし、「別のキリスト」でも「ひとりのキリストの延長」でもない。[176] その関係をバルトは受肉の「くり返し」ととらえた。「くり返し」とはこの場合、類比、並行事象、対応の意味であって、[177] イエス・キリストから独立して教会が存在するというようなことは含意されていない。「教会はキリストと共に生きる」。[178] 後期のバルトの教会理解ははっきり姿を現わした。ここで和解論の教会論に立ち入ることは不適当だが、イエス・キリストと教会の密接な関係を語るために、バルトが「全体的キリスト」（totus Christus）[179]という概念を用いたことを指摘しておきたい。イエス・キリストを語ることは、彼に属するすべての者たちを伴ったイエス・キリスト、すなわち、全体的キリストを語ることであった。後期バルトの「和解論」の教会論、キリスト論的教会論ないしキリスト論的・聖霊論的教会論は、ここまで見てきたように、『教会教義学』のプロレゴメナ、とりわけその「啓示論」においてその基礎づけを与えられた。

(3) 聖霊の注ぎ

「啓示論の輪郭と特徴」を述べたさいに、われわれはすでに、啓示概念の第三の要素としての「聖霊の注ぎ」で問われるべきことを、バルト自身の言葉をもって明らかにしておいた。問われるべきことを総括的に表現すれば、それは「神のための人間の自由」、要するに、教会の現実性とその可能性である。それをさらにつきつめて言えば、啓示の受領者としての人間である。「啓示は受領者を目指している」(G・W・ブロミリー)。教会論の問いは本来そこまで伸びているし、伸びていなければならない。受領者としての人間まで問われることにおいて示されているのは、バルトが――むろんプロレゴメナの枠内において――教会論の本質的な構成要素として何をどこまで考えているかである。そのアウトラインが辿られなければならない。「聖霊の注ぎ」を構成するパラグラフは「神のための人間の自由」(十六節)、「宗教の止揚としての神の啓示」(十七節)、それに『教会教義学』においては倫理への最初の言及となる「神の子らの生活」(十八節)の三つである。このうち「神のための人間の自由」を瞥見する。

「聖霊の注ぎ」の最初のパラグラフ「神のための人間の自由」(十六節)の論点は三つである。第一に、受肉の唯一性に対応して啓示の客観的実在が主観的になる唯一の場所としての教会の現実存在の問題。第二に、啓示の客観的実在の主観化は、神がしるしを与えることの中でなされるということ、換言すれば、主観化における客観的なものの問題。そして第三に、啓示の受領者としての人間の存在の問題である。重要なことは、教会の現実存在にしても啓示の受領者としての人間の問題にしても、徹底して「聖霊の注ぎ」の出来事から、したがって霊なる神からしてとらえられていることである。そのことが、以下、確認されることになろう。

a．第一の論点に対してバルトは、「神の啓示存在の実在」、すなわち「人間の間に神の言葉に対する信仰と服従が存在するという事実――神的啓示の行為に対する人間の側でのこの対応全体」が、「啓示の客観的実在、神の受肉した言葉としてのイエス・キリストと同様に、真剣な意味で、聖書的啓示証言の内容である」ことを確認する。[180] まさにこの聖書の証言に従って、啓示の受領者は、旧約聖書によればイスラエルの民、新約聖書によれば教会に属する。ここでのバルトの関心は、イスラエルにおいても教会においても彼らを啓示の受領者とするのは神だという共通点に目が注がれる。[181] このことは、われわれが第一章で検討した『ローマ書』の認識を思い起こさせるであろう。じっさい旧約で、イスラエルの外部で神の啓示のまことの受領者となったように見える人物が現われ、新約でも、神に聴き従う異邦人が登場する。「神はこの所属性に拘束されたまわない」。[182] したがって次のように言われる。

「神御自身が、そして神のみが、人間をその啓示の受領者としたもう。しかも神はそのことを、ある特定の場所の中でなしたもう。そしてこの場所こそ――旧約聖書と新約聖書を総括しつつ、そう語ることがゆるされるのであろう――教会という場所である」。[183]

バルトによれば、こうして神によってつくり出された、人間を啓示の受領者とする場所がこの世のただ中に存在する。神はこれに拘束されないが、啓示の受領者たちはそうではない。「彼らは、教会が存在し、彼らが教会の中に存在する間に、彼らが現にあるところのものであって、教会なしに、教会の外で、彼らが現にあるところのものであるのではない」。[184] しかし啓示の受領者がそこにおいてはじめて現にあるところのものであるこの教会そのものは、バルトによれば、「イエス・キリストに相対して、決して偶然的な形成物、換言すれば、ある人々によってそれらの人々の主導権、全権、洞察によって造り出され、形成され、舞台に上せられた、恣意的な形成物では……ない」[185]。もちろんその歴史の中で教会が人間の偶然と恣意に支配されない時代はなかった。しかし教会はそうした現実から理解されることはできない。ここでもバルトは——教会の実在根拠を受肉に置いたことをわれわれはすでに見た——神の子イエス・キリストが人間性を取る受肉と類比的に教会を理解しようとした。[186]それゆえ教会は、イエス・キリストに対して、いかなる意味でも自主独立的な実在ではない。[187]それをバルトは「教会はイエス・キリストから存在する」と定式化して表現し、その四つの含意を明らかにした。第一にそれは、「教会は肉となった言葉から存在することを意味する」[188]。この言葉は必ず聞かれて、そこに神の子らが生まれる。「このイエス・キリストのゆえに存在するこの神の子らの生が教会の実在、啓示の主観的実在である」[189]。第二にそれは、「神の子らのこの生は、キリストのゆえの生であり、あくまでキリストのゆえの生でありつづける」[190]ことを意味する。「人々の間での恵みのこの支配——人間がキリストのゆえに神の子らであるところでは必至のこの支配——、これらの人間がそれから新しく生まれた言葉をかたくとって離さないでいること、それが教会の実在、啓示の主観的実在である」[191]。第三にそれは、「神の子らの生は共同的な生である」[192]ことを意味する。教会の一致はひとりのキリストに基づく。それゆえ「教会は、〔啓示の〕主観的実在は……共同体（Gemeinde）である」[193]。それゆえに「教会の中にいる者たちは、兄弟であり、姉妹である」[194]。第四にそれは、「神の子らの生、すなわち、教会、啓示の主観的実在は、神的であると同時に人間的、永遠的であると同時に時間的である。それであるから不可見的であると同時に可見的である」[195]ことを意味する。教会は「人間によって見られ、経験され、思惟され、認識されることができる」[196]。かつて『ローマ書』で、神の言葉に対立する疑わしいものと見られていた経験的教会は、ここにおいて明確に神の言葉の受肉から基礎づけられるにいたった。

以上が、バルトの描き出した、啓示の客観的実在への「対応」[197]としての教会、聖書的概念で言えば、「キリストの体」としての教会の現実存在である。最後にわれわれは、すでに述べたこと〔(2) b.〕、すなわち、教会はそれ自身「神の啓示であり、神御自身の業」[198]であるということを、最も重要なこととして改めて確認しておきたい。教会は、なるほど世にあり、人の集まりとしての一つの組織である。しかし教会は、バルトによれば、世から、人から理解されてはならず、また理解されることもできない。神の啓示との関連性と従属性において理解されなければならないのである。

b.「神のための人間の自由」（十六節）の論点の第二、第三は、第一の論点が、啓示が主観的となる唯一の場所としての教会を指し示すことであったとすれば、その場所、すなわち、教会で何が起こっているかということである。端的に「教会とは何か」[199]と言ってもよい。しかしそこへと進む前に、バルトがこれらの問題への「決定的答え」としているものをまず確認しておくことにしたい。バルトは、われわれが今前項a. で見た第一の論点に関して次のように言う。

「そこでの決定的な答えは、したがってあの表示の仕方〔教会という表示〕が述べている根本的なことについての言明は、確かに次のようでなければならないであろう。すなわち、そこでは聖霊の注ぎが問題である、と。換言すれば、神が、キリストにあってわれわれのために人間となられた後で、また、神御自身が神の言葉を聞くことに対してわれわれを用意させつつ、すなわち、神自らわれわれのもとにわって入られ、神の言葉を語り聞くということを神御自身がわれわれのもとで可能にしつつ、われわれのことを引き受けたもうということが問題である」。[200]

これに対して第二、第三の論点への決定的答えは、こうである。

> 「教会の存在を問う問いに対する決定的な答えは、確かに聖霊降臨日の秘義への、今やキリストのゆえに人間もまた――彼自身キリストでない人間もまた、その全くの人間性の中で受けとるあの賜物（Gabe）への指し示しでなければならない。すなわち、キリストからの、キリストのための、そしてキリストに向かっての存在という賜物への、『神の子となる力』（ヨハネ福音書一・一二）への指し示しでなければならない」。[201]

第二、第三の問題は、教会という場所で何が起こっているかであった。そこで生起しているのは、聖霊の賜物による神の子らの生活である。この賜物について語るさい、バルトは、「神が与えること」[202]と「人間が賜物を与えられること」[203]との間に、きわめて重要な区別を行った。前者は啓示の主観的実在としての教会の客観的側面であり、後者はその主観的側面である。バルトはこれによって啓示の神の主権性とその客観性を確保しようとした。聖霊の賜物は人間のその受容ともはやそのまま同じではない。教会の客観的側面が第二の問題、主観的側面が第三の問題である。以下、それぞれについて、簡単に見ておきたい。

①　バルトは、第二の問題として、神の啓示の実質はその主観的な実在においてどこに存するのかと問い、次のように言う。

> 「その主観的な実在の中での神の啓示は、啓示の客観的な実在の特定のしるし――神によって与えられた特定のしるし――にその実質は存する。啓示の客観的なしるしということでもって、世界の内部で起こる特定の出来事、関係、秩序のことが理解されなければならない」。[204]

神の啓示はしるしを与えることの中にある。バルトによれば旧約聖書では、民の選び、割礼、預言者の現実存在、新約聖書では、洗礼、聖晩餐をふくむ教会の現実存在全体といったものがしるしであり、[205]これらのしるしは「道具」、[206]「神のみ手の中にある道具」、[207]「手段」[208]であって、それによって神の言葉が語られ聞かれ、その内容である神の恵みが伝達される。バルトは「神的なしるしを与えること全体――その中で啓示がわれわれのところに来る――は、全線にわたって、それ自体何かサクラメンタルな性質をもっている」[209]と言う。むろんそれは被造物的実在としてのしるしの力は、それに内在する能力にあるのではないし、それを受け取る人間の信仰の力にあるのでもない。そうではなくて、ただ神の自己啓示の力にある。それは「直接に神御自身の有効な働き」[210]に基づく。その点で、バルトによれば、「神の啓示が主観的に実在である場所としての教会は、まさに事実、この厳格に客観的な側面をもっている」[211]と言わなければならない。[212]

② 神の与えるしるしが、教会という場における啓示の客観的側面を形づくっていたとすれば、第三の問題は、そのしるしを受け入れること、つまり主観的側面に関わることである。この問題に、バルトは次のように答える。

「その主観的な実在の中での神の啓示は、次のような人間――すなわち、啓示の客観的実在はまさに彼らのためにこそそこにあるということ（しかも自分たちの存在をもはや自分自身から理解することができず、ただ啓示の客観的実在からしてのみ、理解することができ、それであるからもはや啓示の客観的実在なしに理解するのではなく、ただ啓示の客観的実在との関係の中でのみ理解することができる、したがって彼らは自分自身をただ御子の兄弟としてのみ、神の言葉の聞き手および行為者としてのみ理解することができる、そういう仕方で彼らのためにそこにあるということ）を神御自身によって確信せしめられた人間――の現実存在にその実質は存する」。[213]

その主観的実在における神の啓示は、啓示を受けとった人間、あるいは信仰者の現実存在のことでもある。彼らは、自らを、啓示の客観的実在、すなわち、イエス・キリストとの関連で、その光の中で見る。しかしバルトによれば、それがどのようにして起こるか、われわれはそれを最終的に言うことはできない。それは神の恵みと自由の「秘義」[214]に基づくから。その上でしかしバルトは「神御自身によって確信せしめられた人間」について語った。[215]バルトによれば、神御自身によって確信させられた人間の「新しい現実存在」とは、「自分たちがキリストを通してキリストにあるということ以外のことを知らないし、知ることはできないし、知ろうと欲しないところの人間」[216]のことである。こうしたまさに神によって確信させられた人間、それが、教会の実在の主観的側面を形づくっているのである。教会論の問いはそこまで伸びている。

結び

第二章でわれわれは、二十年代から三十年代にかけてのバルトの教会論の形成を跡づけてきた。『ローマ書』以後、『教会教義学』第一巻まで〔注（162）を見よ〕、時間でいうと十年を越えるこの時期は、あえて言えば神学的な模索の時であり、その歩みは重要であるが、かなり複雑である。われわれはその歩みを教会論の形成という一側面から辿ったに過ぎない。ただその始まりと到達点ははっきりしていて、本章で描き出したように、その始まりは、なるほど神における教会の不可能の可能性としての肯定の線を維持しつつ、しかし現実には、教会を、人間、文化、宗教、そして世の一部として、いなその頂点における人間的企てとして、神の裁き、絶対的否定のもとにとらえることにあり、探り当てられた到達点は、この世にありつつしかもこの世の文化から区別された教会の独自性を求めるプロセスをへて、教会の独自性を、ただイエス・キリストとの関連性とこの方への従属性においてのみ開かれかつ与えられる現実ととらえるところにあった。かくてバルトは『ローマ書』以後、弁証法神学をへて、『教会教義学』プロレゴメナにおいて、教会をキリスト論的・聖霊論的に基礎づけることにより新たな教会論への道を拓いた。

こうしたいわば変貌をもたらした決定的・内的な要素を、われわれは、バルトにおける受肉論の展開の中に見た。「聖書が意味している啓示は、時間に対して超越的でありつづけるのではない。それはただ単に時間と接触する（tangieren）というだけでもない。むしろそれは時間の中に入ってくる、いや、それは時間をとり上げる、いや、それは時間を造り出すのである」[217]。受肉論の中の「啓示の時間」（十四節）に記されたこの言葉は『ローマ書』に対するバルトの自己批判であり、彼は、これに注を添えて、ヨハネ福音書一章一四節がそこでは正当な仕方で取り組まれていないという印象を人が受けたとしても無理はないと述べている[218]。換言すれば、受肉論を基礎にした神学の展開が『ローマ書』以後のバルトの基本の方向性であった[219]。プロレゴメナの教会論の記述もその線上にあることはいうまでもない。弁証法神学以後の新しい教会理解は、教会をキリスト論的に、すなわち、受肉において基礎づけることによって、それ以前の教会理解から区別されるというM・ホネッカーの見解にわれわれはすでに同意していたが、またここで改めてそのことを確認しておこう[220]。

教会論の領域でバルトにキリスト論的な転換をもたらした要因は、受肉論の展開、神学概念の転換だけではなかった。その外的要因として、ヴァイマル期のドイツの教会的・政治的状況とその中での彼の神学者としての歩みそのものを、われわれは上げてよいし、上げなければならない。その一部は第一節の「4．教会の本質と実存」で取り上げた。そこで述べたように、ヴァイマル時代の中期、教会にとって問題は、教会の個々の宣教課題であるよりは、教会そのものであった。つまり「本質」にふさわしいその「実存」が問われていた。この問題意識を引き継いだ一九三四年の「バルメン神学宣言」はその第三項で教会の使信と形態の一致を鋭く問うた。第五項で教会の政治的神奉仕を、そして第六項でその宣教的神奉仕を、つまり全体として教会を問題にしていたのである。われわれが取り扱ってきた『教会教義学』の序説（KDI/2）もその「序に代えて」を見れば、当時の教会的・政治的状況を背景にして教義学が講じられたことは明らかである。その意味で、たとえば、H・ホフマンのように、バルトの教会論の時代関連性を問い、教会論の文脈として、「バルト教会論の第一の文脈《コンテキスト》としての神学的転換とバルメンへの道」、「バルト教会論の第二の文脈としてのバルメンの道と教会闘争」、そして「バルト教会論の第三の文脈としての戦後の教会」と三分するのも、[221] 有効な理解への道であることを疑わない。ただホフマンの場合、『ローマ書』以降の神学的問題が必ずしも十分考慮されていない。その意味で、より大きな神学史の文脈でもバルトの教会論の形成を考えているわれわれとは、強勢の置き方がいささか異なるかも知れない。しかしながら「バルメン神学宣言」をバルト教会論の最も重要なテキスト、教会論の分水嶺と見、また広く教会闘争をバルト神学形成の最も重要な文脈と見る点で、ホフマンに私も基本的に同意したい。バルトの教会論のテキストとしての「バルメン神学宣言」ならびに同宣言の射程及び切り開かれた新たな展望については、次章以降で取り扱われる。

改めていうまでもなく『教会教義学』のプロレゴメナでバルトがしていることは、教会のキリスト論的・聖霊論的基礎づけであって、彼の思い描く教会の全体像が、そこで提示されているわけではない。とはいえ、そこに内包されている教会理解は、本稿でも一部暗示したように、そのまま後期の教会論につながっていた。それがまさにキリスト論的教会論ないしキリスト論的・聖霊論的教会論である。それについてこう言ってもよいと思う。

教会に関わる一切の発言は、イエス・キリストにおいて全人類のために成就された和解、この「客観的な啓示の真理の完了形」(222)からなされなければならないと。むろんしかし、後期の「和解論」の教会論で語られる、たとえば「教会は、彼において義とされた全人間世界の暫定的表示である」(223)（「和解論」六十二節の提題）という全世界・全被造物を視野に置き、終末論的なパースペクティヴにおいて和解の努めをになう教会の奉仕が語られることはまだない。われわれは本章で、バルトの新しい教会論が、その基礎づけと共に、萌芽的に、しかし明確に、語られたことを確認することで十分であろう。

（1） *M. Honecker*, Kirche als Gestalt und Ereignis, 1963, S.172 f.

（2） Ibid., S.174.

（3） *E.-W. Wendebourg*, Die Christusgemeinde und ihr Herr. Eine kritische Studie zur Ekklesiologie Karl Barths, 1967, S.234 ff.

（4） 一九二三年一一月リューベック、同年一二月五日ゲッティンゲン、さらに一九二四年二月二一日ライプツィヒでなされた講演。『時の間』誌への掲載を予定していたが、ライプツィヒ講演の前頃から不満足を感じるようになり、結局発表されなかった（Die Kirche und die Offenbarung, Vorträge und kleinere Arbeiten 1922-1925, GAIII (19), S.307 ff.）。Vgl. Barth-Thurneysen Briefwechsel, Bd. 2, GAV (4), S.243 f., 254.） エーバーハルト・ブッシュ『カール・バルトの生涯』小川圭治訳〔以下、『生涯』と略記〕、二一六頁以下を参照せよ。

（5） Die Kirche und die Offenbarung, ibid., S.313.

（6） Ibid., S.335.

（7） Ibid., S.332 f.

（8） Ibid., S.338.

（9） Ibid., S.341, 348.

（10） Ibid., S. 344.

（11） Ibid., S. 339. 洗礼の印としての意味、またその事実のカルヴァン主義的な認識論的意義の評価は『ローマ書』から二十年代を通じて一貫して変わらない。「われわれは御言葉と神の霊とを顧慮するとき、われわれの洗礼を約束の印として真剣に受け取っているということ以外の何もしていない。その場合約束の印とは、われわれ一人ひとりに個人的に真実に各人の思惟のための約束の印としても与えられているのであり、したがってまた認識論的意義と共に与えられているのである。この点で言うと以下のこと、すなわち、私が私を、その者の現実存在にその者の経験やその者の自己認識の結果がどのようなものであれ、恵みをもって、換言すれば、その者についての神の知識をもって安んじて開始し安んじてそこから思惟することが含まれている者として知ることが許されまたそうすべきあるということ、このことが洗礼の賜物である」(Ethik I, 1928, GAII (2), S. 175.)〔『キリスト教倫理学総説』I／1、吉永正義訳〕。Vgl. Römerbrief (2. Fassung), 1922, S. 171 ff.

（12） Ibid., S. 339 f.

（13） Ibid., S. 345.

（14） Ibid., S. 347.

（15） こうした認識は二十年代から三十年代にかけて、特に一九二八年の第二論文集『神学と教会』(Die Theologie und die Kirche. Gesammelte Vorträge/2.Band, 1928) に収められた諸論稿でくり返し表明される。たとえば、Kirche und Theologie, 1925.〔『教会と神学』〕。Der Begriff der Kirche, 1927.〔『教会の概念』〕。Der römische Katholizismus als Frage an die protestantische Kirche, 1928.〔『問いとしてのローマ・カトリシズム』〕など。その他、Ethik I, 1928, ibid., S. 174 f.〔『キリスト教倫理学総説』〕。Die Not der evangelischen Kirche, ZZ 9, S. 93, 1931.〔『福音主義教会の危急』〕。さらに「バルメン神学宣言」第三項も参照せよ（本書第三章）。

（16） ここでの啓示理解は次の通り。「啓示とは、厳密にかつ排他的に、人間に対する神の然り、神の受肉（逆戻りなし！）を意味する——ただそのような仕方でのみ啓示はそれ、すなわち、ここで厳密にかつ排他的に証しされるもの、すなわち、恵みである——啓示がわれわれにとって律法であるところでも恵み、啓示が（時間が続くかぎり）裁きにおける恵みであることによっても恵み、いつも恵み、換言すれば、いつも自由な、しかし人間に対する完全に一義的な神の好意」(Die Kirche und die Offenbarung, ibid., S. 344)。E・ブッシュ『バルト神学入門』二〇〇九年、六一頁以下、参照。

(17) Kirche und Theologie, in: Vorträge und kleinere Arbeiten 1922 - 1925, GAIII (19), S. 646.

(18) *Erik Peterson,* Was ist Theologie?, in: Theologische Traktate, S. 9-43.

(19) Kirche und Theologie, ibid., S. 649.

(20) Ibid., S. 653.

(21) *Peterson,* Was ist Theologie?, ibid., S. 9.

(22) Kirche und Theologie, ibid., S. 653. バルトはここでゴーガルテンとブルトマンの神学の定義を引く。自分の立場が彼らよりもある意味でむしろペーターソンに近いことがそれによって示される（ゴーガルテン――神学とは「神学者が神の啓示に基づいて語る場合何をなすのかについての、批判的・方法的な省察である」ZZ 9, S. 78. ブルトマン――神学とは「神によって規定されたものとしての人間の実存の概念的叙述である」ZZ 12, S. 353.)。

(23) Kirche und Theologie, ibid., S. 654.

(24) 「近代的人間の権威なき拘束なき思惟方法と態度とはプロテスタント教会と何の関係もない」(Der römische Katholizismus als Frage an die protestantische Kirche, in: Vorträge und kleinere Arbeiten 1925 - 1930, GAIII (24), S. 327 f.)。

(25) Kirche und Theologie, ibid., S. 663 f.

(26) *E. Herms,* Karl Barths Entdeckung der Ekklesiologie als Rahmentheorie der Dogmatik und seine Kritik am neuzeitlichen Protestantismus, in: *M. Beintker, Chr. Link, M. Trowitzsch* (Hrsg.), Karl Barth in Deutschland〔1921 - 1935〕, 2005, S. 169.

(27) Kirche und Theologie, ibid., S. 664 f.

(28) Ibid.

(29) 「彼〔キリスト〕が天に昇られたとき、他の人も彼自身も、彼の権威について語らなかったし、彼はそのとき彼自身の権能を教会に、すなわち昇天の後は彼を代理しなければならない教会に委ねたのである」(*Peterson,*

ibid., S. 31)。

(30) Kirche und Theologie, ibid., S. 662.
(31) Ibid., S. 666.
(32) Vgl. Der römische Katholizismus, ibid., S. 325 f.
(33) Kirche und Theologie, ibid., S. 666.
(34) Ibid., S. 667.
(35) Ibid., S. 666 f.
(36) Ibid., S. 667.
(37) Ibid.
(38) Ibid., S. 666.
(39) Vgl. Der römische Katholizismus, ibid., S. 316. 以下も参照せよ。「教会はイエス・キリストと恩寵を受けた罪人の中間にあるものである」(Der Begriff der Kirche, 1927, in: Vorträge und kleinere Arbeiten 1925-1930, ibid., S. 154.)。
(40) *E. Herms*, Karl Barths Entdeckung, ibid., S. 142, 169 f.)　後述されるように『教会と文化』で文化は神の言葉の現実において問題となり、同じく一九二八年の倫理学講義でも神学の対象としての神の言葉の現実の中で倫理の問題が立てられる（Ethik I, 1928, ibid., S. 1-29.)。
(41) Die Kirche und die Kultur, 1926, in: Vorträge und kleinere Arbeiten 1925-1930, GAIII (24), S. 16.〔「教会と文化」〕
(42) Ibid., S. 10.
(43) Ibid., S. 12.
(44) Ibid., S. 16.
(45) Ibid.
(46) Ibid., S. 15.

(47) Ibid.

(48) Ibid., S.17.

(49) 神の言葉の証しの三重の理解〔創造、和解、救済〕、神の国の三重の理解〔自然ノ国、恵ミノ国、栄光ノ国〕からの解明は一九一九年のタンバッハ講演『社会の中のキリスト者』を引き継ぐもの。Die Kirche und die Kultur, ibid., S.20f. Vgl. Ethik I, ibid., S.86-101. ただしそこでの考察の対象は個々のキリスト者における神の言葉の現実であるのに対して、『教会と文化』では教会共同体における神の言葉の現実が考察の対象となる。したがって問題は「教会と文化との関係」である。Vgl. *E. Herms*, Karl Barths Entdeckung, ibid., S.172.

(50) Die Kirche und die Kultur, ibid., S.20.

(51) Ibid., S.23.

(52) Vgl. *Barth*, Schleiermacher, 1926, in: Die Theologie und die Kirche, S.180-189.

(53) Die Kirche und die Kultur, ibid., S.25.

(54) Ibid.

(55) Ibid.

(56) Ibid.

(57) Vgl. Die Kirche und die Offenbarung, ibid., S.334. 一九二八年の倫理学講義の中に次のように言葉が見られる。「お互いの間での人間のこの平等と、幾人かの個人によるこの指導は、その本質において、神と隣人に対する人間の関係の、既にそこにある重大な攪乱を指し示している。そのようなことは、明らかに創造の秩序ではない。しかし、もしそれが実際に神の秩序であるならば、それは、創造の秩序とおよび補助秩序と取り違えられることはできない。それらの根源は、教会と国家の〔崩壊の〕防止のための秩序とおよび補助秩序として理解されなければならない。そして事実、生は、今やすべての者がいっしょに生きることとして見なされて、初めからして……普遍性と根源性の中で、すべての歴史的となった、また変化する諸関係に相対して、教会と国家が恵ミノ王国において創造主なる神の誡め〔編集者注によれば「和解主の誡め」が考えられている〕として意味していることへの一つの対応を要求する。またこの側面においても、自然法ノ現実を要求する」(Ethik I, ibid., S.414f. 吉永正義訳)。

(58) Die Kirche und die Kultur, ibid., S.28.
(59) Ibid., S.28f.
(60) Ibid., S.31.
(61) Ibid., S.32.
(62) Ibid.
(63) Ibid., S.33.
(64) Ibid., S.34.
(65) Ibid., S.35.
(66) Ibid.
(67) Ibid., S.36.
(68) Ibid., S.37.
(69) Ibid.
(70) Ibid.
(71) Ibid.
(72) Ibid.
(73) Ibid., S.39.
(74) Nein! Antwort an Emil Brunner. TEH 14, 1934, S. 7.
(75) Die Kirche und die Kultur, ibid., S.22.
(76) 「教会を宗教史の大いなる曖昧さの只中でまたその固有のはしための姿にもかかわらず真の教会とし、キリスト者を彼自身もまた陥っている滅ビノ群レの只中において選ばれた者・聖なる者とするのはただ全く神の主権的行為であることは、啓示の概念に基礎をもつことであるから」(Der römische Katholizismus, ibid., S.316.)。
(77) Ibid., S.677

（78）「神の御手の中にある啓示の人間的手段としての教会、神の語りかけが起こりまた聞かれる場所としての教会、神の召命に基づきこの神の語りかけに人間が奉仕する人間的共同体としての教会、同じく神の召命に基づきこの神の語りかけが人間において出来事となる教会」(Kirche und Theologie, ibid., S. 336.)。

（79）Vgl. *H. Fries*, Kirche als Ereignis. Zu Karl Barths Lehre von der Kirche, in: ders., Kirche als Ereignis, 1958, S. 68.

（80）Der römische Katholizismus, ibid., S. 332.

（81）CD, 1927, GAII (14), S. 42.

（82）Die Theologie und der moderne Mensch, 1927, ibid., S. 180 f.〔『神学と現代人』〕。Vgl. *M. Honecker*, Kirche, ibid., S. 168 f.

（83）Ibid., S. 169.

（84）ミュンスター時代（一九二五〜一九三〇年）に教会論への関心がとくに呼び起こされることになったが、その要因を二つ挙げることができるであろう。一つはオット・ディベーリウス『教会の世紀』（一九二六年）の出版とその影響を含むヴァイマル期の福音主義教会の動向であり、もう一つはミュンスターにおけるカトリック神学との出会いである。バルトの教会論はこの時期のカトリシズムとの対論・対決によって仕上げられたと言っても過言ではない。その意味で『教会の概念』（一九二七年）、『神学と近代の人間』（同年）および『問いとしてのローマ・カトリシズム』（一九二八年）が重要である。ブッシュ『生涯』二五一頁以下、参照。Vgl. *K. G. Steck*, Über das ekklesiologische Gespräch zwischen Karl Barth und Erich Przywara 1927/29, in: Antwort, S. 249. バルトは『教会の概念』でプロテスタントとカトリックの根本的一致を確認しつつも、その信仰理解においては両者の違いが語られなければならないと言う。「われわれプロテスタントは信仰ということで、それ自身すでに恵みによって引き起こされた、神の恵みの人間的受領と把捉と理解する。この人間的受領と把捉において恵みがまさに恵みであり神の言表しがたい善行であるのは、恵みが……神の恵みであり、またそうでありつづけるかぎりにおいて、すなわちロゴスと神の霊の現実であり、またそうでありつづけるかぎりにおいてにほかならない。この現実は人間を意のままにし、人間はそれを（言葉とサクラメントにおいて）感性的に認め、理性的に認識し、心において経験する。ただしその時——そしてそれが決定的なことなのだが——人間が恵みを意のままにすることも全くないのだ」(Der Begriff der Kirche, ibid., S.152.)。カトリックとの違い、またその根本的誤りは、プロテスタントが信仰を徹底して神の恵みから理解しようとしているのに対して、カトリック神学が神の恵みを人間が意のままにしようと試みるところにあるとした。二十年代末のこうしたバルトの神学的なカトリック批判はじつは同時に近代プロテスタンティズム批判であり、それがそのまま当時の教会の社会における在り方への批判となる消息は、『神学と近代の人間』、『問いとしてのローマ・カトリック』に明らかである。

(85)　この点でゲッティンゲン、ミュンスターにおける二回の教義学講義とは異なる。ゲッティンゲンのバルトの最初の教義学では、教会の不可視性、可視性、教会の指標、教会の奉仕の順で改革派的教会理解が説明される。ミュンスターでの二回目の教義学もそれとほぼ変わらない。Vgl. Unterricht in der christlichen Religion, III. Band, 1925/1926, S.359 ff. GAII (38). CD §64.〔尚、本パラグラフは未公刊。バルト・アルヒーフ所蔵〕。

(86)　「教会はこの世にある」(Die Theologie und der heutige Mensch, 1930, ZZ 8, S.376)。

(87)　Vgl. *K. Scholder*, Die Kirchen und das Dritte Reich, Bd. 1, Vorgeschichte und Zeit der Illusion 1918-1934, S.13-79, 1977.

(88)　*K. Scholder*, Die Kirchen, ibid., S.56.

(89)　ブッシュ『生涯』二六九頁以下、参照。

(90)　雨宮栄一『ドイツ教会闘争の史的背景』二〇一三年、一五五頁以下、参照。

(91)　Die Theologie und der moderne Mensch, ibid., S.160 ff.

(92)　Die Theologie und der heutige Mensch, ibid., S.395. Vgl. Die Theologie und der moderne Mensch, ibid., S.180 ff.)

(93)　Die Theologie und der heutige Mensch, ibid., S.392.

(94)　Ibid.

(95)　Ibid., S.394.

(96)　Ibid.

(97) Ibid., S.395.
(98) Ibid. 宮田光雄『十字架とハーケンクロイツ――反ナチ教会闘争の思想史的研究』(二〇〇〇年)、第一章を参照せよ。このバルトの言葉の前半の、自然神学を求める叫び、あるいはその基礎づけの試みとは、アルトハウス、エーレルトらによる創造の秩序の論議を指し、後半の、びくともしない教会主義とは、ディベーリウスの『教会の世紀』に代表される教会的動向を指す。
(99) Ibid., S.396.
(100) Ibid., S.376.
(101) Die Not der Evangelischen Kirche, ibid., S.90.
(102) Ibid., S.89.
(103) Ibid.
(104) Ibid., S.101.
(105) Ibid., S.91.
(106) Ibid., S.94.
(107) Ibid.
(108) Ibid., S.95.
(109) Ibid., S.96.
(110) Ibid., S.97.
(111) Ibid., S.98.
(112) Ibid.
(113) Ibid., S.100.
(114) Ibid., S.53.
(115) Ibid., S.115f. Vgl. KDI/1, S.223.
(116) KDI/2, S.396, passim.「バルメン神学宣言」第三項も参照せよ(本書第三章)。

(117) *M. Honecker*, Kirche, ibid., S.174.
(118) KDIV/1, S.728 (1955). Vgl. Die Kirche——die lebendige Gemeinde des lebendigen Herrn Jesus Christus, ThSt (B), 1947.〔『教会——活ける主の活ける教団』〕。
(119) *M. Honecker*, Kirche, ibid., S.174.
(120) KDI/2, S.165, 188, 260, 379, 416, 947, passim.
(121) *H. U.von Balthasar*, Karl Barth, S.71, 1961. Vgl. *M. Beintker*, Die Dialektik in der »dialektischen Theologie« Karl Barths. Studien zur Entwicklung der Barthschen Theologie und zur Vorgeschichte der »Kirchlichen Dogmatik«, 1987.
(122) Vgl. *W. Kreck*, Grundentscheidungen in Karl Barths Dogmatik, 1983, bes. S.75-95. *M. Beintker*, Die Dialektik in der »dialektischen Theologie« Karl Barths. 1987., bes. S.245-286.
(123) KDI/1, S. VIII.
(124) Ibid.
(125) *E. Herms*, Karl Barths Entdeckung, ibid., S.141-186.
(126) KDI/1, S.2f.
(127) KDI/1, S.1.
(128) Ibid., S.2.
(129) 神学を信仰の知解としてまさに真理問題として解明したのが『知解を求める信仰——アンセルムスの神の存在の証明』（一九三一年）であった。「信仰ガ知解ヲ求メル時、すでに起こった知ることと同じくすでに起こった肯定の間の中間の道程を進み行くことだけが問題でありうるだけである。そしてまさに、知解スルコトの始めと終わりが信仰の中ですでに与えられているがゆえに、そこで求められている知解スルコトにおいては、ただこれら二つの端の点の間の中間の道程を進み行くことだけが問題であるがゆえに、この知解スルコトは解決しうる問題であり、神学は可能な課題である」（Fides quaerens intellectum, GAII (13), S.24.〔『知解を求める信仰』吉永正義訳〕。神学は「前もって語られ前もって肯定されたクレドー（Credo）を後から考えること（Nachdenken）」

(S.26.) である。それゆえに「神学者は、どの程度まで、キリスト者が事情はそうだと信じているその通りの事情であるかを問う」(Ibid.)。Vgl. KDI/2, S.954-990.) Vgl. *E. Jüngel*, Von der Dialeklik zur Analogie. Die Schule Kierkegaards und der Einspruch Petersons, in: Barth-Studien, 1982.

(130) KDI/1, S.3.

(131) Ibid.

(132) Ibid.

(133) Ibid., S.41.

(134) Ibid., S.3.

(135) Ibid.

(136) Ibid.

(137) CD, S.3.

(138) CD, S.29.

(139) KDI/1, S.23.

(140) Ibid., S.24.

(141) Ibid., S.34.

(142) Ibid., S.34.

(143) Ibid., S.33.

(144) Ibid.

(145) Ibid., S.35.

(146) Ibid., S.42.

(147) Ibid., S.40.42.

(148) Ibid., S.2.「神学の可能性と必然性は、こうした一見積極主義的に見える基礎、こうした根拠づけの全く不可能な教会と宣教の所与的存在に基づいている」(*W. Kreck*, Grundentscheidungen, ibid., S.77)。

(149) Ibid.
(150) Ibid., S. 41.
(151) Ibid., S. 43.
(152) Ibid.
(153) Ibid., S. 35, 38. Vgl. *F. D. E. Schleiermacher*, Der christliche Glaube, SS 2.2, SS3.1, 2. Aufl., in: KG, S. 15-32.
(154) Ibid., S. 37.
(155) Ibid., S. 38.
(156) Ibid.
(157) Ibid., S. 40.
(158) Ibid., S. 41.
(159) Ibid.
(160) 前節においてわれわれは、「教会の存在」（＝イエス・キリスト）という言葉を、神学方法論上の概念として、その含意を明らかにした――内容的に言えばそれがイエス・キリストと教会の密接な関係を表わすものであることはこの第二節で明らかにされる。同趣旨のことを、E・ハームスは、「バルトにおける教義学の枠理論としての教会論の発見と彼の近代プロテスタンティズム批判」という報告の中で述べている。バルト神学成立の一つの解釈であり、教会論の形成とも深く関わっているので、以下、その論旨を紹介しておきたい。ハームスは、KDI/1にいたるまでのバルトの教会と神学の関係について、『教会教義学』第一巻（KDI/1）の序説（三～八節）を手がかりに、概ね次のような解釈を示す。『キリスト教教義学試論』（CD）の第二版としての『教会教義学』第一巻は、前者と、第一に書名によって区別されるが、それだけでなくそこに内包されている一つの「発見」によって新しい始まりを示していると言う。「すべての人間的神学に対して排他的な可能性の場をつくり出し、それ自身として同時にまた神学の排他的主体でありその対象――それによって神学にその一切の課題のみならず、同時にその解決のための手段も手渡される――であるのはまさに教会であるという発見。さらにこれらの〔序論のバルトの〕言葉には、神学がその固有な可能性の諸条件がその中ではっきり言い表わされるのは、まさに教会についての教説であるということが含まれる」。そしてハームスの見解によれば、この発見の歴史において重要な意味を持ったのは、継起的に起こった二つの有益な経験であったと言う。第一にそれは、大学の講壇神学と彼がザーフェンビルで経験した教会の牧師としての現実的課題、とり分け説教との不釣り合いという、バルトの神学的出発点に位置している経験であった。ハームスはそれを示す論文として一九二二年の『キリスト教宣教の危急と約束』を挙げる。さらに彼によれば、教会的現実の経験が学問的神学に拘束的な課題をつきつけるのは、現実の教会自身に権威が内在している場合だけであり、その意味で彼はバルトのE・ペーターソンとの対決講演『教会と神学』を教会と教会論の発見の第二の段階と見なす。われわれもすでに第一節（2．啓示の証しと教会の相対的権威）で見たように、バルトはそこで神学の弁証法的性格を擁護しつつ、同時に教会の「時間的・相対的・形式的な権威」を認めていた。この基本的認識が深化拡大されていく過程をハームスは第三の歩みとして理解する。残っている問題はペーターソンとの論争において明らかにされた認識の諸前提、すなわち、教会の現実と神の言葉の現実との本質的関係の解明であった。ハームスによれば、『キリスト教教義学試論』ならびにミュンスター時代のローマ・カトリック教会との対話がそのために捧げられた。他方、『教会と文化』、そして大きな『倫理学講義』は同じく教会の現実と神の言葉の現実との本質的関係を前提にしてそこから生じる社会倫理的帰結に取り組んだものであるという。約めて言えば教会と教会論の発見が『教会教義学』、とり分け神学方法論に関わるプロレゴメナ（KDI/1-2）を、それ以前のバルトの著作から区別するというハームスの理解にわれわれは基本的に同意する。Vgl. *E. Herms*, Karl Barths Entdeckung, ibid., S.141 - 186.

（161） KDI/1, S.41.

（162） 『教会教義学』プロメゴレナ第二部（KDI/2）が刊行されたのは一九三八年だが、講義はすでにボンで着手されていた。ペーター・ツォヒャー博士（バルト・アルヒーフ）の教示によれば、三三／三四年冬学期に開始され、三四年十一月に授業中止命令が出されるまで続けられた。これは三五／三六年冬学期にバーゼルで継続され、一九三七年夏にはこの巻は完成した。ブッシュ『生涯』三三四、三七八、四〇二頁他を参照せよ。Vgl. *K. J. Bender*, Karl Barths Christological Ecclesiology, 2005, pp1-13.

（163） KDI/2, S.2.

(164) Ibid.
(165) KDI/2, S.217 - 218.
(166) Vgl. KDI/2, S.49. S.163.
(167) KDI/2, S.174 - 187.
(168) KDI/2, S.174.
(169) KDI/2, S.176.
(170) KDI/2, S.177.
(171) KDI/2, S.178.
(172) KDI/2, S.382.
(173) KDI/2, S.641.Vgl. KDI/2, S.642.
(174) KDI/2, S.241.
(175) KDI/2, S.235.
(176) KDIV/3, S.834.
(177) Vgl. KDI/2, S.302. ただし「くり返し」という言葉をバルトは、受肉の「継続」「延長」と同じ意味で用いる場合もあり、注意されたい。Vgl. KDIV/2, S.64. KDIV/3, S.958.
(178) KDI/2, S.237.
(179) KDIV/2, S.64.
(180) KDI/2, S.226.
(181) イスラエルと教会が同じく啓示の受領者として取り扱われるのは、すでに「言葉の受肉」の中の「啓示の時間」（十四節）においてイスラエルにとっても教会にとっても同じ一つの啓示が問題であるという論証を受けてのことである（「ここでもかしこでも問題の中心は、いわゆる二つの宗教の相違を相対化する啓示の単一性である」〔KDI/2, S.87〕）。バルトは、ユダヤ教とキリスト教という「二つの宗教」の関係を問題としたシュライエルマッハー、さらに十九世紀の進化論的宗教理解に対し、一九三八年のこの時期、旧約を失い崩壊しつつある教会の現実を前にして、「啓示の単一性」、すなわち、イエス・キリストが旧約聖書と新約聖書の証言の対象であることを強く主張した。さらにバルトは「啓示の時間」の中で、旧約聖書が啓示の証言であること、「待望」と「想起」の方向性の相違にもかかわらず、それは、神の契約と神の隠れと神の預言として、新約聖書における啓示証言と同一であることを固持した。そこから教会と会堂《シナゴーグ》の結びつきを明確に示し、ストラスブールの大聖堂にある目隠しされ手に折れた槍をもつ痛々しい形姿は「キリスト後の時間の中での会堂」だけではない、むしろわれわれは、次のことを思い起こさなければならないと書いた。「啓示の認識は、それがいま旧約聖書における啓示証言に関係していようとあるいは新約聖書における啓示証言に関わっていようと、いつも決断を意味している。そして教会は、新約聖書、すでに生起した啓示の証言の正典を手にしているとしても、目隠しされ折れた槍をもった形姿でありうる。そしてもし教会がそのようなものでないときには、教会が啓示を認識し啓示によって生きるときには、それは、パウロがローマ書一一・二〇以下で述べているように、受けるに値しない全くの恵みである。自由な、値しない全くの恵みである啓示の秘義が、新約聖書の教会を、恵みを受けたことが旧約聖書においてわれわれに待望として証しされている民と、引き裂くことのできない仕方で結びつける。そしてまさにこの秘義こそが、教会と会堂《シナゴーグ》——あの民がじっさいイエス・キリストを待望していたしこの待望の中で恵みを受けていたことを、心のかたくなな姉妹として見る目をもちながら見ようとしない会堂——をただたんに切り離すだけでなく、また結びつけつつ存在している」(KDI/2, S. 111.)。むろんこの「啓示の秘義」とは、イエス・キリストにおける神の言葉の受肉にほかならない(Ibid., S. 134 ff.)。Vgl. *E. Busch*, Unter dem Bogen des einen Bundes. Karl Barth und die Juden 1933-1945, 1996, S. 182 ff.〔エーバーハルト・ブッシュ『カール・バルトと反ナチ闘争——ユダヤ人問題を中心に』上下〕。

(182) KDI/2, S. 230.

(183) KDI/2, S. 230.

(184) KDI/2, S. 230 f.

(185) KDI/2, S. 233 f.

(186) 「イエス・キリストにあって、神と人間の間に啓示と和解が起こったということ、そのことを人はただ、永遠の神的言葉が、ここで肉となったということを見、理解する時にだけ理解する。それがここでわれわれの闇の中に光をもたらす。それがここで解放と純化を意味し、それがここで啓示と和解を実現し、それがイエス・キリストの人格（Person）の徹頭徹尾独一無比な実在なのである。しかしまたキリストの教会に関しても事情はそれと同様である。詳しく言うならば、イエス・キリストに関して事情はそのようであるがゆえに、またその教会に関しても事情はそのようなのである」（KDI/2, S. 234.）。

(187) KDI/2, S. 234.
(188) Ibid.
(189) KDI/2, S. 235.
(190) KDI/2, S. 236.
(191) Ibid.
(192) KDI/2, S. 237.
(193) Ibid.
(194) KDI/2, S. 237.
(195) KDI/2, S. 239.
(196) KDI/2, S. 241.
(197) Ibid.
(198) Ibid.
(199) KDI/2, S. 242.
(200) Ibid.
(201) Ibid.
(202) Ibid.
(203) Ibid.
(204) KDI/2, S. 243.

(205) KDI/2, S. 245-248.

(206) KDI/2, S. 244.

(207) KDI/2, S. 248.

(208) KDI/2, S. 254.

(209) KDI/2, S. 252.

(210) KDI/2, S. 245.

(211) KDI/2, S. 249.

(212) 周知のようにバルトはその長い神学的営みの中でサクラメント概念のある種の「非神話化」を遂行し、イエス・キリストを唯一のサクラメントとし、洗礼と聖晩餐を信仰の応答と証しの行為とする立場をとるにいたった。バルト自ら言及し（Vgl. KDIV/1, S. 167.）、たとえばE・ユンゲルもつとに指摘しているように、サクラメント理解はKDIV/4で「自覚的かつ断固たる訂正」をこうむったが、「訂正は、KDII/2の『神の恵みの選びの教説』においてすでに準備されていた」（*E. Jüngel*, Thesen zu Karl Barths Lehre von der Taufe, in: ders., Barth-Studien, 1982, S. 291. Vgl. Ders., Karl Barths Lehre von der Taufe, ibid., S. 246 ff. *U. Kühn*, Sakramente, S. 174-184. 大崎節郎「カール・バルトにおける『サクラメント』の概念」（1）（2）、『教会と神学』三〇、三一号。拙稿「共同行為としての洗礼――バルトの洗礼論への一視角」、『キリスト教文化研究所紀要』一二号）。これらの変化はバルトのキリスト論的集中の深まりと相即していた。したがって『教会教義学』のプロレゴメナは、まだバルトがサクラメントという一般概念を「確信をもってまた心配なしに用いていた」（KDIV/1, S. 167.）時期であり、「神のための人間の自由」のパラグラフにつけた長い注記も、基本的に例外ではない。「人は全く真剣に、聖礼典《サクラメント》は欠かすことのできない『恵みの手段』であると言わなければならない」（KDI/2, S. 253.）。バルトは、神学史を辿りながら、彼がこのパラグラフで「神的なしるしを与えること」として記してきたことをサクラメント概念の起源的・包括的意味とし、後代のより狭い意味でのサクラメント概念は、むしろその内部における特別な何かだとした。そしてその特別な何かとは、バルトによれば、サクラメントが、神がしるしを与えることを、すなわち、教会の客観的側面を、聖書の言葉で言えば「言葉は肉となった」の中の「肉」および「なった」を、強調して表わすということである。「聖礼典でもって、神的なしるしを与えるということが含みもっているこの性質が強調されるということ、そのことは説教と並んでの聖礼典の特別な点であり、教会へと集められた神の民の生命活動全体の中で聖礼典がもっている特別な点である」（KDI/2, S.251.）。かくて、「教会はその客観的な側面からいえば聖礼典的である。換言すれば、洗礼および聖晩餐の類比にしたがって理解されなければならない」。教会は「聖礼典的な場所」（KDI/2, S.253.）である。しかしそれはローマ・カトリックの事効説とも異教的な魔術とも関係がない。むしろ聖礼典的な場所とは、人が自らを洗礼から聖晩餐へと通じる道の上に見いだす場所であり、信仰から信仰へといたる場所である。その道の上で人ははじめて自らを正しく啓示の受領者として理解する。また神学も、バルトによれば、その場所でこそ、その始まりと目標を見いだす（ibid.）。

(213) KDI/2, S.253.
(214) KDI/2, S.256.
(215) 「事実、ここで起こることにおいては、ひとつの確信させられるということ、換言すれば、客観的啓示の真理が人間の目と耳の前で、人間の心の中で、開示されること、おおいがとられてあらわされることが問題である。ここでは次のことが問題である。それはすなわち、人間自身が客観的啓示を真理として認識し、したがってまた自分にとってもまことであり、力を奮うこととして受けとるということ、人間の理性が客観的啓示を聞きとり、人間自身が全く真理の中にあること、換言すれば、自分自身を徹頭徹尾真理からして理解するということである」。Vgl. KDI/2, S.259.
(216) KDI/2, S.261.
(217) KDI/2, S.55.
(218) KDI/2, S.56.
(219) Vgl. CD, S.297.
(220) 『キリスト教教義学試論』（CD）でバルトは、受肉論をはっきり神学の中心に据えてプロレゴメナを展開しようとしたが、受肉論と教会論との密接な関連の展開はやはり『教会教義学』（KDI/2）またなければならなかった。『キリスト教教義学試論』では啓示と教会の関係は「原歴史と歴史」の関係として語られる。「そしてこのことが、すなわち、すべての歴史が原歴史に対して、円の周辺が中心点に、預言が成就に、待降節が降誕節に対して関係するように、関係することができるということが、原歴史に対するすべての歴史の積極的な関係なのである。すべての歴史は、原歴史のようにそれ自身啓示であることなしに、啓示について知りつつ、啓示の証しをなし、啓示に参与することができる、そのようにしてすべての歴史は第二級の資格づけられた歴史、つまり原歴史を目指して生起する歴史、そのかぎりにおいてまさに証言、反射、エコーとして、それ自身また歴史以上の歴史であることができる。もし人がそのように啓示の周りに集められた、預言する、待降節的な歴史の名を問うならば、それはまさに教会、すなわちイエス・キリストにおいて最後決定的に基礎づけられた、歴史の中で自余の歴史から高く抜きんでた地上における神の歴史であるというのが、もっとも明快もっとも単純なことであろう。それゆえ『啓示と歴史』という問題の更なる実り豊かな取り組みに対しては、やはりふたたび正しい名のもとに行われることが本来望ましい、そしてその名とは、まさに『啓示と教会』と称されなければならないはずのものなのである」(CD, S. 320.)。しかしバルトは、KDI/2, S. 63 f. で啓示を「原歴史」、教会を「資格づけられた歴史」などの言葉で語ったことを、啓示を歴史の賓辞としてとらえる試みとして自己批判し、以後、この「原歴史」という、オーフェルベックに由来する用語を原則として用いなかった。

(221) *H. Hoffmann*, Kirche im Kontext—*Zur* Zeitbezogenheit der Ekklesiologie Karl Barths, 2007.

(222) KDI/2, S. 260.

(223) KDIV/1, S. 718.(傍点、筆者)。

第三章　「バルメン神学宣言」の教会論

第一節　教会の主イエス・キリスト――第三項

「愛に根ざして真理を語り、あらゆる面で、頭《かしら》であるキリストに向かって成長していきます。キリストにより、体全体は、あらゆる節々が補い合うことによってしっかり組み合わされ、結び合わされる。」

（エフェソ四・一五、一六）

キリスト教会は、イエス・キリストが御言葉とサクラメントにおいて、聖霊によって、主として、今日も働きたもう兄弟たちの共同体である。教会は、その服従によっても、またその信仰によっても、その秩序によっても、またその使信によっても、罪のこの世にあって、恵みを受けた罪人の教会として、自分がただイエス・キリストの所有であり、ただ彼の慰めと指示とによってだけ彼が現われたもうことを期待しつつ生きているということ、生きたいと願っているということを証ししなければならない。

教会が、その使信や秩序の形を、教会自身の好むところに任せてよいとか、その時々に支配的な世界観的確信や政治的確信の変化に任せてよいというような誤った教えを、われわれは退ける。

（「バルメン神学宣言」第三項）

一九三四年五月三一日、バルメン・ゲマルケ教会で開催された、ドイツ福音主義教会第一回告白会議が採択した「バルメン神学宣言」（「ドイツ福音主義教会の今日の状況に対する神学的宣言」）は、ドイツ・プロテスタント教会のナチズムに対する闘いの最初の頂点を形づくった。それはまた教会闘争の危機と挫折を貫いて最後までその道標たる意味を失うことなく、戦後ドイツの教会の礎ともなった。「バルメン神学宣言」は、聖書に始まる、[1]歴史の転換点においてくり返しなされてきた教会の信仰の告白であった。それは歴史上の他の信仰告白と同じく、状況と無関係に案出されたたんなる文書ではない。この宣言を生み出した告白教会とは「一つの顕著な、すでに久しく現われたことのなかった、深淵からの獣の啓示と、同時に、イエス・キリストにおける古い啓示の新しい証明が起こった状況のいわば証人に過ぎなかった」[2]のであり、宣言はそれら証人たちの「危急と喜びの叫び声が一つの声となってほとばしり出た」[3]ものであった。

「バルメン神学宣言」はドイツ福音主義教会の告白会議において発表された教会の信仰告白である。信仰告白は、たとえ一人の起草になるものであっても、それを個人の神学や思想に還元してしまうことは許されない。信仰告白はそれ以上である。「バルメン神学宣言」も直ちに起草者バルトの神学のテキストと考えることはできない。けれども他方、起草から採択までの一貫した主導的な関わり、宣言本文全体の構成や言葉の選択において、この宣言がカール・バルトの神学の決定的刻印のもとに成立したという紛れもない事実も、この歴史的文書の理解にさいして無視されることはできない。[4]本節は「バルメン神学宣言」第三項をとり上げ（それとの関連の中で第四項にも言及）、そこに表わされた教会理解を究明する。論述の順序は、はじめに信仰告白としての「バルメン神学宣言」の性格と第三項のテキストの成立過程を明らかにし（1.2.）、その上でその意味を解明する（3.）。第三項の今日的意味にも最後に少し触れてみたい。

1. 信仰と告白

いま「バルメン神学宣言」は教会の信仰告白であると言った。少なくともバルトは一貫してこれを信仰告白として理解していた。バルト自身の信仰告白に対する考え方は、一九二五年のある講演の中で一度明らかに示され（『普遍的な改革派信仰告白の願いと可能性』）[5]、さらにより一般化・深化された形で、「バルメン神学宣言」の四年後、一九三八年に刊行された『教会教義学』プロレゴメナにおいて詳細に展開された[6]。両者に基本的相違はないが[7]、一九三三～三四年時点のバルトの信仰告白理解は、やはり前者の延長線上に考えるのが適当だと思われる。

ドイツ改革派連盟総会でなされたその講演でバルトは、普遍的な改革派信仰告白の願いと可能性を探りつつ、「告白教会」[8]として自己を理解する改革派教会の信仰告白は何よりも「神の意志に従う」[9]ところに生じなければならないとし、その上でこう述べる、「神の意志への服従において、それゆえ神の名において語らなければならないと考える者は、したがってまた預言者の務めを取り上げ、この世でそれをさらに前進させていく者は……以下のような考えを持たなければならない、すなわち正しいこと、重要なことを神の決意から語り、それと同時に神の名において特定のことを命じなければならない」と[10]。「語り」かつ「命じる」ことが、信仰告白に課せられる。そしてバルトはこれらに対応してキリスト教の信仰告白の二つの要件を語っている。第一にそれは、聖書から与えられた真理の洞察を「神学的虚偽と生半可な真理に対する厳しい闘い」においてはっきり語ることである。信仰告白は「一致に向けての友愛の記録」でもなければ、「共通の願いあるいは理想の表現」でも、さまざまの方向の間の「妥協の定式」でもない。じっさい神学と宣教を巡る真剣な論争ないし闘いという「前歴史のない信仰告白は……何の意味も持たない」。[11] 第二に信仰告白は、服従を、すなわち「全く単純に起こらなければならないこと」としての「全く特定の態度決定」を命じる。そしてともし火が升の下ではなく燭台の上に置かれなければならないように、宣教の言葉も人間の具体的生活の中に向けられそこでこそ輝くものでなければならない。「今日信仰を告白しようとする教会は、今日教会員を圧迫している生活の諸問題について暫定的に聖書から得られた洞察を言い表わす勇気を持たなければならないであろう」。[12] 宣教の闘いの中で聖書的真理の認識をはっきり言い表わすことと、そのことによる特定の態度決定、これが二つの要件である。これらの考え方が信仰告白としての「バルメン神学宣言」の起草のさい、バルトの念頭にあったことは明らかである。「バルメン神学宣言」が「究極的には奇蹟であった」[13] と言わざるをえない出来事であったとしても、ここで示されている信仰告白を巡る省察は、起草者バルトにおいて一つの神学的準備となったであろうことは間違いない。

ところでE・ブッシュも教示しているように、バルトは前年、すなわち一九三三年秋にはまだ新しい信仰告白への機は熟していないと考えていた。一九三三年一〇月三一日、ベルリンで開かれた牧師緊急同盟の集会で、H・フォーゲルが新しい信仰告白へのアピールを行なったのに対してバルトは留保した。[14] バルトは、個々の問題について教会内に告白が可能な十分な一致があると考えていなかったし、ドイツ的キリスト者の誤りに個別的に政治的な反対表明をすればよいとも考えていなかった。むしろドイツ的キリスト者に反対する側、たとえば青年宗教改革運動にもその思惟と行動の本質においてドイツ的キリスト者に通じるもののあることを彼は見抜いていた。[15] 問題は二〇〇年来の近代ドイツ・プロテスタンティズムそのものにあり、その問題性がいまドイツ的キリスト者運動となって現われている。病根をそこまで遡ってえぐり、信仰と思惟に対する根本的批判がなされなければならないとバルトは考えていた。このことはこの前後になされた講演ではじめて確認される事柄ではない。むしろ一九三三年三月の『神学の公理としての第一戒』から一貫して明確に表明されていた。[16] ここでは同年一〇月前後の発言によって、根底的・批判的な神学的状況認識と信仰告白との関係を見てみよう。たとえば、三三年一〇月三〇日、ベルリンの牧師緊急同盟の集会でなされた講演『決断としての宗教改革』では、今日教会を「イエス・キリストなる一つの土台の上に建てる代わりに、啓示と理性、信仰と知識、福音と民族」というような土台に建てようとする立場を厳しく批判しつつ、次のように言う、「決断としての宗教改革は、その時、今日の福音主義教会の決断はどうかと問うであろう。われわれがその問いから退かないでいる時……正しい宗教改革的な信仰告白、純粋な宗教改革的な教えがあるのか……明らかになるであろう。……まさに今日、福音主義教会において支配的な運動、宗教改革に対する大いなる新プロテスタント主義的な不忠実さの最後の、最も生命力ある、完成された形態以外の何ものでもないということがおそらく明らかになる時、少なくとも、この運動に陥っていないすべての者は、何をなすべきかはっきりと知るであろう。……抵抗をなすべきである」[17]。さらに一一月、いわゆる体育館スキャンダルの前後相次いでなされた発言・講演を集めた『ルター祭』では、もっとはっきり語られている。抵抗あるいは抗議が向けられるべき「ドイツ的キリスト者の教えと態度は、一七〇〇年以降の、新プロテスタント主義的発展全体の、一つの特別に強力な結果以外の何ものでもない。それゆえ、抗議は、深く根をはり、現在存在している、福音主義教会全体の腐敗に反対して向けられる」。抗議はドイツ的キリスト者の謬説、アーリア人条項、旧約聖書の拒否、そのキリスト論におけるアーリア人主義、その義認論および聖化論における自然主義とペラギウス主義、その倫理学における国家の神格化のところではじめて始まるのでない、そうではなくて、それらの「源泉」に対して向けられる、すなわち「ドイツ的キリスト者たちが唯一の啓示源泉としての聖書と並んでドイツの民族性、その歴史と政治的現在を第二の啓示源泉として主張し、それによって、自分自身を『異なる神』を信じる者として明らかにしているということ」に対して向けられる。神学的にいえば近代プロテスタンティズムにおける自然神学が、いま克服されるべき批判されるべき根本的・神学的問題として明示された。そしてバルトによれば、どのような個々の反対も抗議も、そのような本質に対する戦いとしてなされているところでだけ、「意味深く、真剣に、力に満ちた仕方で」なされるとしたのである。[18] こうしてヒトラーの政権奪取後、一九三三年三月に最初に明らかにされた、闘うべき相手は近代プロテスタンティズムの自然神学、すなわち「と」の神学だという認識は、[19] その年の歴史の経過の中で、バルトにはますますはっきりしたものになって行った。「バルメン神学宣言」第一項は、まさにそうした認識を決定的に表明したものであった。「聖書においてわれわれに証しされているイエス・キリストは、われわれが聞くべき、またわれわれが生と死において信頼し服従すべき神の唯一の御言葉である」と。

　さてそのような状況の明確な神学的認識と本質的批判を、新しい信仰告白へ向けて大きく前進させるきっかけとなったのは、三四年一月三～四日、同じくバルメンで開催された自由改革派教会会議とそこで採択された、バルト一人の起草になる「現代のドイツ福音主義教会における宗教改革者的信仰告白の正しい理解に関する宣言」であったといってよいであろう（以下「一月バルメン会議」、「一月バルメン宣言」と略記）。[20] 五章から構成されるこの「一月バルメン宣言」は、その「一　現代の教会」で以下のような現状認識を示した。「一九三三年における教会のもろもろの出来事に直面して、神の言葉はわたしたちに懺悔と悔い改めを求めている。なぜなら、これらの出来事において、何世紀にもわたって福音主義教会を荒廃させてきた誤謬が熟し、だれの目にも明らかになっているからである。そしてその誤謬の本質は、神の啓示、神の恵み、神の栄誉と並んで、使信と教会の形態、つまり永遠の救いにいたる時間的な道について、人間の正当な専断も、決定的な役割を果たすことができるという考えの中にある」（二の一）。この誤謬は宗教改革時のローマ・カトリック及び熱狂主義者の誤謬と同じであり、それゆえにバルトによれば「ルター派、改革派、合同教会各自の〈利害関係〉の正当な主張の方が、誤謬に反対し、また真理に味方するために、共同の福音主義信仰告白と行動をとることよりも大切であるという考え」は退けられなければならない（一の三の拒否命題）のである。この「誤謬に反対し、また真理に味方するために、共同の福音主義信仰告白と行動をとること」こそ、この時期のバルトが願い求めていたことであった。この「一月バルメン会議」でバルトが最も喜んだことは、改革派諸教会がその方向に進んだことであり、具体的には彼らが直ちに「現代のドイツ福音主義教会」の名で語ることを認めたことであった。[21] 新しい共通の信仰告白の可能性がここで開かれたといってもよいであろう。本大会の夕べ、数千人の聴衆を前にしてなされた講演の中で、バルトは「教会の今の時は明白な決断の時である」[22]と語った。信仰告白の時は熟しつつあった。

2. 第三項のテキストの成立

(1)「バルメン神学宣言」

「バルメン告白会議」、すなわち、ドイツ福音主義教会第一回告白会議は一九三四年五月二九～三一日、バルメン・ゲマルケ教会で開催された。[23] この「バルメン告白会議」開催へ向けて大きな転換点となったのは、三四年一月二五日の教会指導部とヒトラーの会見の失敗、それ以後の弾圧と混乱であった。[24] また「バルメン告白会議」で発表されるべき神学宣言への道のはじまりは、三四年五月二日、ベルリンで開かれた第二回ニュルンベルク委員会で神学委員会が設置され、バルト、アスムッセン、ブライトの三人が委員として任命されたことに求めることができる。[25] さらに「バルメン神学宣言」のテキストそのものの成立については、五月一五～一六日、フランクフルトのバーゼル・ホーフホテルで開催された神学委員会の最初の協議会に大きなエポックがあったことについて異論はないであろう。以下、「バルメン神学宣言」[26] はいかに形成されたか、その過程を追ってみたい。

「バルメン神学宣言」のテキストの成立史については、七〇年代の終わりに、クリストフ・バルトの新資料の発見を含む研究によって新たな段階に入り、[27] 八〇年代半ばにはC・ニコライゼン、[28] あるいはR・アーラース[29]などによって、その詳細が明らかにされてきた。本節は特に第三項のテーゼを中心に考察を進めることになるが、はじめに必要なかぎりで、テキストの成立過程の大筋をそれらの諸研究によって明らかにしておきたいと思う。そのさい最終本文にいたるまでの、現在残されている諸テキストの関係をはっきりさせることを主眼とし、内容の変化・成立事情の全体にわたる論究はその多くを省略せざるをえない。

　はじめに述べたように、テキスト形成のエポックは五月一五～一六日フランクフルトで開かれた神学委員会の三人の話し合いであり、その結果生まれたのが「フランクフルト合意案」[30]（成立は一六日午後）である。協議は一五日午前遅く開始されたが、宣言全体の枠についてはすぐに合意された。合意の一つは、三三年七月一一日の「ドイツ福音主義教会憲法」に表わされた教会理解に立つこと、具体的には、後に宣言の前文冒頭に明記されたように、ドイツ福音主義教会は国家的に統一された一つの教会でなく「諸告白教会の連盟」であるということ。もう一つは、それぞれに違った教会的伝統に立ちながら、一致したところを言い表わすことであった。[31] 午前中にすでに内容に踏み込んだ議論がなされたらしい。内容に関して、五月七日の第三回ニュルンベルク委員会（カッセル）は、バイエルン監督マイザーの提案により、緊急の課題で、しかも一致できる点に絞って用意するように神学委員会に要望していた。この委員会決定に従い、翌日、ヴェストファーレン監督コッホはバルトに手紙を送り、「信仰告白宣言に当たってわれわれにとって大事なのは、ドイツ的キリスト者、および彼らの教えと彼らの方法に反対する信仰告白の共通の関心をはっきり示すことです」と書いて、取り扱われるべき課題として具体的に以下の五点を上げている。「一、教会の職務とこの職務の権利についてのわれわれの見解。二、教会における指導者原理に対するわれわれの立場。三、教憲と信仰告白に相応しい教会の形態との関係についてのわれわれの見解。四、信仰告白から見て、教会の法的統一化はどこまでいくべきか、に関してのわれわれの見解。五、われわれの心に浮かぶドイツ福音主義教会像とはどのようなものか」[32]。ここで挙げられた諸点からすでに明らかなように、まさに帝国教会指導部とドイツ的キリスト者らによってもたらされた様々の危機の中で教会はいかにあるべきか、教会の在り方の問題が、「バルメン神学宣言」の中心的内容となるべきであった。そしてまさに教会論を取り扱う「バルメン神学宣言」第三項以下の諸項目が、ここで提示された課題に答えることになった。ともあれコッホによる課題提出はフランクフルトの協議を支配したといってよい。なお一五、一六日フランクフルトで話し合うこともこの手紙で提案されたものであったし、ザッセが新たに委員に加えられフランクフルトに招かれていることもこれによって伝えられた。ところでこの協議会にバルトは、その二日前、一三日に執筆されたと考えられる「ボン・テーゼ」[33]と、すでに先に述べた「一月バルメン宣言」の二つを持ち込んだ。アスムッセンは自らの手になった「アルトナ信仰告白」を持参しそれを基礎にするよう提案したが受け入れられず、結局「ボン・テーゼ」が議論の下敷きになった。「ボン・テーゼ」とはボンの告白グループのためにバルトが執筆した四項目の命題である。結論的にいえば、「ボン・テーゼ」の四項目は「バルメン神学宣言」の最初の四項目にそのまま相当し、特別の前文や結びもないが、まさに「バルメン神学宣言」の直接の原型と言うべきものである。さらに遡るなら、「一月バルメン宣言」が、聖書引用がないこと、肯定命題と拒否命題を備えていること、さらにいくつかの文言の点でボン・テーゼに先駆する。もう一つ午前の話し合いで重要なことは、「教会と国家」についての宣言を結びとして置くべきだというブライトの提案である。ボン・テーゼにそれが欠けていたため加えるべきだということであったと思われる。かくて昼から午後にかけてバルトは「フランクフルト合意案」のもとになる草案を執筆した[34]。こうして出来上がったのがバルトの「原案」[35]であった。詳細な前文、ボン・テーゼを基礎にした四項目、それに第五項と簡潔な結びが加えられた。したがってボン・テーゼと重なる部分を除けば、ここで全く新しく執筆されたのは、「前文」と「第五項」と「結び」ということになる。しかしこれがフランクフルト合意案となったのではない。一五日午後から夕方、そして一六日の午前中と修正、付加、タイプ印刷がくり返され、新たに「第六項」が加えられて出来上がったのが「フランクフルト合意案」であった。アスムッセンはのちに、この時バルトがあらゆる批判的意見に開かれた態度でよく耳を傾け、真剣に受け止めたと回想している。バルトも自分のテキストであることを認めながら、よい共同作業ができたことを喜んだ。

　しかしこの神学委員会の用意した案をもとに、最終的に「バルメン神学宣言」として採択されるためにはさらなる紆余曲折をへなければならなかった。ニコライゼンはフランクフルトの協議以後を描くのに「ルター派の異議――新しい草案」[36]という表題を付した。錯綜しているが、このプロセスも簡単に辿られなければならない。フランクフルト以後の動きの中で一つの山となったのは、バルメン告白会議の最後の準備のため、五月二二日、ライプツィヒで開かれたニュルンベルク委員会であった。[37]すでにブライトを介してフランクフルト合意案および協議の様子はルター派の人びと、とり分けザッセ、アルトハウスらに伝えられ、否定的な受け止め方が明らかになっていた。神学宣言についてアスムッセンの報告を聞き論議したライプツィヒの委員会は、修正委員会を設置し、検討に当たらせた。ここで修正されてできたのが、いわゆる「ライプツィヒ案」である。[38]ただしこれは委員会に公式に認められたものではなかった。ニコライゼンの推測によれば、委員会の最中にザッセ[39]とアルトハウスの書簡[40]が届いたらしく、修正どころではなくなった。特にザッセは宣言の内容ではなく、ルター派とその信仰告白を保持する立場から、出すこと自体に疑義を呈していたからである。「宣言はあまりにも合同主義的」だと言う。教派を否定する告白には加われないとして、次のように書いている、「来るべき会議ではバルト的な合同の定式を作り上げるべきではない――バルトがくり返しわれわれの信仰告白の失効をわれわれに要求していることは、私にはほとんど理解できないことです……」[41]。結局、この委員会では神学宣言の決定だけは行われず、採択されるべき案の決定は本会議の前夜（二九日）に持ち越された。それはバルメン告白会議に何が原案として提出されるのか分からなくなったということでもある。マイザーはフランクフルト合意案もライプツィヒ案も通すつもりはなかったらしく、アスムッセン、ブライト（「ブライト案」）、それに当時ミュンヒェンの教会本部で神学補助担当官をしていたシュトール（「シュトール案」）にそれぞれ新しい案の作成を依頼している。[42] アスムッセンについていえば、彼は自らの案をもってただちにエルランゲンに赴き（二四日）、ザッセと協議した。こうして出来上がったのが「エルランゲン案」[43]であった。彼はこれをもってミュンヒェンにマイザーを訪ね、さらにフランクフルトでコッホと会い、ニュルンベルク委員会の支持をとりつけた上で、バルトの賛意をもとめてボンに行ったのは二六日であった。しかしエルランゲン案はバルトによってきっぱり拒否された。逆にアスムッセンはフランクフルト合意案でいくように説得されたらしく、バルトの提案によって、ライプツィヒ案からもいくつかを取り入れて、改めて二人は新しい草案をつくりあげた。これが「ボン案」である。しかし二人ともフランクフルト合意案を根本的に修正したとは思っていなかった。バルトとの会談後アスムッセンが、コッホ、ならびにマイザー宛に書いた手紙を見ると採択に自信を失っていたようだが、[44] 結局、バルメン告白会議に提出するべく真剣に問題になったのは、このフランクフルト合意案を修正した「ボン案」だけであった。

バルメンの本会議にも、テキストの形成という観点から触れなければならない。二つのことが最低限問題になる。第一に、どれが三〇日のアスムッセンの講演のさい提示されたのかである。第二に、それが修正されたのならどこがどのように修正されたのかということである。ライプツィヒで決められていたように、二九日、神学宣言の最終準備のため委員会が開かれた。[45] これは夜を徹して行われたらしい。いろいろの選択肢はあったものの、論議の対象となったのは結局「ただ『フランクフルト合意案』（厳密にいえば、ボン案）だけであった」。[46] ここでバイエルンからの疑義もルター派全体のものでないことが明らかになり、可能性が見えてきた。本会議に提出されたのはアスムッセンとバルトによって準備された「神学委員会第一次案」、つまりボン案であった。第二の問いに答えれば、出席者に感銘を与えたアスムッセンの講演の後、教派ごとに教職者会（コンベント）が開かれ、[47]そこで出された要求をまとめる形で最終委員会が、三〇日午後五時から午前一時までかかって、最後の修正に当たった。[48]バルトも一致のため努力し、知られているように第五項を書き直した。[49]これが「神学委員会第二次案」であり、三一日の総会に修正案として提出され、正書法に基づく訂正をへて「バルメン神学宣言」として採択された。なおいま言及したルター派の側の教職者会が結論として要求したことは、第一に、宣言はただアスムッセンの講演と一緒に理解されるべきこと。第二に、会議は宣言を証しと見なすべきこと。したがって、第三に、「ハイデルベルク信仰問答」や「アウクスブルク信仰告白」と同じ意味での信仰告白の性格を持ったものと理解されるべきでないことであった。

（2）第三項本文

われわれは「バルメン神学宣言」テキストの形成と成立の大筋を辿った。以下、第三項のテーゼにかぎって、本文の修正・改変過程を記したい。第三項理解の基礎作業となるであろう。

テキストとしては、上に記したように「ボン・テーゼ」（五月一三日）が原型といってよい。ボン・テーゼ第三項は以下の通りである。

「教会は、兄弟たちの共同体として、その共同の主であるイエス・キリストが頭《かしら》である体である。教会は、その服従によっても、またその信仰によっても、その秩序によっても、またその使信によっても、自分がただイエス・キリストの所有であることを証ししなければならない。

教会が、その外的秩序に関して、教会自身が自由に好むところに任せてよいとか、その時々に支配的な政

治的確信の変化に任せることができるし、任せてよいというような誤謬を退ける」。（ボン・テーゼ）[50]

驚くことは、第三項に関しては、ボン・テーゼが後の本文にほとんど全部といってよいほど生かされていることである。手書きの原稿を発見したクリストフ・バルトはたくさんの書き込み・削除を示しているが、興味深いのは、拒否命題の中の「外的秩序」のあとに「勝手に指導者（Führer）を持ったり、あるいは与えられたりする」の文言があり、それが消されていることである。[51]そしてこれは第四項に出る。つまり第三項は教会の「秩序」に触れつつ、第四項として展開せざるをえない必然性を持っていた。逆に言えば、それは独立させて確認されるべき内容のものであった。フランクフルト合意案を検討する前にここで「ボン・テーゼ」と「一月バルメン宣言」の関係に短く触れれば、「ボン・テーゼ」が、たとえば先に上げた肯定・否定命題を備えているなどの形式的な点で「一月バルメン宣言」を踏まえていることは確かだが、それをそのまま使っているというわけではない。ただ、もっぱら教会について告白する「一月バルメン宣言」のエッセンスは「ボン・テーゼ」第三項以下に凝縮されたということはできるであろう。[52]

次にフランクフルトの協議会の期間中、最初にバルトが執筆した「原案」（五月一五日）を見てみよう。

「愛に根ざして真理を語り、あらゆる面で、頭《かしら》であるキリストに向かって成長していきます。キリストにより、体全体は、あらゆる節々が補い合うことによってしっかり組み合わされ、結び合わされる」（エフェソ四・一五、一六）。

「キリスト教会は、イエス・キリストが主として宣教される兄弟たちの共同体である。教会は、その服従によっても、またその信仰によっても、その秩序によっても、またその使信によっても、罪のこの世にあって、自分がただイエス・キリストの所有であり、ただ彼の慰めと彼の指示によってだけ生きたいと願っているということを証ししなければならない。

教会が、その使信や秩序に関して、教会自身が自由に好むところに任せてよいとか、その時々に支配的な世界観的確信や政治的確信の変化に任せることができるし、任せてよいというような誤謬を退ける」。

（バルト原案）

ここに後の「バルメン神学宣言」第三項はその姿を現わしている。なおこの原案以後、エルランゲン案、ブライト案、シュトール案を除いて、引照聖書箇所はすべてエフェソの信徒への手紙四章一五～一六節である。「バルト原案」に「自ら罪人の教会として」などを付加し修正してできたのが「フランクフルト合意案」（五月一六日、神学委員会）である。

「愛に根ざして真理を語り、あらゆる面で、頭《かしら》であるキリストに向かって成長していきます。キリストにより、体全体は、あらゆる節々が補い合うことによってしっかり組み合わされ、結び合わされる」（エフェソ四・一五、一六）。

「キリスト教会は、イエス・キリストが主として宣教される兄弟たちの共同体である。教会は、その服従によっても、またその信仰によっても、その秩序によっても、またその使信によっても、罪のこの世にあって、自ら罪人の教会として、自分がただイエス・キリストの所有であり、ただ彼の慰めと彼の指示によってだけ生きているということ、生きたいと願っているということを証ししなければならない。

教会が、その使信や秩序を、教会自身の好むところに任せてよいとか、その時々に支配的な世界観的確信や政治的確信の変化に任せてよいというような誤った教えを、われわれは退ける」。

（フランクフルト合意案）

このフランクフルト合意案が、最終案の基礎となった。

さて次に、ルター派からのいわば応答を含めて作成された「ライプツィヒ案」（五月二二日）と「エルランゲン案」（五月二四日）であるが、（「ライプツィヒ案」は「フランクフルト合意案」と大きくは違わず、ここには掲げない。ただ終末論的な文言、「彼が現われるのを待っていること」などが付加され、これは後にバルトによって「ボン案」に取り入れられた）。以下は「エルランゲン案」である。

「教会にとって問題の中心は、霊と魂の世界では神奉仕（礼拝）を行うが諸事実の世界では人間に気に入られようとすることではなくて、神がキリストにおいて生全体の主となることである。それゆえに教会では、キリストへの信仰から為される業そのものだけが妥当性を持つ。なぜなら神は、神を信じる者たちの生がこの信仰から形成されることを欲しておられるからである。

「すべて信仰によらないことは、罪である」ローマ一四・二三。

それゆえにわれわれは、今日教会において見たところ聖書的宣教の自由が危険にさらされており、同時に信仰に基づく形成の中にある教会そのものの聖性が暴力的に妨げられることを拒否する。われわれは、イエス・キリスト以外の主に対して責任的でなければならない生の領域があるかのような誤った教えを退ける」。

（エルランゲン案）

これは、ライプツィヒ案までとは本文の流れはかなり違って、ザッセの主張がつよく反映されたものと言われている。

最終案に直接つながった、バルトとアスムッセンによる「ボン案」（五月二六日）を見てみよう。

「愛に根ざして真理を語り、あらゆる面で、頭《かしら》であるキリストに向かって成長していきます。キリストにより、体全体は、あらゆる節々が補い合うことによってしっかり組み合わされ、結び合わされる」（エフェソ四・一五、一六）。

「キリスト教会は、イエス・キリストが主として宣教される兄弟たちの共同体である。教会は、その服従によっても、またその信仰によっても、その秩序によっても、またその使信によっても、罪のこの世にあって、自ら罪人の教会として、自分がただイエス・キリストの所有であり、ただ彼の慰めと彼の指示によってだけ、また彼が現われたもうことを期待する中で生きているということ、生きたいと願っているということを証ししなければならない。

教会が、その使信や秩序を、教会自身の好むところに任せてよいとか、その時々に支配的な世界観的確信や政治的確信の変化に任せてよいというような誤った教えを、われわれは退ける」。（ボン案）

これは、すでに述べたように、「フランクフルト合意案」に「ライプツィヒ案」から一つの言い回しを取り入れ、神学的に整えたものである。拒否命題は「フランクフルト合意案」と全く変わらない。この「ボン案」が「神学委員会第一次案」として三〇日の本会議に提示された。

提示された案は、夕方から開催された各派の教職者会をへて、疑義がまとめられ修正されて、翌日、五月三一日、「バルメン告白会議」最終日に、最終案（神学委員会第二次案）として提示され、採択された。

「愛に根ざして真理を語り、あらゆる面で、頭《かしら》であるキリストに向かって成長していきます。キリストにより、体全体は、あらゆる節々が補い合うことによってしっかり組み合わされ、結び合わされる」（エフェソ四・一五、一六）。

「キリスト教会は、イエス・キリストが御言葉とサクラメントにおいて、聖霊によって、主として、今日も働きたもう兄弟たちの共同体である。教会は、その服従によっても、またその信仰によっても、その秩序によっても、またその使信によっても、罪のこの世にあって、恵みを受けた罪人の教会として、自分がただイエス・キリストの所有であり、ただ彼の慰めと指示とによってだけ彼が現われたもうことを期待しつつ生きているということ、生きたいと願っているということを証ししなければならない。

教会が、その使信や秩序の形を、教会自身の好むところに任せてよいとか、その時々に支配的な世界観的確信や政治的確信の変化に任せてよいというような誤った教えを、われわれは退ける」。

（神学委員会第二次案）

前日の案との大きな違いは「御言葉とサクラメント」、特にサクラメントに言及されたことである。それを入れることを主張したのはザッセとアルトハウスである。これに対し改革派から最終委員会にオーベンディークとニーゼルが出ていたが、ザッセの提案を受けた上で、それに「聖霊」を加えることを直ちに主張したのはニーゼルであった。そのために、バルトが後年W・ニーメラーへの手紙で語ったように、結果としてきわめてカルヴァン的なものとなった。[53] それに連動し、「主として」という文言が、それまですべて「宣教される」と関連していたのに対して、「今日も働きたもう」にかかることによって、結果的に兄弟たちの共同体の内実が明らかになった。そしてそれは「ボン・テーゼ」において示されていた兄弟たちの共同体の主イエス・キリストという認識にもう一度立ち帰ることになった。

3．第三項の意味とその背景

(1) 第三項の意味

前項でわれわれは「バルメン神学宣言」テキスト形成の大筋をたどった。明らかになったことは、第一に、最終的な採択が「奇蹟」と呼ばれて不思議でないほどの紆余曲折。宣言は異なる福音との対決という「前歴史」を持っているばかりでなく、如何に対決するかを巡る教会内部の争論をへなければならなかったこと。第二に、第三項から第六項まで、特に第三項は簡要にしてまことにすぐれた教会論のテキストとなっているということ。そして第三に、フランクフルト合意案の重要性もさることながら、特に第一項から第四項に関わるボン・テーゼの重要性である。ボン・テーゼにバルメンのエッセンスは表現されていたと言ってもよい。したがって第三項の解釈・説明には、まずボン・テーゼに遡り、それを引照しつつ理解する試みは欠かせない。

一般に「バルメン神学宣言」第三項は「教会において有効な権威」（バルト）を告白することによって、教会の在り方に関わる第四項以下全部を規定し、それらの基礎となっていると理解される。[54] ボン・テーゼに即して第三項の主張をまとめれば、「兄弟たちの共同体としての教会は、主イエス・キリストの支配の下にあるイエス・キリストの教会であって、そのことが使信と秩序、その全体にわたって明らかにされ、証しされなければならない」となる。これが第三項の肯定的主張である。したがって教会の内的・外的な秩序に関してもその時々の政治的勢力の介入に余地を残すような教えは拒否される。これが、少なくとも起草者バルトによって第三項においてはじめに意図されていたことであった。バルト自身の説明によってそのことを確認した上で、意味と背景を探ることにしよう。

バルメン告白会議の直後（六月九日）、バルトはボンの告白グループで講演し、第三項は「特別に教会について語っている」として肯定命題を全体にわたって説明した後、次のように述べている。「今日なぜこのようなことが語られなければならないのか。それは、教会はその秩序においてこの世に属しており、ただこの世から、また個人的確信から形成され形づくられなければならないと、ドイツ的キリスト者によって言われているからである。その場合にはキリストだけでなく、現在のドイツ人の判断も決定的なものとなるほかない。それに対してこそ、きっぱり、否が語られなければならない」(55)。否定命題の解説という形で真意が明らかにされている。

さらに一九五二年、マルティン・ニーメラー六〇歳記念論集に寄せた文章の中で、バルトはこう語っている。「私の記憶によれば、特に第三項は多くの（神学的）医者によって苦しめられることになった。たとえば『御言葉とサクラメントにおいて』を要求したのはあるルター派の人である――『聖霊によって』を、ある改革派の人は、即座に首尾良く付け加えるすべを知っていた。古い革袋から救出されなければならなかったものは、まさに意図的にそうされる必要があったのだ」。この「記憶」はすでに述べた三四年五月三〇日の最終委員会に関わることであろう。「あるルター派の人」とはザッセであり、「ある改革派の人」とはニーゼルのことに違いない。そして次のように続けている、「われわれが本来語ろうとしたこと、すなわちイエス・キリストご自身が、そしてこの方だけがこの方の教会の頭であり主であるということは、このテキストの良き意図をもった多くの方向性によって、たしかに消されてはいないけれども、しかしまたまさに解明されているわけでもない。……解説的なアクセサリーをみなとってみなさい。そうすれば、あの本来的なことがはっきり見えるようになる。それこそ、教会はただイエス・キリストにのみ属しイエス・キリストだけを証ししなければならないという、最も単純なことだ」[56]。これが起草者における一番はっきりした説明である。このバルトの証言において明らかなように、「バルメン神学宣言」第三項の精神はボン・テーゼ第三項においてすでに最も良く表わされているものと受け止めることは間違っていない。次にその「最も単純なこと」を信仰の告白として表明しなければならなかった背景をバルトにおいて探ってみよう。

(2) 第三項の背景

結局第三項が告白しているのは、「教会はただイエス・キリストにのみ属しイエス・キリストだけを証ししなければならない」という一事である。しかしわれわれは、もう一つの「兄弟たちの共同体」という教会の本質規定も見逃してはならない。この二つは深く関係し合っている。その関係については後に触れることにして、さし当たり第三項の教会的・神学的・政治的背景を探っておきたい。

はじめに教会闘争のマニフェストともいわれる『今日の神学的実存!』が取り上げられるべきであろう。一九三三年一月、政権を奪取したヒトラーはあらゆる領域にわたり均制化〔強制的同質化〕政策を遂行した。これがやがて教会の主とは誰かを巡る問題となって教会と衝突することになる。ドイツ的キリスト者信仰運動がナチ政権のプロテスタント教会支配のために利用された。三三年六月の『今日の神学的実存!』は「新たに出現しつつあった状況に対するバルトの最初の公式の態度表明」であった[57]。今日の状況における教会の危機の中で、ただ御言葉に聴従するところに生起する神学的実存にとどまりつづけるように、これによってバルトは訴えたが、「状況」の問題としてバルトが挙げたのは、第一に、ドイツ福音主義教会を一つの帝国教会につくり変えようとするいわゆる教会改革の問題。第二に、教会改革の焦点としての帝国教会監督問題。第三に、ドイツ的キリスト者信仰運動の問題性であった。[58]的確な状況把握であったと言われなければならない。プロテスタント教会の「均制化」がドイツ的キリスト者運動を介して行われた以上、この三つは深く関係し合っていた。『今日の神学的実存！』でドイツ的キリスト者運動に反対する理由としてバルトがあげた「八項目」を見てみよう。じつは、これは、ドイツ的キリスト者運動がその大衆化をねらって、三三年五月に発表した綱領「《ドイツ的キリスト者》信仰運動の諸目標」[59]を逐一批判したものであるが、「バルメン神学宣言」全体、とり分け第三項から六項までの教会論の諸項目に先駆し、その背景を説明するものともなっている。その中でバルトは教会の改革がその内的生命としての神の言葉に聴くことからなされず、「ナチ的世界観」[60]に従って遂行されていることを厳しく批判している。そしてそれはそのまま、いま第三項の主要な意味として述べたことの具体的内容である。さらに「兄弟たちの共同体」という教会の本質規定については「八項目」中の六が関係する。「《ドイツ的キリスト者》信仰運動の諸目標」ではじつは従来のドイツ的キリスト者運動の反ユダヤ主義は表面上著しく後退し、ようやく次のように表現されただけであった。われわれは、「民族と人種の多様性を神の意志に基づく秩序として承認しつつ、キリストの伝道命令が教会に要求していること、すなわちドイツ福音主義教会の異邦人伝道のわざを支持する」と。しかしその上でユダヤ人キリスト者は教会から排除された。これに対抗してバルトははっきり次のように書いた。「教会に属する者たちの交わりは、血によっても、したがってまた人種によっても規定されるのではなく、聖霊と洗礼によって規定される。もしドイツ福音主義教会がユダヤ人キリスト者を排斥したり、あるいはこれを第二身分のキリスト者として取り扱うようなことがあれば、ドイツ福音主義教会は教会であることを止めるであろう」[61]。ここに「兄弟たち」という言葉はないが、ユダヤ人キリスト者がむろん正規の教会員として位置づけられていることは明らかである。

次に『福音の自由のために』を見てみよう。これはドイツ的キリスト者の大勝利に終わった三三年七月二三日の福音主義教会議員選挙の前日ボンでなされたスピーチである。ドイツ的キリスト者、体制内改革を目指した青年宗教改革運動の「福音と教会派」、それらと並んで候補者名簿を出した「福音の自由のために」グループの見解発表の席上でなされた自由な演説である。[62] 福音の自由が具体的に何を意味しているかを語った三項目に注目したい。教会はまさにこの時間の中で、地上で主イエス・キリストに信実に歩むべきことを語りつつ、第三の項目で次のように述べている、「……それゆえ教会の構成員であることは、人種や血の構成員であることによって制限されることはできない。聖霊と洗礼だけが人間を教会の肢《えだ》とする。それゆえ教会はたんに教会の不可視の本質の独立性だけでなく、教会の可視的本質の自立性にも、すべての地上的諸権力に対する教会の外的秩序の自由にも固執しなければならない……」。バルトの三男クリストフ・バルトによれば、それまで地元の教会とあまり積極的に関わっていなかったバルトはこの選挙を機会に深くコミットするようになったらしい。ここでは、ユダヤ人キリスト者も教会員であるという教会の可視的本質が教会外の地上的諸権力によって決められてならないということが、明確に述べられている。ユダヤ人キリスト者を教会に含まないとすることは、教会が教会外の権力に屈し、自らの「福音の自由」を失うことであった。この項のはじめにわれわれは、教会はただイエス・キリストにのみ属しイエス・キリストだけを証しするものであるということと、教会は「兄弟たちの共同体」であるということの本質的関係を示唆した。教会はイエス・キリストの支配のもとで兄弟たちの共同体としてのみ、みずからをただキリストに帰属するものと証ししなければならないのである。

ところで近年「兄弟たちの共同体」(Die Gemeinde von Brüdern) という言葉を巡り、新たな理解の動きが見られる。[63] E・ブッシュは「兄弟たち」を、ユダヤ人キリスト者をむしろ積極的に含意していたものとの理解を示している。じっさいこの言葉はすでにボン・テーゼにおいて教会の本質規定として出て以来、ブライト案、シュトール案、そしてエルランゲン案を除き、諸草案に継続して採用され、最後まで残った重要な表現であることは間違いない。いくつかの問いが可能であろう。ボン・テーゼでこの言葉を使った時バルトの念頭にあったものは何か。諸草案に採用され、各種委員会、本大会でも特に問題にならなかったとすれば、どのような共通理解がそこにあったのか、あるいはなかったのか。そして最も重要なのは、その意味は何かということである。すでにわれわれも「バルメン神学宣言」に先駆する『今日の神学的実存！』及び『福音の自由のために』などに、教会は「血の兄弟」性に基づかないという明快な認識の存在すること、それゆえ「兄弟」という言葉は、ユダヤ人キリスト者と異邦人キリスト者（ドイツ人キリスト者）の連帯を示す符号である十分な可能性のあることを見た。「兄弟」とはユダヤ人キリスト者でもあった。[64]「兄弟」にユダヤ人キリスト者が含意されることは否定されない。先に引いたバルメン告白会議直後の講演の中で、第三項に関してバルトが、教会は民族でも国家でもなく、その交わりの本質は血の兄弟性にはなく、ひとりの主イエス・キリストのもとですべての者が兄弟である共同体だと説明していることも、E・ブッシュの見方を支持しているように思われる。ただしかし、そうした意味をこの言葉に、バルトが「ボン・テーゼ」を記したときから積極的に含ませたかどうかは定かではない。『ボンヘッファー伝』の贈呈を受けてE・ベートゲに書いた手紙（一九六七年）でバルトが、ユダヤ人問題を教会闘争時にいずれにせよ公に、たとえば「一月バルメン宣言」でも「バルメン神学宣言」でも、同じく決定的なこととしては主張しなかったことに罪責を感じ、言い訳にはならないが、当時の精神的雰囲気の中ではユダヤ人問題を宣言に盛り込んでいたら、一月も五月も大会に参加した者たちの受け入れるところとはならなかったであろうと書いていることも、やはり無視できないと思う。[65]バルトはすでに述べたように、ユダヤ人問題もそこから生じた、近代ドイツ・プロテスタンティズムの根源を撃とうとしていた。それゆえ「兄弟たちの共同体」という言葉がアーリア条項導入に反対し、ユダヤ人キリスト者との真の連帯を告白するものであったと直ちに結論づけることには慎重にならざるをえないが、しかし、くり返し言えば、このような含意が十分にそこにあったことを否定するなら、それもバルトの考えやその立場を誤って理解することになるであろう。

さらにこの「兄弟たち」をしばしばそう理解されているように、告白教会の「兄弟評議会」(Bruderräte)[66]に直接関係づけることも必ずしも正しいとは思われない。しかし以下に述べることとの関連で、兄弟評議会の「兄弟」性が帝国監督とドイツ的キリスト者の「支配」要求に対立するものであるかぎり、「兄弟たちの共同体」の兄弟の意味とじっさいに重なり合っている。そこで私見によれば、「兄弟たちの共同体」の意味は、第一に、先にボン・テーゼにおいて第三項から第四項が分化・独立することを示唆する書き込みがあったことを指摘したが、少なくとも起草者バルトにおいては第四項との連関の中で理解されるべきである。第四項は教会における支配＝被支配関係を否定しつつ、教会の職務の多様性を教会が奉仕に生きるため――「教会全体に委ねられ命ぜられた奉仕」(第四項)とは「神の自由な恵みの使信をすべての人に伝えるということ」(第六項)――の根拠ととらえている。第四項の引照聖書箇所、マタイによる福音書二〇章二五～二六節に示されている意味で(「あなたがたの知っているとおり、異邦人の支配者たちはその民を治め、また偉い人たちは、その民の上に権力をふるっている。あなたがたの間ではそうであってはならない。かえってあなたがたの間で偉くなりたいと思う者は、仕える人とならねばならない」)相互に仕え合う共同体、それがさし当たり「兄弟たちの共同体」の意味であり、それはイエス・キリストが教会の主であり、教会が「ただイエス・キリストの所有」である時にのみ可能なのである。第二にこう言ってよい。兄弟たちの共同体という言葉が、すでに指摘したように、最初のバルトの草案にあらわれ、じっさい一度も変更されることなく最後まで残ったのは、おそらくこの言葉の中に、教会支配を要求するナチ政権とドイツ的キリスト者に抵抗する意味合いを、ルター派、改革派、合同教会派に関わりなく、バルメン告白会議の参加者たちがみな暗黙に強く意識し、了解しつづけたからであろうと思われる。そうであるならそれはきわめて抵抗的な概念であったと言わなければならない。教会は、それがナチ政権であれ、外部から規定される共同体ではなく、「兄弟たち」

自身による共同体である。これも教会が「ただイエス・キリストの所有」である時にのみ可能なのである。[67]ナチスの支配を排した兄弟たち自身による共同体、あるいは評議会。先に述べたように、その限りにおいて「兄弟たちの共同体」と「兄弟評議会」は重なる。とはいえこの「兄弟たちの共同体」が何かそれ自体のためにあるのでないことにも、言うまでもないこととはいえ、われわれは注意しなければならない。つまり、第三項は、第四項、そして政治的共同責任を告白する第五項、さらに世のための宣教課題を取り上げる第六項との目的的連関において理解されなければならない。

総括

ここまでわれわれは「バルメン神学宣言」第三項に現われたバルトの教会論の輪郭を描いてきた。「バルメン神学宣言」全体が、帝国教会当局とドイツ的キリスト者の誤った教会理解に対して、それをその根本において克服すべくなされた信仰告白、神学宣言であることも明らかにされた。バルメン研究に道を拓いたE・ヴォルフの理解も、正当にその点を第一に指摘している。すなわち、第三、四項について、問題は教会の神学的概念であり、誤った教会理解としてバルメンが批判の対象としている、たとえば教会の使信と形態を無関係なものとする見方や、見える教会と見えざる教会の分離、外的秩序と霊的生活の区別など、いまに始まったのではなくて、啓蒙主義、シュライエルマッハーから、「教会の世紀」(オット・ディベーリウス)、さらにドイツ的キリスト者にまで延びている線であり、そのように使信と秩序を分離する教会論は「教会を本質的に社会学的にとらえ、社会の新秩序の問題に、あるいは民族性の新形成に手段として組み込む」[68]というようなことにならざるをえず、まさにこのような教会論に対してこそ、教会は「兄弟たちの共同体」として主イエス・キリストの所有であり、彼をのみ証しなければならないという告白は向けられている、と。第三項はイエス・キリストを教会の唯一の主とすることにおいて第一項の教会論的展開である。教会は、いかなる時代においても、主イエス・キリストの教会として、その信仰から職制にいたるまで、他の何ものでもなく、ただ主イエス・キリストに従う。じっさい教会にとって、その外的秩序や職制は他を基準としてよいということはない。その意味で、E・ヴォルフも指摘するように、ゾームの霊の教会と法の教会の対立的理解は、近代ドイツの教会論の帰結として国家の恣意的干渉に道を開くことにもなった。(69)宣言全体の枠を提示する第二項が告白しているように、「われわれがイエス・キリストのものではなくて他の主のものであるような、われわれの生の領域がある」というのは退けられるべき誤った教えである。それは教会論についても、いや教会論においてこそ厳密に退けられなければならない謬説なのである。

ところでこのような教会の「使信と秩序の関係」という観点から、「バルメン神学宣言」第三項を評価し、それをふまえて現代の教会に問題提起をしているのは、今日平和の神学、法の神学など多方面の発言をつづけているW・フーバーである。彼は言う、「教会によって宣教されるべき使信が教会の歴史的・社会的形態にとってどのような意味を持つのか、この問い以上に、バルメンによって強調して置かれた問いはほとんどない」(70)。「バルメン神学宣言」はまさしく使信と形態を分離せず、使信に相応しい秩序をイエス・キリストにおいて一貫して求めようとした。フーバーは、今日のドイツの教会理解はその点でまたもや二元的になっているのではないかという危惧の念を表明する。彼が求めているのは、真実の教会を求めて仮象の教会をたえず改革していく、あるいは使信に即してその秩序をたえず批判的に再形成していく闘いの教会である。彼はそれをバルトの用語に従い「真実の教会」(71)と呼ぶ。そしてその一つの可能性をフーバーは、キリストが主として働きたもう「兄弟たちの共同体」という教会理解に求める。彼によれば、教会はいまや支配の秩序としてではなく賜物による相互奉仕の共同体としてみずからを理解しなければならない。さらにこの兄弟、あるいは姉妹という言葉は、新約聖書においてそうであるように教会内に限定する形で狭くとってはならない。「バルメン神学宣言」第三項の提起している教会秩序の根本問題は、兄弟姉妹的連帯がいかに教会の制度（Institution）の規定、あるいは……教憲（Konstitution）の規定となりうるかということである」。そして彼はこの教会論に含まれるべきものとして、以下四つを挙げている。要約していえば、第一に、教会は外へと開かれていることによって規定されなければならない。第二に、教会の成員は同等の者として相互に認め合わなければならない。第三に、さまざまの賜物と奉仕に余地が与えられることによって兄弟たちの共同体は規定される。第四に、小さき者の側に立つということ。かくしてエキュメニカルな連帯性と政治的奉仕はバルメンの教会論に含まれる根本的規定であると言わなければならない。[72] いまはフーバーの所論しか取り上げないけれども、フーバーの論述は「バルメン神学宣言」、特に第三項をふまえた誠実な現代教会論への展開と言ってよいであろう。

どの信仰告白もそうであるように、「バルメン神学宣言」もむろん歴史的限界を持つことを免れない。しかしそれは必ずしも非難されるべきことではない。バルメンがその当時の政治的・教会的状況の中で「達し得たところに従って」（ピリピ三・一六）認識し告白しようとしたことにわれわれは目を向けなければならない。その上で、時の経過と共に誤りや不足が見えてきた時、それをわれわれ自身の責任と課題として受けとめ、われわれの状況において新しく信仰を告白し、それによって教会を形成するよう招かれ促されているということの明らかなしるしであるに相違ない。最後に、以下のよく知られた一九五二年のバルトの言葉をもって、本節の結びとする。「バルメンの何らかのロマン主義について私たちはみな語る時を持っていないし、何らかのバルメン正統主義にも実際のところ興味はない。バルメンは前進への呼びかけであった」[73]。

第二節 教会の政治的神奉仕——第五項の意味と射程

「神をおそれ、王を尊びなさい」(Iペテロ二・一七)

国家は、教会もその中にあるいまだ救われないこの世にあって、人間的な洞察と人間的な能力の量《はかり》に従って、暴力の威嚇と行使をなしつつ、法と平和とのために配慮するという課題を、神の定め(Anordnung)によって与えられているということを、聖書はわれわれに語る。教会は、このような神の定めの恩恵を、神に対する感謝と畏敬の中に承認する。教会は、神の国を、また神の戒めと義とを想起せしめ、そのことによって統治者と被治者との責任を想起せしめる。教会は、神がそれによって一切のものを支えたもう御言葉の力に信頼し、服従する。

国家がその特別の委託を越えて、人間生活の唯一にして全体的な秩序となり、したがって教会の使命をも果たすべきであるとか、そのようなことが可能であるとかいうような誤った教えを、われわれは退ける。

教会がその特別な委託をこえて、国家的性格、国家的課題、国家的価値を獲得し、そのことによってみずから国家の一機関となるべきであるとか、そのようなことが可能であるとかいうような誤った教えを、われわれは退ける。

(「バルメン神学宣言」第五項)

スイス宗教社会主義運動に深く関わったザーフェンヴィルの牧師時代(一九一一〜二一年)以来、牧師としてローマ書に出会った頃、あるいは神学教師としてドイツに移った頃、一時期、彼自身認めているように後退したように見えることがあったが、[74] 信仰と政治あるいは教会と国家といった言葉で表わされる教会の政治的責任の問題は、生涯にわたりバルトの神学的関心の中心にあった。周知のように、一九三三年六月『今日の神学的実存！』に「あたかも何事も起こらなかったように……神学に、ただ神学することだけに努力する」と書いたときも、それは「私はこの神学することもまた一つの立場をとることであり、いずれにせよまた一つの教会政治的な立場をとることであり、また間接的には政治的な立場をとることになると考えているのである」[75] ということ以外ではなかった。教会の政治的責任とはいかなるものか、バルトはそれをどのように考えたか、またその遂行は、間接的にせよ直接的にせよ、どのように果たされるのか、「バルメン神学宣言」はそれをその第五項で政治的共同責任の遂行として明らかにした。はじめに第五項の分析によってその核心を解明したい。

1．政治的共同責任の神学への道――「バルメン神学宣言」第五項

（1）第五項本文の成立

われわれはすでに第一節（教会の主イエス・キリスト――第三項）で、「バルメン神学宣言」本文の成立事情を、第三項に即して詳細に述べた。それはここでくり返さない。しかし第五項の意味を明らかにするのに必要なかぎりで、はじめにテキスト成立の問題に触れておきたい。

「バルメン神学宣言」のテキストの成立にフランクフルトで開催された神学委員会（一九三四年五月一五～一六日）が重要な役割を果たしたことは、すでに述べた。そこで成立した草案が「フランクフルト合意案」であった。紆余曲折はへたものの、この案が最後まで残った。フランクフルトの神学委員会にバルトは、「ボン・テー

ゼ」と「一月バルメン宣言」を持ち込んだ。結果的に見れば「フランクフルト合意案」の第一項から第四項までは「ボン・テーゼ」を基礎にしており、「ボン・テーゼ」にない前文と第五項と第六項は、フランクフルトで新たに起草されたものであった。

第五項に関しては、フランクフルトで原案として作成されたもの（バルト原案）と、三人の協議の末に決定されたもの（フランクフルト合意案）との間の相違は、若干の言い回しの変更ぐらいであまりない。しかし最終的に採択された「バルメン神学宣言」と比べると、特に後半が大きく違っている。それゆえまず、以下に、フランクフルト合意案を掲げておきたい。

「神をおそれ、王を尊びなさい」（Ｉペトロ二・一七）

「国家は、教会もその中にあるいまだ救われないこの世にあって、人間的な洞察と人間的な能力の量《はかり》に従って、暴力の威嚇と行使をなしつつ、法（Recht）と安全とのために配慮するという課題を、神の定め（Anordnung）によって与えられているということを、聖書はわれわれに語る。教会、すなわち、自らの委託に拘束されている中で自由な教会は、同じく自らの委託に拘束されている中で自由な国家に、神に対する感謝と畏敬とをもって、執り成しの祈りをもって、しかしまた永遠の神の国と、神の戒めと神の義の想起をもって同伴する。

国家が人間生活の唯一にして全体的な秩序となり得るかのような誤った教えを、われわれは退ける。

教会がその使信と形態に関してある特定の国家形式に同化されなければならないというような誤った教えを、われわれは退ける」。（フランクフルト合意案）

「フランクフルト合意案」以後の動きは、C・ニコライゼンが「ルター派の異議——新しい草案」として描いたようなルター派教会の巻き返しであった。しかしこれも第一節で述べたのでくり返さない。結局のところ、バルメン本会議第一日目に議場に示された（神学委員会第一次案）のは、「フランクフルト合意案」とほぼ同じであった。第五項に関して一つの目立った相違は、合意案で「神の定め」に Anordnung が用いられていたのに対して、神学委員会第一次案では Ordnung が使われていたことである。夕方から各派ごとの教職者会が開催され、その議論を集約する形で、夜遅くまでかかって、三一日に採択された最終案（神学委員会第二次案）は出来上がった。

この三〇日夜の最終審議委員会（議長アスムッセン、ルター派からザッセ、メルツ、プッツ、ベックマン、改革派からニーゼル、バルト、オーベンディーク）で、第五項については相当のやりとりがあった。それを受けてバルトがすぐに書き直し、それは直ちに受け入れられた。詳しくは後で検討することにし、主な変更箇所だけを上げておく。まず拒否命題の後段は完全に書き変えられたが、それは、アスムッセンのメモによって明らかなように、ドイツ的キリスト者をもっとはっきり念頭においたためであった。肯定命題では、第一に、「神学委員会第一次案」では「ライプツィヒ案」を受け入れる形で「神の定め」を Ordnung にしたのに対して、「バルト原案」及び「フランクフルト合意案」に戻して Anordnung にしたこと。第二に、一方で国家を神の定めとして積極的に承認すると同時に、他方、国家自身と国民の責任をいっそう強調したこと。第三に、ヘブライ人の手紙一・三の御言葉をそのまま用いて第一項と関係づけ、宣言全体との関連をはっきりさせたことである。なお「執り成し」の文言が、最終本文で落ちた。それには、ユンゲルが言うように、「改良とは言えない」[76]という評価も成り立つであろう。いずれにせよこうして出来上がった、三一日の本会議最終日に議場に示された神学委員会第二次案は、一部正書法に従う表記変更があったことを除けば、「バルメン神学宣言」の本文そのものであった（本項冒頭に掲げた」。

バルメン告白会議最終日のアスムッセンの報告講演では、第五項に関して細部にわたった説明はない。むしろこう語っている、「これに対し第五項は、かなり広範囲にわたる変更を経験しました。この変更は、私にとってそうであるように、多くの人にとっても、神が昨晩われわれに与えて下さった最も大いなるものの一部であると言ってよいと信じます。第五項のテーゼ後半と拒否命題は完全に書き直されました。……〔後半朗読。盛んな拍手〕。……このテーゼのもとの案には疑いを引き起こす点があるということに注意が向けられました。すなわち、第一に、国家の積極的課題について十分語られていないと言うことができます。この点について、皆さん、最後の委員会は異例の徹底的な話し合いによって一つの解決に達しました。……」。そして最後に彼は、このような表現に落ち着いたことについて、「バイエルン〔ルター派教会〕の兄弟たちの持続性」に感謝の意を表している。ルター派の教職者会の要求の一つに従い、「バルメン神学宣言」はアスムッセンの講演と抱き合わせて採択された。

(2) 第五項に先駆するもの

第五項は、最後に大きく修正された。またアスムッセンの報告講演からしても、第五項をそのままバルトのテキストと見ることはむずかしい。そもそも信仰告白文を一人の著者に帰すことはできない。にもかかわらずしかし、バルトの主導性は紛れもない。その意味で、バルメンに注ぎ込まれたもの、バルメンに先駆したものを、バルトに求めることは必要であり、「バルメン神学宣言」第五項の核心的な意味を明らかにするために重要なことであろう。

「フランクフルト合意案」の第一項から第四項まで「ボン・テーゼ」がその基礎になっていることは、すでにくり返し述べた。一般に、「バルメン神学宣言」全体に先駆するものとして、『今日の神学的実存！』〔一九三三年六月）中の「八項目」、『福音の自由のために』（三三年七月）の三項目テーゼなどが認められている。第五項に限って言えば、バルトがフランクフルトの委員会に持ち込んだ、前述の「一月バルメン宣言」を最も重要な先駆的文書として上げなければならない。

はじめに『今日の神学的実存！』の中の「八項目」の四を上げておきたい。周知のようにこの論文は「新たに出現しつつあった状況に対するバルトの最初の公式の態度表明」（E・ブッシュ）であって、教会闘争全体の闘争宣言のような意味を持っていた。「新たな状況」のしるしをこの論文でバルトは三つ上げた。第一に、一つの帝国教会につくり変えようとする、いわば上からの教会改革問題。第二に、その焦点としての帝国教会監督問題。そして第三に、それらと連動するドイツ的キリスト者信仰運動の問題である。バルトの「八項目」とは、このドイツ的キリスト者の——五月に発表されたばかりの——綱領「《ドイツ的キリスト者》信仰運動の諸目標」を逐一批判したものである。K・フェツァー（チュービンゲン大学）の手になる綱領の該当個所と、それに対するバルトの批判を以下に掲げておく。

「……教会に対する国家指導の関係は今までのそれとは全く違ったものとなる。というのも、今までの国家指導は信じがたい驕慢によって、人生の究極的諸真理と最も深い諸力を、国家にとっては考慮外のこととして取り扱ってきたからである。新しい国家は教会を欲している。それは従順な道具として欲しているのではない。そうではなくて、民族の基礎がどこにあるのか、教会はそれを知っているからである。それゆえに教会の課題は、国家の課題と共に途方もないほどまで大きくなった。ドイツの諸教会は今日持っている形態のままでは、この課題の遂行に相応しいものではない。ドイツの諸教会がまさに彼らの民族のためにイエス・キリストの福音によって委託されている奉仕をドイツ民族のために行なうことができるための形態をドイツの諸教会に与えること、このことが《ドイツ的キリスト者》信仰運動の目標である。……」[77]（「綱領」）

「教会は、民族における公の法秩序の代表者、また担い手として、国家が神によって立てられたものであることを信じる。しかし教会は、ある特定の国家形態、つまりドイツ的な国家形態を信じたり、また特定の、つまりナチ的な国家形態を信じたりしない。教会はこの世のすべての国家に福音を宣べ伝える。教会は福音を第三帝国においても宣べ伝えるのであって、その下にあって、その精神において宣べ伝えることはしない」[78]。（「今日の神学的実存！」）

次に「一月バルメン宣言」[79]から、特に関係の深い二箇所を挙げておく。「三　世にある教会」の二、及び「五　教会の形態」の四である。

「教会が神の言葉の指し示しに従って感謝して認めることは、人間と民族の歴史、また人間の政治、哲学、文化的な試みは、神の指示と忍耐の定め（Anordnung）のもとにあるということである。だからこそ教会は、それらのものが時間的、限定的、暫定的な正当性のあることを厳粛に承認し、また執り成しをもって、しかしながらまた同時に、神の国と戒めと審判を想起しながら、またすべてのものを新たにするように導きたもう神への期待をもちながら、人間の歴史と試みを見守る。

したがって、同時にここで退けられるべきことは、教会は人間のさまざまな試みの現実において、神の忍耐の実証というよりもむしろ、神の創造の秩序の確立をみるという考えである」。（三の二）

「教会は、神の言葉の指し示しという根拠に立って国家の中に、神の指示と神の忍耐の定めを承認する。そして、この定めのゆえに人間は、理性と歴史理解という枠内にあって、すべての主の主に責任を負いながら、正義（Recht）を見出し、力で確立し、また保持することがゆるされており、またそうすべきである。教会は、国家にその特別の職務のあることを否定しない。しかしまた、教会は、自らに固有な職務を国家によって否定されることはありえないし、教会の使信と形態を国家によって決定されることもありえない。教会はその課題に拘束され、自らの課題に拘束されている基本的に自由な国家の中にある基本的に自由な教会である。

したがって、同時にここで退けられるべきことは、国家が可視的・時間的に形成された歴史的現実の最高にして唯一の（『全体主義的な』）形態であり、それゆえに、自らの使信と形態をもつ教会を、国家が『均制化』したり、支配したり、組み入れたりすることができるという見解である」。（五の四）

思想的にも用語的にも「一月バルメン宣言」（特に三の二、および五の四）と「バルメン神学宣言」との類似性は明らかである。フランクフルトの「バルト原案」の第五項は「一月バルメン宣言」の摘要である。これらの一部は、指摘したように最終案で修正され、バルトもこれを受け入れた。その点を念頭におき、次項で、修正点を中心に、第五項の意味を考察したい。

(3) 第五項の意味

a. はじめに「バルメン神学宣言」全体における第五項の位置を確認しておきたい。「宣言」の全体の構成は、以下のように理解することができる。イエス・キリストをわれわれの聴き従うべき唯一の御言葉とする第一項が、全項目の出発点、また核心であり、基礎である。それゆえ全項目が第一項との関連で理解されなければならない。イエス・キリストのみを神の言葉とすることは、すなわち、神が、イエス・キリストにおけるその自己啓示において、他の一切のものから自らを区別してわれわれに明らかにしたということを意味する。それは第一戒を新しく受けとめることでもある（E・ブッシュ）。[80] 第二項は、「われわれの全生活」がイエス・キリストの支配領域であり、この方が主でない領域がないことを告白することによって、「宣言」のいわば解釈学的枠組をなす。残りの四項目はすべて、むろん第一、第二項を前提として、教会の在り方についての告白である。その最初の第三項は「教会において有効な権威」（バルト）、すなわち、イエス・キリストを教会の主として告白することにより、第四項以下を規定し、かつその基礎づけをなす。第四項は特に教会の職位に関して、第五項は国家との関係を、そして最後の第六項は、教会の宣教の課題を告白する。ドイツ的キリスト者たちによる、いわゆる「民族伝道（Volksmission）」の考えを否定し、「神の自由な恵みの使信を、すべての人に（an alles Volk）に伝える」ことを「教会への委託」と告白した。

「バルメン神学宣言」は、教会を荒廃させ、その一致を破壊する「ドイツ的キリスト者と現在の帝国教会当局の誤謬に直面して」「福音主義の真理を告白する」（前文）ものであった。しかしそれはこの「宣言」が状況優先で生まれたことを意味せず、肯定も拒否も神の言葉から基礎づけられ、聖書解釈として示されていることにも注意しなければならない。それはリアクションではなくアクションであった（E・ブッシュ）。[81]「拒否を基礎づける然りなしに拒否はない」（フーバー）と言ってもよいであろう。[82]

b. 肯定命題の前半、国家についての文言はバルト原案（また「フランクフルト合意案」）がほとんどそのまま生かされた。ただし国家の課題については、最初「法」（バルト原案）だけから、「法と安全」（フランクフルト合意案）へ、さらに「法と平和」（最終案）へと変化した。知られているように、後にバルトは（一九六三年）、表現の不十分さを認めて――「いささか薄っぺらすぎる！」[83]――、「国家は公共の福祉に仕え、法と平和と自由のために配慮すると言いたい」[84]と述べている。ここで言う「自由」とは、各人がしたいようにすることができるということではなくて、まさに責任性、すなわち一切のことに対する個人としての責任性のことだと説明される。そしてそれはバルトによれば一九三四年にすでに響いていなければならないものであった。いずれにせよ、一九六三年の時点で、バルトの国家の課題理解の中に、自由の基盤に立った公共の福祉というものが加わることになる。

　肯定命題の前半で最も重要な点は、バルト自身後に「はっきりした自覚のもとに選ばれた」と述べているように、神の「定め」をOrdnung（=ordo）でなくAnordnung（=ordinatio）としたことであろう。国家において問題なのは「歴史における神の備え」[85]であり、神が欲したもうのも国家の事実存在であって、[86]形而上学的基礎づけや「創造の秩序」（「一月バルメン宣言」三の二）ではない。国家は特定の目的のために神によって定められたものであって、それ自身において価値あるものではない。求められるのは委託への責任にほかならない。したがって「国家がその特別の委託を越えて」、全体性を要求したり、教会の務めも果たすべきだというのは誤謬であり拒絶されなければならない（拒否命題）。

　ところで神の定め（Anordnung）としての国家理解は「一月バルメン宣言」ですでに明示されていた。ただそこでは（三の二）、バルトは国家についても「人間の政治、哲学、文化的な試み」の中で考えており、必ずしもはじめから官憲国家（Obrigkeitsstaat）が考えられていたわけではない。バルトの原案から神学委員会第一次案まで、「自由な国家」という言い方がなされていた。しかしじつはそれがアルトハウスらルター派の自由主義的国家理解批判を呼び起こし、肯定命題後半の最終的な修正を余儀なくした一つの理由であった。

　それでは修正された最終案において、先行案の「自由な国家」に込められた国家理解はなくなったのだろうか。われわれは修正された最終本文になってはじめて登場した文言の一つに注目したい。それは「……そのことによって統治者と被治者の責任を想起せしめる」、である。たしかに「統治者と被治者」からなる国家という定式化は官憲国家的発想を拭い切っていないように見えるけれども、「そのことから『バルメン神学宣言』がデモクラシーへの契機をまったくもっていなかったとはいえない」[87]。これらの用語選択においてバルトはルター派の意見を採り入れつつ、それによって国民全体の責任性を非常にはっきり示したということができる。後にバルトはこう語っている、「そういう場合人びとが『臣民』の服従の義務と言ってきたような責任があるだけではありません。そうではなくて――そのように言うことがむろん一九三四年には非常に重要であったのですが!――統治者と被治者の責任もあるのです。それは国家の現実存在に対する共同の責任です」[88]。バルトはそのような説明に加えて、さらにそのような言い方は当時はきわめてアクチュアルだったが、今ならこう言いたいと言う。「教会は神の国と義と戒めを宣教し……キリスト者と非キリスト者にその政治的責任を想起させる」[89]と。国家を「統治者と被治者」からではなく、「キリスト者と非キリスト者」から構成されているとした上で、国民一人ひとりの政治的責任を要求する。とり分けキリスト者には国家の現実存在のために祈りかつ働くことが求められる。なぜならバルトによれば、「彼ら自身が国家であり、他の人びとがそれであるのではない!」[90]からである。最終本文で消えた「自由な国家」に込められていた意味がこのような形で生かされたということができるのではないだろうか。このことはまた引照聖句としてはじめからローマ書一三章ではなく、ペトロ第一の手紙が選ばれていたことと無関係ではないが、ここでは指摘するにとどめておきたい。

c・　修正された肯定命題の後半、ここではじめて現われたもう一つの文言も重要である。それは結びの部分、「教会は、神がそれによって一切のものを支えたもう御言葉の力に信頼し、服従する」。これによって「宣言」が告白文として整えられたものになっただけではない。「神の言葉」にもう一度言及することによって〔ヘブライ一・三〕、第一項、第二項との関連が形式的にも明確にされた。

内容的には二つのことが含まれる。第一に「国家のキリスト論的基礎づけ」である。「一切のもの」が「御言葉の力」によって支えられる。「一切のもの」の中に国家も入る。「御言葉」、すなわち、キリストの「力」によって国家は支えられる。ただこれも後のバルトによれば、この国家のキリスト論的基礎づけの部分については、それが彼にとって中心的な告白であったにもかかわらず、当時も、その後も、そのようには見られていなかったと言う。(91)

第二に、「信頼し、服従する」という文言に現われている信仰の契機である。バルトの後の以下のようなコメントはこれに関わるであろう。「もし教会が国家を承認するなら、もし教会が聖書の指示に従って国家は存在しなければならないということを考慮するなら、そしてもし教会が国家に対して『神の国を、また神の戒めと義』とを想起せしめるなどして、その機能を果たしつつ行動し、そのようにして責任へと呼びかけるなら、もし教会がそのことを実行するなら、教会は最終的にはある特定の信頼とある特定の服従においてなす。すなわち神がそれによって一切のものを支えたもう御言葉の力……への信頼と服従においてなすのである」(92)。して見れば、修正された結びの部分は、第五項は第二項から解釈されなければならず、第五項の国家理論をそれだけ独立させて「宣言」全体の尺度にしてはならないというW・フーバーの「解釈の原則」を支持するであろう。

最後に、これらのことと関連して、バルメン第一項の理解の仕方を一つの範例としてバルトが記したことを、ここで思い起こしたい。「バルメンの第一項が内容的に個々にわたって言おうとしている事柄を理解するためには、その前につけられたヨハネによる福音書一四章と一〇章からの聖句を見落とさず、むしろそこから他のいっさいを理解することが賢明である。後に言われている事柄全体の強調点は、イエス・キリストが何ごとかを語り、しかもご自身についてそれを語りたもうたということによってもってかかっている。すなわち、わたしは道であり、真理であり、命である。また、わたしは門である、と彼は語りたもうたのである。教会はこの『わたし』

の声を聞き、この声によれば全くただこの『わたし』の中で決定されている約束をつかむことによって生きる」。[93] 最初にかかげられた聖句は、どの条項においても、たんなる飾りとして置かれているのではない。それによって神が語りかけるものであった。六項目を通して語りかけている方、主イエス・キリストに信頼し、聴き従うということが、ここでは問題であった。それは第五項についても妥当する。ここで「わたし」として語っている方、イエス・キリストに集中することとして理解されることを、バルメンの全項目は欲している（ユンゲル）。[94] そのようにわれわれも理解したいと思う。

小　括

さてここまでわれわれは「バルメン神学宣言」第五項の成立過程を追いつつその意味と共に、これをわれわれはどのように理解するかを明らかにし、バルトの政治的共同責任の神学を個々のポイントにおいて描いてきた。次のようにまとめることが許されよう。第一に、教会と国家とはその委託において峻別され、その混同は厳に戒められなければならない。その上でしかし第二に、教会は国家がその委託を果たすことに無関心であることはできず、それに共同の責任を持つ。第三に、その責任は、教会の神の国の宣教によって果たされる。それと共に、歴史的あるいは政治的問題の解決は「健全な理性をもって」（バルト）はかられなければならない。またキリスト者は、人間的限界をわきまえつつ、「実務的に」（テート）問題と取り組む、しかしこれらすべては、神の唯一の御言葉であるイエス・キリストに聴き従いつつなされる、と。そうした仕方ではじめて教会の政治的な共同の責任は遂行される。

エルンスト・ヴォルフは名著『バルメン』で、「バルメン神学宣言」第五項についてこう述べている。「バルメン告白会議とその歴史的状況との本来の関連において、この命題が提示しようとしているのは、国家についての神学的教説ではないし――P・アルトハウスがそう考えているように――『最小限の定義』というのでもない。そうではなくて告白教会とナチ国家との関係の具体的形式における教会と国家の関係である」[95]。じっさいここに示されたのは何か不変の聖書的国家観というようなものではなかった。バルトは一九五二年に、バルメンを振り返り、次のように語っている、そこで語られたことは、「教会がその信仰のゆえに最小限度語らなければならなかったことであり、外面的には、非常に圧力がかけられ、政治的にも決して統一がとれていなかつた教会が、危急に際して、勇気をふるって語ることができた事柄でもあった。それは非常に強くて、生き生きとしていた教会というものではなかったのである」[96]。まさにこうした苦境の中で、闘いの中で語られた言葉であればこそ、信仰の告白であればこそ、「宣言」は、今も、世にあって宣教の闘いをつづける教会に、その教会的・神学的・政治的「責任への勇気」(ユンゲル)を覚醒して止まないのである。

2. 政治的共同責任の神学的基礎としての『福音と律法』

(1) バルメン以後

われわれははじめに『福音と律法』(一九三五年)を取り上げる。この論文は政治的・教会的状況とあまり関わりのない純粋に神学理論的な著作と見なされる向きもあるが、いうまでもなく決してそうではない。むしろ時代の状況を踏まえて、問題の本質を神学的主題に収斂させて受け止め、「神の唯一の御言葉」(「バルメン神学宣言」第一項)に従う教会の歩みの方向を示した論文であった。「バルメン神学宣言」以後というわれわれの主題のために最初に取り上げられるべきである。

『福音と律法』は一九三五年一〇月バルメンで行われた講演であった。E・ブッシュの伝記によれば、すでに同年七月にバーゼルに去っていたバルトは、カール・インマー牧師の強い要請で本講演を行うため危険をおかして再びドイツに入った。しかしバルト自身が登壇して話す許可は得られず、超満員の聴衆を前に、講演は国家警察の立ち会いのもとインマー牧師の代読によって行われた。終了後、嵐のような歓呼がわき起こったのに驚いた警察当局は、その日の夕方には、バルトらを急行列車で国境まで連行し、国外に退去させたと言う。(97)

論文の表題は「福音と律法」であるが、問題は「律法」にある。律法が問題になるのはどのようにしてか。一九三三年、ナチ政権に呼応するドイツ的キリスト者信仰運動を、バルトははじめから、二百年来の近代ドイツ・プロテスタンティズムの現われであり帰結であると見て、それとの戦いは「自然神学に対する戦い」(98)だと認識していた。教会の宣教と神学の源泉はイエス・キリストにおける神の啓示以外にはない。それゆえ、たとえばいまそれが「律法」と呼ばれようと、「歴史」と呼ばれようと、「民族」と呼ばれようと、あるいは「自然的秩序」と呼ばれようと、それらがイエス・キリストと並ぶ「第二の源泉」として主張されるとすれば、それはみずからを異なる神を信じる者として明らかにしていることであり、断固として拒否されなければならないのである。「イエス・キリストと何々」というい わゆる「と」の神学は、まさに「イエス・キリストとヒトラー」にまで昂進する。(99)第二の源泉は容易に第一の源泉になるであろう。そのような自然神学とその異教的展開に対して信仰告白の形でなした最初の対決の文書こそ「バルメン神学宣言」、就中その第一項であった。(100)「一月バルメン宣言」にはいわば括弧付きであれなお存在していた「律法」の概念は、(101)「バルメン神学宣言」ではどこにも出ない。宣言は「神の唯一の御言葉」としてのイエス・キリスト以外のものを神の啓示として承認しないと告白することによって（第一項）、また「義認」も「聖化」もまさにその「イエス・キリストによる」ものと告白することによって（第二項）、神の言葉としての律法に位置を与えなかった。(102)律法と福音という宗教改革的区別は、神の言葉がキリスト論的に福音と同一視されることによって否定されたといってもよい。すでに述べたように「バルメン神学宣言」についてはは採択までの過程で種々の異論があっただけでない、採択に賛成した告白教会のルター派の人びとの中からの批判が宣言発表直後から相次いだ。そしてその重要な論争点の一つは依然として律法理解を巡るものであった。バルトが『福音と律法』という神学的主題において「バルメン神学宣言」のさらなる解明を行わなければならなかった所以である。われわれは「バルメン神学宣言」後の同宣言批判の中から一、二取り上げておく。[103]

はじめに「アンスバッハ勧告」を見ておきたい。[104] これは「バルメン神学宣言」に対する反対宣言として、一九三四年六月一一日付けで出された、ルター派の人びとの立場を総括的に示した文書である。主導者はエーレルト、彼が起草し、エルランゲンの同僚アルトハウスも二度にわたる修正の後署名者に加わった。その他に署名者としてかつてのバイエルンのドイツ的キリスト者の指導者ザイラーなど、「アンスバッハ・グループ」に属する牧師たち六名が名を連ねた。その年の九月にはエーレルトとアルトハウスは同グループを抜けることを発表したが、「勧告」について賛成を撤回するということはなかった。なるほどこの「アンスバッハ勧告」は「『悪名高い』ものとして教会史の中に入り込んできた」（K・マイヤー）[105]ものであり、「『バルメン神学宣言』の細かい論点にたいして一つ一つ対決することなしに、荒っぽい仕方で『秩序の神学』を提示している」にすぎず、[106]じっさいまもなくドイツ的キリスト者の発言の中に時折生き続けるにすぎないものとなった。とはいえ、それだけに「バルメン神学宣言」を批判するルター派の人たちの生の声を聞き取ることができるであろう。そこでも問題は律法であった。「アンスバッハ勧告」は「基礎」（一〜五）と「課題」（六〜八）の八条からなる。第一条は「イエス・キリストの教会」が「神の言葉に結びつけられている」ことを強調する。神の言葉は、第二条で、ただちに「律法と福音」とに区別される。「神の言葉は律法と福音としてわれわれに語る」と。そしてそのようなものとしてそれらは宣教の基準なのである。その上で「福音」がはじめに定義される。「福音とは、われわれの罪のために死に、われわれの義のために甦らされた主イエス・キリストについての使信である」。次に、重大なアンスバッハの律法理解を示す第三条はこう言う、「律法、『すなわち神の不変のみこころ』（和協信条第六条六）は神の啓示によって照らし出されるわれわれの生の現実全体において、われわれに出会う。律法は、すべての人びとを、各人が神によってそれへと召し出されている身分に結びつけ、われわれがそのもとに置かれている家族・民族・人種（すなわち血のつながり）のような自然的諸秩序にわれわれを義務づける。詳しく言えば、われわれは、ある特定の家族、ある特定の民族、ある特定の人種に属するものである。さらに神のみこころは、つねに、われわれに、われわれの現在の時と所において出会うことによって、われわれを、家族・民族・人種の特定の歴史的瞬間にも、換言すればそれらの歴史のある特定の時点にも、結びつけるのである」。ここで言われているのは、律法はわれわれをたんに「自然的諸秩序」に結びつけるというだけではない、それら自然的諸秩序の「特定の歴史的瞬間にも、換言すればそれらの歴史のある特定の時点にも」結びつけるというのであるから、第五条で、次のような結論に出会っても驚くことではない。「このような認識においてわれわれは、信仰するキリスト者として、危機の中にあるわれわれの民族に神が『敬虔で忠実な支配者』として総統を与えたまい、国家社会主義的国家秩序において『よい政府』を、すなわち『規律と栄誉』のある政府を備えようとしておられることを、主なる神に感謝する。それゆえにわれわれは神の前に、総統の働きのために共に協力する責任のあることを知っている」。それはもはやたんなる自然的秩序の神学ではない。そのような一般啓示を越えて、「特定の歴史的瞬間」を逆にいわば特殊啓示にまで高める。これがアンスバッハの律法観の帰結であった。(107)

「アンスバッハ勧告」にも関係したルター派の代表的神学者の一人アルトハウスの「バルメン神学宣言」批判の視点も「勧告」のそれと基本的に変わらない。一九三四年七月バイエルンの教会誌に寄稿した「バルメン告白会議の『神学宣言』への疑念」(108)において彼ははじめに、自分の関心は神学宣言だけにあること、教会の暴力的支配との平和はないこと、さらに彼の批判が教会政治的に利用されることを拒否することなどを述べる。その上でしかしエーレルトと同様に、「バルメン神学宣言」第一項に神の律法、ないし一般啓示に言及のないことを遺憾とし、こう言う、「それ（すなわち、ただ一つの救いの＝啓示）に先立つ、またそれを目指す、原＝啓示（Ur-Offenbarung）、あるいはこの概念がもし疑わしいなら、世界とわれわれ自身における神の自己啓示といってもよいのだが、それをわれわれは知っている」。この立場から彼は、第二項以下の批判において、われわれを神の意志に結びつける「秩序」についての言表がないこと（第二項批判）、民族の秩序と教会の秩序の積極的連関を見ていないこと（第三項批判）、国家と民族、民族に奉仕する教会の重要な結びつきについて語られていないことなどを批判する。最後に彼は「バルメン神学宣言」でいくつかの特定のポイントが強調されたことを評価しつつも、敵対者たち、すなわちドイツ的キリスト者を否定するあまり、彼らによって立てられた問題が十分考えられていないとし、「バルメン神学宣言」の狭隘さを克服し、より良い神学において教会闘争を闘うべきことを提言している。彼はドイツ的キリスト者の暴力支配を否定するなど、彼らとは一線を画しているものの、「神の歴史的時間においてわれわれに出会ったいかなる告白も、『カイロス哲学』として、あるいは宣教と何ら関係のない『歴史哲学的解釈』として非難し排除する」人びとに反対するというような点で、たんなる自然的秩序の神学をも乱暴に踏み越えていた「アンスバッハ勧告」と大きく違うとは言えないであろう。ここでも律法理解が一つの神学的な焦点であった。すでに述べたように、律法理解を巡る問題は「バルメン神学宣言」後にはじめて始まったわけではない。E・ヒルシュが、一九三三年六月のバルトの『今日の神学的実存！』に対して七月に「ドイツ的キリスト者の教会的意志」をもって答えたように、[109] ゴーガルテン、さらにはブルンナーにおいても同じ問題が顕在化していた。しかしバルトをしていま「福音と律法」という神学主題を、緊急に、改めて取り上げるべく促したのは、「バルメン神学宣言」以前からの動きに加えて、「バルメン神学宣言」以後の、いま述べたようなことを含む律法理解を巡る神学的動向であったことは間違いない。『福音と律法』はＥ・ブッシュも指摘するように、バルト周辺のルター派の人びと、アスムッセンやイーヴァントらに大きな問いを提出することにもなった。[110]

（２）『福音と律法』——その神学的射程

ドイツ的キリスト者においてだけでなく、告白教会の側に立つ人たちの中にも存在する問題、神学的に最も重大な問題の一つは「アンスバッハ勧告」などに典型的に現われている律法観にあった。「律法……は神の啓示によって照らし出されるわれわれの生の現実全体においてわれわれに出会う」。とすれば律法は、その内容規定を、福音、すなわちイエス・キリストにおける神の啓示からではなく、その時々に変化する歴史的現実の状況から受け取ることにならざるをえない。人びとは特定の歴史的瞬間へ強制的に結びつけられることを免れない。このような律法観に対して何が語られなければならないのであろうか。バルトにとって律法とは何か、そこに焦点をあわせながら『福音と律法』の内容を少し検討してみたい。

『福音と律法』は福音と律法の関係を、「律法と福音」という伝統的な取り扱い方ではなく、「福音と律法」という順序で取り扱い、究明したものである。そのさいバルトははじめに「福音と律法」の「真理性」について語り、次いでその真理性に基づいてその「現実性」について語っている。論稿は一見理論的抽象的に見えるけれども、決してそうではなく、危機的な政治的教会的状況を神学的主題において受け止めたものであった。

a. 律法を、バルトがどこから語ろうとしているかに、われわれは、はじめに注意したい。バルトは、問題を「律法と福音」としてではなく「福音と律法」という順序で語ろうとしていることに注意を促す。[111] 後述するように「律法と福音」という伝統的順序を否定しているのではない。ただそれが正しく語られる仕方があるのであって、バルトによれば「律法と福音」という順序がこの問題連関の全体を方向づけてはならないのである。それゆえ「まず福音について語られなければならない」。[112] なぜそうなのか。バルトはここできわめて聖書的である。彼は新約聖書の見方を介して旧約の二つの出来事を指示する。ガラテヤの信徒への手紙三章一七節によれば、律法は、アブラハムへの約束のあと四三〇年後に起こった。そのように、福音も律法に先立ち、律法は福音に後続する。また律法は契約の箱の中に収められた（申命記一〇・一～五）。そのようにもし律法が福音の中にあるとき福音は福音であり、律法は律法である。もしそうでないなら律法は律法でないし、福音も福音ではない。「バルトは律法と福音の関係規定を契約神学的に基礎づける」。[113] かくてこう言われる、「律法は福音の中にあり、福音に由来し、福音に基づくものであるから、われわれが律法とは何かということを知るためには、まず第一に福音について知らねばならない。そしてその逆であってはならないのである」。[114] 律法の存在根拠も認識根拠も福音の中にある。それなら最初に語られるべき福音とは何であろうか。それについてここでは簡単に触れるだけでよいだろう。バルトによれば、福音の内容とは神の恵みである。それは端的にイエス・キリストご自身にほかならない。「神の恵みとは――われわれの人間的存在のための神の恵み、すなわち神がわれわれの神であり、かかる神としてわれわれを受け入れたもう慈愛・憐憫・卑下とは――イエス・キリストである。……したがって彼自身が、またただ彼のみが、福音の内容である」。[115] そしてこの「福音の内容」に、バルトによれば律法も、それが神の言葉であるかぎり含まれる。とはいえむろん福音は律法ではないし、律法もまた福音ではない。それははっきり区別されなければならない。しかし分離してはならない。福音に「並ぶ」ものとしてあるいは福音の「外に」福音と無関係に存在するかのように分離してはならない。これが聖書に基づいてバルトが、ドイツ的キリスト者たちのみならず、告白教会のルター派のバルメン反対者たちに対してなした第一の問題提起であった。

b. 律法そのものを、バルトはどのように考えたのであろうか。ここでバルトは、徹底してキリスト論的に考える。「イエス・キリストが律法を満たし、律法を成就したもうたという――いいかえれば、律法の戒めに対する服従によって、律法を遵守したもうたという――聖書の疑うべからざる証しから、出発しなくてはならないであろう」[116]。律法はイエス・キリストによって生き抜かれた。イエスは十戒を生きた。そうであれば「神の律法を何らかの事物から、何らかの出来事から読みとろうとすることは、不確実であり、危険であるばかりでなく、それは誤謬である」[117]。「アンスバッハ勧告」に表明されていたような「われわれの生の現実全体から」読みとるというようなことは否定される。そうではなくてイエス・キリストから読みとられなければならない。「神の意志のあの出来事〔イエス・キリストの出来事のこと〕が、われわれにあらわとなることによって、したがって神の恵みの出来事があらわとなることによって、われわれには律法があらわとなる。われわれは、神がここでわれわれのためになしたもうことから、神がわれわれに対して、またわれわれから欲したもうことを、読みとるのである」[118]。直接法から命令法が生じる。そのような福音と律法の関係を一般的・総括的にいうなら、「律法は恵みをその内容とする福音の必然的な形式にほかならない」[119]と言うことができる。シナイ山の石板が契約の箱の中にあったように律法は福音の中にあるのであるが、そのことは律法の中に福音がつねに存在するということでもあろう。律法は聖であり、善であり、バルトによれば、旧約聖書に見られる律法賛美は新約聖書においても決して中絶されていない。

さらにその問い、すなわち神は律法においてわれわれに対し何を欲し、またわれわれから何を欲しているかという問いについても、バルトはキリスト論的に思考する。ここでもイエス・キリストが律法を満たし遵守したという啓示の事実に立ち返って考えなければならない。その事実の意味は、イエス・キリストがわれわれに代わって信じて生きたということであった。それゆえすべての戒めはこのイエス・キリストの信仰を証しし、この信仰を目指す。信仰こそわれわれに対し、またわれわれから欲せられることである。しかしこのような信仰をわれわれが模倣するということではない。イエス・キリストの代理的な信仰をわれわが実現することは決してできないのだから。そうではなくてこの「イエスの代理的信仰を承認し受け入れるということ……このことが第一戒の意味であり、またしたがって神の律法に対するわれわれの従順の意味である」[120]。聖霊の賜物におけるイエス・キリストへの信仰。「いつも問題の中心は、十字架につけられ甦りたもうたイエス・キリストに対する信仰である」[121]。そのような信仰がわれわれにおいて見いだされるときに、律法と戒めは遵守され満たされるのである。

c・バルトによれば、以上述べたことは「真理性」における「福音と律法」、またその相互関係である。それはユンゲルのいうように、神の側からの、すなわち「語る神」に基づく「福音と律法」の規定といってもよい[122]。しかしバルトはいま福音と律法をその「真理性」においてだけでなく、その「現実性」において語ろうとする。その意味は福音と律法の真理性そのものにおいて罪人が考慮されるということである。というのも福音と律法をその「現実性」において語るというのは、それがわれわれ人間の手の中に、すなわち罪人の手の中に、にもかかわらず与えられているという事実に着目して語るということであるから。バルトはそれを消極面と積極面から取り上げる。消極面は特に律法と関わる。律法が悪用され誤用されるということである。神の恵みはわれわれに対して律法・戒め・要求という形式をとる。ところが罪人としての人間において律法は悪用され、恵みという内容は覆い隠される。律法は人間の手の中で恵み無き律法となる。かえってこの律法を、人間の罪の本質たる自主性が支配する。律法による自己義認へと罪人は突き進むことになる。バルトはこの関連でもこう記す。「われわれは今、『神の律法はこのような歪曲と転倒においては、ありとあらゆる偽造を免れがたい』という事実だけは、触れておこう。すなわち、律法に対してわれわれがいわゆる服従を行おうとして、われわれの自己義認ということが問題となる場合、時には自然法が、時には抽象的『理性』が、時には歴史が、また最近のように暗うつな時代には、運良くも見つけ出された『民族法』というものが、この目的にとって有用有望な内容を神の律法に与えるために、発言しようとするのである」[123]。律法の誤用は、そのような「偽造」を社会的・現実的結果としてもたらす。「この律法に仕えるならば、神の審判の前に逃れる術はない。そして、この審判がそこでわれわれにあらわとなる試練には、何の助言も、何の慰めも、何の助けも存在しないのである」[124]。このようなことが、福音と律法が罪人の手の中に置かれる時に生起する消極的側面である。

福音と律法は罪人の手の中に、罪人にもかかわらず与えられた。「にもかかわらず」に含まれている積極面が語られなければならない。バルトはローマ書五章二〇節、一一章三二節以下を指示する。律法も福音もわれわれによって悪用され空しくされていながら、神の律法・神の福音であり、聖であることに変わりはない。むしろ「福音はわれわれの手の中に渡されることによって初めて――またその意味する一切のことが達成された上で初めて本当に、福音自身も達成され、初めて完全に福音本来の姿として、すなわち真実の罪人に対する真に喜びの音信として現われる」[125]。「福音の勝利、恵みの勝利とは、まさにこのような真実の罪に対する神の勝利であり、われわれの律法を悪用する罪に対する神の勝利であり、われわれの不信仰の罪に対する神の勝利である」[126]。このような神の勝利をバルトはキリスト論的に三つの観点から説明する。第一に、神の恵み、すなわちイエス・キリストご自身が、審判を、すなわち神の律法によってわれわれの受ける審判を義認に変える。「彼は福音の中において、律法によって殺しつつ、しかもその福音によって生かしたもう」[127]。そしてバルトによれば、まさにここで、「律法と福音」という順序は正当で意味深いものとなるのである。第二に、神の恵み、すなわちイエス・キリストご自身が、われわれを「罪と死との法則」（ローマ八・二）から解き放つ。福音の回復とともに律法もまた回復する。要求（～かくなすべし）から約束（～かくならん）へと回復される。律法はもはや「罪の欺瞞の道具また神の怒りの機関」ではない。むしろ「一切を償いたもう方の証しとして、啓示として……その本来の根源的な意味において語る」。律法はいまや、福音が聖霊の力によってわれわれの内に生み出す神の恵みへの信頼を要求するものとなる。そして第三に、神の恵み、すなわちイエス・キリストご自身が、われわれに、義認と解放がわれわれ自身においても現実となるため必要なものを与える。それは聖霊の賜物にほかならない。「彼らの敗北において福音の勝利が、またそれと同時に彼らの義認が、また『生命の御霊の法則』としての律法の啓示が現実となったような人びと――そのような人びとのいるところに、またその立場にわれわれも移るということが、じつに不思議にも、しかしまたじつに冷静な事実として、聖霊の賜物なのである」[128]。

以上われわれは『福音と律法』の内容を、特にその律法理解を中心にやや詳しくたどってみた。この論文のはじめの部分でバルトは、綱領的に次のように記している。アブラハムの約束の後に（四三〇年後）律法が来たことを指摘したあとで、「律法は約束に続いて起こらねばならない、しかし律法は約束に続いて起こらねばならないのである。そして律法が約束に続いて起こることによって、律法そのものに続いて約束の成就が起こり、またこの約束の成就において、ただこの約束の成就においてのみ、それ自身の、すなわち律法の成就が起こるのである」[129]。ここで言われる「約束の成就」はイエス・キリストにおいて起こった、十字架の死と復活による罪人の義認の出来事である。そしてそこでのみ「律法」は「成就」されたのであり、それゆえイエス・キリストからしか律法、すなわち人間に対する、また人間からの神の要求は読みとれない。かくてバルトは「福音と律法」を徹底的にキリスト論的に考え抜くことによって、ドイツ的キリスト者やバルメン批判に回った告白教会のルター派の一部の人々の政治的行動から、その神学的根拠と正当性を奪ったといってよいであろう。『福音と律法』は何よりもそのような文脈において読み解かれなければならない。

そのことはまたわれわれに、『福音と律法』の神学的意義を明らかにする。われわれはバルトがこの論文で、律法を、福音と異なるものと位置づけつつ、同時に徹底して福音と関連づけようとしたことに注目しなければならない。「律法」とは福音でないものの総括表現である。福音でないものすべてが福音との関連の中に置かれる。律法が神のわれわれに対する、またわれわれからの要求であるとすれば、われわれがわれわれの全生活領域において従うのは、福音、すなわちイエス・キリスト以外ではないということであろう。福音以外のもの、それが何と呼ばれようとも、われわれにとって「第二の啓示の源泉」であることはできない。それが『福音と律法』において一般的・基礎的に明らかにされた。してみれば、『福音と律法』はまさに、次節以下で取り扱われるべき二つの論文に対して、いわば「バルメン神学宣言」第三項以下に対する第一項と第二項の位置に立つものと言いうるかも知れない。その意味で『福音と律法』の持つ神学的射程は、「教会と国家」、あるいは教会の政治的神奉仕の遂行を巡る諸問題にまで及んでおり、しかも決定的な仕方で及んでいる、と言ってよいであろう。

3．政治的共同責任の聖書的基礎づけとしての『義認と法』

（1）問題の所在

われわれは、「教会と国家」という主題を巡る、バルトの最も重要な基礎的な著作『義認と法』を取り上げなければならない。E・ブッシュの伝記によれば、バルトは一九三八年七月のはじめユトレヒトで告白教会の指導者たちと会合を持った。「福音と律法」、「教会と国家」の問題について、共同討議を通して、困難な課題をかかえる彼らを励ますためであった。その少し前六月末に、彼はスイスのブルックとリースタールで、教会と国家を主題とする講演を行なった。それが『義認と法』として発表されたものである。講演の直接の動機についてバルトはある手紙で、スイス国民にはっきりした情報を提供し、オーストリア併合後の状況の中で、スイス国民がいかなる場合も絶対にドイツに対して軟弱にならないように勧めるためであったと語っている。[130] ただしかし彼は、政治的行動の個々の実践的指示を与えたのではなくて、「原則的考察にまでいったん退くことによってその情報を与えた」（E・ブッシュ）ということになる。ここで表明された基本的立場はその後のバルトの思惟と行動の「神学的前提」[131]ともなった。

はじめに論文の意図にも関わる二つのことに注意しておきたい。その第一は、「教会と国家」という問題がなぜ「義認と法」というテーマとして取り上げられたかということである。『福音と律法』において「律法」が問題の焦点であったように、ここでは「法」が問題である。一九三三年の『訣別』の中でバルトはシュターペルの『ドイツ民族主義』に触れ、その本で、ドイツ民族の法《ノモス》は神の律法と一つだという言葉を読んだと書いている。[132] じっさい前項で述べたように、アンスバッハ勧告の、「律法……は神の啓示によって照らし出されるわれわれの生の現実全体においてわれわれに出会う」という律法観は、結局のところ特定の歴史的瞬間の絶対化へと至らざるをえなかった。「ある民族の聖なる風俗、慣習、体制、価値」[133]などとして理解される民族の法は、いまや神の法として絶対的尊敬と服従を要求する。しかしそれに対して、信仰の立場からどこまで法として価値を認めるべきなのであろうか。それに従うべきなのであろうか。そもそも法と言われるべきものはどのようなものであろうか。それは福音とどのような関わりがあるのであろうか。そこに「福音と法」を巡る問いが浮かび上がる。教会と国家の問題はいまや「義認と法」の問題として問われなければならない。そのような観点からわれわれは、次のようなバルト自身の問題設定を理解すべきであろう。「その問題というのは、先ず第一に、神によって、イエス・キリストにおいて、ただ一回的になしとげられた信仰のみによる罪人の義認（Rechtfertigung）ということと、人間の法（Recht）との間には、何か関係があるのだろうか。すなわち、何か内的な関係があって、それによって、神的な義認と共に人間的な法も、何らかの意味で、キリスト教信仰の対象となり、キリスト教的責任、またそれと同時にキリスト教的信仰告白の対象となるのだろうか、ということである」[134]。あるいはこう言ってもよい。「一般的に言うならば（地上の秩序・平和・自由というような）様々の問題と対決しつつ、あるいは（この書物の標語をいま一度用いれば）人間的な法を承認・促進・擁護・公布しつつ、しかも神的な義認にもかかわらず行われるというのではなくて、神的な義認のゆえにこそ行われるというような、神奉仕は存在するのだろうか」[135]。これが『義認と法』で扱われるべき問題である。ところでこの引用文中の「神奉仕」とは、第一のそれを、教会の礼拝としての神奉仕、第二のそれを、信仰の生活としての神奉仕（ヤコブ一・二七）とすれば、ここでの神奉仕は「第三の領域」[136]における神奉仕の可能性といってよい。教会がこの世にあり、キリスト者の生活もこの世において営まれているかぎり、世における神奉仕についての問いはいつの時も回避されないのだから。

第二にバルトは、宗教改革者たちがこうした問題をよく考えようと努力したことを認め、こう言う。「神的な義認と人間的な法。イエス・キリストの宣教また彼に対する信仰と上司（Obrigkeit）の職およびその権威。教会に対する委託と国家に対する委託。神の中に隠されたキリスト者の生と、しかも彼に与えられた市民としての義務。このような二つのものが存在するということは、もちろん宗教改革者たちが、われわれに極めて力強く教え込んだところである。さらにまた彼らは、これら二つのものが互いに矛盾しないばかりか、むしろ共に相並んで存在することができ、有効であることができるということを、明らかにしようと、非常な努力をした」[137]。その上でしかし彼は、それら人間的な法や、国家に対する委託、あるいはキリスト者の市民としての義務などが、キリスト教の使信の中心から基礎づけられていたかどうかを問う。聖書の宝だけを示そうと願いつつ、本当には聖書の宝を示さなかったのではないか、「彼らは法をも義認の上に基礎づけ、政治的権力をもキリストの権力の上に基礎づけたどうか」と問う。一言でいえば、「キリスト論的な証明の欠陥」を指摘した。そしてバルトによれば、宗教改革者たち、あるいは彼らの信仰告白における「教会」と「国家」の形式的・外的な関係理解から、その後この問題を巡っても、一方で国家との関わりなど余計なものを除いて精神的な使信と教会を築こうとする敬虔主義的不毛性と、他方で世俗的使信と教会を築こうとする啓蒙主義的不毛性という分離が起こった。しかし「もし、今日、たちまちまた新しく、あの不毛な・そして危険な分離が起こってならぬとしたならば、まるであの欠陥が存在しないかのように――あの欠陥を持った宗教改革の教えがあのような分離に赴く誘惑を自分の内に蔵していないかのように、宗教改革を想起するというだけでは、今日十分ではない。宗教改革が〔教会と国家という〕二つの領域を並行して述べているあの言い方をくり返したり、『宗教改革的国家観』等々を、様々の度合の歴史的忠実さと共感的な熱情をもってくり返し歌い上げるというだけでは、十分ではない」[138]。いわゆる二王国論そのものの是非ではなく、それを「今日」ただ反復するだけの不適切さをバルトは指摘し、みずからの課題をこう設定する。「これら二つの領域の実質的な、従って内的必然的な関連に関する問いが発せられねばならない」[139]と。

(2) キリスト論的・終末論的国家理解

教会と国家、あるいは義認と法、この二つの領域、あるいは二つの事柄の「実質的な従って内的必然的な関連」はどこで成り立つのであろうか。この問題についてのバルトの立場をわれわれは、キリスト論的観点からと終末論的観点からの国家理解を経由して理解するのが適当であると思われる。

a．まずバルトはローマ書一三章（一～七節）に基づいてその国家理解を示す。そのさいの釈義上のポイントは、一三・一で具体的な政治権力の担い手（Obrigkeit）を表わすために用いられている「権威」（エクスーシアイ）という言葉が、新約聖書では一般に「天使的力の群」を意味しているという古くから知られていた事情であった。「『権威』とは、造られた力でありながら、しかも不可視的・霊的・天的な力であって、他の被造物の中にありつつ、ある独立性を持ち、このような独立性を持つことによって、また同時にある卓越した価値・課題・機能を持ち、ある現実的な影響を及ぼすものである」[140]。天使的力は時に悪魔化する。しかしその力の頭はキリストであって（コロサイ二・一〇）、キリストの甦りと来臨により根本的に限界づけられている。こうした「権威」理解に立てば、政治的権威について、次のように言うことができよう。「それは、この力が――国家そのものが、根源的・究極的にイエス・キリストに属しているということである。すなわち、国家は、その相対的な実質・価値・機能・目標設立によって、イエス・キリストの人格と御業に――したがって彼において起こった罪人の義認に、奉仕しなければならないということである」。[141] その場合国家が正しからぬ国家になっても、正しい国家でありつづけても、イエス・キリストに従属することに変わりはない。それは根本的に「キリスト論的領域」[142]の中にある。したがって有名な同心円の比喩でいえば、イエス・キリストを中心として拡がるキリスト論的領域の内円として教会が位置し、その外側に、外円として、バルトの言葉でいえば「いわば第二次キリスト論的領域」[143]と称されるべきものが存在する。この領域において「教会」は「この世と結びつけ」られる。バルトは、そのようなキリスト論的理解に立って、一三章の個々の言葉も解釈する。たとえばパウロが政治的権威を「神によって」立てられた（一節）というとき、それは、たんに「国家が、自然や運命や歴史や何らかの契約や社会の本質に起源しているという考えが、斥けられているということ、また、このような基礎づけによって、国家は同時に、自分の限界をも想起せしめられるということ――これらのことを言うだけでは足りない」[144]。考慮されなければならないのは、救い主であるイエス・キリストに属することが考えられていたということである。また五節の「良心のためにも、これに従うべきです」についても、イエス・キリストに従う在り方のことが考えられなければならないと言う。[145]

b. キリスト論的な国家理解は、終末論的な国家理解によって補われ、正しく言い表わされなければならない。バルトは言う、「あの〔教会と国家の〕結合を示す場合に、後方から考えずに、すなわち抽象的に創造とその見かけだけの神的な拘束とかから考えずに、むしろ決定的に前方から、すなわち来るべき時《アイオーン》から、キリストから、考えるべきではないだろうか」[146]。創造の秩序においてではなく終末論的に考えられなければならない。そのさいの釈義上のポイントは、たとえば黙示録二一章に明らかなように、この「来るべき」新しい「時《アイオーン》」の秩序が、政治的秩序として示されていることである。「新しい時《アイオーン》の体制が、決してリアルな『教会《エクレーシア》』ではなくて、まさにリアルな『都《ポリス》』であるということを、黙示録二一章から、われわれは知るのである。あるいは別の表現をすれば、地上のリアルな教会は、その将来と希望を、天におけるそれ自身の存在の映像の中に見るのではなく、むしろまさに天におけるリアルな国家の中に、それを見るのである」[147]。こうして「ただ一つ真に存在するリアルな国家」としての「この将来の都《ポリス》」において教会と国家は媒介される。教会はリアルな天の国にみずからの将来を見、他方国家もまた天の国の栄光に仕えつつやがてその中に立つ。かくて教会と国家はそれぞれ別様の仕方で、しかし相互に関係しつつ、等しく将来のポリスの地上における先行者なのである。地上の教会と国家の関係にとってそのことは何を意味するであろうか。国家についていえば、地上の国家の神化も悪魔化も起こりえない。なぜなら地上の国家にとって国家の神性は天の国家にあり、またたとえ悪魔化することがあっても、天の国家の栄光に寄与する以外にないというのがその使命であるから。他方、教会についていえば、みずからにいま国家の述語を与えて、それによって国家の中の国家、国家を越えた国家として振る舞うことはできない。国家の教会化、教会の国家化は、「バルメン神学宣言」第五項の拒否命題に明示されているように、きびしく否定される。教会は「上からの政治化、終末からの政治化」[148]のゆえに、国家に対する疎遠性を廃棄できない、むしろ「教会は、地上の国家に寄寓《パロイキア》」する[149]。この寄寓の意味は何であろうか。バルトによれば、「ここで義認の説教がなされ、そしてこの説教において、この寄寓は将来の都に対するその希望を確証する、と答えることが許される」[150]。ここでの説教がなぜ希望を確証するかといえば、「彼〔イエス・キリスト〕の法が――その死において獲得され・その甦りにおいて宣言されたイエス・キリストの法が、この永遠の法」であるから。そして「このイエス・キリストの永遠の法こそ、今ここで教会の課題であるところの義認の使信である」[151]。このような説教あるいは宣教は、イエス・キリストがすべての人の贖いであるように、すべての人に関わる。それゆえ宣教（説教）のために教会は「すべての人の領域における自由を必要とする」。その自由は同じくすべての人に関わる地上の国家の存在によってだけ保証される。それゆえ教会は「その祈りによって」地上の国家の存在を保証しなければならない。[152] 教会と国家はそのように、教会が義認の説教を通して国家の務めを根本において支え、国家はその宣教の自由を教会に対して確保するという相互保証の中に存在するのである。「天上の国家《ポリス》から、地上の教会《エクレーシア》へと降りてくる光は、地上の教会から地上の国家の側へと向かう光の中に、（前述したようなこの二つの光の間における相互関係を保ちつつ）反射される」。[153] 天上の国家を介して地上の教会と国家は相互関係の中に存在する。

（3）執り成しの祈り

以上、われわれは、バルトにおける教会と国家、あるいは義認と法、「これら二つの領域の実質的な従って内的必然的な関連」を明らかにした。そこからどのような国家との関わりが教会とキリスト者に求められるのであろうか。

　バルトは「第一の訓戒」[154]、すなわち最も「内的な、……他のすべての訓戒を同時に包括し、かつ徹底的なものにする訓戒として」[155]、Ｉテモテ二・一に基づき、執り成しの祈りをあげる。[156] 執り成しの祈りとは為政者に代理して神に呼び求めることである。国家はそれを必要とする。むろんその場合国家が崇敬の対象となるということでもないし、国家がそれに値しているからというのでもない。執り成しとはそれら一切に関わりなくなされる「祭司としての奉仕」であり、むしろ「国家が、万一最も野蛮な不法の国家であった場合にも、そのことによっても減少されるのではなく、ただ増大されるだけである」。[157] さらにバルトは、本質的に上位にあるこの第一の訓戒との関連で、ローマ一三・一などに見られる、国家権力に「従え」という聖書的勧めの解釈を示す。それによれば、この「服従」とは、人に絶対的に服従するというような意味ではありえず、「教会そのものの祭司的態度に応ずる教会の肢々の実践的態度」以外のものではない。従うのは、「上にある権威」そのもののゆえではなく、それが神の「定め」によって立てられたからである。そのかぎり、教会は政治的権威に従い、その権威から最上のもの、すなわち義認の説教の権利の保護を期待しつつ、その権威を承認する。しかし国家が国家の方で神の定めにじっさいに反抗することも予想しなければならない。その場合でも教会は従うことを止めない。止めないがゆえに、国家権力に尊敬をささげるがゆえに、つまり「国家に反対してではなく、むしろ国家のための教会の行為として」、国家権力の意図や企てを自分のものとしたり、これに積極的に参加したりするというようなことはない。「国家権力が転倒した道を歩む場合、国家権力がその存在を負うている神の定めが、またそれと共に国家権力それ自身が、最も尊ばれるのは、どのような場合にも国家権力に対して払われなければならぬ尊敬のこのような形式――すなわち批判的な形式によってである。……キリスト者が万一、国家権力の転倒を肯定して、自分の固有のつとめを裏切る場合、どうしてキリスト者が、執り成しの祈りをなしうるだろうか。そのような裏切りを意味するようなことが、国家に対するどんな尊敬であるだろうか」[158]。それは批判と抵抗をふくむ「良心的」（ローマ一三・五）服従以外ではない。最後にバルトは、先にわれわれも教会と国家は相互保証において存在することを確認したが、教会が国家に対してなす「保証」とはどのようなものか、三点を挙げている。第一に、バルトによれば、国家はみずからの行為の究極の根拠と必然性を知らない。これに対して教会だけがそれを知り、それが論議される場所は教会をおいて他にない。「教会にとっては、国家の権威は、教会の主イエス・キリストの権威の中に、包まれているからである。教会は、永遠の国家を期待しつつ生きている。そして、この期待において、教会は、地上の国家をも尊敬し、地上の国家から絶えず最上のものを――すなわち、信仰者が今すでに自分たちの救い主として愛しているあの主に、国家が国家なりの仕方で、『すべての人』の領域において仕えることを期待する」[159]。教会がそのようなものでありつづけることが、国家に対する第一の働きであり、そのような意味で教会はただ教会であることが求められる。第二に、バルトは、ローマ一三・五～七に関連してキリスト者に期待される具体的政治的義務に言及する。宣誓、兵役などの問題であるが、特に聞き逃しえないのは、ここでバルトが、ローマ一三章とＩテモテ二章一節などを念頭において、新約聖書の国家理解と民主的国家概念が相覆うものと考えていることとである（付論「バルトとデモクラシー」を巡る覚え書、参照）。最後に第三に、教会が国家に対してなしうる保証とは、言い換えれば教会が国家のために行う決定的行為とは、教会が義認の宣教の活動を行なうことである。「そのことの中に、教会が国家のためになしうる一切が、含まれており、また教会の会員のあの包括的な政治的責任も、すべて含まれているからである」。[160] 教会による国家の保証とは、そのような教会自身のための宣教の自由を要求することによって決定的になされる。というのも国家はその自由を許す度合いに応じて正しい国家であるであろうから。

以上われわれは『義認と法』の内容をバルトの設定した問題にそってたどった。『福音と律法』で、「福音」でないものの総括としての「律法」が、同時に徹底して「福音」に関係づけられたように、ここでも「法」が徹底して福音に、すなわち「義認」に関係づけられる。義認（Rechtfertigung）と法（Recht）の類比が示された。そのさい（2）で明らかになったように、両者の関係の必然性、また約束と責任は、キリスト論的・終末論的国家理解から生じる。それは同時に、国家を創造の秩序から理解することに徹底して反対することでもあった。「上に立つ権威」（ローマ一三・一）は自然的秩序ではない。「バルメン神学宣言」第五項が明らかにしているように、それは神の「定め」（同一三・二）である。国家は神の委託による固有の務めを持つ。そのために教会とキリスト者は共同の責任と義務を負う。責任の遂行は批判的形式を含む。いずれにせよ教会がその政治的責任と義務を決定的に果たすのは、義認の宣教の使命に生き、執り成しの祈りをささげる、つまり教会が教会でありつづける（「バルメン神学宣言」前文！）ということ以外によってではないのである。

4. 政治的共同責任の具体的展開としての『キリスト者共同体と市民共同体』

『義認と法』につづいて『キリスト者共同体と市民共同体』が取り上げられなければならない。これは、戦後、一九四六年夏学期、バルトがボン大学の客員教授としてドイツ滞在中、各地で行なった数多くの講演の中の一つである。『義認と法』の内容をさらに具体的に展開したもので、教会と国家という主題に関するバルトの代表的な著作であることはいうまでもない。彼みずから注意しているように、これも「バルメン神学宣言」第五項との関連において理解されなければならない。[161] いわばその注解である。ただしここで「バルメン神学宣言」は、闘争的ではなく、むしろ形成的なパースペクティヴにおいて把握し直されているといってよいであろう。教会と国家の混同をきびしく戒める「バルメン神学宣言」第五項の拒否命題ではなく、両者の本来の関係を告白する肯定命題の響きが全体を貫いている。拒否命題に示された教会的・政治的状況は過ぎ去った。じっさい、戦後、バルトにとっても、課題は、世界にとってと同様に、いまや包括的に着手されるべき「再建」(E・ブッシュ)へとシフトしていた。全体主義の崩壊という歴史的経験をへて、教会と国家の関係が、ここでなお積極的なものとして語られているとすれば、それはいま述べた戦後という歴史的状況と無関係ではない。また同時にそれは「福音」と「律法」、「義認」と「法」、あるいは「宗教的秩序」と「世俗的秩序」の非福音的分離による「ドイツ的異教主義」のため苦しめられてきて、[162] いまや新たな状況の前に否応なく立たされているドイツの教会とキリスト者たちに対する励まし、問いかけであった。[163]『キリスト者共同体と市民共同体』において「教会と国家」の関係は、『義認と法』におけるより、じっさいいっそう積極的に語られた。それはすでにたとえば双方に「共同体」(Gemeinde)という言葉が用いられていることにあらわれている。この積極的関係を語る思惟方法としてバルトがここで使用したのが「類比」（Analogie）である。ただくり返すことになるが、両者の関係の神学的理解という点ではすでに述べた『義認と法』と基本的には変わらない。そこでわれわれははじめにその神学的理解を短く確認し、その上で『義認と法』ではまだ十分展開されていなかった「類比」の問題の検討からはじめたい。

（1）比喩必要性と比喩可能性

『キリスト者共同体と市民共同体』においても、『義認と法』と同じく、「キリスト者共同体」としての教会と「市民共同体」としての国家との関係の根拠はキリスト論的・終末論的である。終末論的根拠から確認しよう。「キリスト者共同体が永遠の目標としてもっている約束や希望の対象は、新約聖書のはっきりした言明によれば、何か永遠の教会といったものの中にあるのではなく、神によってたてられ、天より地上にきたる国《ポリス》の中に存する。諸国の民は、都の光の中を歩き、地上の王たちは、自分たちの栄光を携えて、都に来る（黙示録二一・二、二四）。……この点からして人は、キリスト者共同体の存在のまさに究極的な最高に政治的な意義について語ることが許されるし、また語らなければならない」[164]。教会も国家も共にこの「目標」から終末論的に理解されなければならない。教会はこの到来する目標、すなわち永遠の神の国とその支配を宣べ伝えつつ、この支配が「いまだ救われないこの世にあって」（「バルメン神学宣言」第五項）、市民共同体という「外的、相対的、暫定的形態」をとることを神の恵みとして賛美する[165]。他方このような「外的、相対的、暫定的形態」としての市民共同体は神の「定め」であり、みずから知ると知らざるにかかわりなく、一定の目的に、すなわち混沌《カオス》の侵入から人間を守り、宣教の自由を保証するために仕える神の奉仕者である。そのかぎりで「それは――教会の外にあるとはいえ、イエス・キリストの支配領域の外にあるのではない――イエス・キリストの国の代表者である」[166]。こうしてここでも、教会と国家の関係は、『義認と法』においてと同じく終末論的にだけでなく、キリスト論的に理解される。教会と国家はそれぞれイエス・キリストを中心とする内円と外円の関係として表象される。内円と外円であるかぎり、内円で起こることはそのまま外円で起こることと無関係ではない。「教会としての教会において起こることは、それが何であれ、同時に国家というよりいっそう広い次元で起こり、そのかぎりで、いずれにせよ、政治的関連性をもっている」[167]。そこで「キリスト者共同体はまさに自己自身の課題を果たすことにおいて、市民共同体の課題にも参与する」[168]。そのようにしてキリスト者共同体は市民共同体に対して共同の責任を持つ。それゆえ市民共同体の「形態や現実」に対してキリスト教的無関心というようなものは存在しえない。「教会は、神の国を、また神の戒めと義を想起せしめ、そのことによって統治者と被治者の責任を想起せしめる」(「バルメン神学宣言」第五項)。そのような教会とキリスト者の共同責任は、さらに具体的に言えば、良き国家と悪しき国家を「判別する」ことにおいて遂行される。「そしてこのような選択することと選択しないこと、意志することと意志しないことに応じて、キリスト者共同体はここでは賛成し、かしこでは抵抗するであろう。まさにこのような――全体を包括する意味において認識された自らの中心から行われるところの――判別、選択、意志、賛成によって、まさにその中心から必然的に教会に示される一つの方向を持った実践的な諸決断によって、キリスト者共同体は市民共同体に対する『服従』を、すなわち政治的な共同責任を遂行する」[169]。バルトによれば、その諸決断にさいして、体系や理念やプログラムといったものは存在しないが、決断には「どんな場合でも認識されるべき、保持されるべき方向と線」[170]があると言う。そしてその方向と線の指示は、自然法のようなものから出てこない。むろん彼は自然法に基礎づけられた政治的認識と決断を否定はしない。というのもキリスト者共同体の諸決断の課題はいつもいわば「自然的」、この世的、世俗的であるから。しかしそうであるからといって、キリスト者共同体がみずからの認識と決断の源泉として、あの神の国の約束と、教会の主イエス・キリストの使信以外のものに頼るなら、それはみずからの課題を果たすことにはならない。律法を「福音の形式」とする『福音と律法』以来の認識をわれわれはここで思い起こしてよい。バルトは以上の議論を「政治的組織の比喩可能性（Gleichnisfähigkeit）と比喩必要性（Gleichnisbedürftigkeit）」[171]という概念を用いて次のようにまとめている。教会にとって国家が是認されるのは、その存在が「教会によって信ぜられ、教会によって宣べ伝えられている神の国との比喩、対応、類比」[172]となるからにほかならない（比喩可能性）。しかし市民共同体がキリスト者共同体を構成している真理と現実、すなわち神の国を映し出しているかどうかは決して自明ではない。したがって市民共同体が、みずから堕落と崩壊から免れるためには、「比喩必要性」を持つことを想起させられなければならない、と。しかし市民共同体が神の国の比喩でありうることについて、市民共同体自身無知であり、あの想起を行うことはできない。キリスト者共同体の政治的協力が必要である。それが、市民共同体に対する、キリスト者共同体の共同の政治的責任ということであろう。キリスト者共同体は、市民共同体において、神の国、すなわちイエス・キリストの支配が明らかになるように欲する。キリスト者共同体は市民共同体の事柄に対し責任的となることによってはじめて、神に対しても究極的に責任的となりうるのである。「かくてキリスト者共同体は、みずからの政治的な判別、判断、選択、意志によっても、なるほど含意的で間接的ではあるが、しかし現実的な証しを立てる。したがってその政治的行為も信仰告白である。キリスト者共同体はそれと共に、市民共同体をも、その局外中立性から、無知から、異教主義から、神の前における共同責任へと呼び起こす。その中でキリスト者共同体はみずからの政治的共同責任〔傍点、筆者〕を確証する。……こうして歴史、すなわち市民共同体の形成を神の国の比喩として持ち、したがって正義の実現を目標および内容として持つ歴史はキリスト者共同体によって開始される」[173]。これらの言葉はここで最も重要な言明の一つだといってよい。

（2）政治的共同責任とその遂行

市民共同体におけるキリスト者共同体の政治的共同責任の遂行は具体的にどのように果たされるのであろうか。バルトはここで「キリスト者共同体において信じられ、宣べ伝えられている神の国が、市民共同体の生活の外的、相対的、暫定的な問いの中に示される比喩、対応、類比の諸例」[174]を挙げる。①キリスト者共同体は人となった神、人間の隣人となった神に基礎を置いている。したがって政治的領域にあって、つねにいかなる事情にあっても、何かある事柄というのではなく、第一に人間を取り上げる。②キリスト者共同体は神の義認（Rechtfertigung）、すなわち神がイエス・キリストにおいて人間に対して根源的な義を打ち立てたことの証人である。したがってつねに法治国（Rechtsstaat）の側に立ち、無政府主義や専制主義に組みしない。③キリスト者共同体は失われた者を尋ねだし救う神の証人である。したがって貧しき者、弱き者、虐げられた者に身を向ける。キリスト者共同体は政治的領域そのものの中で社会正義のために努力し闘う。④キリスト者共同体は自由において神の子であるように召された者の共同体である。したがってキリスト者共同体は市民一人ひとりに市民共同体によって保証されるべき「基本的権利」として自由を肯定し主張する。⑤キリスト者共同体はひとりの主のもとに互いに結合され義務を負い合う共同体である。したがってキリスト者共同体はかの自由を、責任という市民一人ひとりに要求される「基本的義務」以外のものとは理解しない。⑥キリスト者共同体はひとりの主のもとに一つの洗礼に基づきひとつの御霊一つの信仰において生きる共同体である。したがって政治的領域において欲求、能力、任務などの相違を冷静に洞察しつつも、「成人したものと見なされるすべての市民の自由と責任の平等性」を擁護する。⑦キリスト者共同体は、ひとつの御霊の、多様な賜物と委託を知っているのであるから、政治的領域においても立法、行政、司法などの諸権力と諸機能の分立の必要を知り、またそのために監視する。⑧キリスト者共同体は暗きに輝く光としてのイエス・キリストの啓示によって生きている。したがって政治的領域においてもあらゆる秘密政策、秘密外交に反対する。暗闇の中におのれをくらます政治に、どのようなものであれ賛成することはできない。⑨キリスト者共同体は自由な神の言葉に基礎を持ち、人間の言葉がその担い手であることを信じている。政治的領域において言論の自由、公の意見の交換に賛成し、そのために努力する。⑩キリスト者共同体においてキリストに従うことにおいて、支配ではなく奉仕が行われる。したがってキリスト者共同体は、市民共同体においてもそれ自身奉仕でないような支配は認めない。⑪キリスト者共同体は本来的にエキュメニカルである。政治的にもすべての抽象的な局所的、地方的、民族的利害には反対する。⑫キリスト者共同体は神の怒りと裁きを知っている。しかしそれはしばらくの時であって恩恵こそ永遠であることも知っている。政治的領域においてそれは力による解決をできうる限り回避し、人間の可能性の限界まで平和政策を追求すべきことを示す。以上の一二点にバルトは説き及んだ。このようなバルトの方向と線が一般に民主主義と呼ばれる国家の形と著しく近接していることは明らかであり、彼もそれを否定しない。「キリスト者共同体と自由な民の市民共同体とのあいだには、たしかに親近性が存在する」[175]。またバルトによれば、キリスト者共同体の政治的領域での諸決断が、信仰に由来しない諸決断と結果において同じであったとしても、そのことはキリスト者共同体がみずからの諸決断を、たとえば自然法から基礎づけねばならないというようなことを意味しない[176]。

以上のような諸例について、われわれにはあるいは一部恣意的という印象を免れないかも知れない。ティーリケが、たとえば暗闇に輝く光としてのイエス・キリスト理解から政治的領域での秘密政策と秘密外交への反対を引き出したバルトに対し、いわゆる「メシアの秘密」から政治や外交における秘密保持に努力しなければならないという相反する帰結を引き出せると「意地の悪い」問いを出したことは知られている[177]。しかしバルトがここで提示した市民共同体におけるキリスト者共同体の比喩的諸決断は「例示」であった。例示であることの意味は、「個々にはつねに論議の的となる余地がある」[178]ということである。しかしそれだけではない、むしろそのような「論議」こそキリスト者共同体に対し期待されるということでもあろう。そのさいバルトにとって問題なのは、「聖書の使信の一義性」に基礎づけられる「一定の方向、……連続的線、解釈と適用の連関」であって、原理論でも決疑論でも状況倫理でもなかった。少なくともいまここで「根本的に明らかにされなければならなかったこと、また明らかにされなければならないことは、二つの領域の類比と、この類比において、第一の領域から第二の領域へと遂行されるべき諸決断の可能性と必然性」なのである。[179]

バルトが最後に言及している「キリスト教的＝政治的諸決断の実践的実現」[180]に簡単に触れておく。第一に、キリスト教的政党の組織と活動の問題である。周知のようにバルトはこれに否定的である。その理由の一つは政治における「政党」という現象に対するバルトの不信感であり、もう一つは、突き詰めていえば、これまで述べてきたように、キリスト者共同体それ自身が政治的責任を負う存在だからである。それゆえ政党という形で政治的責任を果たす方途をバルトはとらなかった。しかしそのことは逆に、キリスト者は基本的には非キリスト教のいかなる政党にも存在することが可能だということであろう。個々のキリスト者は政治的領域ではただ「匿名」でのみ現われることができるのだから。こうして「キリスト者は各政党にあって政党に逆らい全体のために、まさにそのようにして第一義的な意味で政治的人間となるであろう」[181]。してみればむしろ「キリスト者共同体は、このようなキリスト者を、このような市民を、このような第一義的な意味で政治的人間を送り出す！　このような者たちの存在において、その時、キリスト者共同体の政治的共同責任は、最も直接的な形においても遂行される」[182]とも言いうるのである。第二に、政治的領域における教会の責任は、教会に最も固有なこと、すなわち神の恵みの福音の宣教によって果たされるし、果たされなければならない。しかし「この福音は……本来政治的である。そして福音が説教、教育、牧会において、聖書の正しい説き明かしによって、現実の人間に（キリスト者にも非キリスト者にも）正しい語りにおいて宣教されるなら、必然的に預言者的＝政治的である」[183]ほかない。第三に、バルトによれば「教会は範型的に現実存在する」[184]。その意味は、キリスト者共同体はイエス・キリストを中心とする外円の内円として、自覚と責任をもって、みずからの存在、制度、秩序を理論的かつ実践的に形成しなければならない、と言うことである。バルトのここでの発言は責任意識に満ちている。「正しい国家は正しい教会の中にみずからの原形と模範をもたなければならない」[185]とも言う。「バルメン神学宣言」第三項はその拒否命題で、教会がみずからの使信と秩序の形成を、教会自身の好むところにも、その時々に支配的な世界観的確信や政治的確信の変化にも任せてしまうことを厳しく退けたが、同じことを、いま積極的な形で言い直せばこうなる、すなわち、教会はいついかなる時もみずからの源泉から、すなわち神の言葉とイエス・キリストの使信に即してみずからの秩序と形を整えていくことが求められていると。[186]『キリスト者共同体と市民共同体』は、「バルメン神学宣言」の積極的・形成的・かつ具体的な展開であった。

総括

以上われわれは「バルメン神学宣言」第五項の意味をはじめに明らかにし、次いで、それ以後の三つの著作を取り上げ、一九三四年以降のドイツの教会的・政治的状況を踏まえて、教会の政治的神奉仕に関するバルトの基本的考え方を明らかにしてきた。彼は『福音と律法』(一九三五年)で、福音でないものの総括としての律法を、福音に関係づけることによって他の二つの著作に神学的基礎を提供した。[187]『義認と法』(一九三八年)でバルトは、教会と国家のキリスト論的・終末論的関係を聖書に基づいて明らかにし、教会の政治的責任を強調した。そこに示されたのは国家に対する無条件的絶対的服従ではなく、「良心的」服従の道であった。その限りでそれはキリストに従う道でもあった。『キリスト者共同体と市民共同体』(一九四六年)において彼は、『義認と法』で解明された二つの共同体の関係を「類比」の方法を用いることによって具体的に展開した。そしてわれわれはこれら三つの著作全体をつらぬいて響く「バルメン神学宣言」の神学的認識、とり分け第五項の決定的重要性をその都度確認した。このようなバルトの神学的立場をわれわれは彼自身の言葉を用いて教会の「政治的共同責任の神学」と呼ぶのがふさわしい。

ところで先にわれわれは、バルトが「キリスト者共同体」の比喩的政治的諸決断を例示したさい、「個々にはつねに論議の的となる余地がある」と決断の相対性を彼が認めていることを指摘した（(2)）。ユンゲルはわれわれもすでに上げたバルトの重要な言明を引き、論議の余地があるということと、「政治的行為も信仰告白である」という発言は矛盾しないかと問うている。[188] なぜなら政治的行為も信仰告白だとすれば、キリスト者の間での政治的不一致は本来あり得ないだろうから。そのように問うた上でユンゲルは、バルトの『キリスト者共同体と市民共同体』は、教会の政治的諸行為について、それがキリスト者共同体それ自身の行為なのか、それとも個々のキリスト者のそれなのか、厳密に区別されて読まれなければならないと主張する。論議の余地があるというのであるから、それは個々のキリスト者の行為というのであろうか。このようなユンゲルの読み方はむろん理解できないことではない。ただ『キリスト者共同体と市民共同体』において、教会の行為と個々のキリスト者の行為がいつもはっきり区別されないと理解できないというのではないようにわれわれには思われる。というのもすでに、バルトがここで教会を「キリスト者共同体」（Gemeinde）という言葉で表わしたとき、制度や職務を含む、しかしそれらに還元されない共同体のことが考えられていた。「共同の諸課題の遂行のために、またそれに奉仕する中で、『共同の団体』において集められている人間」[189] のことが考えられていた。バルトの眼差しは「共同の団体」、すなわち個々のキリスト者の行為によって生き生きと担われている共同体に向けられているように見える。またバルトは、キリスト者共同体が、みずからの使信を市民共同体へと移して考え、比喩的決断を引き出すさい、「全線にわたって、キリスト教的、霊的、預言者的認識が要求される」[190] と言う。諸決断を引き出すことは容易なことではない。それは、たんなる人間的な認識と決断の可能性以上のことであるからである。「信仰の一致」において信仰告白として「政治的決断」[191]は下される。ただし、それがどのようになされるのか、あるいは教会の比喩的政治的諸決断はいかにして成立するかという問題が、もう一つの重要な問題として残っているということは、ここで指摘しておかなければならない。[192]

さて最後にわれわれは、政治的責任の問題は信仰からして、すなわち神の義への信仰からして直ちに生じるということも、バルトの言葉を通して確認しておいてよいであろう。一九四〇年バルトは『教会教義学』「神論」の中でこう書いた、「このように神が完全に味方しつつ割って入りたもうことを、信仰は……信じるのである。信仰のこの性質からして、ルカによる福音書およびヤコブの手紙によれば、預言者の書物と全く同様に、一つの政治的な態度――人間は自分の目の前で貧しく、不幸である全ての人々に対して責任あるものとされているということによって、決定的に条件づけられているところの、一つの政治的な態度――が生じてくる」[193]。われわれはわれわれ一人ひとりの信仰において「政治的な責任性」[194]の中に立たせられている。信仰における政治的課題はバルトにおいて第一に倫理的課題であるという以前に、[195]すでに神の全き憐れみと義、そしてその信仰そのものの中に生じているのである。

第三節　教会の宣教的神奉仕――第六項

「見よ、わたしは世の終わりまで、いつもあなたがたと共にいるのである」（マタイ二八・二〇）
「しかし、神の言はつながれてはいない」（Ⅱテモテ二・九）

その中にこそ教会の自由の基礎があるところの教会への委託は、キリストに代わって、したがってキリスト御自身の御言葉と御業に説教とサクラメントによって奉仕しつつ、神の自由な恵みの使信を、すべての人に伝えるということである。

教会が、人間的な自立性において、主の御言葉と御業を、自力によって選ばれた何かの願望や目的や計画に奉仕せしめることができるというような誤った教えを、われわれは退ける。

（「バルメン神学宣言」第六項）

「教会への委託」を告白する「バルメン神学宣言」第六項は、第一項や第五項などに比べて注目されることが少なかった。しかしこの「宣言」が六項目からなっているという単純な事実からしてすでに、第六項の正確な理解なしに、宣言全体は、とり分け第三項以下に提示される教会論的なテーゼは正しくとらえられないと言わなければならない。第六項は締めくくりのテーゼ、より厳密に言えば「目標」を示すテーゼとして、イエス・キリストを「われわれが聞くべき、またわれわれが生と死において信頼し服従すべき神の唯一の御言葉」と告白する第一項、そしてそれによってはじまる「宣言」全体がどこへ向かっているのかを示している。簡単に言えば、それは告白教会の具体的な形成、その意味での「教会の革新」[196]へ向けられていた。じっさいバルメン告白会議が採択した他の諸宣言の一つ「ドイツ福音主義教会告白会議の実践的活動に関する宣言」は、冒頭に第六項を拒否命題抜きで引用し、引き続き次のように述べ、第六項の線と方向において、牧師職ならびに教会の革新の課題の指針を明らかにしている。「それによってドイツ告白教会は奉仕的な活動へ呼び召されている。神は告白する教会《ゲマインデ》をわれわれに賜った。多くの教会員と牧師たちが生命的になることによって奉仕のための新しい聖められた意志も生まれた。ドイツ福音主義教会（DEK）の告白会議がドイツ福音主義教会の指導を引き受ける時、それによって告白会議は、神が福音主義キリスト教徒に与えられた新しい賜物と力に対する大きな責任を引き受けることになるのである。それゆえに以下のことが、ドイツ福音主義教会の告白会議に対して緊急な活動として勧告される……」[197]。こうした生ける教会の新しい形成を促す発言が、バルメン告白会議の中でも、信徒と教職とから上がった。[198]すでに第四項は「教会全体に委ねられ命ぜられた奉仕」という言葉を、「奉仕」の内容規定なしに用いていたが、それを補う第六項なしに「バルメン神学宣言」は真の具体性を持ちえなかったであろう。

以下われわれは、はじめに第六項のテキストの問題に短く触れ（1.）、重要な論点として「民族伝道」の問題を取り上げた上で（2.）、第六項の意味をバルト自身の解明の努力に聞きつつ明らかにしたい（3.）。バルトの教会論の一貫した特徴である宣教（伝道）論的方向づけをわれわれはここで確認することになるであろう。

1．テキストの問題

「バルメン神学宣言」本文の成立過程については、われわれはすでに本章第一、第二節で詳しく述べた。第六項について確認されるべきことは、一九三四年五月一五日のフランクフルトにおける午前の協議に基づいてバルトが用意した「原案」に第六項は含まれていないこと、午後の協議の中でそれが付加されて「フランクフルト合意案」が成立したことである。第六項に関しては、「合意案」の文言は、修正されることなく、そのまま最終案として採択された。

なぜ第六項が加えられたのか、それは第六項そのものが語っているとしか言いようがないであろうが、その理解のためにも、はじめにテキストの形成過程を瞥見しておくことが必要である。

フランクフルトの午後の協議のためのバルトの草案メモが残されており、[199] それと「合意案」との主な相違点は二つである。第一に、引用聖書箇所が草案メモではマタイ二八章一八〜二〇節であるのに対して、「合意案」では二八章二〇節bに限定され、しかも二つ目の聖句——二箇所引用という点は第一項と同じ——としてⅡテモテ二章九節が付加されたこと。第二に、拒否命題に「人間的な自立性において」および「自力によって選ばれた」が加えられるなど全体として文意が強化されたことである。これらの修正を総合して見ると次の二点が明らかになった言えるであろう。第一に、マタイによる福音書の聖書引用が二八章二〇節bに限定されたことによって、第六項はイエス・キリストの伝道命令の大きなパースペクティブの枠の中でそれら全体を貫く主の約束という方向において受け取られるべきことが明確になったことであり、第二に、Ⅱテモテの神の言葉の自由の鍵語によって何よりも第一項と関連づけられるとともに、神の言葉の自由によって、第六項中の「神の自由な恵みの使信」、「教会の自由」という文言の根本的な基礎づけが明らかにされたことである。教会のこの自由は人間の自立性や自主性を意味せず、委託の遂行としての御言葉への奉仕において、それに拘束されてはじめて与えられる自由である。かくして「教会への委託」の内容も、その遂行の仕方も、誤解の余地なく明らかにされたと言ってよいであろう。

本章第一、第二節で言及したように、「宣言」に先駆するものとして、ここでも特に二つの文書を挙げなければならない。一つは、『今日の神学的実存!』、もう一つは「一月バルメン宣言」である。

『今日の神学的実存!』の「八項目」、その三でバルトは「《ドイツ的キリスト者》信仰運動の諸目標」[200]の以下のくだり、すなわち、「イエス・キリストの福音によって教会にまさにその民族（Volk）のために委任されている奉仕をドイツ民族に為すことを教会に可能ならしめる形態をドイツの教会に与えること、それが信仰運動《ドイツ的キリスト者》の目標である」を批判し、次のように書いている。それはまさに「宣言」第六項の宣教理解を示すものであろう。

「教会はそもそも人間には仕えない、それゆえドイツ民族に仕えることもしない。ドイツ福音主義教会はドイツの福音主義の民のための教会である。しかし教会はただ神の言葉にのみ仕える。神の言葉によって人間に、それゆえドイツ民族にも奉仕がなされるとき、それは神の意志であり、業なのである」[201]。

次に、いわゆる「一月バルメン宣言」の四「教会の使信」が関係するが、特にその一にバルトはこう記している。この他に、五の四も深く関係しているが、すでに第五項を扱ったさい掲げた。

「教会への委託は、預言者と使徒のキリスト証言を講解しまたその証言に従って、キリストに代わって、それゆえキリスト御自身の御言葉と御業に仕えながら、説教と聖礼典によって、到来しつつある神の国の使信を、すなわち、創造者なる神はその被造物を、和解者である神は罪人を、救贖者である神はその愛する子らを自由なる恵みのうちに受け入れたもうたということを、宣べ伝えることの中にある。

したがって、同時にここで退けられるのは、教会は創造主、和解主、救贖主でありたもう神の御言葉を、この神の御言葉に奉仕せずに、自分自身の言葉として語ったり、したがって自由な恵みを宣べ伝えることをせずに、『動的《ダイナミック》』な言葉として用いることができるし、また用いなければならないというような見解である」。（四の一）

「一月バルメン宣言」が基本的に「教会の使信」を語っているのに対して、第六項は「教会への委託」を語っているというパースペクティヴの違いはあるものの、教会への委託を使信の伝達においてとらえている点で共通しており、第六項に先駆すると見てよいと思う。ただ「一月バルメン宣言」には、第一に、「神の言葉の自由‐教会の自由」という線は見られず、また第二に、使信の名宛人が明示されていない。これらの点で、すなわち、「バルメン神学宣言」第六項がまさに教会の自由の根拠をはっきり示したという点で、また使信を「すべての人に」伝えるとその宛先を明示したことにおいて、すなわち、『今日の神学的実存！』の「八項目」のその三にも関連しつつ、神の言葉にのみ仕えるがゆえにすべての人に仕えるという明確で広い宣教の視野を切り開いたことによって、第六項は非常に鋭く論争的なものとならざるをえなかった。

2．「民族伝道」と第六項

第六項は教会への委託を端的に「神の自由な恵みの使信を、すべての人に（an alles Volk）伝える」伝道に見ている。しかしそれは当時の「民族伝道」（Volksmission）への批判を内包するものであった。じっさいドイツ的キリスト者はナチ支配を「民族伝道」の大きなチャンスととらえていた。

「民族伝道」という言葉は、一般に、J・H・ヴィヒェルン以来、内国伝道（Innere Mission）の別名として用いられてきたものである。[202] 海外の異教徒伝道の時代は終わり、いまやむしろ近くの、すでに洗礼を受けてキリスト教徒であるにもかかわらず、実際には全くそうでないような生活をしている人びとに福音への覚醒をもたらす時代が到来した、その意味で福音伝道（Evangelisation）と言ってもよいであろうが、[203] そうした意味で用いられてきた。しかし三十年代に入って、ドイツ的キリスト者においてそうした伝統的な意味に別な響きが混じり始めた。[204] たとえば、一九三三年一一月の帝国教会指導部の民族伝道への呼びかけ、基本方針、緊急プログラムはそれを端的に示していた。「基本方針」には次のようにうたわれていたからである。「すべての民族伝道的活動の諸力は、第三帝国の確信をもった構成員と同様に、明らかに福音の中に基礎づけられていなければならない」[205]。そしてそれらが発表された三日後、一一月一三日の、大混乱に陥った、ベルリンのスポーツ宮殿でのドイツ的キリスト者の集会はもともと「民族伝道の催し物」[206]と考えられていたのである。この民族伝道は民族を規準とすることによる宣教の致命的歪曲であったと言わなければならない。それは「民族同胞」(Volksgenosse)と「民族に無縁な者」(Volksfremde)の区別を前提し、非アーリア人の排斥、旧約聖書とキリスト教におけるユダヤ的なものの排除を伴っていた。[207]ドイツ的キリスト者が教会選挙で勝利した後、彼らを拒否するためにルター派教会において企てられた『ベテル信仰告白』(一九三三年八月)も教会と民族とは「解きがたく結ばれている」[208]としていた。「バルメン神学宣言」第六項は、まさにそうした当時の民族理解、民族伝道の拒絶であった。われわれがすでに前項〔1.テキストの問題〕で確認したように、第一に神の言葉に奉仕することにより、その限りで人間に、したがってドイツ民族にも仕えるとしたバルトにおいて、民族伝道そのものも否定されたと言うことはできないが、その特定の方向での理解に対する厳しい批判であったと言うことはできるし、言わねばならない。むろん第六項はそうした用語そのものを使わなかった。

ところで「バルメン神学宣言」における「民族」の理解と位置づけにいち早く反応したのはアルトハウスであった。彼はフランクフルト合意案を手にした二日後、五月二一日にバルメン批判の書簡をマイザーに送り、「内容的に言えば全くひたすらなバルト神学」[209]と断じた上で、「合意案」のテキスト全体に、第六項を除き、本来民族(Volk)に言及されるべきところで(たとえば第二項「彼の被造物」に関連して、あるいは第五項の国家の規定に関連して)出てこないことを遺憾としつつ、次のように書いている。「第六項について。たしかにここにいまや幸いなことに民族(Volk)という言葉が出てきます。『すべての人に』(an alles Volk)がそれ。しかしそれはわれわれの言う意味での民族ではなくて、拘束力のない聖書的な言い回しです」[210]。この聖書的な言い回し（たとえばルカ二一・一〇）が「拘束力のない」ものかどうかはともかく、「バルメン神学宣言」が、第六項も含め、アルトハウスらの「民族性の神学」から明確に距離を取っていることが、アルトハウス自身によっていち早く見抜かれているごとに注意しなければならない。第六項が同じ民族という言葉を含む聖書的言い回しを用いながらそれを拒否しつつ教会への委託としての伝道を明確に語ったということをはっきりさせるために、その背景として、以下しばらくアルトハウスの「われわれの言う意味での民族」理解も瞥見しておきたい。

アルトハウスは、このマイザー宛の手紙でも、民族と教会の関係について、エーレルトの『ルター主義の形態学』と一九二七年六月のケーニヒスベルク教会大会での彼自身の講演『教会と民族性』を参照するように指示しているが、じっさい彼はその講演で民族性と教会を積極的に関係づけた。「わが国には、戦争いらい、運命の時代から根源的に規定されて、力強い運動、つまり、新しい民族性への愛、民族性の生殖力からのわが民族の再生にたいする情熱的決意がみなぎっている」。したがって、教会は、「民族教会」たらんとするならば、新しい「民族主義運動を歓迎し、それが意味する歴史的な時をきわめて真剣に受け取るべきこと」を要求される、と[211]。さらに一九三一年の『神と民族』では、こうした民族性を介することなしに宣教もありえないと語る。アルトハウスはその中で民族と民族性を次のように規定する、「民族――それは生ける人びとである。民族はその成員において存在する。しかしそれは同時に、それらの成員の『以前』に、またそれらを『超越して』存在する。というのも、それは、生活の等しい諸条件、等しい故郷と様式の合計、総体ではなくて――むしろそれはその中でのみ個人が生命を持ちうる母体、支えとなる脈絡である」[212]。そしてこの民族の「結合させる精神性」[213]としての民族性は「『根源的＝生殖』によって成立し、派生させることのできない、非合理な、端的に実在する運命的なものである」[214]。人間はこの自らの民族への愛、その遺産への忠実あるいは責任において生きるべき者である。こうした「民族の現実性」[215]は神信仰とどのように関係するのだろうか。アルトハウスによれば、神は神の言葉において、ただこうした民族性の現実を「超越して」[216]啓示されるだけではなくて、その現実の「中でも」[217]啓示される。なぜなら「民族と民族性は神の被造物であり賜物である」から。したがって彼において、民族とは、人間を支えると共に要求しもする神の創造の秩序であり、神に従うとはこの秩序において従うこと以外ではない。さらにアルトハウスによれば、この「民族の神聖性」は生の神聖性と同様に「キリストにおける神の啓示の光」なしにも可能な認識、すなわち、「根源的＝認識」である。したがって、キリストにおける啓示と現実との関係は単純ではなく、二重になる。われわれはキリストから現実を見るだけでなく、むしろキリストが「神によって準備された現実としてわれわれがすでにあらかじめ知っているものを何ものも破壊しないことによっても認識される」[218]。彼によれば創造の言葉とキリストの言葉は互いに証言し合う。「われわれを支えかつ結びつける現実」としての民族という秩序においてわれわれはキリストを見るということになる。[219]こうした認識に立って、アルトハウスは、民族ないし民族性と宣教の関係について次のように述べることになる。「こうした基礎的な神学的認識にそこまで立ち入ることが必要だったのは、自らの民族性の現実によってとらえられている人間に神の言葉を宣教するとはどういう意味かが、ここで決定されるからである。われわれがわれわれの民族の＝拘束をもって聖書の神、イエス・キリストの父なる神の前に立たなければならないということについては論争の余地はない――そしてそこで確かに……民族的思惟にとっての『危機』が発生する。しかし以下の二つのことは、教会の宣教にとっては本質的に違うことである。すなわち、私が人間を、すでに彼がそれと共に教会に来るまさにそれにおいて、支えとなり要求しもする民族の＝拘束の彼の原＝体験において、神の創造意志によって出会われ捕らえられているものとして知るのか、それとも、私が、人間をそれ自身疑わしい歴史的諸力によって彼がとらえられているということから引き出して神の前に導き、彼の体験している拘束のこうした『危機』を通してはじめて有効に拘束されると考えるのか、これらは本質的に違うことである」。[220] アルトハウスによれば、人間をその民族性においてとらえて宣教する前者と、人間をその拘束からいったん切り離して宣教する後者は、それぞれに価値をもった「宣教の二つの異なった方法」というのではない。これは「あれか、これか」であって、それらの背後には、違う神学、違う啓示概念が存在すると言う。アルトハウスの宣教論は、まさに世界の現実とこの世界の現実においてすでに生起している「原＝啓示」[221] との関連における神との出会いとしてしかありえないものであった。彼にとって「民族」という「拘束的」な言葉とその迂路なしに伝道は具体的なものとはなりえなかった。[222] アルトハウスによれば、「バルメン神学宣言」は、もしそれがドイツ的キリスト者に向けられるべきものであるなら民族と教会との関連そのものについての彼らの認識に対してではなく、その関連の仕方の理解、つまり、それを「暴力をもって」実現しようとするそのやり方に対してこそ向けられなければならないのであって、「合意案」の認識は当たっていない、ということになる。[223] われわれがすでに確認したように、教会は先ず第一に神の言葉に奉仕するがゆえに人間に、したがってドイツ民族にも仕えるというのと、教会は人間に、したがってドイツ的キリスト者に対して民族とて神に仕えるというのとではバルトにとって異なることであった。バルトがドイツ的キリスト者に仕えることによって教会の誤った関係そのものを問うたのに対して、アルトハウスは、彼らの関係理解における暴力性だけを問題とした。

3．第六項の意味——総括に代えて

われわれは本章において、「バルメン神学宣言」第三項と、それによって規定されている第四項以下を、一つの教会論的テキストとして読むことを試みてきた。バルト自身、第三項、第四項、第六項を、それぞれ「教会に

おいて有効な権威」、「教会の内的秩序」、「外に向かっての教会の委託」を規定していると説明している。[224] そして第五項も具体的な国家との関係において教会について語っていることは言うまでもない。こうした関連を踏まえてここではわれわれは、主としてバルト自身の考えを中心に、第六項の意味を明らかにしてみたい。[225]

a. はじめに第六項の位置づけの問題に少し触れておく。バルトは戦後まもなく一九四七年になされた第六項に関する講演で、われわれもすでに見たように、特に「バルメン神学宣言」の始まりと終わりとしての第一項と第六項の関連に注意を促している。[226] E・ブッシュは、第五項が国家に対する教会の関係を、第六項が非キリスト者に対するキリスト教徒の関係を取り扱い、それぞれに第五項は政治的神奉仕を、第六項は伝道的神奉仕について語っているとし、教会が共に生きる世界とその時代の人びとの間での「教会の派遣の二重の形態」[227] を示しているという明快な分析を示している。まとめて言えば、第一項と第二項によって明示された教会の教説の内容的認識ないし使信は、教会に委託された奉仕により、当時の「民族伝道」の枠を越えて、世の終わりにいたるまで証しされ、伝達される。第六項は、二つの聖書箇所に導かれて、教会への委託、すなわち、教会の派遣を、主題として語っていると言ってよいであろう。[228]

b. 教会が証しし伝達するよう委託されているのは「神の自由な恵みの使信」。その意味を、バルトは、いま言及した戦後すぐの講演で明らかにしている。それによると、「『自由な - 恵み』というこの言葉は、その組み合わせによって、第一にそして究極的に、聖書において『神』と呼ばれている方の本質以外のものを言い表わしてはいない」[229]。それゆえ自由な恵みの使信とは、神の福音のことにほかならない。バルト自身が注意を促している第一項と第六項との関連をたんに始まりと終わりとしてだけでなく、内容的に見るなら、われわれは、この「自由な - 恵み」をイエス・キリストその方を言い表すものとして理解することが許されるし、そのように理解しなければならない。

それゆえにバルトのその講演での六点にわたる「神の自由な恵み」の説明はすべてキリスト論的に理解されるであろう。「神の自由な恵み」とは、バルトによれば、第一に、それは自由な恵みであるから、教会の使信は「何らかの人間的な必要・関心・憂慮・困窮・問題」から出発することはない、しかし同時にそれは自由な恵みであるから、使信は、神がそれらをご自分のものとして受け入れ処理されたものとして語る。第二に、それは自由な恵みであるから、教会の使信は、人間の側での適性や結合点を予想しない。恵みは何の前提もなしに、何の条件もなしに贈り与えられる。そしてこうした自由において与えられるもの、すなわち、破滅した罪人にすぎない人間が神によって受け入れられるということこそ恵みなのである。第三に、それは自由な恵みであるから、恵みの「王座と場」はただイエス・キリストにあり、教会の使信はただイエス・キリストについての使信であることだけが許される。彼以外の恵みの仲保者などは存在しえない。しかし同時にそれはイエス・キリストがひとりではいまさず、使徒たちの言葉によって多くの者を召し、彼らの証しを通して、すべての被造物に対するイエス・キリストの救いの約束が生起することにおいて恵みである。「恵みは、そのすべての自由において、以下の点において恵みである、すなわち、恵みは、そうしたただひとりの、第一に彼の証人たちに対する、さらにこれらの証人たちによる彼の教会に対する、さらに教会による現実かつ真実な、『すべての人に』に対するイエス・キリストという包括的な贈物であるという点において」[230]。第四に、それは自由な恵みであるから、この恵みはどんな悲惨な罪人の間でもその業を行なう。とはいえそれは自動的にすべての人間を包括し獲得しなければならないというような「万物の復興」ではない[231]。他方、この自由な恵みはまさに恵みとして、人間を獲得し救うだけでなく、恵みのために「人間を使役する」。すなわち、「恵みは、われわれを単純に所有しようとする。つまり、あるがままのわれわれが、あるがままの教会と世において、恵みの証人であるために、われわれを所有しようとする」[232]。第五に、それは自由な恵みであるから、恵みは「人間的な手段や方法」に拘束されない[233]。教会の使信はそのことを完全な明瞭さで示さなければならない。恵みは「教会ノ壁ノ外」でも働いており、バルトによれば、恵みのそうした自由は教会に絶えず新しく新鮮な空気をもたらしてきたのである。バルトは「神の自由主義《リベラリスムス》」[234]について語る。しかし同時に、それは恵みの自由主義であるから、多くの人間的な手段や方法、新しい方法や古い方法も許容し開始させる。最後に、第六に、それは自由な恵みであるから、人間とその世界の現在の姿を越えて手を伸ばす。それゆえに教会の使信も、イエス・キリストの将来の秘義の宣教でなければならない。むろんわれわれはわれわれが顔と顔を合わせて神を見るとき、そこに何を見るのか知らない。しかし同時に、そこでこそ、自由な神の恵みは恵みである。われわれはイエス・キリストは永遠に同一であり、すでに来たりたもうた方が到来することを知っている。すなわち、「彼がわれわれの希望である」[235]。まとめて言えば、今その要点を示したバルトの神の「自由な‐恵み」理解は、神ご自身が、イエス・キリストにおいて、神ご自身のその自由と恵みにおいて、徹底して人間へと向かうことを明らかにしている。そして神の自由な恵みの使信が人間に向けられているかぎり、ドイツ民族にも差し向けられていることは言うまでもない。ただそれは神ご自身、すなわち神の「自由な恵み」がそれをなすのであって、どのような意味においても人間の力で人間的な目的のためになされることではない。まさに宣教におけるこうした消息を、第六項は、当時の民族伝道理解を拒否しつつ明らかにしたと言ってよいであろう。

c・教会はその委託、すなわち、神の自由な恵みの使信の伝達を、「キリストに代わって、したがってキリスト御自身の御言葉と御業に説教とサクラメントによって奉仕しつつ」なす。バルトは、この伝達も、伝達の対象、すなわち、神の自由な恵みの使信がキリスト論的に理解されなければならないのと同じく、キリスト論的に理解されなければならないという。「使信は、イエス・キリストから受けた、また受けるべきものとして理解されなければならない」[236]。それゆえに教会が「キリストに代わって」（Ⅱコリント五・二〇）なす伝達は、「人間的な自立性」においてなされるのではなくて、ただ教会の奉仕、すなわち、「キリスト御自身の御言葉と御業」への「奉仕」を意味するだけである。預言者と使徒によるイエス・キリストの証しを受け入れ、それを伝達することが教会への委託である。バルトの表現を借りれば、教会は教会自身の指紋をそこに残すことなく受けたままに単純に送り届けることが委託の遂行である。さて使信の伝達は、「説教とサクラメントによって」、御言葉と御業に奉仕しつつなされる。E・ブッシュはこれに関連して、正当にも、礼拝はキリスト教自身や他宗教を知るための対話としてではなく伝道の企てとして考えられなければならず、また礼拝は福音に注意を向けることと主の晩餐とにその中心を持たなければ、それを通しての伝道的奉仕も真剣には考えられていないことになると述べている。[237]

d.「教会の自由」はまさにそうした教会への委託にその「基礎」を持つ。委託の遂行において教会は自由なのである。すでに述べたように、第六項の重要な告白の一つは、教会の自由であった。この自由は、非拘束的・恣意的自由ではない。「神がその恵みにおいて自由であるように、教会もその委託において自由である」[238]。非拘束的・恣意的自由は、一方で、教会をして、「人間的な自立性において、主の御言葉と御業を、自力によって選ばれた何かの願望や目的や計画に奉仕せしめることができる」というような誤った道をたどらせ、他方で、世からの退却を引き起こす。委託の遂行においては教会は自らの願望や計画から自由にされ、委託と共に教会は世へと自由となる。「教会の自由」とは、バルトによれば、「外部に向かっての十分に喜ばしくまた謙遜な開放性をもって、しかも教会でありつづけくり返し教会となる教会としてそのような周囲の世界の中に存在するという、その権利とその義務である」[239]。この教会の自由は、何ものにもつながれていない神の言葉の自由そのもの、伝達すべく委託された神の自由な恵みの使信に対応し、そこにその基礎を持つ。教会の自由は神の言葉の自由に由来する。それゆえ、これもバルトの説明によれば、一方で教会が委託をたとえ不十分にしか遂行しないとしてもこの自由が失われることはない。委託そのものが教会から失われることはないのだから。むろんその場合教会は、使信が裁きにもなることを知らなければならないであろう。他方、教会がたとえ寝入ったとしても、この使信は教会を長く眠らせてはおかない。神の自由な恵みの使信そのものが、くり返し教会において新たなキリスト者を生み出していく。大切なことは教会がいかなる時も委託に基づくこと、換言すれば、神の自由な恵みの使信に聞き、受け入れ、証しし、伝達できるように祈り、神により頼むこと以外ではないと、バルト自ら解説している。

e・最後に使信の名宛人の問題を取り上げなければならない。第六項はそれを「すべての人に」(an alles Volk)と表示する。前項でわれわれは、アルトハウスがこのVolkを非拘束的な聖書的概念にすぎないと批判していることに言及した。バルトが戦後の講演で述べていることは、この語が非拘束的で抽象的なものでないことを明らかにしている。バルトはマタイ九・三六(「群衆(Volk)が飼い主のいない羊のように弱り果て、打ちひしがれているのを見て、深く憐れまれた」)を引き、このVolkをこそ教会の赴くべき所と述べる。それはイエスを羊飼いとして持たず道に踏み迷っている人びとのことであり、あの野宿していた羊飼いもまた、そのような者たちであった(「恐れるな。わたしは、民全体(an alles Volk)に与えられる大きな喜びを告げる」ルカ二・一〇)。「教会は、まさにこのような人びとのためにこそ存在している。それ以外の仕方では、教会は、神のためにも存在することはできず、決して教会ではありえない」[240]。イエス・キリストが眼差しを向けそこへと赴くところ、そこへと教会もまた「キリストに代わって」委託された使信を携え赴く。名宛人ははっきりしている。教会は「自己目的」[241]的に存在しない。教会には教会の内部に後退したり、逃げ込んだりしたりする道はない。「教会が逃げないのは、教会が決してどのような点でも、自分自身のために存在するのではなくて、神の自由な恵みの使信のために存在するからである。この使信をたずさえて、教会は全世界に赴く。しかしさらに、教会は、この使信をたずさえて、またこの使信のために、この使信の具体化と明確化のために、救援活動や(望むらくは賢明で勇気ある!)政治的決断という形でも、全世界に赴くのである」[242]。政治的神奉仕と伝道的神奉仕! われわれはここにわれわれが第五章で検討することになる『教会教義学』「和解論」第三部の「世のための教会」論、自己目的的にではなく世のために存在する宣教の教会、人びとの前で告白し証しする教会への基本の方向を見ることが許されよう。「教会が教会であるため」（バルメン神学宣言前文）の戦いの中でバルトが認識し、告白し、自らの神学的実存をかけて提示した教会の在り方は、その意味で、後の言葉で言えば、まさに「世のための教会」以外のものではなかった。

付論　「バルトとデモクラシー」を巡る覚え書

1．ヴァイマル・デモクラシーとバルト

『義認と法』（一九三八年）および『キリスト者共同体と市民共同体』（一九四六年）におけるバルトのデモクラシーに関する発言は、多くないが、バルトの「教会と国家」理解にとって本質的な重要性をもっている。U・ダンネマンは、(243) バルトにおけるデモクラシーの問題を歴史的に総括して、次のように述べている。バルトにとって、ザーフェンヴィル時代、社会主義対資本主義の対立が大きなテーマであったために、デモクラシーについては関心外にあった。一九二一年以降、ドイツに来て、ドイツの知識人に見られるデモクラシー以前の意識に驚くと共に、だんだん関心の中心に移り、(244) 三〇年代四〇年代、社会主義概念に代わって中心的位置を占めるようになり、同時期に理論化の努力がなされたと。理論化の努力とは上記『義認と法』、『キリスト者共同体と市民共同体』などを指しているのであろうか。その初期から大戦終結直後頃までのバルトとデモクラシーの関わりについては、おおむね、そのように言ってよいと思う。それにもし付言することがあるとすれば、バルトはスイス人と

して「カントーン・デモクラシー」〔カントーン＝スイス連邦の州〕の中で育ったということがある。H・E・テートが指摘するように、これはバルトの政治的思考にとって重要であるにもかかわらず、あまり注目されていない前提の一つである。[245]

ゲッティンゲン大学神学部から招聘を受けたバルトは、一九二一年秋に、ドイツに移った。差し当たり彼はスイス国籍であり、後にドイツの大学教授であるかぎりでドイツの国籍所有者ともなった。この時のバルトは、一般に大学の神学教師として自らの神学の形成に取り組まなければならなかった時期――神学的には「キリスト論的集中」[246]の時期――であり、ザーフェンヴィルの牧師時代の政治との深い関わりは、大きく後退したかに見えた。じっさい彼が政治的な態度決定を公に示したのは、ようやく一九三一年五月になってである。つまりドイツ社会民主党（SPD）への入党がそれであった。最後の社会民主党内閣ヘルマン・ミュラー政権が崩壊し（一九三〇年）、ヴァイマル共和国が危機に陥ったとき、「今や彼は、公然と具体的な態度決定しなければならないと思った。そして、ようやく姿を現わし始めた狂気と『デモクラシー』への脅威に対する抗議のしるしとして、改めて社会民主主義と連携することによってその態度決定を示した」（E・ブッシュ）。[247]

ところでこのヴァイマル期の一〇年間のバルトについて、彼は共和国に背を向けもっぱら大学神学に関わっていたという静寂主義への単純な非難だけでなく、彼の厳しい神学的リベラリズム批判と破壊が間接的にはヴァイマル・デモクラシーの崩壊に加担したという批判の声が、神学者や歴史学者の間から聞かれることがある。[248]こうした見方の嚆矢は、K・ショルダーの次のような発言にあるものと思われる。「共和国が思想的に一斉射撃の的となっていたとき、ともかく広範な世論の意識では、彼は、一斉射撃をしている側に立っていると見なされていた」（一九六三年）。[249]一九八六／八七年のF・W・グラーフとH・E・テートの間の論争も同じ主題を巡っていた。[250]バルトのリベラル神学批判がヴァイマルへの一斉射撃を手助けし、引いてはヒトラーの共和国征服に道を開いたとするグラーフに対し、テートはバルトの神学的リベラリズム批判から政治的中立や無関心・無責任の帰結しないことを、「バルト研究者たち」への「歴史的」であるようにとのグラーフの勧告に従って（!）、[251]まさに歴史的に説得的に述べた。結論として、テートはこのような見方を示す。「共和国の危機の中で、神学的リベラリズムに対するバルトの拒否と、リベラリストと社会民主主義者とが共通して持っている諸価値のための彼の実践的・政治的態度決定の間は、鋭く区別されなければならない」。[252]すなわち、テートによれば、バルトの神学的リベラリズム批判は政治的リベラリズムの否定を意味しない。むしろリベラリズムの価値を選択的に擁護した。この関連でいえば、バルトのSPD入党は、それらの価値がヴァイマル期のリベラルな諸政党（たとえば、ナウマンのドイツ民主党）において有効に担われておらず、いまやSPDのみがリベラリズムの価値を代表しようとしているからという、バルトの実践的・具体的態度決定であった。したがって入党は世界観やイデオロギーとしての選択を意味しなかった。バルトのリベラル神学批判と政治的リベラリズムは区別されなければならない。それゆえバルトのリベラル神学批判を、ヴァイマル・デモクラシー崩壊に加担したものと見るグラーフに、テートと同じくわれわれも賛成できない。[253]むしろバルトは、この時期も、スイス国籍の大学神学教師としての制約の中にありながら、可能なかぎり具体的に「共同体形成的国家的諸課題」[254]に責任的に参与したのである。

2．『倫理学講義』における国家構想

それを証明するもっとも相応しいテキストとして、以下、われわれは、一九二八／二九年にミュンスターで、一九三〇／三一年ボンでなされた『倫理学講義』〔『キリスト教倫理学総説』〕の、特に「教会と国家」に関する記述を取り上げ、バルトがどのような国家理解に立っていたか、いくつかのポイントを示すことによって明らか

にしたい。[255] テートの指摘するように、なるほど彼は、そこに、「市民的‐リベラルな国家論も、社会民主主義的国家論も書いてはいない。そうではなくて、その時代の政治的現状の中で一人のキリスト者が思い浮かべなければならない神学的観点を展開した」[256]。とはいえ、構想されている国家は、リベラリズムの遺産と触れあい、憲法、権力分立、国民主権、法の擁護の強調など、ヴァイマル共和国に近似するデモクラシー国家であった。『倫理学講義』における教会と国家の理解は、やがて自由改革派教会総会での「一月バルメン宣言」（一九三四年一月）や「バルメン神学宣言」第五項（一九三四年五月）へと引き継がれ、また『義認と法』（一九三八年）におけるドイツ的キリスト者やその民族主義的神学の批判の前提となっただけでなく、『キリスト者共同体と市民共同体』（一九四六年）によって戦後の教会と国家の関係の道標となった。

三一論的に構成された『倫理学講義』の第三章「和解者なる神の戒め」の「謙遜」（一三節）[257]で、その4．として、バルトは「教会と国家」を取り上げた。

彼は、まず教会と国家を和解における生の二重の秩序として位置づける。すなわち、和解における生は、それが服従であり謙遜であり、したがって犠牲であるかぎり、神への悔い改めとして、また人への奉仕として理解されなければならない（324）。このような生が遂行される具体的可視的な二重の秩序、それが「教会」と「国家」にほかならない。キリスト者は教会と国家とにおいて和解の生を生きる。両者の関係について、バルトはこう言う。「恵ミノ国（regnum gratiae）における唯一つの神的な生の秩序の関係はこうである、すなわち、教会はいつも国家をも自らのうちに含む。しかし教会は国家ではない。教会は（教会が自己のうちに持つ）国家と並んで、独特の仕方でただ教会でしかない。そして国家は徹頭徹尾教会でもある。しかし国家は国家なりの仕方で教会なのであって、教会全体のことではない。この両秩序の相対的二元論は……恵ミノ国の暫定性の表現であるが、神の国では教会と国家の諸機能の相対的相違は止揚されている」（326）。さてバルトは「4．教会と国家」を三つに分け（「Ⅰ教会」[258]、「Ⅱ国家」、「Ⅲ教会と国家」[259]）、それぞれ九項目にわたり綱領的に述べた。主として「Ⅱ国家」論に焦点を当てて、はじめに全体を瞥見した後、いくつかのポイントをあげて、そこに示されている国家論の構想の輪郭を明らかにしてみたい。

（1）何よりもバルトは、「教会」と「国家」のそれぞれの本質を、いま述べたように、次のように、すなわち、「教会」を、和解の生を生きる者がそれによって神への悔い改めへと呼びかけられる具体的・可視的生の秩序として、また「国家」を、成就された和解に基づき人びとが隣人への奉仕に招かれる具体的・可視的な生の秩序として規定した。

その上でさらにこう説明する。「国家という生の秩序も、神の恵みの自由な行為において有効なものとなる。そしてこの神の行為という前提のもとで（この前提のもとでのみ）神的設立であると同時に神の欲したもうた人間の共同体である」（331）。そしてこの「国家は、公共の法を立ててこれを正しく保持することを通してまた公共の教育を遂行し維持することを通して、万人をして一人のために一人をして万人のために責任的ならしめることによって、自らの意味と目的を果たす」（331）。バルトによれば、このように国家においても人びとが相互の赦しに基づき、互いに共にあるだけでなく、互いのためにあるという点で、国家的秩序の究極的な本来的な意味と目的は教会のそれと重なる。それゆえに、「現に存在するどのような国家も、次のような問いの下に置かれている、すなわち、その国家は、それが現実の国家であるために、法治国家、文化国家、そしてその中であるいはそれを越えて（教会という意味で）キリスト教国家であるかどうかと」（332）。

（2）いま述べたように、教会も国家も「恵ミノ国」の秩序である。すなわち、教会が創造の秩序でも永遠の生の秩序でもないように、国家も創造の秩序ではないし、永遠の生の秩序でもない。それは神の「保持的忍耐の秩序」である（333）。

（３）和解の生の秩序として国家は、可能なそのすべての形式において、「神の代理の奉仕者」（333）である。そのかぎりにおいて、国家の神的な尊厳性、あるいは神によって設立され神によって欲せられた共同体としてのその性格は、教会においてと同じく、「啓示と信仰の対象」（ibid.）である。「それゆえ、こう言われる。神はいつも服従を要求しつつ、これこれの特定の国家形態に公然と味方することができると。むろん、またこう言われる、神はどんな国家形態とも結びつけられていない、しかしまたどんな国家形態も神と結びつけられていない、それゆえに、いかなる国家形態も、部分的ないし全体的なつねに可能な神からの疑問視の前で、確かなものではない、と」（334）。

（４）「現実的な謙遜」（334）、すなわち恵みを受けた罪人の謙遜の本質とは、われわれの行為がこの生の秩序においてもなされるということであり、そしてそれがこの生の秩序の確証であるということである。「それゆえに、国家のものを国家に返すこと、言い換えれば、国家を隣人への必然的奉仕のしるしとして肯定しかつ欲し、誠実にまた徹底して国家の市民であることが、キリスト教的服従である」（334）。国家を肯定するという場合、特定の国家形態をバルトは考えているのだろうか。「いうまでもなく特定の国家形態における国家の具体的肯定は、それぞれの国家形態に対する神の自由において、その限界を持つ」（ibid.）。われわれは神のゆえにその時々の国家形態に従わなければならない。しかしその場合でも人間より神に従うことが問題なのであって、神への不服従においてその時々の国家形態に従うことは問題になりえない。「それゆえに、国家の具体的肯定は、場合によっては、国家形態の改良ないし変更に努めている党との共働の中にその本質はある。革命的変更は、その際おそらく回避できなくなる暴力行使のゆえにも、またとりわけそれと結びついている国家そのものの一時的廃棄のゆえにも、そしてその全般的な危機のゆえに、最後的手段《ウルティマ・ラティオ》を意味し、人はそれに（教会の改革と同様に）ただ最も極端な最も最も異例な場合にしか手を伸ばすことのできないものであることについて、人ははっきりしているであろう。キリスト教的服従として揺るがないのは、あれこれの国家形態への意志ではなくて、人間の現実を忘却するすべてのアナーキーに反対することにおける国家への意志である」(335)。

(5) バルトによれば、国家も「人間的業」(335)として、人間の罪と深く関わっている。したがって「隣人への奉仕としての具体的国家の現実存在は全線にわたって疑わしい」。というのも、a. すべての具体的国家は、「リベラルな国家も」[260]、教育・文化国家としても、最後は自分自身を追求し欲する。すなわち、具体的国家が欲するのは、「ある人が他の人に仕えること」(335)ではなく、「万人がその国家そのものに仕えること」(ibid.)を学ぶことであるから。b. すべての具体的国家は、「保守的国家も」、人間と人間の共生を、根拠のない諸前提のもとで、すなわち、自分自身の生への人間の権利は究極的に決して触れられないあらゆる手段をもって守られるべき財であり、他方人間はだれも自らの罪に捉えられているというような諸前提のもとで秩序づけるから。c. すべての具体的国家の成員に対する最後の手段は強制であって、国家はこれによって人間に対する神の要求を先取りするようなことをあえてするから。d. すべての具体的国家は、等しく、自分の維持のために最後的に簒奪された暴力の権利にまたもや依存するものであるから。「e. ほとんどすべての具体的な国家は国民国家(Nationalstaat)である。すなわち、特定の支配的民族の国家であり、その周辺に民族的少数派が対立しており、それらの民族はこの国家の中では多かれ少なかれ抑圧される」。「かくのごとくすべての具体的国家は、隣人への奉仕の秩序としての自らの本質に反して、現実存在している」(336)。その時、国家は神の忍耐の中にはなく、国民の変革要求にさらされざるをえない。むろん新しい国家も罪を免れているわけではないが。いずれにせよ、「具体的国家の尊厳性は非本来的なものとしてしか、国家に対して行われるべき畏敬は、暫定的なものとしてしか理解されえない。具体的国家は、神の前での悔い改めにおいて、すなわち神の恵みの条件のもとで、われわれが転倒したまま為さざるをえないものを良く為してくださるという信仰においてと別の仕方で、肯定され、欲せられることはありえない」（336）。

（6）国家の人間的な業とは、一般的に理解すれば、「人間によって共同で見いだされ、承認され、危機に際しては権力によって守られるべき法」（336）と「人間によって共同で追求された教育」（ibid.）の確立を通しての「共同体の形成」（ibid.）である。それは、根本的には全国民のすべての全生活の業であり、人間の生の現実全体に関わる。したがって教会の業も、それも隣人への奉仕であるかぎりにおいて、含まれる。むろん国家の機能と教会のそれとは違うが、いずれにせよ、「国家は……国家とは異なる教会による補完を必要とする」（337）。

なお、これに関連する「Ⅲ教会と国家」の方の記述の中で、バルトはさらに次のように述べている。国家の意味である隣人への奉仕が、和解に関する教会の本来の使信に含まれ、教会自身の関心事であるかぎり、教会は国家を承認し、これを促進させる。国家がみずからの意味、すなわち隣人への奉仕から離れてしまい、教会が「共同責任」（341）[261]を負えないなら、そのかぎり、国家の行動に対して慎重な立場をとるであろう、と。いや最後には、教会に与えられている手段をもって国家にプロテストせざるをえないであろう。

（7）バルトはここで「ナショナルな法治国家・文化国家による共同体形成」（337）の決定的要素を四つ挙げている。a．憲法の制定。すなわち、それは、立法権、行政権、司法権の関係の基本的規則であり、国籍所有者の明瞭な意志や共働でないとしても、ともかく自由な信頼を必要とするものである。b．立法。すなわち「国家目標の意味における、したがって一致、法、自由の可能なかぎりの確保の意味における共同体の生活の規則」（ibid.）。c．行政。すなわち現行の法律の正しい遂行のための配慮。d．司法。すなわち、「係争事件における法律適用について、何からも左右されない（［その時々の］政府からも）左右されない」決定的法廷として」（ibid.）。

（8）そこで「ナショナルな法治・文化国家の立法と行政の［具体的］課題」（ibid.）は何か、バルトは「どんな場合でも」という言い方をしながら、以下の五点をあげる。a．国民の労働を可能とし育成すること、それを拡充し援助すること。b．会社の失敗によって生じうるようなことだが、個々の国民のグループが一時的ないし継続的に不利益をこうむった状態に置かれないようにすること。場合によっては、部分的にせよ全体的にせよ国家そのものによる経済組織の［引き受け］ということもありうる。c．創造の秩序に属する結婚、家族、および民族の交わり、特定の関心や考え方による自由な集団の形成――これらが国家を肯定する、換言すればそれらのすべての集団の上に位置づけられる共同体の形成を肯定するかぎり――の［外的］保証。d．自由な学問研究並びに国民の教育と教養の監督と相応しい組織のための［外的］配慮。e．特別の共同体としての教会――国家権力の外部において国家の究極的な根本的な意味の想起がなされるところ――の自由な活動の［外的］配慮。

これに関連する「Ⅲ教会と国家」の方の記述では、さらにこう言われる。国家は教会の特定の形態に結びついているわけではない。国家は、自分の意味が教会の意味の中に基礎づけられ、そこに含まれているかぎり、教会を承認し支持する。「そのかぎり、国家は宗教喪失でも教派喪失でもない」(342)。とはいえ、国家は教派分裂には寛容であり、そのかぎり超教派的である。すなわち、「国家は、法の枠内で、すべての教会的共同体形成に根本的に同一の自由を保証する」(ibid.)。

(9) 国家的行動の委任と約束は神に由来し、この行動の合法性や善性は「神の恵み」(ibid.) に依存する。しかしまさにそうであるがゆえに、「それ (国家的行動) は、たとえ実践的には異なった仕方でも、すべての者の意志と行為を要求する。『神の恵みから』国家的行動へと招かれているのは、男性でも、国家において統一された諸民族性の中の一つでも、国家における諸身分の一つあるいは諸階級の一つでも、個々の家族でも、他の国民を除いた諸家族のグループでもありえない。そうではなくて、国家の行動に対して責任的であり、国家における行動へと招かれているのは、根本的に各人一人ひとりである。そしておそらくヴァイマル憲法第一条にならって、一切の国家権力は民衆 (Volk) に由来する (338) と言う。してみればこのような国家的行動の指導はどのようになされるのであろうか。あるいは誰がその指導へと招かれているのであろうか。バルトによれば、それは、「程度の差はあれ多くの人びとの（彼に贈られた）信頼に基づいて指導する者である。それゆえ、指導の問題は一つの出来事の問題であり、この出来事はいつも指導する者と指導される者たちの間の相互の敢為であろう」(ibid.)――バルトは一九三三年夏、明らかにヒトラーを念頭において、次のような言葉を付け加えた、「指導者は暗示力に富んだ簒奪者でもありうるし、彼の指導への信頼は催眠状態でもありうる」(ibid.) と。また「指導が由来する聖なる場所についての具体的な先決は、その敢為に先行することはできない」という言葉に、「その敢為は、それがなされる前に、なされる中で、なされた後で、それは神への従順としてないし隣人への奉仕として理解されるのかどうかという問いの下に置かれる」(339) という言葉も付け加えた。

ここに示されている国家構想は、「神の和解の意志に一致する法治国家」（ファン・ノルデン）といってよいであろう。創造の秩序ではなく和解の秩序としての国家は、和解の生の実現に奉仕する。じっさいバルトは国家を基礎づけるものとして、ここで「民族」を引き合いに出していない。彼は国家目標を「万人をして一人のために、一人をして万人のために責任的ならしめること」と書いたが、これは、和解の生の実現の目標として、和解の生のもう一つの秩序、すなわち教会の目標とも重なる。「個人には、その不可譲の権利が与えられている。すなわち、万人は、一人びとりにたいする自らの責任を自覚すべきである。しかし、この『一人びとり』、つまり、この個々人は、自らを自己中心的にまた自閉的に理解してはならない、そうではなくて、彼自身の側でも、万人にたいする責任を認識していなければならない」[262]。

国家が神の設立であることはバルトにおいて自明である。それゆえ、それは「神的な尊厳性」を持ち、教会と同じく「啓示と信仰の対象」である。他方、彼は、国家が和解の生を生きる人間の応答的業による共同体であることを強調した。国家は「神的な制度であり、また神によって欲せられた人間的な共同社会である」(331)。国家の在り方は人間によって共同で見いだされなければならないものであった。この意味でこの国家は官憲国家（Obrigkeitsstaat）ではないし、人間は臣民ではない。じっさいこの点でこの国家観は当時のルター主義のそれと異なっていた。われわれは、「この意味で一切の国家権力は民衆（Volk）に由来する」という、ヴァイマル憲法第一条に基づく言葉を決定的なデモクラシーの基礎定式として引いてよいであろう。そしてこの「民衆とは、共同して活動する市民のことである」[263]。

神の和解の意志に一致する法治国家、すなわち「ナショナルな法治・文化国家」実現の道は、バルトによれば、公共の「法」を立てこれを正しく保持し、また公共の「教育」を遂行し維持することである。それは国家の人間的業である。バルトの構想する法治・文化国家は、権力が分立し、「国家形態の改良ないし変更に努めている党」の存在する議会制を伴う憲法国家であった。このナショナルな法治・文化国家は、特定の国民のグループの不利益が放置されたままにされたりしない、あるいは特定の関心や考え方による「自由な」集団の形成が促進される、そのような共同体であった。

ところで神によって立てられた国家は、しかしまた人間の共同体として、人間の業によって担われていくかぎり、人間の罪と深く関わらざるをえない。どんな国家形態もどんな新しいそれも、罪を免れない。バルトがリベラルな国家の「自己追求」的自由も鋭く批判したことをわれわれは忘れてはならない。じっさい隣人への奉仕としての具体的国家の現実存在は全線にわたって疑わしいのであり、すべての具体的国家は、隣人への奉仕の秩序としての自らの本質に反して、現実存在しているのである。神への不服従において具体的な国家形態に従うことは問題になりえないのであるから、バルトによれば、教会は、隣人に仕えるという本来の課題を離れた国家形態に対して、教会的手段によってプロテストせざるをえないという。それが教会の共同責任の意味である。

以上、われわれは『倫理学講義』におけるバルトの国家の構想を見てきた。示されているのは、ヴァイマル共和国の志向に近接した国家構想であった。そこから見ても、バルトがヴァイマル・デモクラシーの崩壊に加担したというようなことは言えないことは明らかであるように思われる。

3．教会闘争期から戦後にかけて

われわれは、一九二八／二九年、三〇／三一年、さらには一九三三年夏頃までのバルトの国家構想を見てきた。この国家構想が、その後のバルトの著作の中でどのように展開されていったか、デモクラシーに関連する発言を中心に短くたどっておくことにしたい。

『義認と法』においてバルトは、「国家のための教会の働き」を論じつつ「デモクラシー国家」に数カ所で言及する。その一つ。「新約聖書の訓戒の最も内的な・最も中心的な形に眼を注ぐときにこそ、私は、われわれは新約聖書の線を、『民主制《デモクラティシュ》』国家概念の意味において延長する場合にこそ、正しい解釈に基づくのだ、と言うであろう。キリスト者が、地上の国家を耐え忍ぶというだけでなく、欲しなければならないということ。キリスト者は、国家を、ピラトの国家としてでなく、ただ法治国家としてだけ、欲しうるということ。したがって、この今一つの領域である政治的領域からの外的な逃亡はありえぬということ。キリスト者は完全に教会の中におり、完全に将来のポリスに心を向けられることによって、同様に完全に地上の国家の義務と責任をも、与えられ負わしめており、同様に完全に、地上の国家のための祈りと共に、労働と（場合によっては）闘いに、召されているということ。法治国家としての国家の性格に対しては、キリスト者の一人ひとりに、共に責任があるということ。もし、これらのことが明瞭な場合、義認と法の間の分離、エクレーシアとポリスの間の分離、この今一つの領域におけるキリスト者の疎外性は、廃棄せられるのではない。ただ新約聖書の教えの不可避な厳粛さが、これまでよりもさらに鋭く、照らしだされるのである。そして、国家は、神的義認の上に基礎づけられたエクレーシアという、国家にとっては疎遠な領域の成員以外のどこからも、それ以上に真実な、またそれ以上に完全な義務の遂行を、期待することはできない、ということを、誤認すると共に認識もできるのは、まさにこの『民主制』国家であろう」[264]。この著作でバルトが「民主制」国家という言葉を用いる場合、それは基本的に「すべての市民の責任をもってする関与の上に建てられる国家」[265]という意味である。キリスト者が受動的・被支配者的状態を脱して、国家との共同の責任を積極的にになっていくこと、バルトにとってこれはまさにデモクラシー国家においてのみ現実的になることであった。ここにわれわれは『倫理学講義』と同じ響きを聞き取ることができる。さらにわれわれは、一九三八年に、バルトが「ピラトの国家」に対してまさに「法治国家」を対置していることに注意しなければならない（『義認と法』）。今や法治国家であるための責任を負うことが、彼によれば、教会とキリスト者にとって最も重要な課題であった。ヴァイマル期に政治的リベラリズムに味方したバルトは、今やそれをナチズムとの闘いにおいても遂行しようとした。一九四〇年に、次のように書いた。「彼は人間的な正しさ（Recht）を問う問いから身を引くことはできない。彼はただ法治国家（Rechtsstaat）を欲し、肯定することができるだけである。どのようなものであれ、他の政治的な態度をとる場合には、彼は神の義認（Rechtfertigung）を自分から退け捨てることになるであろう」[266]。

次に、『キリスト者共同体と市民共同体』においても数回デモクラシーないし「民主制」国家に言及される。「福音から帰結するキリスト教的・政治的方向と線は、普通一般に『民主制』国家の側と呼ばれている側への著しい傾きをあらわしていると、（再び、満足して、あるいは不機嫌に）気がついたかも知れない」[267]。バルトはここで慎重に「『民主制』国家の側と呼ばれている側への著しい傾き」[268]と呼び、戦後冷戦期の中で、自分の考えるキリスト教的・政治的な方向と線を、直ちにそれらの国々の具体的な形態において考えることをしなかった。むしろこう言う、「『デモクラシー』（『民衆の支配』Volksherrschaft）という言葉と概念は、キリスト教的な見解によれば神的な定めに相応しく構成され現実に存在している市民共同体がもっている意味を、ただ近似的にだけでも表わすには、無力な概念だということを人は認めることができるし、また認めなければならない」[269]。にもかかわらず、バルトは、全体としては、いわゆるデモクラシーにおいて真剣に明瞭に考えられ追求されている国家形態へと、キリスト教的・政治的方向が向かっていることを認める。「キリスト者共同体と自由な民衆（Volk）からなる市民共同体との間には、たしかに親和性が存在する」[270]。

われわれはここまで、バルトのデモクラシーとの関わりを、ヴァイマル期からナチス・ドイツ、そして戦後までをたどってみた。バルトがデモクラシーの価値を一貫して評価していたことは疑いえない。しかし彼は、それをイデオロギーとして絶対視することはなかった。[271] われわれが見たように、『倫理学講義』によれば、どんな国家形態にせよ、隣人に奉仕するという国家の目的が果たされなければならない。ヴァイマル期、そのような観点から、デモクラシーは社会民主主義の線でとらえられ、その立場において民主主義が擁護された。一九三一年五月バルトは社会民主党に入党し、さらに同年秋、デーン事件でデーンを支援しつつはじめて公然とヒトラーのやり方に反対の立場を鮮明にし、三三年の党の離党作戦に対してもあえて留まり、「《内面的路線》へ後退することを拒んだ」（K・クーピッシュ）[272]。ナチズムに対して法治国家を対置したように、政治的リベラリズムは彼の政治的思想と行動の基礎となっていた。われわれは、『今日の神学的実存！』（一九三三年六月）の中の次のような文言を思い起こしてもよいだろう。バルトは青年宗教改革運動における「響きわたる反リベラリズム」[273]を批判し、こう書いた。「一年前にはまだ、そして百年も前からずっと、自由、法、精神と呼ばれていたものはみな、どこに行ってしまったのだろうか」[274]。戦後冷戦期の中でも、バルトは、いわゆる西側の自由主義陣営に真にデモクラシーがあるのか、問うことをやめなかった。自由が競争や他者支配としてではなく、奉仕や隣人愛として現実に生きている共同体をバルトは構想した。形式的なデモクラシーを彼は絶えず批判した。そしてそのためにこそ、彼は、神の言葉、すなわち福音から帰結するキリスト教的‐政治的方向と線を、キリスト者の決断と行動のために具体的に追求した。その方向と線が、いずれにせよデモクラシーと重なることは、いま最後にわれわれが確認した通りである。

（1）　旧約聖書と新約聖書は、随所で、信仰における告白の言葉、あるいは告白の行為をわれわれに伝えている。告白は神のわざに接した信仰者の認識を公に明らかにするものとして、神への応答であり、罪の告白を含む賛美と感謝である。「詩編」の諸編が示しているように、それは個人の言葉として表わされると共に、信仰の共同体の言葉としても表わされる。申命記二六・五〜九のイスラエルのまぎれもない信仰告白は、父祖の時代からエジプト脱出をへてカナンの土地取得にいたるまで、イスラエルの歴史における主なる神（ヤーウェ）の救済行為を集中して述べることによって神の恵みを感謝し賛美する。同時に告白は告白する者の誠実な行いにおいて担われなくてはならない。たとえば上記の聖書箇所につづく二六・一七の誓約は告白する者の決意を明らかにする。このような旧約に示されている信仰の告白の意味連関は、新約聖書においても基本的に変わらない。ただし新約において、歴史における神の救いの行為は、イエス・キリストにおいて集中してとらえられる。したがって新約で公に言い表わされる告白の中心の定式は「イエスは主なり」（ローマ一〇・九、フィリピ二・六〜一一）となる。ところで信仰の告白は、旧新約を問わず、いつも外からあるいは内から信仰が問いに付され、攻撃にさらされている状況の中でなされることにわれわれは注意しなければならない。「教会的な権威をもった教会の信仰告白は、これまでいつも、ある特定の対立と戦いの中で発生してきた」（K. Barth, KDI/2, S.702.）。対立した教えが信仰告白の契機をなす。それゆえ信仰告白は、危機的状況の中で明確な然りと否を語ることによって教会を一致と前進へと招く敢行である。

（2）　KDII/1, S.198.

（３） Ibid.
（４） *C. Nicolaisen*, Der lutherische Beitrag zur Entstehung der Barmer Theologischen Erklärung, S.37, in: *Hauschild* u.a. (Hg.), Die lutherische Kirchen und Barmen, 1984. 本書はバルトの主要な働きを認めつつ、宣言成立にさいしてのルター派の「貢献」と「責任的」な関わりを実証する。
（５） Wünschbarkeit und Möglichkeit eines allgemeinen reformierten Glaubensbekenntnisses, in: Die Theologie und die Kirche, 1928.
（６） KDI/2, S.652-740.
（７） 一九二五年の（改革派の）信仰告白の定義はこうである。「改革派信仰告白とは、地域的に限定されたキリスト教会によって自主的かつ公に言い表わされた、その教会の対外的性格にとってさし当たり基準となる、またその教会自身の教えと生活にとってさし当たり方向を示す、ただ聖書においてのみ証しされたイエス・キリストにおける神の啓示についての、普遍的なキリスト教会に暫定的に与えられた洞察の表示である」（Wünschbarkeit, S.76)。一九三八年の定義はこうである、「教会的信仰告白とは、共通の協議と決断に基づいて成立するようになり、特定の範囲の教会に対して与えられた、聖書によって証しされている啓示の洞察の定式化された表現および宣言である」（KDI/2, S.693)。Vgl. *E. Busch*, Unter dem Bogen ibid., S.198.（『カール・バルトと反ナチ闘争――ユダヤ人問題を中心に』上下）。
（８） Wünschbarkeit, ibid., S.97.
（９） Ibid.
（10） Ibid., S.98. 傍点バルト。
（11） Ibid., S.98f.
（12） Ibid., S.101f. 傍点バルト。
（13） KDII/1, S.198.
（14） *E. Busch*, Unter dem Bogen, ibid., S.197. Anm. 6. Ders.(Hg.), Reformationstag 1933. Dokumente der Begegnung Karl Barths mit dem Pfarrernotbund in Berlin, 1998, S.108. バルトはこう発言している、「……休憩時間

にフォーゲル氏と話をし、なぜ私が信仰告白のための票決に反対したかを説明しました。その理由は、われわれは信仰告白を出すまでに至っていないということです。もし信仰告白をするとするなら、それはここに教会と教会指導部が存在するということになるのですが、その時、いま言われたようなことがなおも言われるというようなことは全く不可能であるほかないでしょう。それがまだ考慮されないかぎり、〔そのように語る〕息がまだ存在するかぎり、われわれは信仰告白を行おうとは思いません。牧師先生、私はあなたの言うことを断念しているのではありません。しかしあなたにはこう言わなければならないのです。ここでわれわれを動かしている問題は彼ら〔ドイツ的キリスト者〕にまだ届いていない、と」。

(15) *E. Busch*, Unter dem Bogen, ibid., S.197 f

(16) Ibid., S.125 ff. ブッシュは、『神学的公理としての第一戒』以後の三三年のバルトの諸論稿・諸発言を、このような根底的な神学的批判という文脈で読み解き、そのような神学的批判の中にユダヤ人問題の具体的態度決定が「包含」(Einbeziehung) されていたとの解釈を示す。Vgl. *E. Busch* (Hg.), Reformationstag 1933.

(17) Reformation als Entscheidung (TEH 3), S.23. 〔「決断としての宗教改革」〕。ブッシュ『生涯』によれば、この「抵抗」なる一語の巨大な反響に数分間講演は中断されねばならなかったという。

(18) Lutherfeier (TEH 4), S.23. 〔「ルター祭」〕。

(19) Vgl. Das erste Gebot als theologisches Axiom, in: Thologische Fragen und Antworten. 〔「神学的公理としての第一戒」〕。

(20) Erklärung über das rechte Verständnis der reformatorischen Bekenntnisse in der Deutschen Evangelishen Kirche der Gegenwart, in: *W. Niesel* (Hg.), Bekenntnisschriften und Kirchenordnungen. S.328 ff. 〔『現代のドイツ福音主義教会における宗教改革者的信仰告白の正しい理解に関する宣言』。引用は、原則として雨宮栄一訳〕。

(21) ブッシュ『生涯』三三七頁、参照。

(22) Gottes Wille und unsere Wünsche, in: Theologische Fragen und Antworten, S.145. 〔「神の意志とわれらの願い」〕。

(23) *G. Niemöller*, Die erste Bekenntnissynode der Deutschen Evangelischen Kirche zu Barmen, I, II, 1959. 会議

の詳細について、特にⅡを見よ。

(24) *K. Scholder,* Die Kirchen und das Dritte Reich, Bd. 2, S.37 ff.

(25) 第三回委員会（五月七日、カッセル）でルター派からザッセも神学委員に加えられた。しかしフランクフルトには病気のため欠席した。

(26) ルター派教会、改革派教会、そして合同教会の一致において成立したバルメン神学宣言も、ルター派の問題提起により、信仰告白か否かということではじめから争われた。E・ヴォルフによれば、第一にこの宣言が信仰告白としての完結性を備えているか、第二に合同の信仰告白であるのか、第三に宗教改革期の諸信仰告白との関係如何が問われた。背景にルター派と改革派の信仰告白の理解の相違があり、ルター派が信仰告白を古代教会と宗教改革期につくられた九つの信仰告白（Bekenntnisse）に限定して考えていたのに対して、バルトは、すでに述べたように、神の意志に従いつつその都度特定の態度決定を下していくこと、すなわち告白すること（Bekennen）を中心に考えていた。後述のように、バルメン会議の最中行われたルター派教会の教職者会では、アスムッセン牧師の講演と共に「証し」として承認することが要求された。しかしバルメン神学宣言の前文に明らかなように信仰告白であることは間違いない。またバルメン神学「宣言」としたのは、みずからを「合法的なドイツ福音主義教会」と規定した「ウルム宣言」（三四年四月二二日）を引き継ぐものと考えられていた。つまりバルメン神学宣言も、その告白主体として合法的なドイツ福音主義教会全体を予想していた。起草者バルトにおいて当時からまた後々もはっきり信仰告白と理解されていた。「バルメンは（信仰告白と称される、教会の他の多くの小文書と違って）真正の教会的信仰告白である。なぜなら、その諸命題が、たんなる神学的議論という空虚な空間においてではなく、キリスト教会の告白の具体的行為と連関において、またキリスト教会の証しとの明白な具体的対立の火において、特定の実践的に必然的な責任の理論として語られたからである」（*Barth,* Barmen. 1952, Texte zur Barmer Theologischen Erklärung, S.161.〔「バルメン」〕）。「われわれがバルメンにおいて願ったのは、（ルター派、改革派、合同派、積極主義、自由主義、敬虔主義などと）分散したキリスト教の諸精神が集合することであった。……歴史や伝承の違いを解消してしまうというのではなく、宣言の序言にあるように、『われわれを結合するものは、一にして、聖なる、公同の、使徒的教会のただひとりの主に対する信仰告白である』」（«Barmen»—damals und heute, ibid., S.175.）。Vgl. *E. Wolf*, Barmen, ibid., S.74-91. *E. Jüngel*, Einleitung, in: Texte zur Barmer Theologischen Erklärung. 雨宮栄一『バルメン宣言研究』一九七五年、二三五〜二六四頁を参照せよ。

（27） *Chr. Barth*, Bekenntnis im Werden. Neue Quellen zur Entstehung der Barmer Erklärung. 1979. それ以前の研究として、*G. Niemöller*, Die erste Bekenntnissynode der Deutschen Evangelischen Kirche zu Barmen, I, S.56ff. (1959). *A. Cochrane*, The Church's Confession under Hitler (1962). *F. de. Boor*, Zur Entstehungs-geschichte der Barmer Theologischen Erklärung, in: Vierzig Jahre Barmen (1974). など。

（28） *C. Nicolaisen*, Der lutherische Beitrag, ibid., S.37. *C. Nicolaisen*, Der Weg nach Barmen. Die Entstehungs-geschichte der Theologischen Erklärung von 1934. 1985.

（29） *R. Ahlers*, The Barmen Theological Declaration of 1934. 1986.

（30） バルトはこれを、三四年五月二三日付けアスムッセン宛の手紙の中で、Frankfurter Konkordie と呼んだ。

（31） 新しくつくられる信仰告白と宗教改革期の信仰告白の関係がルター派のブライトとアスムッセンからこの時も問題にされた。

（32） *D. Koch*, Koch an Barth, Bad Oeynhausen 1934 Mai 8., in: *C. Nicolaisen*, Der Weg, ibid., S.72.

（33） *Chr. Barth*, Bekenntnis im Werden, ibid., S.41, 57., *C. Nicolaisen*, Der Weg, ibid., S.73.

（34） ブッシュ『生涯』三四三頁以下。

（35） これは今日「バーゼル・マニュスクリプト」として知られるものではない。Vgl. *Ahlers*, P.91, 107.

（36） *C. Nicolaisen*, Der Weg, ibid., S.36.

（37） この会議のニーメラーとリュッキングによるメモについては、*C. Nicolaisen*, Der Weg, ibid., S.36. を見よ。

（38） *C. Nicolaisen*, Der Weg, ibid., S.162.

（39） *H. Sasse*, Sasse an Meiser. Erlangen, 1934, Mai 21., in : *C. Nicolaisen*, Der Weg, ibid., S.83f. ザッセ『み言葉に立つ教会』（原著は一九三六年）一八〇頁以下を見よ。

（40） *P. Althaus*, Althaus an Meiser. Erlangen, 1934, Mai 21., in: *C. Nicolaisen*, Der Weg, ibid., S.86.

(41) *H. Sasse,* Sasse an Meiser, in: *C. Nicolaisen,* Der Weg, ibid., S.84.
(42) *C. Nicolaisen,* Der Weg, ibid., S.163.
(43) *C. Nicolaisen,* Der Weg, ibid., S.162.
(44) *H. Asmussen,* Asmussen an Koch und Meiser, 1934, Mai 26., in: *C. Nicolaisen,* Der Weg, ibid., S.99 f.
(45) *C. Nicolaisen,* Der Weg, ibid., S.101.104.
(46) *C. Nicolaisen,* Der Weg, ibid., S.49.
(47) *C. Nicolaisen,* Der Weg, ibid., S.140, 141.
(48) *C. Nicolaisen,* Der Weg, ibid., S.142.
(49) 本章第二節、参照。
(50) *C. Nicolaisen,* Der Weg, ibid., S.73.
(51) *Chr. Barth,* ibid., S.44.
(52) その点で、三三年五月二〇日の、いわゆるデュッセルドルフ宣言(「教会の形態に関する神学的宣言」)はさらにそれらに先駆している。この宣言はドイツ福音主義教会憲法草案がまとめられた時期、自然神学をめぐって改革派から最初に出された教会の本質に関する宣言である。バルトの影響下になったが、ニーゼルによれば、署名者にドイツ的キリスト者が入っていた点など、状況全体の神学的見直しの最初の企てにすぎなかった。*W. Niesel* (Hg.), Bekenntnisschriften und Kirchenordnungen, S.325 f. この宣言の特に四、五、六はバルメン第三項に関係している。
(53) W・ニーメラー宛、一九五三年一〇月の手紙。*G. Niemöller,* Die erste Bekenntnissynode der Deutschen Evangelischen Kirche zu Barmen. S.100. なお最終委員会で、ザッセは、信仰と秩序を密接に位置づけることに疑義を呈した。秩序はこの世に関わることであって、目的適合的なものでなければならない、と。バルトとメルツが応答した。ブッシュ『生涯』三四五頁も参照せよ。
(54) 宣言全体の分析と解釈については、宮田光雄『十字架とハーケンクロイツ 反ナチ教会闘争の思想史的研究』二〇〇〇年、一三一頁以下を参照せよ。第三項の受容については、*A. Stein,* Herrschaft Christi und

geschwisterliche Gemeinde. Barmen, Dahlem und ihre Rezeption, in: *G. Rau, H.-R. Reuter, K. Schlaich* (Hg.), Das Recht der Kirche Bd. 2.

(55) Kurze Erläuterung der Barmer Theologischen Erklärung, in: Texte zur Barmer Theologischen Erklärung. S.20f.

(56) Barmen, ibid., S.170.〔「バルメン」〕。

(57) ブッシュ『生涯』三三二頁以下。

(58) Theologische Existenz heute! *ZZ* Beiheft 2.〔『今日の神学的実存』〕。

(59) Ziele der Glaubensbewegung《Deutsche Christen》, in: *K. Kupisch* (Hg.), Quellen zur Geschichte des deutschen Protestantismus. S.256ff. フェツァー〔当時テュービンゲン大学実践神学の教授〕に起草になる。

(60) Theologische Existenz heute!, ibid., 24.

(61) Ibid.

(62) ブッシュ『生涯』三二四頁、参照。

(63) *E. Busch*, Unter dem Bogen, ibid., 209f.

(64) この時期、「兄弟」をユダヤ人を意味するものとして最初に使ったのは、ボンヘッファーであった（「ユダヤ人問題に対する教会」三三年四月下旬、「ベテル信仰告白」三三年八月など）。また同年九月、マールブルク大学神学部教授会は古プロイセン合同教会へのアーリア条項導入に反対する見解を発表したが、その中で次のように述べている、「世界の救い主としてのイエス・キリストの使信はすべての民族、したがってまたすべての人種に向けられているということ、そしてそれに従ってその使信を信じそれに基づいて洗礼を授けられるすべての者がキリストの教会に属していることは争う余地がない。教会の構成員であるなら、彼らはみな互いに兄弟である（Gutachten der theologischen Fakultät der Universität Marburg über den Arierparagraph in der Kirche. S.81f. *W. Fürst* [hg.], Dialektische Theologie in Scheidung und Bewahrung 1933-1936）。ここではユダヤ人ではなくユダヤ人キリスト者が兄弟と呼ばれている。さらにE・ブッシュの紹介する三三年一〇月三一日の牧師緊急同盟とバルトの対話記録によれば（*E. Busch*, Unter dem Bogen, ibid., S.210, Anm. 46.）、バルトは、アーリア条項の教会への導入を拒否するのは、ユダヤ人キリスト者は「われらの兄弟」だからだと語ったという。ただし「一月バルメン宣言」はその点に全然触れていないわけではないが、明確には語っていない（五の三の拒否命題）。Vgl. *Barth,* Die Kirche Jesu Christi (TEH 5.)　三三年一二月一〇日、ローマ一五・五～一三に基づく、ボンの大学教会でなされた説教を参照。詳細な分析は、*E. Busch,* Unter dem Boden, ibid., S. 165-174. Vgl. KDII/2, S. 215 ff. 本書第四章を参照せよ。

（65）*Barth,* an D. Eberhard Bethge, den 22. 5.1967. Barth, Briefe 1961-1968, GAV (6), S. 403.

（66）この言葉は元来敬虔主義の兄弟団運動に由来し、一九三三年一〇月二〇日以降、はじめ牧師緊急同盟の評議会を意味し、周知のようにやがて全国、州、そして地域の、ドイツ的キリスト者に反対する告白教会の指導委員会を指すものとして広まった。兄弟評議会は、自由教会的にではなく、ドイツ福音主義教会という地盤の上でそれぞれに合法的に教会的権威を行使しようとした。また一九三四年には告白教会のあらゆる地域に若い牧師兄弟団(Pfarrbruderschaft) が結成された。Vgl. *M. Niemöller,* Der Bruderrat der deutschen evangelischen Kirche im Kirchenkampf, in: Wort und Tat im Kirchenkampf, 1969, S. 110 f. エーリク・ヴォルフ『教会法――歴史的展開』一一四頁、参照。E・ベートゲ『ボンヘッファー伝』3、七六頁以下、参照。

（67）ヴィルヘルム・ニーゼル『福音と諸教会』二九七頁、参照。

（68）*E. Wolf,* Barmen, 3.Aufl. S. 125, 1984. ヴォルフが、ここで、教会の現実性を神の行為と信仰の表現において理解されるとする一九三〇年のボンヘッファーの教会論と、バルメン神学宣言第三項の一致を指摘しているのは興味深い。『聖徒の交わり』二三六頁、参照。

（69）*E. Wolf,* Barmen, ibid., S. 127.

（70）*W. Huber,* Die wirkliche Kirche—Das Verhältnis von Botschaft und Ordnung als Grundproblem evangelischen Kirchenverständnisses im Anschluß an die 3. Barmer These, in : Folgen christlicher Freiheit, 1983, S. 147. Vgl. Ders., Kirche in der Zeitwende, 1998.

（71）KDIV/2, §67. 本書第五章を見よ。

（72）*W. Huber,* Die wirkliche Kirche, ibid., S. 166 f.

（73） Barmen, ibid., S.172.

（74） バルトはE・ベートゲ宛の書簡（一九六七年五月二二日付け）でこう書いている。「第一に、アンドレアス・リヒトが『レフォルマティオ』に寄せた新しい論文で、ボンヘッファーの『キリスト教信仰から政治的行動への道』と呼んでいるものがあります。まさにそれは神学的自由主義と決別したあとの私のテーマでもあったのです。ただしそれはその特殊スイス的な形態における『宗教社会主義』という形においてでしたが。……このテーマは私において、『ローマ書』に出会った時に、そして一九二一年にドイツに移った時にはいよいよもって、さし当たり後退しました。私はこの点で私のドイツの聴講者たちと読者たちには、宗教改革を新しく解釈しアクチュアルなものにするといういまや私にとって前面に現われ出ていた試みにおけるほどの印象を与えることはありませんでした。しかしそのことの本質は、ルターの伝統の問題性によって苦しめられているドイツにおいて、まさに私が黙って前提していた方向、あるいはただついでにしか強調しなかった方向における、すなわち倫理とか、共同人間性とか、仕える教会とか、服従とか、社会主義とか、平和運動とかにおける、つまりこれらすべてにおいてまたすべてとともにまさしく政治における正当な『取り戻しの必要』ということであったのです。ボンヘッファーが明らかにはじめから鋭く、あとになればなるほどいっそう鋭く、感じかつ広範な戦線において語ったのは、そのような欠けであり、そしてそれを満たす必要性でした。……」(Briefe 1961-1968, GAV (6), S.404 f.)。Vgl. *Günther van Norden*, Die Weltverantwortung der Christen neu begreifen――Karl Barth als homo politicus, 1997.

（75） Theologische Existenz heute!, ibid., S.3.

（76） *E. Jüngel*, Mit Frieden Staat zu machen, Politische Existenz nach Barmen V, 1984, S.43.

（77） Ziele der Glaubensbewegung »Deutsche Christen«, in : *K. Kupisch*, ibid., S.256 ff.

（78） Theologische Existenz heute!, ibid., S.24.

（79） 「現代のドイツ福音主義教会における宗教改革者的信仰告白の正しい理解に関する宣言」(「一月バルメン宣言」)の邦訳は雨宮栄一訳を用いたが、他との整合性のため訳語を一部変更した。

（80） *E. Busch*, Die Barmer Thesen, 2004, S.28.

(81)　*E. Busch*, ibid., S.10 f.
(82)　*W. Huber*, 70 Jahre danach : Die Barmer Theologische Erklärung. Vortrag vom 27. Mai 2004, in: Leben und Glauben (EKD).
(83)　Die These 5 der Barmer Erklärung und das Problem des gerechten Krieges, in : Text zur Barmer Theologischen Erklärung, S.199.
(84)　Ibid., S.199 f.
(85)　Ibid., S.186.
(86)　Ibid.
(87)　宮田光雄『十字架とハーケンクロイツ』（前掲）一六三頁以下。
(88)　Die These 5 der Barmer Erklärung, ibid., S.189 f.
(89)　Ibid., S.201.
(90)　Ibid., S.202.
(91)　Ibid., S.190.
(92)　Ibid.
(93)　KDII/1, S.199.
(94)　*E. Jüngel*, Mit Frieden, ibid., S.15 f.
(95)　*E. Wolf*, Barmen, ibid., S.137.
(96)　Ibid., S.169.
(97)　ブッシュ『生涯』三七六頁以下。
(98)　Das erste Gebot als theologisches Axiom, 1933, in:Theologische Fragen und Antworten, S.142.
(99)　*E. Wolf*, Barmen, ibid., S.92 ff.
(100)　KDII/1, S.194 ff.
(101)　「わたしたちの義認と聖化である『福音』と『律法』がイエス・キリストの一つなる恵みである啓示と業では

ないという見解は退けられる」〔「四　教会の使信」の三の拒否条項〕。

(102) *W. Hüffmeier* (Hg.), Für Recht und Frieden sorgen: Auftrag der Kirche und Aufgabe des Staates nach Barmen V, 1986, S.67 ff.

(103) 「バルメン神学宣言」発表後の批判的論争については、*G. Niemöller*, Die erste Bekenntnissynode, ibid., S.125 ff., *K. Meier*, Der evangelische Kirchenkampf, Band I, 1976, S.192 ff. H・E・テート『ヒトラー政権の共犯者、犠牲者、反対者』（二〇〇四年）宮田光雄・山崎和明・佐藤司郎訳、R・P・エリクセン『第三帝国と宗教——ヒトラーを支持した神学者たち』（二〇〇〇年）古賀敬太・木部尚志・久保田浩訳、他を参照せよ。

(104) Vgl. *G. Niemöller*, ibid., S.142 ff.

(105) *K. Meier*, ibid., S.193.

(106) 宮田光雄『十字架とハーケンクロイツ』（前掲）三〇頁以下、一七四頁、参照。

(107) アンスバッハ勧告に対するアスムッセン、リリエ、トゥリルハース、エーレンベルクらの批判については、*G. Niemöller*, *K. Meier* の前掲書を見よ。

(108) *P. Althaus*, Bedenken zur "Theologischen Erklärung" der Barmer Bekenntnissynode, Korrespondenzblatt für die evangelisch-lutherischen Geistlichen in Bayern, Nr.28 vom 9. Juli, 1934. Vgl. *G. Niemöller*, Die erste Bekenntnissynode, ibid., S.168 ff. *E. Wolf*, Barmen, ibid., S.102 f.

(109) エリクセン、前掲書、一九一頁以下、特に二二九頁以下参照。

(110) ブッシュ『生涯』三七七頁。

(111) Evangelium und Gesetz, TEH. 32, S.1.〔『福音と律法』〕。

(112) Ibid., S.1.

(113) *B. Klappert*, Gesetz und Evangelium oder Evangelium und Gesetz?, in:Versöhnung und Befreiung, S.166 ff.〔「ルターとバルトにおける律法と福音」〕。

(114) Evangelium und Gesetz, ibid., S.1.

(115) Ibid., S.7.

(116) Ibid., S.8.
(117) Ibid., S.9.
(118) Ibid.
(119) Ibid., S.11.
(120) Ibid., S.14.
(121) Ibid., S.14 f.
(122) *E. Jüngel,* Zum Verhältnis von Kirche und Staat nach Karl Barth, in: ZThK Beiheft 6, 1986, S.104.
(123) Evangelium und Gesetz, ibid., S.22
(124) Ibid., S.25.
(125) Ibid., S.26.
(126) Ibid., S.27.
(127) Ibid.
(128) Ibid., S.30.
(129) Ibid., S.3.
(130) ブッシュ『生涯』四〇九頁。
(131) Eine Schweizer Stimme 1938-1945, S.11.
(132) Abschied, in: K. *Kupisch* (Hg.), Der Götze wackelt, S.65 f.〔「訣別」〕。
(133) 宮田光雄『十字架とハーケンクロイツ』（前掲）三二頁以下。
(134) Rechtfertigung und Recht, ThSt (B), S.3.〔「義認と法」〕。
(135) Ibid.
(136) Gotteserkenntnis und Gottesdienst, 1938, S.204.〔「神認識と神奉仕」〕。
(137) Rechtfertigung, ibid., S.4
(138) Ibid., S.7. 傍点筆者

(139) Ibid.
(140) Ibid., S. 15.
(141) Ibid., S. 18.
(142) Ibid., S. 20.
(143) Ibid., S. 20.
(144) Ibid.
(145) 「権威」の天使的・形而上学的理解に対する釈義的批判については *E. Käsemann,* An die Römer.（『ローマ人への手紙』）。「キリスト論的国家論」を「政治倫理のキリスト論的基礎づけ」として読み替える可能性とその射程については、宮田光雄『政治と宗教倫理』一九七五年、一九四頁以下。
(146) Rechtfertigung, S. 23.
(147) Ibid.
(148) Ibid., S. 25.
(149) Ibid., S. 26.
(150) Ibid.
(151) Ibid., S. 27.
(152) Ibid., S. 29.
(153) Ibid., S. 34.
(154) Ibid., S. 35.
(155) Ibid.
(156) 五月三〇日バルメン告白会議の初日に提出された「バルメン神学宣言」案（「神学委員会第一次案」）まで第五項に入っていた「執り成しの祈り」は、三一日に採択された最終案で落ちたことについて、本節の「1．政治的共同責任の神学への道——バルメン神学宣言第五項」を見よ。ユンゲルはこれは「改良」とは言えないと評する。*E. Jüngel,* Mit Frieden, ibid., S. 43.

(157) Rechtfertigung, ibid., S. 35.
(158) Ibid., S. 38.
(159) Ibid., S. 39.
(160) Ibid., S. 45.
(161) Christengemeinde und Bürgergemeinde, ThSt (B), 20, 1946. S. 43.〔「キリスト者共同体と市民共同体」〕。
(162) Ein Brief nach Frankreich (1939), in: Eine Schweizer Stimme 1938-1945, S. 113.〔「フランスへの手紙」〕。
(163) クーピッシュ『カール・バルト』宮田光雄・村松恵二訳、一九九四年、一五六頁以下。
(164) Christengemeinde, ibid., S. 7 f.
(165) Ibid., S. 8.
(166) Ibid., S. 10.
(167) *E. Jüngel*, Zum Verhältnis, ibid., S. 124 f.
(168) Christengemeinde, ibid., S. 12.
(169) Ibid., S. 16 f.
(170) Ibid., S. 17.
(171) Ibid., S. 22.
(172) Ibid., S. 23.
(173) Ibid., S. 25.
(174) Ibid., S. 33 f.
(175) Ibid., S. 36.「付論」参照。
(176) *D. Cornu*, Karl Barth und die Politik――Widerspruch und Freiheit, 1969, S. 96, 104.
(177) H・ツァールント『二十世紀のプロテスタント神学』(上) 二八九頁以下。
(178) Christengemeinde, ibid., S. 34.
(179) Ibid., S. 34 f.

(180) Ibid., S. 36.
(181) Ibid., S. 42 f.
(182) Ibid., S. 43.
(183) Ibid., S. 39.
(184) Ibid., S. 41.
(185) Ibid.
(186) Vgl. *E. Wolf*, Barmen, ibid., S. 124 ff. *W. Huber*, Die wirkliche Kirche——Das Verhältnis von Botschaft und Ordnung als Grundproblem evangelischen Kirchenverständnisses im Anschluß an die 3. Barmer These, in: Folgen christlicher Freiheit, S. 147 ff.
(187) ユンゲルは、『福音と律法』の「綱領的な重要性」に言及し、その二年前に刊行された『教会教義学』第一巻（プロレゴメナ）にとっても、重要な「補足」となっていることを指摘した（*E. Jüngel*, Zum Verhältnis, ibid., S. 77.）。
(188) *E. Jüngel*, Zum Verhältnis, ibid., S. 127 ff.
(189) Christengemeinde, ibid., S. 3.
(190) Ibid., S. 34.
(191) Politische Entscheidung in der Einheit des Glaubens, TEH 34.（「信仰の一致における政治的決断」）。
(192) 拙稿「『信仰の一致における政治的決断』とは何か」、東北学院大学キリスト教文化研究所紀要、第一九号、二〇〇一年、参照。
(193) KDII/1, S. 435.
(194) Ibid.
(195) *E. Jüngel*, Zum Verhältnis, ibid., S. 76 ff.
(196) *A. Burgsmiller* und. *R. Weth* (Hg.), Die Barmer Theologische Erklärung, Einführung und Dokumentation, 1983, S. 61.

(197) Ibid., S. 65 f.
(198) Ibid., S. 61.
(199) *C. Nicolaisen*, ibid., S. 79.
(200) *Ziele der Glaubensbewegung »Deutsche Christen«*, in : *K. Kupisch*, ibid., S. 256.
(201) Theologische Existenz heute!, Neu herausgegeben von H. Stoevesandt, 1984, S. 59. なお括弧内はバルト自身の原稿にはなく、印刷上ではじめて現われたもの。
(202) Vgl. *E. Beyreuther*, Kirche in Bewegung, Geschichte der Evangelisation und Volksmission, 1968, S. 111-129.
(203) Vgl. KDIV/3, S. 1000.
(204) H・E・テート『ヒトラー政権の共犯者、犠牲者、反対者』（前掲）第八章、第一六章参照。
(205) *K. Scholder*, Die Kirchen, ibid., S. 777 f. Vgl. *E. Busch*, Die Barmer Thesen, ibid., S. 83.
(206) *J. Gauger*, Chronik der Kirchenwirren, 1934, Erster Teil, S. 108.
(207) *W. Hüffmeier* (Hg.), Das eine Wort Gottes - Botschaft für alle, Barmen I und VI, Bd. 2, 1993, S. 79 ff. bes. S. 94.
(208) ボンヘッファー『告白教会と世界教会』一〇八頁以下。
(209) *C. Nicolaisen*, ibid., S. 86.
(210) Ibid., S. 88.
(211) *P. Althaus*, Kirche und Volkstum, in: ders., Evangelium und Leben. Gesammelte Vorträge, 1927, S. 113 u. 129. 宮田光雄『十字架とハーケンクロイツ』（前掲）一二九～一三〇頁、参照。
(212) *P. Althaus*, Gott und Volk, 1932, in: ders., Die deutsche Stunde der Kirche, 2. Aufl. 1934, S. 36.
(213) *P. Althaus*, ibid., S. 35.
(214) Ibid., S. 36.
(215) Ibid., S. 38.
(216) Ibid., S. 39.
(217) Ibid.

（218） Ibid., S. 43.

（219） Ibid., S. 44.

（220） Ibid.

（221） Ibid., S. 45.

（222）「バルメン神学宣言」本文の成立過程でマイザーの要請を受け作成したシュトールの案文は次のようなものであり、アルトハウス、マイザーの考えを反映したものと言ってよいであろう（五月二二日以後）。「ドイツにおける福音の教会は、教会の主によって、ドイツ民族への喜ばしい奉仕へと召されていることを知っている。ドイツ民族に教会は、一つの民族に与えられうる最善のもの、すなわち、イエス・キリスト、十字架につけられ甦った方、救い主であり主である方を与えなければならない。しかし教会のこの奉仕は現在の非精神的な教会統治機構によって阻害されており、促進されず、妨害され、力強く行なわれていない。それゆえにわれわれは要求する、信仰告白を尊重しその価値をその行為によって確証する真の精神的遂行のもとで教会の奉仕をなすための場所をドイツ福音主義教会（DEK）が獲得するためにすべての障碍が取り除かれんことを」（*C. Nicolaisen*, Der Weg, ibid., S. 191）。

（223） *C. Nicolaisen*, Der Weg, ibid., S. 88

（224） Barmen, ibid., S. 170. 傍点、筆者。

（225） バルメン神学宣言第六項については、EKUの論集（*Hüffmeier, W.* (Hg.), Das eine Wort Gottes-Botschaft für alle, Barmen I und VI, Bd. 1, 2, 1993）の他に、*E. Wolf*, Barmen, 1984（第三版）、とくに *E. Busch*, Die Barmer Thesen 1934 - 2004, 2004, S. 81 f. を参照せよ。その他に、*M Karnetzki*, Auftrag und Freiheit der Kirche. Zur 6. These, in: ders., (Hg.), Ein Ruf nach Vorwärtz, TEH 115(1964), S. 87-97. *H. -J. Kraus*, Die VI. These der Barmer Theologischen Erkläung, in: *Moltmann* (Hg.), Bekennende Kirche wagen. Barmen1934-1984, 1984, S. 249-259. などを見よ。M・カルネツキは戦後のエキュメニカル運動が伝道論に果たした役割を評価しバルメン第六項もその流れの中で受けとめようとした。ただそこでの彼自身の、たとえば対話説教の主張などは、第六項の志向と必ずしも一致しているとは言い難い。H・J・クラウスは、第一項と第六項の聖書引用が「主の言葉の引用」、すな

わち、「わたしは」で始まる御言葉の引用であることに注目し宣言全体が主の約束のもとにつつまれるとの鋭い解釈を示している。なお第六項も含めてバルメン宣言の影響史に関しては、*M. Schilling*, Das eine Wort Gottes zwischen den Zeiten, Die Wirkungsgeschichte der Barmer Theologischen Erklärung vom Kirchenkampf bis zum Fall der Mauer, 2005 を参照せよ。

(226) Die Botschaft von der freien Gnade Gottes. These 6 der Barmer Erklärung, in: Text zur Barmer Theologischen Erklärung, S. 139, 157.〔「神の自由な恵みの使信」〕。

(227) *E. Busch*, Die Barmer Thesen, ibid., S. 81 f.

(228) Ibid.

(229) Die Botschaft, ibid., S. 137.

(230) Ibid., S. 143.

(231) Ibid., S. 143, 144. Vgl. KDIV/3, S. 550.

(232) Ibid., S. 144 f.

(233) Ibid., S. 145.

(234) Ibid., S. 146.

(235) Ibid., S. 149.

(236) Ibid., S. 150.

(237) *E. Busch*, Die Barmer Thesen, ibid., S. 91.

(238) Ibid., S. 90.

(239) Die Botschaft, ibid., S. 154.

(240) Ibid., S. 153.

(241) Ibid., S. 152.

(242) Ibid., S. 152 f.

(243) *U. Dannemann*, Theologie und Politik im Denken Karl Barths, 1977, S. 243 f.

(244) ゴルヴィツァーの以下の見方を参照せよ。「それに、バルトの次のようなスイスからドイツへの移住によって確かめられた根拠のある確信が、加わった、すなわちドイツ人には今ようやく達成された市民的デモクラシーを身につけることが緊急なことだと。じっさいそれはこれまでないがしろにされてきたことだった。第一次大戦後（第二次大戦後も同じだったが）ドイツ市民層の右傾化を前に、バルトはそのように考えていた。市民的民主主義というこの最初の、今必要な歩みへの関心のゆえに、次の歩みへの関心、すなわち社会主義的民主主義化への関心が彼にあって後退したが、それは無理からぬことであった」（*H. Gollwitzer,* Reich Gottes und Sozialismus bei Karl Barth, 1972, S. 48.）

(245) H・E・テート『ヒトラー政権の共犯者、犠牲者、反対者』（前掲）九七頁。

(246) バルト『バルト自伝』佐藤敏夫訳解説六二頁。

(247) ブッシュ『生涯』三〇九頁。

(248) 「ヴァイマル共和国の教会的状況」については、宮田光雄『十字架とハーケンクロイツ』（前掲）一八頁以下、同編『ヴァイマル共和国の政治思想』一九八八年を参照せよ。河島幸夫『戦争・ナチズム・教会』一九九三年、参照。

(249) *K. Scholder,* Neuere deutsche Geschichte und protestantische Theologie. Aspekte und Fragen, in : Die Kirchen zwischen Republik und Gewaltherrschaft. Gesammelte Aufsätze, 1988, S. 84 f.

(250) *F. W. Graf,* Der "Götze wackelt?" Erste Überlegungen zu Barths Liberalismuskritik, in : EvTh, 1986, S. 422 ff. ; *ders.,* Der Weimarer Barth――ein linker Liberaler?, in : ibid, 1987, S. 555 ff. *H. E. Tödt,* Karl Barth, der Liberalismus und der Nationalsozialismus, in : ibid, 1986, S. 536 ff.

(251) *Fr.W. Graf,* ibid., S. 422, 438 ff.

(252) *H. E. Tödt,* Karl Barth, der Liberalismus und der Nationalsozialismus, S. 548.

(253) H・E・テート『ヒトラー政権の共犯者、犠牲者、反対者』（前掲）一七七頁、参照。宮田光雄『十字架とハーケンクロイツ』（前掲）、特に三四～三七頁、参照。

(254) Ibid.

(255) Ethik I, GAII (2), Ethik II, GAII (10). 周知のように生前出版されなかったのは、創造の秩序の理解についてバルト自身不満をもっていたため。同書の編集者D・ブラウンの解説を見よ。
(256) H・E・テート『ヒトラー政権の共犯者、犠牲者、反対者』(前掲)一七五頁。
(257) 以下の数字はEthik IIの頁数。
(258) Ethik II, S. 324-339の「4. 教会と国家」、「I教会」、「II国家」は、一九三〇/三一年の講義で新しく為された部分。
(259) Ethik II, S. 339-342の「III教会と国家」は、一九二八/二九年の講義ですでに為されていた部分。
(260) 一九三三年夏に企てられた原稿への書き込み。編集者によれば、バルトは一九三三年初夏、Ethikから取った教会と国家に関するテーゼを「時の間」誌で他のものも合わせ一冊として出版する計画をもっていた。実現しなかったが、その際の付加である。ここでは以下[ ]によって示す。Vgl. Ethik II, Vorwort, S. 324, Anm. 31.
(261) この言葉は、以後重要な用語となる。
(262) H・E・テート『ヒトラー政権の共犯者、犠牲者、反対者』(前掲)一七六頁。
(263) 同書一七七頁。
(264) Rechtfertigung, S. 45.
(265) ibid., S. 45.
(266) KDII/1, S. 435.
(267) Christengemeinde und Bürgergemeinde, S. 75 f.〔私訳による〕。
(268) 傍点、筆者。
(269) Ibid., S. 76.
(270) Ibid., 76.
(271) Vgl. Das christliche Leben, GAII (7), S. 375.「あの政治的なるものの魔性/悪霊的力は、君主制理念でもあり得るし貴族制的理念でもあり得、民主主義的理念でもあり得るし国家主義的理念、社会主義的理念でもあり得る」〔『キリスト教的生I、II』〕。

(272) クーピッシュ『カール・バルト』(前掲)一〇四頁、参照。
(273) Theologische Existenz heute! S.33.
(274) Ibid., S.40.

第四章　神の民の選び——予定論と教会論

はじめに

聖書の証言によれば、神は特定の群、または特定の個人を恵みによって選び、これを召してご自分の民としたもう。旧約ではイスラエルが、新約では教会が、そのような選びの民であることはいうまでもない。[1] イスラエルも教会も神の選びにおいて始まった。われわれは本章で「神の恵みの選び」、特にその三十四節「神の民《ゲマインデ》の選び」を中心に、一つの神の民《ゲマインデ》としてのイスラエルと教会、[2] 両者の関係について解明し、彼の教会論の重要な局面を明らかにしたい（第一節、第二節）。『教会教義学』第四巻「和解論」で展開されるに至ったバルトの本格的な教会論は、組織的に見れば、まさにここ「神論」から、すなわち、「神の恵みの選び」から始まった。バルト教会論の要諦と言ってよいであろう。三十四節を巡るB・クラッパートとE・ブッシュの解釈も紹介しながら、バルトの立場を闡明する（第三節）。

第一節「神の恵みの選び」としての予定論

バルトの教会論はすでに神論において、その選びの教説において始まる。それはどのようなことか、バルトの選びの教説の意味、「神論」におけるこの教説の位置などの問題と共に、はじめに明らかにしたい。

『教会教義学』を「神の啓示」から始めたバルトは「啓示の神」の存在を三位一体の神として理解し、プロレ

教会教義学(KD)の構造

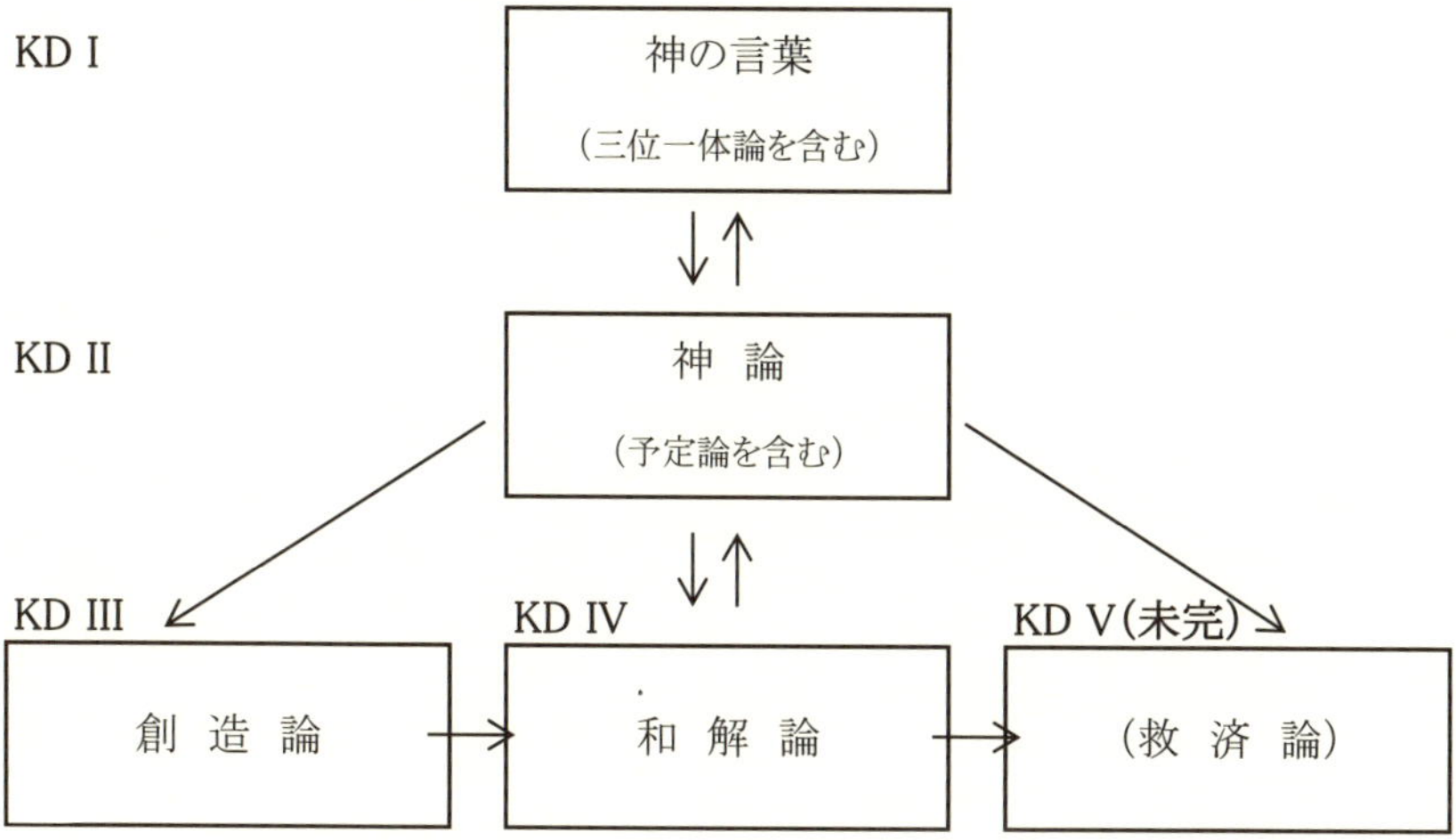

ゴメナを展開した（「神の言葉の教説」KDI/1-2）。したがっていまこの神を語ろうとするとき（「神論」KDII/1-2）、問題は、啓示する神、あるいは「関係」[3]の中にある神でなければならない。そのことは、バルトが神そのものを語る「神の現実」（六章）においてすでに明らかであり、のみならず「神論」が「神の現実」（六章）を語るだけで終わらず、さらに神の外への行為が[4]「神の恵みの選び」（七章）として、また人間の応答的行為を欲し期待し要求しつつ「神の戒め」（八章）が神論に属する倫理学として展開される構成によっても、すなわち、「神論」の「第二部」の対象が名指しされるところにも、はっきり示された。バルトの「神論」はそれら全体からなっている。それゆえにイエス・キリストにおいて認識された神とは、バルトによれば、次のような神である、「この人間（イエス）なしの、またこの民（イエスの中で代表された人間の民）なしの神は、別な神、疎遠な神であるであろう。そのようなものは……全く神ではないであろう。まさに現実の神（Der wirkliche Gott）こそが、キリスト教の認識によれば、ただこの

ように身を向けたもうことの中でだけ、現にあるところのものでありたもう。つまりこの人間に身を向けたもうことの中で、また彼イエスの中で、彼を通して、彼の民として結ばれたほかの人間たちに身を向けたもうことの中でだけ！」[5]現実の神であろう。ここに言われる「民」とは神の民《ゲマインデ》。この人間、すなわち、ナザレのイエスと呼ばれるみ子に身を向けたもうことの中で、神はその民に身を向けたもう。このように神が身を向けたもうことを語るのが「神の恵みの選び」である。してみればバルトにおいて、教会についての語りは、すでに神論の中で、キリスト論を介して始まっており、またそこにおいてこそ始まらなければならない。

バルトは、神が身を向けたもうことを、「恵みの選び」[6]という概念で表わす。ここには彼が「神の現実」（六章）で展開した神の本質規定、すなわち、神は自由において愛する方であるという理解が反映している。恵みは愛であり、選びにおいて、問題は自由である。そしてここでも「恵み」の要素が先行する。「あの方――ご自身だけで十分であり、またご自身だけででも決して孤独に悩まなければならないことのない方――が、まさにその全き神的栄光の中で、他者と共にあろうとし、他者をご自分の栄光の証人としてもとうと欲したもうということ、そのことが一般的に言って、神の本質である愛の証明、みなぎり溢れ、である。神のこの愛が神の恵みである」[7]。このことを神は「自由の中で」[8]なしたもう。かくて選びの教説は「福音の総内容」[9]であり、「その最初の、また最後の言葉において、然りであって、否ではないのである」[10]。

周知のようにバルトは『教会教義学』第二巻の二（KDII/2）の「はしがき」で予定論の「刷新」を口にした。この教説で「神学的伝統の安全柵」から遠く離れたことは、彼にとって「大きな喜びと並んで、さらに多くの心配をひき起こすこととなった」が、聖書の語りを熟慮すれば刷新は「抵抗しがたい力でなされた」とも書いた。[11]

大崎節郎先生はこの「刷新」に関連して、バルトの神学史的教義学的貢献を二点に要約している。その第一はバルトが「この教説を徹底的にキリスト論的に（christologisch）基礎づけて再構成することによって、神の予定の教理を自由な恩寵の神ないしは神の自由な恩寵を賛美する『明るい教説』としたこと」であり、第二に、「明るい教説となった予定論を、教義学的教説のいわゆる心臓部（Herzstück）として教義学的体系の最初（Anfang）におかれた神論の中に置くことによって、神論そのものの刷新に止まらず、教義学全体、したがってまた神学そのものを……『明るい学問』とした」[12]ことであると。この第一のことの核心である「キリスト論的に」に関連して付け加えれば、その内容は、「選ぶ神」[13]であり「選ばれた人間」[14]であるイエス・キリストにおいて神が「ご自身を罪深い人間のために、また罪深い人間をご自身のために定め、したがって、人間の棄却を……ご自身の身に受けとり、人間を神ご自身の栄光にあずかる参与へと選びたもう」[15]ということである。そしてバルトはこの事態に「二重予定」[16]という言葉を使った。バルトによれば、イエス・キリストという「この名のもとに、啓示されるようになった神の本質と業の深みよりももっと深い神の本質と業の深みはない」[17]のであるから、このキリストに目を注ぐかぎり「神の恵みの選びについての教説は、福音全体の総計である」[18]と言わなければならない。かくて予定論は、その伝統にしばしば伴った暗さや曇りを脱して、神の恵みの選びとして明るい教説へとつくり変えられた。

　教会論の始まりを予定論に見ているわれわれにとって大崎先生が指摘する第二の点が重要になろう。バルトは、三十二節の題詞《ライトザッツ》に、次のように書いている。「それは、神は人間を選ばれつつ、ただ単に人間に関して定めを与えたもうだけでなく、また根源的な仕方でご自身に関して定めたもうが故に、神論に属している。選びの教説の機能は、神のすべての道と業の始まりとしての永遠の、自由な、変わることのない恵みについて根本的に証しすることである」[19]。選びの教説の位置と機能に関わるここに示された二点に、バルトの考えは集約されるであろう。第一に選びの教説が神論に属するのは、選びは神の本質に関わり、問題は根源的な意味での神の自己規定、すなわち神の原決断だからである。啓示においてわれわれの出会う神は、何か神そのものというのではない、そうではなくて選びにおける神でしかありえない。そして第二に、このように選びの教説をいわば一つの解釈原理として[20]「神のすべての道と業の始まり」に置くことでバルトは、啓示された神の業の初めと終わり、すなわち、創造と救済を、和解の出来事からしか、理解し記述することはできないものとした。[21]この中心が何であるかということ、この中心で現実であり、また行動する神は誰かということ、それが明らかにされなければならない。選びの教説は、まさに「和解論の決定的な言葉」「和解の秘義」[22]としてはじめに語られ、はじめから注意が払われることなしに、神の業の全体でありまた意味である和解の出来事も正しく語られることはできない。これが選びの教説が神のすべての道と業の発端に位置しなければならない理由である。そしてバルトによれば、教会は、神の道と業がこのように初めからして規定されていることを忘れてはならず、「教会の教えはどこでも、あたかもそれが、恵みの神以外のものについて語っているかのように語ってはならない。それはどこでも、恵み深い神としての神に対してほまれを帰し、その証言をしてゆかなければならない」[23]。選びの教説は、それゆえに、またそのために、恵みを「公分母」[24]として示し、またそれを証しする機能を持つ。

第二節　神の民《ゲマインデ》としてのイスラエルと教会

1．一つの神の民《ゲマインデ》の二つの形態

前節でわれわれが確認したことの一つは、神の恵みの選びとしてのイエス・キリストの選びに人間の選びが含まれるということであった。これをいまバルトは「神の民《ゲマインデ》の選び」（三十四節）と「個人の選び」（三十五節）として展開する。「神の民《ゲマインデ》の選び」が先行するのは聖書がイエス・キリストの選びから直ちに個人の選びに視線を向けるようなことをせず、「ひとりの仲保者イエス・キリストご自身の現実存在を反映する」(25)「中間の、また仲介的な選び」(26)に視線を向けているからである。われわれはこの「神の民《ゲマインデ》の選び」を取り上げる。

「神の民《ゲマインデ》の選び」（三十四節）は四分節からなり、周知のようにそれぞれにローマ書九～一一章の詳細な講解が「釈義的な背景」(27)としてそえられている（バルトによればこの聖書箇所はこれまでの予定論において遺憾ながら余りにもしばしば無視されてきたものだと言う）。四分節は以下の通り。

一　イスラエルと教会（九・一～五）。

二　神の裁きと憐れみ（九・六～二九）。

三　聞かれ、また信じられた神の約束（九・三〇～一〇・二一）。

四　過ぎゆく、また来たりつつある人間（一一・一～三六）。

われわれははじめに「一　イスラエルと教会」によって、イスラエルと教会が一つの神の民《ゲマインデ》の二つの形態であることを確認し、次に、二～四によって、両者の関係をバルトがどのようにとらえているか考察する。(28)

ところでわれわれは本書第一章において、バルトがローマ書九～一一章のイスラエルを教会と読み替え、イスラエルと教会を、共に古い世界ないし人間の世界に属するものとして強烈に一元化して理解したことを見た。同時にわれわれはそのことによってイスラエルが教会に解消され、その独自性が明確でなくなるのではないかという疑問も呈せざるをえなかった。時と永遠の無限の質的差異をねばり強く見つめるという方法論が、そうした帰結をもたらしたのである。このイスラエルと教会の単一性という『ローマ書』ですでに明らかにされた重要な認識にいま三十四節でキリスト論的基礎が与えられ、単一性における二重性と共に、イスラエルの意味も明らかにされる。

バルトによれば、神の民《ゲマインデ》の単一性は、神の民《ゲマインデ》の選びが「ひとりのイエス・キリストの選びの中に基礎づけられている」(29)。かぎり自明である。この単一性は、しかし二重性を持つ。なぜなら選びにおけるイエス・キリストの定めは二重であったから。二重予定という言葉がイエス・キリストの選びに使われたことは指摘した。すなわち、神はイエス・キリストにおいて「ご自身を罪深い人間のために、また罪深い人間をご自身のために定め、したがって、人間の棄却を……ご自身の身に受けとり、人間を神ご自身の栄光にあずかる参与へと選びたもうた」というあの二重性である。イスラエルと教会という一つの神の民《ゲマインデ》の二つの形態の現実存在は、キリスト論的二重性への教会論的対応としての二重性にほかならない。

その場合、「人間の棄却を……ご自身の身に受けとり、人間を神ご自身の栄光にあずかる参与へと選びたもうた」ということに基づいて、人間の棄却の証しはもっぱらイスラエルにおいて、神ご自身の栄光への参与の証しはもっぱら教会において、見てとられるべきなのであろうか。なるほどバルトはこの二つの形態について、定式的に「イスラエルは、その選びに対して逆らうユダヤ人の民である。教会は、その選びに基づいて召されたユダヤ人と異邦人からなる集まりである」(30)と表現しなければならないと述べている。しかし彼がはっきり次のように注意しているのをわれわれは聞き逃してはならない、すなわちユダヤ人の民は捨てられた神の民《ゲマインデ》であり、教会は選ばれた神の民《ゲマインデ》というようなことではない、イスラエルそれ自身が、あるいは教会それ自身が選びの対象ではない。選びの対象は単一性における両者である。それゆえバルトは、次のように述べる、「選びの栄誉、選びの根拠としての人間に対する神の愛、神が人間に対するその愛の中で永遠からして決定され、結ばれた契約の虹――それらすべては、ここ〔教会〕でもあそこ〔イスラエル〕でも起源的に、本来的に、イエス・キリストが選ぶ方および選ばれた方であることが確かである限り、また、われわれがここでもあそこでもイエス・キリストの周囲の中に身をおいていることが確かである限り、ここでもあそこでも、同一である」(31)。かくて突き詰めて言えばイスラエルと教会の単一性は、神の永遠の愛の単一性、また選びの、すなわち契約の単一性にほかならない。むろんそれと共に、バルトが次のように、すなわち、「あのところでは、選ぶ神から人間が身をそむけることであり、このところでは、選ぶ神が人間に対して身を向けたもうということである」[32]と述べるように、その相違性も、イエス・キリストの選びの二重の定めに基づいて明らかである。しかしここでも、バルトが、単一性と二重性をキリスト論的に考えるかぎり、神の棄却を一方的にイスラエルに、神の栄光にあずかる選びと参与を一方的に教会に割り当てることはありえない。イスラエルの反抗的な態度の「背後と上に」[33]は「確かに神の棄却が立っている、しかし神の選びも、すなわち神が棄却をご自身に引き受けることにおいてご自身を定めたもうた選びも立っている」[34]のである。また教会の召しの「背後と上に」[35]は「確かに神の選びが立っているが、しかしまさにそれゆえに神自らご自身神の身に受けとられた棄却も立っている」[36]。これらが一つの神の民《ゲマインデ》の二つの形態について言われうることである。バルトはこれら二つの形態を「二つの極」[37]として、その関係を美しい表象をもって語る。イスラエルと教会、それは、その間で神の民《ゲマインデ》の歴史が「一つの契約の虹が全体の上にかかっているような仕方で」[38]動く二つの極であると。

　ここまで語ってきた神の民《ゲマインデ》の単一性も区別性も、バルトによれば、じつは「ただ、イエス・キリストとその選びの認識の中で、換言すれば、教会の信仰の中でだけ」[39]認識されうることでしかない（認識について言っているのであって、その存在について言っているのではない。なぜなら神の民《ゲマインデ》の現実存在は教会によってつくり出されたのではなく、イエス・キリストの現実存在に基づくのであるから）。バルトは一連の洞察においても徹底してキリスト論的であった。二つの側面からバルトは単一性と相違性を語る。一方で、イエス・キリストとその選びの認識の中で、イスラエルとは何であるか、神の民《ゲマインデ》全体の「第一の形態としてのそれ自身の地位と機能」[40]とが明らかになるとバルトは言う。イスラエルが教会の信仰と一つとなるところで、イスラエルは人間の罪を告白し、神の憐れみのみを賛美するという点で教会に先行し、裁きの正しさを教会に証しし、教会に自分が受け取ったことを宣べ伝えることができるだけであることを思い起こさせ、自ら過ぎ去りゆく形態として来たりつつある教会に場所をつくり出す。それに対応して、他方で、イエス・キリストとその選びの認識の中で、教会は、自分をイスラエルと一つであることを知るとき、神の民《ゲマインデ》「全体の第二の形態としての教会自身の地位と機能」[41]が明らかとなる。教会は神の憐れみの実在の使信をもってイスラエルを慰め、神の裁きが神の目的にかなうことをイスラエルに証しし、イスラエルが受け取った約束を全世界に宣べ伝えることが許されることを彼らに思い起こさせ、過ぎ去りゆく形態としてのイスラエルを自分の中に取り上げ、滅びから守る。かくて教会はその信仰において「イスラエルの定め」を明らかにする。イスラエルと教会は一つなる神の民《ゲマインデ》のそれぞれ第一の形態、第二の形態として、それぞれ固有の機能において神の恵みの証人である。「教会はイスラエルから生き、まさにイスラエルは教会の中で生きるのである。教会は、神の民《ゲマインデ》、まさにイスラエルの定めであるところの神の民《ゲマインデ》の生の実現である」[42]。

最後に、われわれは神の民の中間的、仲介的選びに改めて触れたい。第五章で取り扱われる「和解論」第三部の教会論、すなわち、世のための教会論に一部先駆する考察がここに見られる。

三十四節の題詞《ライトザッツ》の中で、永遠の選びにあずかった神の民《ゲマインデ》について、次のように言われていた、「その現実存在を通して、イエス・キリストが全世界に証しされ、イエス・キリストを信じる信仰へと呼び出されるべき一つの神の民《ゲマインデ》」と。神の民《ゲマインデ》はその奉仕のために選ばれたのであって、自己目的的に存在するのではない。目的論が視野に収められている。それゆえこの選びは「中間の、また仲介的な選び」[43]であった。中間的というのは、仲保者イエスを反映しつつ「イエス・キリストの選びと、すべての信仰者の選び」の中間に、位置するからであり、仲介的というのは中間に位置して両者の関係を仲介し条件づけるからである。バルトによれば、この中間的・仲介的集団としての神の民《ゲマインデ》はイエス・キリストの選びの「内的な円」[44]を形成し、これがその者たちにとって証人となり使者となるところの群をバルトは選びの「外的な円」と呼ぶ。内的円はキリストの自由を反映しつつ、世に対し、世を信仰へと呼び出し、また世にあるその現実存在を通して、キリストの愛を反映しつつ、あの外的円を指し示す。ここで、バルトにおいて世と外的円は直ちに一つでないように見える。しかしこれは見かけの上での違いにすぎない。キリストの愛がこの世のすべてに向けられているかぎり、世は、キリストの愛を反映しつつ描かれる外的円そのものでもあるから。ところで「内的な円がその現実存在を通してキリストを証しする」と言われる時、この集団、すなわち、神の民《ゲマインデ》それ自身が、自らの力によって証しをするのではない。そうではなくて、神の民《ゲマインデ》は仲保者イエス・キリストご自身の現実存在を映し出し「ただこの反映の力によってだけ、イエス・キリストについての証しにまで、イエス・キリストを信じるようにという呼び出しにまで、したがって、個々の選ばれた者たちの信仰にまでくるのである」[45]。換言すれば、「神の民《ゲマインデ》は、イエス・キリストとその中で起こった神の行為の表示（自己表示！）に対して——全世界に向かって証しと呼び出しをするために——奉仕すべく選ばれている」[46]のであって、その選びは「常にただイエス・キリストの栄誉、すなわち、イエス・キリストについての証言をするという私欲のない栄誉、であることができるだけである」[47]。これらは後の「和解論」の教会論の序章をなすと言ってよいであろう。

2. イスラエルと教会

われわれは三十四節の分節一によって、神の選びの民としてのイスラエルと教会の共属関係を確認し、かつその選びの目的論まで言及し、それをバルトの教会論の序章と見なした。

この項では、三十四節の分節二〜四によって、神の民の二つの形態としてのイスラエルと教会の関係を辿る。

すでに基本の関係は前項で明らかにされたので、詳論はおそらく不要であろう。バルトのローマ書の釈義にも必要なかぎり触れながら、論旨を簡単にたどっておきたい。

これに関わる題詞《ライトザッツ》は以下の通り。「神のこの一つの民《ゲマインデ》は、イスラエルとしてのその形姿の中で神的裁きを表示することに、教会としてのその形姿の中で神的憐れみを表示することに、奉仕しなければならない。それは、イスラエルとしてのその形姿の中で、人間の身に及ぶ約束を聞くことへと、教会としてのその形姿の中で、人間の身に及ぶ約束を信じることへと、定められている。神の一つの選ばれた民《ゲマインデ》に対して、あのところではその過ぎ去りゆく形姿が、このところではその来たりつつある形姿が与えられている」(48)。ここには一方でイスラエルに否定的な「機能」が、反対に教会には肯定的な「機能」が割り振られているように見えるけれども、決してそうでないということは、前項で確認した。イスラエルと教会は、それぞれに固有な、両方にとって不可欠な仕方で、イエス・キリストにおける神の恵みの証言に奉仕する。まさに「共に響き」(49)合ってキリストの自己証示に奉仕するということ、それが選ばれた一つの、しかし形態において二つの神の民《ゲマインデ》に求められていることである。

分節二の表題は「神の裁きと憐れみ」。釈義的な背景はローマ書九・六～二九である。神の民《ゲマインデ》全体におけるイスラエルの特別の奉仕は「裁きの鏡」であることにあるとして、こう記されている、イエス・キリストにおける「神的な苦しみの人間的な根拠についての知を、したがって、イエス・キリストの中に含まれている神的な憐れみに対しての人間的な無能力、進んでしようとしない気乗りのなさ、ふさわしくない姿の認識を、イエス・キリストの苦しみの中で人間に対して下された裁きの正しさについての認識を表現することである」(50)。そして「教会はこの貢献を必要としている」(51)。バルトによれば、イエス・キリストにおいて自らの選びに従順になったイスラエルは、教会の中でよくこの奉仕をなす。かくて「神の裁きについてのイスラエルの特別な証しが、神の憐れみについての教会の証しの付属音」(52)となる。教会の外のシナゴーグも同じく、不承不承であっても、基本的にはそのような証しをするほかない〔これに関連するユダヤ人についてのバルトの否定的発言は問題にされることを免れないが、ブッシュはそれらの言葉の出所、その文脈、バルトの含意を丁寧に辿っている〕。[53]

これに対して、神の民全体の中での教会の奉仕は、神の「憐れみの鏡」[54]であることにある。「教会がユダヤ人と異邦人から選ばれ、召され、集められる間に、教会に与えられた委任は、イエスの死の中で人間の身に起こった裁きの神的意味について知るその知識を告げ知らせること、神によってイエス・キリストの中で受けとられ、取り上げられた人間に対して、神の〔人間を助けようとする〕積極的な意志、用意、栄誉について証しすること、である」[55]。「教会の奉仕はイスラエルの特別な奉仕をとり上げる」[56]。イスラエルの奉仕は、神の憐れみについての「教会の証言の付属音」[57]としてだけ生きる。

分節二におけるバルトの教義学的な記述とローマ書の釈義との間の乖離はない。「怒りの器」であるイスラエルの不信実は、神の忍耐の中に受けとめられて、「憐れみの器」として「ユダヤ人からだけでなく、異邦人の中からも召し出」される者たちの救いに奉仕する（九・二二～二四）。バルトの釈義はこの神の憐れみの目的論の中に取り上げられるイスラエルを際立たせる。[58]そのほか、「残りの者」（九・二七）との関連でイスラエルにおける教会の先在が語られることに注意しておきたい。残りの者としてのユダヤ人キリスト者の存在にバルトは「イスラエル全体の選びの生きた証人」を見る。またイスラエルにおける残りの者は、この世における教会に類比的である。したがって教会は、イスラエルの残りの者と共に、裁きから救われたことを証しすべく招かれていると言う。教会の先在についてはクラッパートの解釈との関連において第三節でもう一度取り上げられる。

「三　聞かれ、また信じられた神の約束」での問題は、神の自己証言に奉仕しつつ生きる神の民《ゲマインデ》としてのイスラエルと教会である。「神の民《ゲマインデ》は、いずれの場合でも、人間が聞くことがゆるされ、それを信じるよう召されている神的自己証言に奉仕しつつ生きるのである」[59]。「聞くこと」に特別に奉仕するのはイスラエルである。「イスラエルは約束の聞き手である」[60]。しかし彼らは、聞くけれども信じない。これに対して、「教会の奉仕は、イスラエルの立場に依存することなしに、聞かれた約束に対して、教会がその約束に対して信仰をさし向けてゆくことを通して、聴従をつくり出していくことから成り立っている」[61]。いずれにせよ、聞くことがなければ信じることがないように、聞くイスラエルの奉仕は教会の中で不可欠の奉仕でありつづける。イスラエルは教会に対して教会は自分が受け取ったことを宣べ伝えることができるだけであることを思い起こさせる[62]。そのようにしてイスラエルは、救いとなる仕方で神の民《ゲマインデ》の奉仕に参与する[63]。かくて教会は、聞いたことを信じつつ、「世とイスラエルに向かって」[64]「生ける証言となる」[65]ことによって立ちもすれば倒れもするのである。バルトによれば、われわれは、ここでも、聞いて信じ従ったイスラエルの中の先在する教会を思い起こさなければならない[66]。そこに起源を持ち、最後にイスラエルの真中から生じてくる、神の約束を信じる信仰の教会は、イスラエルの選びの積極的確認である[67]。

分節三の釈義的背景はローマ九・三〇～一〇・二一。バルトの解釈の方向はここでもイスラエルの不従順・不信仰をイスラエルの選びの否定においてではなく、選びの徹底した肯定の枠の中で問題にするところにある。そのさいユダヤ人キリスト者であるパウロの異邦人の使徒としての現実存在が認識の窓として強調されている[68]。興味深いことは、バルトの所論からして当然予想されるように、ローマ一〇・四の「テロス」を「終わり」ではなく、成就（マタイ五・一七）、または確立（ローマ三・三一）、もっとも適切な言い方では、ラビ的概念で「総和」（ケラル）と理解すべきことを主張していることである[69]。約束は継続している。

最後の分節四の表題は「過ぎ去りゆく、また来たりつつある人間」。理解の仕方は分節二と三と基本的に変わらない。ここでの問題は、神がイエス・キリストの永遠の選びにおいて人間に対して置いた、一方で「恵み深い終わり」（「死」、「過ぎ去りゆくこと」）と、他方で「恵み深い始まり」（「生」、「新しく来ること」）を、神の民はどこでどのように映し出すのかということである。前者をイスラエルがにない、後者を教会がになう。両方の証しの関係についてはこう言われる、「もしもイスラエルが自分の選びに対して服従するならば、その時、古い人間とこの世が過ぎ去ったことについてのその特別の証言は、神の来たりつつあるみ国を告白する神の民《ゲマインデ》全体の告白の中にとり上げられて、イエスの甦りに基づく教会の希望の証言を補充し、その希望の証言と共に鳴り響くであろう」[70]と。両者の関わりはさらにバルトによって以下のように掘り下げられる、すなわち、教会が神の民《ゲマインデ》の完全な形態であるのは、教会の使信が福音の形式を持っているからである。この福音を輝かせることが神の民《ゲマインデ》の目標であるなら、じつはそれは始源の原理でもなければならない、と。福音はイスラエルの中ですでに働き生きていた。「イスラエルの歴史の内部で、この〈福音という〉前＝歴史も演じられる限りにおいて、イスラエルは、教会と共に、神の民《ゲマインデ》、キリストの体、の完全な形態にあずかっており、またイスラエルもこの普遍的な使命を持っているのである」[71]。つまりイスラエルにおいて、たとえばヨブにおいて果てしない災難の中で慰めと祝福が示されたように、苦難の歴史は福音の前＝歴史との「関連性」[72]において示されていた。こうして「過ぎ去りゆく」人間に関するイスラエルの証言は、来たりつつある人間との関連性において、教会の証言の中に引き継がれる。「教会は、もしも自分の信仰を、イスラエルの中でのあの保持され、救われた者たちの信仰の中で再認識しないならば、換言すれば、もしもまさにあの者たちを支えた希望が、また自分自身の希望でもあることを見てとらないならば、自分自身、福音を信じてはいないであろう」[73]。来たりつつある人間に関する教会の証言もイスラエルの証言に基づく。両方の証言は互いに入り込んでいて切り離されない。かくて「教会は、イスラエルと結ばれているその結びつきと義務を感謝をもって承認しつつ……イスラエルに向けられた神の恵み以外のものによって生きようと欲しないであろう」[74]。

「四　過ぎ去りゆく、また来たりつつある人間」の背景になっているローマ書一一章とその解釈にも目を向けてみよう。一一章でパウロはまず「現に今も、恵みによって選ばれた者が残っています」（一一・五）と記し、全イスラエルの選びの変わらないことを確認する。イスラエルの罪は異邦人を救いにもたらすことになったが、パウロの確信によれば、不従順のイスラエルは異邦人伝道という大きな迂路を介して救いに至らしめられる。その救いはじつは異邦人が救われるよりも容易なことなのだ。「まして、元からこのオリーブの木に付いていた枝は、どれほどたやすく元の木に接ぎ木されることでしょう」（一一・二四）。「一部のイスラエル人がかたくなになったのは、異邦人全体が救いに達するまでであり、こうして全イスラエルが救われるということです」（一一・二五〜二六）。それが終末論的希望として語られる。それゆえに、不信仰のイスラエルに対する異邦人キリスト者の「高ぶった思い」（一一・二〇）への警告も、当然のことながら語られなければならなかった。この聖書箇所で、「全《パース》イスラエル」のバルトの解釈は興味深く、重要である。バルトは、何より、一一・二六冒頭の「こうして」の語に注意することが必要だと言う（「こうして全イスラエルが救われるということです」）。つまり先の者が後になり、後のものが先になるという意味で、秘義に属する救済的順序の逆転が問題なのであり、こうした道を辿りつつ、イスラエルの選びがまことであることを証しし確認すべきだということをこの「こうして」は示す。かくて「全イスラエル」とは、バルトにとって、イスラエルの「残りの者」（五節）とかたくなにされた「他の者」（七節）たちを合わせたイスラエルの全体と、それにすでに信じるようになった者たちとこれから信じるようになるべき者たちからなる異邦人世界全体の総体である。(75) そこで次のように言う、「『全イスラエル』とは、ユダヤ人と異邦人とからなる、イエス・キリストの中で、イエス・キリストと共に、神によって選ばれた者たちの神の民《ゲマインデ》、すなわち、まさにイスラエルの聖なる根と共に、ついに、その根と結ばれ、その根によって養われるすべての枝の全体から成り立っている全教会のことである。換言すれば、イエス・キリストの中で、イエス・キリストと共に、起源的な幹を継続させている残りの者、異邦人の出で後から付け加わってきた野生のオリーブと最後に再びつがれるべき切り取られた枝、これら〔三者〕の全体から成り立っている」。[76] こうした理解はブッシュの教示するように、ユダヤ人と異邦人から選ばれたキリストを信じる者たちと理解するカルヴァンとも、また全イスラエルは「肉のイスラエル」だと主張したバーゼルの同僚で新約学のK・L・シュミットとも相違していた。[77] バルトがここで「全イスラエル」は全教会というときの意味は、狭くはない。異邦人がイスラエルの契約に与ることによって救われるとすれば、ましてかたくななイスラエルも、いっそう容易に神の救いに与りうる。全イスラエルとは全教会というバルトの理解の根底に、むしろイスラエルと教会の解消しえない結びつきという洞察の存在することを、われわれは知らなければならない。[78]

以上、われわれは一つの神の民《ゲマインデ》の二つの形態、すなわちイスラエルと教会の関係についてバルトの所論を辿った。神の民《ゲマインデ》としての教会は、同じく神の民《ゲマインデ》であるイスラエルから分離して福音の証言という教会の使命を果たしていくことはできない、それがバルトの基本の立場であった。

３．三十四節の解釈を巡って――B・クラッパートとE・ブッシュ

(1) 二つのモデルの混在――クラッパート

バルトのここでのイスラエルと教会の関係論に対して、従来高い評価が与えられてきたが、近年小さくない疑義も呈せられるようになった。その中からわれわれはベルトールト・クラッパートの解釈を検討し、同時にこれと対論を試みつつ自らのバルト解釈を明らかにしているエーバーハルト・ブッシュの理解を取り上げて問題の所在をさぐり、バルトの位置をはっきりさせてみたい。

クラッパートは周知のように一九八〇年に採択されたラインラント州教会決議『キリスト者とユダヤ人の関

係の更新のために』、並びにその決議の基礎となった同州教会「キリスト者とユダヤ人部会」報告「キリスト者とユダヤ人の関係の更新のためのテーゼ」[79]の作成に深く関わり、「関係の更新」のため具体的な働きを続けてきた神学者である。[80]彼は同じ年に、自著『イスラエルと教会——カール・バルトのイスラエル論のための諸考察』[81]を出し、バルトの議論の厳密な検討を行った。この本には、今日のイスラエル国家の創設、約束の国への帰還についての言及も詳しくなされているが、本稿ではいまわれわれが問題にしているバルトの「神の民の選び《ゲマインデ》」（三十四節）に関わる部分に限定してこれを検討してみたい。

クラッパートによれば、バルト神学はイスラエル論抜きに考えることはできず、この神学が具体的にどういう神学かはイスラエル論にかかっているとさえいわれる。そしてバルトのイスラエル論を他の多くのイスラエル論の中に位置づけ、判断・評価するために、事前にイスラエルと教会の関係モデルを検討しておくことがよいとして、可能な、いやじっさい今日まで歴史的に生起し、歴史的に作用を及ぼした、[82]以下の八つのモデルをあげている。

第一グループ

「代替モデル」「統合モデル」「予型論モデル」「実例モデル」「包摂モデル」

第二グループ

「相補モデル」「代理モデル」「キリスト論的・終末論的参加モデル」

短くともそれぞれに説明が必要と思うが、さし当たって重要なことは、「包摂モデル」までの五つのモデルが「現代にいたるまで、教会の歴史とその神学において、イスラエルの特殊性を除去するように特に働いた」[83]関係否定的モデルであり（第一グループ）、後の三つが反対に、関係肯定的モデル（第二グループ）であるということである。[84] 内容的には第一グループは、イスラエルに対する神の約束の断絶を強調するモデルであるのに対して、第二グループは、約束は継続、保持されていると見る。さて結論からいえば、クラッパートの判断では、バルトは、関係肯定的第二グループの中の「キリスト論的・終末論的参加モデル」と、関係否定的第一グループの中の教会的「統合モデル」の間の緊張の中にあるということになる。[85] クラッパートは、バルトが反ユダヤ主義に通じる教会的「統合モデル」に立っていると見ているのではない。そうではなくて、「キリスト論的・終末論的参加モデル」的なキリスト論からの発言やイスラエル・教会関係論が随所にあって、そこに立っていることは間違いないが、そうだとしても、しかし一貫せず、これまた随所に、教会的統合論が顔を出す、というのがクラッパートの見解である。

クラッパート自身の立場は最後に挙げられた「キリスト論的・終末論的参加モデル」であると考えてよい――それに基づいて彼はイスラエルと教会の対話と関係更新に積極的にとり組んでいるのであろう。バルトとパウロの違いに言及し、彼はこう記している、「バルトの釈義では、イスラエルの歴史は、教会の歴史の枠の中での一つの段階、また一つの契機になる（シナゴークの将来は教会にあり、教会においてシナゴーグが消滅することをバルトは語る）。これに対し、パウロにとっては逆に――イエス・キリストにおける成就と約束に基づいて――ユダヤ人と異邦人からなる〈エクレーシア〉と諸国民の世界への普遍的派遣こそ、イスラエルの選びの遂行という枠の中での、またその目標のための、一つの段階であり契機である」[86]〔傍点、筆者〕と。ここでパウロと対照的に「バルトの釈義」として描き出されているのが第一グループの「統合モデル」であり、パウロの立場として理解されているのが第二グループの「キリスト論的・終末論的参加モデル」ということになる。単純化していえば、前者のように教会のコンテキストの中にイスラエルが統合されるのか、後者のようにイスラエルの選びのコンテキストに教会が参加するのかということである。この後の立場に立っている、あるいは聖書に従いつつそこに立つことが正しいと考えている人たちからすると、バルトは混乱しており、時にアポリアに陥り、[87]発言にはブレがあるということになる。われわれも第二節で試みたが、バルトの記述を整理するのはじつは容易でない。内容に関わるある種の曖昧さをわれわれは認めなければならないのだろうか。クラッパートの読みに従って、彼が指摘する「キリスト論的・終末論的参加モデル」に属する言葉を二、三あげるとすれば、「異邦人は……最後の瞬間において、イスラエルの希望の成就に具体的にあずかったのである」[88]。「教会は……全イスラエルの選びの積極的な確認を心に銘記するであろう。そして自分の側でも、全イスラエルのための希望を自分の最も固有な事柄にすることを避けることはできない」[89]。「そこでの事情は、イスラエルが教会に加わってきたというよりも、むしろ教会がイスラエルに加わってきたという具合である」[90]、など。これに対して教会的統合モデルといわれる言葉はむしろ多い。これも限定してあげれば、随所に使われている、イスラエルが教会に「入る」という表現。「教会は……イスラエルの民の選びの目標であり、したがって根拠である」[91]。イスラエルの特別な証言は「教会の希望の証言を補完し、その希望の証言と共に鳴り響く」[92]。じっさい希望とイスラエルの組み合わせはほとんどなく、教会の希望という言葉がくり返し出る。「教会に存するシナゴーグの将来」[93]について、またシナゴーグが教会の中に止揚され、消失することが語られる。そして第二節で見た「全イスラエル」を「教会全体」とする解釈などは、この教会統合モデルの指標とも見られる。

　このようにバルトの中に「統合モデル」と見なされ得る言葉がくり返し顔を出す原因について、クラッパートは、イスラエル・教会関係論が律法と福音を基本カテゴリーとして構想され、イスラエルには律法が、すなわち十字架において示された律法による裁きの証人としての役割が、教会には福音が、すなわち復活において啓示された憐れみの証人としての役割が振り分けられているからだと見ている。律法の真理が福音にあるとするなら、

「イスラエルは教会の希望の中に自分自身の希望をもっている」[94]ということにならざるをえない。クラッパートによれば、イエス・キリストの十字架と復活においてイスラエルのメシア的希望は成就されたのであって、イスラエルが甦りの使信に関わらないとするのは正しくない。「私のテーゼは以下の通り。バルトは、本来のキリスト論的意図（これに従い、バルト自身、成就された契約の歴史としてのイエス・キリストの歴史において、諸国民の世界が、イスラエルの民に対する神の行為の領域へと組み入れられることを見、かくてイスラエルと教会の関係をまず第一にキリスト論的・終末論的参加モデルのカテゴリーで描き出さなければならなかった）に反して、『教会教義学』三十四節では、イスラエルと教会の関係を、第一に十字架と復活において成就されたイスラエルとの、またその中で諸国民の世界との契約についての組織的に基礎的な観点のもとでとり扱わず、本質的に十字架と復活の順次的（傍点、筆者）生起において方向づけられた〈律法と福音〉、裁きと恵みの関係のもとでとり扱い、かくて彼はイスラエルと教会の関係を第一に教会的統合モデルのカテゴリーで描いている」[95]。クラッパートが彼の研究書でバルトに対して投げかけたこうした様々の批判的問いかけの多くは、彼自身のキリスト論的・終末論的参加モデルの立場からなされている。「神の民の選び」分節二〜四それぞれに対してなされたクラッパートの反問の中で、たとえば分節二に関してイスラエルを一面的に裁きの証人とすることが問題とされるのも、分節四について、イスラエルは「過ぎゆく」人間だけでなく、甦りに基づく希望のゆえに、「来たりつつある人間」の証人でもあるのではないかと問い、イスラエルの希望こそ語られなければならないのではないかと言われるのも、その同じ視点からのものである。しかし本当にバルトは、クラッパートのいう「キリスト論的・終末論的参加モデル」に立ち切れていないというのだろうか。そしてその分だけ結果としてイスラエルに対して否定的ということなのだろうか。次にブッシュの解釈を見て考えてみたいと思う。

（2）神の憐れみの包括的経綸――ブッシュ

エーバーハルト・ブッシュの理解を見てみよう。彼は浩瀚な研究書『一つの契約の虹のもとで――カール・バルトとユダヤ人一九三三―一九四五』（一九九六年）[97]において、この時代（「第三帝国」）のユダヤ人問題とバルトとの関わりを伝記的にも神学的にも徹底検証した。本書全体の目標は、バルトの、周知のあの、ユダヤ人問題を教会闘争の中で決定的なものとして、少なくとも公には押し通さなかったことへのいわば罪責告白（たとえば「バルメン神学宣言」にこの問題への言及がなかったこと）[98]や、それとも関連して起こっている様々な誤解や批判に対してバルトの実像を明らかにしようとするところにある。本稿では、この中から、特にバルトの「神の民の選び」の理解に関する部分を、クラッパートの解釈も念頭におきながら取り上げてみたい。ブッシュの理解の特色は、クラッパートがバルトの中の評価すべき部分をもってバルト自身を乗り越えていこうとしているのに対して、バルトの考えを全体としてできるだけ公平に評価しようとしている点にある（ただしバルトのテキストに時として見られるユダヤ人に対する極端に否定的発言は彼も受け入れない）。

ブッシュは、バルトに追随する者たちの間でも、彼のイスラエル論について、受容可能な部分と、全く受け入れられないところを区別していることを認めつつ、[99]今日もっとも評判の悪い「イスラエルは神の裁きの証人」という命題の理解のために、まず当時バルトが「裁き」という言葉をどのように使っていたかを検証する。それによればわれわれは一九四〇年の「神論」の「神の認識」及び「神の現実」（KDII/1 §25～31）に注目しなければならない。[100]そこに、裁きの概念を恵みと契約に結び付けて理解する「裁きの概念の新しい理解」[101]、裁きの福音的理解が示されている。一、二引いて確認しておきたい。「神の神聖性は、神の裁きが神の恵みとひとつであることである。神は、その恵みが裁きであり、しかしまたその裁きが恵みであるということの中で聖でありたもう」。「神論」第二部（「神の戒め」）でも明確に次のように言われる、「われわれは、神的な裁きの概念をもって、神論の内部で、神のすべての道と業のはじまりにおける恵みの選びの永遠的な決定の概念に対するいわば対極に到達する。……神の裁きは、この決定のすべての時間的な実現の、その時間的な解明と啓示の総内容である。神が人間に関して、人間のために、人間から、意志したもうことは、神が人間をその戒めの中で裁きたもうことによって、起こる。しかしこの出来事は、事柄においては、和解の出来事と同じである」[102]。バルトにおいて和解は契約の成就である。したがって契約違反者に下される神の裁きは、契約成就の神の情熱であり、契約を前提する。「……基本的な確認は明らかにこのことである、すなわちこの裁きがどのような経過をたどるとしても、人間がこの裁きの中で、どのような仕方で自分の姿をあらわにするとしても、したがって、この裁きに基づいて人間が現実にどのようなものであろうと、神は人間のことをまさにこの裁きの中で引き受けたまい、人間をご自分に属するものとして取り扱おうと欲するがゆえに、人間を裁きたもうことは確かであるということである」[103]。

バルトの裁きに関するブッシュの指摘は適切だと思う。バルトが裁きを、神的な裁きとして、和解という目的連関においてとらえているということ、つまり和解のために「神が、人間との交わりを選ぶ間に、ご自分の上に受け取られる裁き」[104]として、和解のために神が「イエス・キリストの苦しみの中で人間に対して下された裁き」[105]として、また和解のために神が「それを引き受けることをご自分の事柄となしたもうた裁き」[106]としてとらえていることは間違いない。しかしバルトのテキストでは、ブッシュの正当な指摘と検証にもかかわらず、一面的に裁きの証言がイスラエルに、憐れみの証言が教会に割り振られている印象は、クラッパートと共に否めない。たとえばバルトは神の民《ゲマインデ》としてのイスラエルと教会、両方を念頭において、こう記す、「選ばれた神の民《ゲマインデ》は、選ばれた人間・ナザレのイエスの周辺として、次のような場所……このイエスの中で、神の契約意志、すなわち神が失われた人間のために割って入ること、神の裁きと憐れみの遂行が力を発揮し、可視的となる場所である」[107]。これによってバルトは、教会の中でイスラエルの証言が取り上げられ生かされるということを具体的に考えている。

そうであるなら、すでにクラッパートの問題提起にもあったように、裁きの証人としてのイスラエルも憐れみの証人であると言ってはならないのだろうか。バルトにおいて、イスラエルに憐れみの証人という地位は必ずしも積極的な意味で認められていない。けれども、バルトは、すでにわれわれが、「神の民《ゲマインデ》の選び」の分節四（「過ぎ去りゆく、また来たりつつある人間」）を扱ったさい見たように、「イスラエルに先在する教会」に触れる中で、イスラエルにおいてすでに証しされている恵みをはっきり指摘していた（「イスラエルの真中で演じられている福音の前＝歴史」）[108]。あるいは次のような事情も、バルトははっきり語っている。すなわちメシアを十字架に渡したのはイスラエルだけではなかった。イスラエルは彼を異邦人に渡した。つまり異邦人がメシアを十字架に「引き渡す」連鎖に最後に加わった。しかしまさに「そのように、ただそのような仕方でだけ、彼らは最後の瞬間において、イスラエルの希望の成就に具体的にあずかった」[109]。そうであれば、われわれは、裁きの証言を異邦人もになわなければならないと同時に、異邦人がそれによって憐れみにあずかるのだから、イスラエルもイスラエルであることによって憐れみの証言に奉仕すると言ってならないのだろうか。いずれにせよ、バルトは単純に裁きをイスラエルに、憐れみを教会に、継起的に割り当てていると、クラッパートと同じくわれわれが考えるなら、そのような論理的割り切りの印象は確かに免れないけれども、バルト理解としては、ブッシュの言うように、正しくないように思われる。

裁きの理解に関連して、もう少しブッシュの解釈に耳を傾け、全体の考察の手がかりとしたい。「神の民《ゲマインデ》の選び」（三十四節）の解釈について、ブッシュはまずこの箇所をイスラエル論と理解することの不適切さを指摘する[110]。つまりバルトの洞察は二つの形態をとった一つの神の民《ゲマインデ》の証言にある。イスラエルは第一の神の民《ゲマインデ》であり、教会は第二の神の民《ゲマインデ》であるが、神の民《ゲマインデ》としては一つである。教会《キルヒェ》はユダヤ人と異邦人からなっており、キリスト誕生後、教会にユダヤ人が含まれるのは教会にとって本質的なことである。もし教会がユダヤ人を排除するならそれは教会ではないし、非キリスト教的ユダヤ人を否定するなら、教会はもはや神の民ではない。

以上のことを確認した上でブッシュは、この筋道が見えないほど錯綜した議論を読み違えないために三つのポイントを上げている。[111] 第一に、これもわれわれが前項ですでに指摘したように、二つの形態における一つの神の民《ゲマインデ》という如上の神の民《ゲマインデ》理解はイエス・キリストを信じる教会の側の理解であるということ。イスラエルがそのことを理解しないからといって、両者の共属性に変わりはない。なぜならそれは認識の問題ではなく、イエス・キリストの選びによって基礎づけられている存在の問題であるからである。この単一性の事実が教会の一切の行為の出発点でなければならず、イスラエルと教会の「対話の内的前提」である。第二に、ブッシュは、バルトにおいて神の民《ゲマインデ》の第一の形態がイスラエル、第二の形態が教会であるのは偶然的な歴史的事実ではなく「救済史的秩序」[112]であることを強調する。先にわれわれが見たように〔第二節〕、バルトは、イスラエルの過ぎ去ることも、「まことの必然的な先行」の一つと見ていた。しかしこの「先行」は救済史的意味で、すなわち先にいる多くの者が後になる（マタイ一九・三〇、ローマ九・一一～一三、他）という意味でも理解されなければならない。「こうして全イスラエルが救われる」（ローマ一一・二六）。救済史全体において、終末論的に見れば、「イスラエルは裁きの証人」というのは、じつはすでにバルトにおいて最後的妥当性を持っていない。これがブッシュのバルト解釈である。ブッシュによれば、バルトにおいて、イスラエルと教会は救済史的秩序であることを見落とさないようにということであろう。それによってはじめて、イスラエルの希望も、救済史における教会の意義（ローマ一一・一一、一四）も明確になる。イスラエルと教会は救済史的秩序として関係し合っている。それがブッシュの指摘する解釈の第二のポイントである。

さて第三の、全体の鍵としてブッシュがあげる重要な点は、バルトが、パウロ自身によって代表される、教会におけるユダヤ人、すなわちユダヤ人キリスト者の現実存在を、二つの形態における一つの神の民《ゲマインデ》という彼の認識の源泉と考えていることである。重要なことは、われわれも見たように〔第二節〕、彼らユダヤ人キリスト者は完全に教会の中の存在であると同時に、また完全にイスラエルの中の存在であるという二重性である。教会において彼らはイスラエルであることを止めない。ブッシュの指摘するように、教会の中のユダヤ人について、バルトは一貫して「彼らの選びに従順な」者たちという表現を用いている。むろん教会に入ること自体が選びに従順になることを意味するのではなく、選びに従順であるゆえに教会に入ると理解しなければならないが、いずれにしても、ユダヤ人がキリスト者として教会に加わることは、バルトによれば、彼らにとって決して疎遠なことではなかったのである。「イスラエルの中での先在の教会」[113]、あるいは教会の原型[114]、イスラエルの隠された教会という言い方で、イスラエルの中の神に忠実であった者たちをバルトが指示する時、彼らを引き継ぐ形で教会が生起したのであるから、それは彼らがイエス・キリストに疎遠でなかったことを意味する。イエス・キリストを受け入れるか受け入れないかを、選びに忠実かどうかとして、バルトは描いているが、キリストを信じるということは、ユダヤ人キリスト者にとって、彼らがイスラエルの外へ出てしまうことであるどころか、彼らの選びを確証することであった。バルトはこう述べる、「教会の中でまことにイスラエルであることが許されるであろう」[115]。「ユダヤ人キリスト者が教会に『入る』こと、それによって完全に教会の一員になることは、いかなる意味でも彼らがユダヤ人としての自己を犠牲にすることではない」[116]。この第三のポイントは、ブッシュによれば、バルトの考え方とクラッパートが分かれるところであるという。クラッパートはわれわれも見たように、たとえば教会に「入る」という表現も問題にしていた。クラッパートは、バルトに対して、教会の歴史のコンテキストの中でイスラエルが一つの契機になるのか、それとも反対にイスラエルの選びの枠の中にエクレーシアと諸国民への派遣があるのかという二者択一を迫った。しかしユダヤ人キリスト者の現実存在から事柄を構想するならば、少なくとも教会に入ることとイスラエルの選びに従順であることは矛盾せず、両立する。イスラエルの選びを否定せず、教会の信仰に積極的意味を認めるなら、どちらかに偏してしまうことはできない。クラッパートの択一的問いへの答えとしていうなら、バルトはむろん基本的に後者に立っている。しかし同時に以下のような言葉も十分可能であった。「ユダヤ人は、もし彼らがそもそも、先の者でないなら、後の者ではないであろう。まだ彼らは、確かに、後の者でさえなく、そもそも教会の中に入ることから身を引こうと欲しているように見える。しかし彼らは、このこと、すなわち彼らが教会と共に、いま既に、神の憐れみの経綸に基づいて生きているということ、まだ信仰においてではないが、しかし信仰に向かって（彼らは、結局、最後にはそれを実証するために信仰に向かって最初に選ばれていた）生きているということについて、何ら事情を変えることはできないのである。そのようにして、イスラエルは教会の希望の中に自分自身の希望をもっている。なぜなら教会がすでに信じている時、その教会の信仰をして確かに希望にするのは、教会にとっても、神の憐れみの包括的な経綸であることができるだけであるからである」[117]。この中の「イスラエルは教会の希望の中に自分自身の希望をもっている」という言葉だけを取り上げるなら、ここにも、クラッパートのいう「キリスト論的・終末論的参加モデル」ではなく「教会的統合モデル」が顕著であると言わなければならないであろう。しかしローマ一一・二八以下のバルトの解釈と関連して、事柄の全体を、ユダヤ人キリスト者の現実存在から考えれば、これらのバルトの言葉は「すべての人を憐れむ」神における終末の希望を語っているものとして理解できることである。

　さてわれわれはクラッパートの問題提起を導入として、ブッシュの解釈を参照しつつ、バルトが語っていることを追跡してきた。不整合に見えるところ、あるいは解釈の分かれるところはあるものの、教会の中のユダヤ人と、そうでないユダヤ人について、また彼らとの教会の関係について、信仰の認識としてバルトが考えていることは以上のようになる。クラッパートの解釈は、たしかに誤解を招きかねない割り切り方の問題を正当に指摘している。これに対してブッシュはバルトの記述の意図を正しく汲んで理解しようと努めていると言ってよいのではなかろうか。

結　び

われわれは『教会教義学』三十四節のおおよその内容と、それの理解をめぐる議論を検討してきた。これをどのように受けとめるべきであろうか。そのさい考慮しておかなければならないのは、バルト自身において、後年、イスラエルを裁きの証人と規定したことに表わされるような否定的発言が影を潜めていったばかりか、逆にイスラエルは明確に希望の証人として理解されはじめたという事実である。[118] クラッパートの解釈の特色として、バルトの中の評価すべき部分をもって、バルト自身を乗り越えていこうとしているところにあると書いたが、それはそのようなバルトの自己修正と関連している。クラッパートのいう評価すべき部分とは、これまでの論述から明らかなように、継続するイスラエルの救いの契約と選びを基本の線とする「キリスト論的・終末論的参加モデル」である。乗り越えられるべきものは、いわゆる教会的な「統合モデル」につながる考え方である。そして「アウシュヴィッツ以後の歴史的状況」では、ここで表明された立場を、バルト自身維持し得なかったはずたとクラッパートは言う。[119] 今日から見るなら、三十四節の評価がそのようなものとなることはやむを得ない。しかしながら、これを一九四二年当時に戻して考えれば、ユダヤ人キリスト者を排除する教会は教会ではない、教会がシナゴーグの迫害に加担するならもはや神の民《ゲマインデ》ではないとして、苦難のユダヤ人との交わりを（スイスにおけるバルトのユダヤ人難民のための救援活動のような実践をひとまず考慮しないとしても）理論的に可能なかぎり追求したものとして評価されなければならないのは言うまでもない。

教会《キルヒェ》はユダヤ人キリスト者と異邦人キリスト者からなること、この教会《キルヒェ》はイスラエルと共に神の民《ゲマインデ》であること、教会はイスラエルの証言と共にしか教会の証言、すなわち、キリストの福音を響かせることができないということ、[120]そしてこのようなキリスト証言によって、すなわち宣教によって、教会は、「すべての人を憐れむ」（ローマ一一・三二）神の憐れみに仕えるということ、まさにこうしたことが、バルトによって明らかにされたことであった。

（1）　申命記七・六～八。エペソ一・一一〔口語訳〕、Ⅰペトロ二・九、他。

（2）　KDII/2, §34, Die Erwählung der Gemeinde. この「ゲマインデ」に対して、本章では「教団」「教会」ではなく、「神の民」または「民」の訳語を当てた。後述のように、バルトはユダヤ人キリスト者と異邦人キリスト者とからなる共同体を「教会」(Kirche) と呼び、イスラエルと教会とからなる神の一つの選びの民を「ゲマインデ」と呼んだ。泉治典「バルト『教会教義学』における教会論の三部構成——ゲマインデの召集と建設と派遣」（『途上』二六号、二〇〇六年）六七頁以下、を参照せよ。他の章では、ゲマインデに、一般に「教会」という訳語を当て、他の訳語を使った場合はそれが分かるようにした。

（3）　KDII/2, S.4.

（4）　神の恵みの選びが「神の外への外なる業」ではなく「神の外への内なる業」であること、バルトにおける選びの教説と三位一体論との関係については、拙稿「現代神学における内在的三位一体論と経綸的三位一体論——K・ラーナー、J・モルトマン、K・バルトの場合」（『神学』四二号、一九八〇年、参照。

（5）　KDII/2, ibid., S.6. 以下も参照せよ。「イエス・キリストとは神が人間に身を向けることである」(*W. Kreck*, Grundentscheidungen in Karl Barths Dogmatik, 1983, S.188-283.)。「共存への神の自己規定」(*E. Busch*, Die Grosse Leidenschaft, S.119-124.)。

（6）　KDII/2, ibid.

（7）Ibid.
（8）Ibid., S.9.
（9）Ibid., S.11.
（10）Ibid., S.12.
（11）Ibid., S.VII.
（12）大崎節郎「予定論の刷新」（『恩寵と類比――バルト神学の諸問題』一九九二年、一八九頁以下）。
（13）KDII/2, S. 56 ff. S. 111 ff.
（14）Ibid., S. 58 ff. S. 124 ff.
（15）Ibid., S. 101. 三十三節の題詞《ライトザッツ》。
（16）Ibid., S.176.
（17）Ibid., S.57. Vgl. *Jüngel*, Barth- Studien, 1982, S.50 f.
（18）Ibid., S.9.
（19）Ibid., S.1.
（20）一九三六年の講演『神の恵みの選び』でバルトは予定論を「構成原理」ではなく「規制原理」として説明した（Gottes Gnadenwahl, S.35.）。大崎節郎、前掲論文、二二九頁を参照せよ。
（21）Ibid., S.95.
（22）Ibid., S.96.
（23）Ibid., S.100.
（24）Ibid.
（25）Ibid., S.217.
（26）Ibid., S.216.
（27）KDII/ 2, S.VII.
（28）『教会教義学』のこの部分は、ローマ書 九～一一章の詳細な釈義をともなうバルトの最初のまとまったイスラエル論として、刊行（一九四二年）当初から今日まで特別の注目をあびてきた。E・ブッシュによれば、当時、選びの教説を論じた一連の抜き刷りが、一巻に製本されないままで、『カルヴァン研究』という表題を付されて密かにドイツに持ち込まれたという（『生涯』四四七頁）。フィセルト・ホーフトも世界教会の彼の秘かなチャネルを利用して関わっていたらしい。同じくブッシュによれば、イスラエルと教会の連帯を訴えるその内容は、スイスの同時代人たち（たとえばラガツ）に肯定的に迎えられただけでなく、ドイツでも教会闘争の中で一定の積極的役割を果たした（*E. Busch,* Unter dem Bogen des einen Bundes――Karl Barth und die Juden 1933-1945. S. 437. Anm. 2.

(29) KDII/2, S. 219.
(30) Ibid., S. 219.
(31) Ibid., S. 220.
(32) Ibid.
(33) Ibid.
(34) Ibid.
(35) Ibid.
(36) Ibid.
(37) Ibid.
(38) Ibid. 創世記九章一二～一六節、参照。
(39) Ibid., S. 221.
(40) Ibid.
(41) Ibid., S. 222.
(42) Ibid., S. 226.
(43) Ibid., S. 216.
(44) Ibid.

（45） Ibid., S. 217.
（46） Ibid., S. 226.
（47） Ibid.
（48） Ibid., S. 215.
（49） Ibid., S. 288.
（50） Ibid., S. 227.
（51） Ibid.
（52） Ibid., S. 229.
（53） Ibid., S. 482 - 491.
（54） Ibid., S. 231.
（55） Ibid., S. 231.
（56） Ibid., S. 232. S. 291.
（57） Ibid.
（58） Ibid., S. 244.
（59） Ibid., S. 257.
（60） Ibid., S. 259.
（61） Ibid., S. 261.
（62） Ibid., S. 221.
（63） Ibid., S. 262.
（64） Ibid., S. 264.
（65） Ibid., S. 264.
（66） Ibid., S. 300.
（67） Ibid., S. 263.

(68) Vgl. *G. Eichholz*, Die Theologie des Paulus im Umriss, 5. Aufl. 1985. S. 284 ff.
(69) Ibid., S. 269.
(70) Ibid., S. 288.
(71) Ibid., S. 293.
(72) Ibid.
(73) Ibid., S. 294.
(74) Ibid.
(75) Ibid., S. 308.
(76) Ibid., S. 330.
(77) *E. Busch*, Unter dem Bogen, ibid., S. 432 ff.
(78) イスラエルを教会と読み替えつつ神の不可能な可能性において教会の新たな道を展望しようとした『ローマ書』（第二版）は、次のように「全イスラエル」を理解した、「救い、義認、復活は、人間に神が啓示されることによって新しい人間が創られるということからのみ期待されうるだけである。……この来たるべき新しい人間は、神の啓示によって救われ義とされ生かされた者であるから、それはイスラエルの選ばれた者たちのことであると共に、キリストにあって選ばれた異邦人たちのことである」（Römerbrief, 2. Fassung, S. 559.）。
(79) Vgl. *Edna Brocke* und *Jürgen Seim* (Hg.), Gottes Augapfel. Beiträge zur Erneuerung des Verhältnisses von Christen und Juden, 1986.
(80) Vgl. *B. Klappert/H. Strack* (Hg.), Umkehr und Erneuerung, Erläuterungen zum Synodalbeschluß der Rheinischen Landessynode 1980, »Zur Erneuerung des Verhältnisses von Christen und Juden«, 1980.
(81) *B. Klappert*, Israel und die Kirche. Erwägungen zur Israellehre Karl Barths, 1980.
(82) Ibid., S. 11.
(83) Ibid., S. 7.
(84) 第一グループ――「代替モデル」（新しいイスラエルとしての教会がイスラエルに取って替わる）。「統合モデル」（イスラエルの残りの者あるいは回心したイスラエルを教会が統合する）。「予型論モデル」（イスラエルは教会の予型）。「実例モデル」（イスラエルは一種の範例として教会の否定的な引き立て役である）。「包摂モデル」（義認論のような一般的枠の中でイスラエルの救いも理解する）。第二グループ――「相補モデル」（イスラエルと教会をメシア的希望において連帯しているものととらえる）。「代理モデル」（異邦人が代理的にイスラエルのために救いの場所を確保する、あるいはイスラエルが異邦人のために代理的に苦しむなど、互いに他のために代理的に奉仕）。「キリスト論的・終末論的参加モデル」（イスラエルのメシア的希望に、キリストにおいて、諸国民が終末論的に参与する）。

(85) *B. Klappert*, Israel, ibid., S.38.
(86) Ibid., S.42. 傍点筆者。
(87) Ibid., S.13.
(88) KDII/2, S.252.
(89) Ibid., S.294.
(90) Ibid., S.302.
(91) Ibid., S.233.
(92) Ibid., S.288.
(93) Ibid., S.332.
(94) Ibid.
(95) *B. Klappert*, Israel, ibid., S.51. 傍点筆者。
(96) Ibid., S.64.
(97) *E. Busch*, Unter dem Bogen des einen Bundes――Karl Barth und die Juden 1933-1945. 1996.
(98) 一九六七年五月二二日付ベートゲ宛て書簡。Karl Barth, Briefe, GAV (6), 1961-1968, S.403.
(99) *E. Busch*, Unter dem Bogen, ibid., S.438.
(100) KDII/1の印刷は一九三九年一二月には完了していた（*E. Busch*, Unter dem Bogen, ibid., 44）。ブッシュは「裁

き」の新しい理解が、一九三九年九月二四日のホルゲンでの説教、さらには一〇月四日バーゼル牧師会でのマルコ一三章講解にも並行してあらわれていることを確認している。

(101) *E. Busch*, ibid., S. 441 ff.

(102) KDII/2, S. 819. 傍点バルト。

(103) Ibid., S. 820.

(104) Ibid., S. 218.

(105) Ibid., S. 227.

(106) Ibid., S. 221.

(107) Ibid., S. 226. 傍点筆者。

(108) Ibid., S. 293.

(109) Ibid., S. 252.

(110) *E. Busch*, Unter dem Bogen, ibid., S. 455 ff.

(111) Ibid., S. 459 f.

(112) Ibid., S. 464.

(113) KDII/2, S. 233.

(114) Ibid., S. 263.

(115) Ibid., S. 259.

(116) *E. Busch*, ibid., S. 468.

(117) Ibid., S. 332.

(118) クラッパートによれば、「裁きの証人としてのイスラエル」という捉え方は一九四八年以降少しずつ変化し、一九五四年、世界教会協議会エヴァンストン大会文書（『キリスト——世界の希望』）をテキストとする演習においては、キリスト復活後のイスラエルは希望の民、メシア的希望の証人とされるようになった。『キリスト教的生』(Das christliche Leben) におけるイスラエル理解、またアメリカにおけるラビとの対話記録などを参照せよ

(Gespräche 1959-1962. GA IV (25), S. 231 ff., Gespräche 1964-1968. GA IV (28), S. 274 ff.)。Vgl. *B. Klappert*, Israel, ibid., S. 8, 44, 64. ブッシュ『生涯』五六一頁参照。

(119) *B. Klappert*, Israel, ibid., S. 9.

(120) ドイツ的キリスト者信仰運動の反ユダヤ主義と旧約聖書の軽視に対して、バルトは一貫して旧約聖書の価値を擁護した。『今日の神学的実存！』（一九三三年）、『現代のドイツ福音主義教会における宗教改革者的信仰告白の正しい理解に関する宣言』（一九三四年）、とくに「二　聖書のもとにある教会」、決定的には『教会教義学』「神の言葉の教説」（一九三八年）などに明らかである。

第五章　和解論の教会論

第一節　和解論と教会論

1．教会論の位置

教会は、バルトにおいて、神学のどこか特定の場所でしか問題にならないものではなかった。神学の課題とは教会の宣教の学問的な自己吟味であって、(1) 神学的な試みのすべての基底に教会が存在する。このことはしかし、教会論が和解論にその特定の場所を持つことと矛盾しない。バルトにおいて教会が取り上げられるのは、はじめから和解論の枠の中でであった。(2) 教会論は最終的に『教会教義学』「和解論」（一九五三～五九年）において全面的な展開を見ることになる。本章はその輪郭を辿りながら、バルトの教会論がどのような特色を持ち、どのような方向性をわれわれに示しているのかを明らかにする。

「和解論」における教会論の位置とその課題に関してバルトは、「和解論」第一部の構成にそくして、次のような比喩的な説明を試みている。(3) それによれば、「キリスト論」（五十九節）は一本の水平線に出会う垂直線になぞらえられる。「罪の人間についての教説」（六十節）は水平線それ自身であり、「義認論」（六十一節）は水平線に対する垂直線の切り込みである。そして「教会論」（六十二節）と「信仰論」（六十三節）、これらも水平線である。ただし垂直線によって交差された水平線である。垂直線とはこの場合イエス・キリストにおける神の和解の働き、水平線とはその働きの対象、すなわち人間と人類のことである。「教会論」および「信仰論」は垂直線と水平線の「出会い全体の最後の局面」をなす。あるいは、次のような説明も行われる、すなわち、和解の現実には客観的側面と主体的側面がある。和解は神の行為であり神からの提供であると共に、そのような神の行為と提供への「人間の積極的関与」[4]でもある。この「人間の積極的関与」を語るのが「教会論」および「信仰論」にほかならない、と。また和解は「イエス・キリストの一回的歴史であるが、しかしそれは、この歴史の中に包含され・この歴史によって範例を示されつつ、多くの他の時代の多くの人間たちの歴史でもある」[5]。潜在的にはすべての人間の歴史がその中に包含されるイエス・キリストの唯一の歴史を自分の歴史として認識し告白した「全キリスト者と個々のキリスト者」[6]について語るのが、それぞれ「教会論」と「信仰論」[7]ということになる。そしてバルトは和解論のこの最後の局面の「特別な問題を、和解の主体的現実化の問題」と規定した。この説明によってわれわれはいくつかのことに特別の注意を払うように促される。一つは、教会の存在が個々のキリスト者の存在に優先することである。それはわれわれが第四章で見たように、「神の恵みの選び」において「神の民《ゲマインデ》の選び」が「個人の選び」に先行していたのと同質である。もう一つは、教会論にせよ信仰論にせよ、和解の主体的現実化とは、神の行為と提供への人間の「積極的関与」を意味するということである。神は和解への人間の応答、賛美と感謝、そしてその宣べ伝えなしに、つまり人間の「頭ごなしに」和解を完成する道を選ばなかった。三つ目に、そうした和解の主体的現実化、あるいはその応答は、決して自明なことではないということである。罪人にすぎない人間にそのようなことは本来可能ではない。にもかかわらず、そうしたことが、もし人間に起こるなら、すなわち教会の成立と信仰の生起という仕方で和解の主体的現実化が起こり、積極的に関与せしめられるということが起こるなら、われわれは「驚愕」[8]するほかなく、それを「神御自身が為しとげたもうた神に向けての転向」[9]、自分に起こった「一つの奇蹟」[10]としてしか理解しえないであろう。それが自分の力によるのでないなら、神の特別の贈与と賜物、すなわち聖霊なる神の特別の目覚ましめる力によるものと言わざるをえない。[11]かくて教会は、バルトにおいて、イエス・キリストにおいて人間と共なる神の歴史にその場所を持つ。教会論は和解論に位置づけられる。(12)

2. キリスト論と教会論

バルトは「和解論」において教会論をキリスト論との密接な関係において展開した。彼のキリスト論は「包含的キリスト論」(13)として人間的諸領域を含み、したがって教会論をも規定する。和解はイエス・キリストの歴史であり、(14)「和解論」はキリスト論によって全面的に規定される。「和解論」においてキリスト論がその三つの局面において語られるのに応じて、教会論もまた三つの側面から語られる。したがってバルトの「和解論」の教会論、端的に彼の教会論は、「和解論」第一部から第三部までを横断して全体として理解されなければならない。以下、「和解論」におけるキリスト論と教会論の関係を瞥見し、教会論の三つの局面を明らかにしたい。

(1) 真の神イエス・キリストと教会の集まり

和解とは、バルトによれば、イエス・キリストの歴史である。「和解論」はこの歴史をその包括性において語る。「和解論」第一部(十四章)は、イエス・キリストを「真の神、すなわち、御自身を低くし和解を与える神」として語る(五十九節)。(15)「イエス・キリストが真の神であるという事実は、主なる彼が僕となりたもうたあの異郷に赴く彼の道において、示されている」(16)。神の「異郷」とは神に背いた人間、したがってそこに「赴く」とは、「彼は自らこの〔人間という〕被造物を受け容れ、しかも自らこの被造物と等しくなり、この被造物の滅び・破滅・無への顚落を自らのものとするという仕方で、この被造物を受け容れたもう」(17)ことを意味する。さらに

「彼は……人間という被造物の悲惨の中に赴くことができ、また実際に赴き、これらの人間の一人となり、人間に対しての審きを忍び、人間にとって当然な死を死ぬことを欲し、また実際に死にたもう」。まさに「彼はそれほどに神でありたもう」[18]。この死、すなわち十字架の死は、「われわれに代わって審かれたもうた者としての審判者」[19]の死であり、それは人間の不義に抗する神の義の貫徹であると共に、人間の義の回復・確立であった。このことが、イエス・キリストの甦りにおいて「父の判決」として布告された[20]。神の義の徹底によって人間の不義が取り去られ基礎づけられた人間の義の判決が、「人間によって聞かれることによって、これらの人間の内的連関と外的集まりという形をとって、古い人間の群れの只中に、新しい人間の群が生まれる。世界歴史の内部に……他の多くの社会学的諸形態の間に」[21]形作られる集団、これが教会である。

かくて「和解論」第一部（十四章）の教会論（六十二節）の題詞《ライトザッツ》は以下の通り。「聖霊は目覚ましめる力であって、この力によって、イエス・キリストは、その体を、すなわち御自身の地上的・歴史的な存在の形である一にして聖・普遍的・使徒的なる教会を作り、それを絶えず革新したもう。これが、全キリスト者である。すなわち、彼によって、他のすべての者たちに先んじて、今すでに、彼の死によって行われ死人の中からの彼の甦りにおいて啓示された神の判決のもとに生きることを欲しまたその用意のある者とされた者たちの、教会の集まりである。したがって、教会は、彼において義とされた全人間世界の暫定的表示である」[22]。この教会は、一言で言えば、「イエス・キリストを信ずる者たちの、聖霊によって創られた集まり」[23]である。これが「和解論」第一部の教会論である。

(2) 真の人イエス・キリストと教会の建設

「和解論」第二部（十五章）における第二の局面のキリスト論（六十四節）が「イエス・キリストにおいて見る

のは真の人間である」[24]。それは「真の人、すなわち神によって高く挙げられ和解を与えられた人」[25]について語る。「彼は、完全に神であるのと同様に、完全に人間でありたもう。すなわち、彼は、その栄光がその卑賤であるという彼の真の神性によって、完全に人間でありたもうのである。それゆえに、彼は、神と人間の間の和解者でありたもう。それゆえに、神は、彼において、すべての人間の神への転向を遂行したもう」[26]。したがって「この一人の真の人間としての彼において起こったことは、神に向かってのわれわれすべての者の転向であり、すべての人間存在が真実のものになるということである」[27]。その時、「御子の訓令」[28]に従うことが起こり、人間の義認の必然的帰結として、しかし義認とは区別されて「人間の聖化」[29]が起こる。この「聖化という形での神とのこの世の和解は……神は、御自身のために、聖なる人々の民を作りたもう」[30]という仕方で起こる。それが教会。

したがって「和解論」第二部の教会論（六十七節）の題詞《ライトザッツ》は以下の通り。「聖霊は、生かす力であって、この力によって、主イエスは、この世におけるキリスト者の群れを、彼の体として、すなわち御自身の地上的・歴史的な現実存在の形として建設し、成長せしめ、保持し、彼の聖徒の交わりとして秩序づけ、そのようにして、それを、彼において起こった人間世界全体の聖化を暫定的に表示するに適するものとしたもう」[31]。「生かす力としての聖霊の業が、教会の内的構成」[32]にほかならない。これが「和解論」第二部の教会論である。

（3）真の証者イエス・キリストと教会の派遣

「和解論」第三部（十六章）のキリスト論と教会論の関係、それに基づいた教会理解とはどのようなものであろうか。ここでわれわれは後に詳述する教会理解における不可欠の視点としての世の問題に出会う。

和解はイエス・キリストの歴史であるということからわれわれは出発した。バルトによれば、和解そのものについて語りうる「実質的なこと」[33]は「和解論」第一部と第二部において尽きている。それは、キリストの人格論が、イエス・キリストは真の神であり真の人であるという両性論で尽きているからである。しかしバルトによれば、われわれが聖書証言に忠実であろうとするなら、なお第三の局面におけるイエス・キリストを認識し、語らなければならない。「その両者〔真の神と真の人〕の一致において、われわれの和解を保証し証しする方であるイエス・キリスト」[34]、その業の観点から言えば、預言者の職務を遂行するイエス・キリストである（六十九節の二「イエスは勝利者だ！」）。このイエス・キリストは和解者であり、契約の仲保者であるだけではない。「彼が（御自身を証しする！）真正な証者として、契約をその現実存在において保証し・確証し・啓示することによって――契約の成就が、彼において、現在的であり、輝き・行われ・働くことによって――彼は契約の保証者でありたもう」[35]。この方は「生の光」であり、光として輝く（六十九節の三「生の光」）。このようなキリスト理解を出発点として展開される「和解論」第三部を貫くテーマは、和解はそれが起こるとき自己を啓示するということである。「和解自身が、啓示でもある。……和解は、黙した出来事ではなくて語る出来事であり、不明瞭な出来事ではなくて明瞭な出来事であり、自分の中に閉じこもった出来事ではなくて自分を超えて出てゆく出来事、自分を伝達する出来事である」[36]。そして和解は、「そうすることによって……人々を、その出来事へと、自覚的に理性的に生き生きと感謝をもって進んで積極的に参与するようにと、召集する」[37]。この啓示としての和解に根拠を持つ教会論、すなわち、「和解論」第三部の教会論は、派遣の教会論であり、それはまた「世のための教会」（七十二節の二）である。

　したがって「和解論」第三部の教会論（七十二節）の題詞《ライトザッツ》は以下の通り。「聖霊は、活ける主イエス・キリストの照明する力である。この力によって、主イエスは、彼が召したもう教会を、御自身の預言者的言葉への奉仕をそれに託し同時に御自身において起こった全人類に対する召し（否、さらに全被造物に対する召し）の暫定的表示を託したもうことによって、御自身の体として――すなわち御自身の地上的・歴史的な現実存在の形として、受け容れたもう。また、彼は、教会を、御自身の民として諸民族の中に派遣したもうことによって、そのようなものとして受け容れたもう。すなわち、自分たちの方でも彼をすべての人間の前で受け容れ（告白し）、彼らすべてを彼へと招き、全世界に〈彼において結ばれた神と人間の契約は、世界歴史の最初にして最後の意味であり、その将来の啓示は、今ここですでに効力を持ち生命を持つ全世界の偉大な希望だ〉ということを告知するべく任命された民として、教会を派遣したもうことによって、そのような者として教会を受け容れたもう」[38]。これが「和解論」第三部の教会論である。

以上、われわれは、キリスト論の三つの局面と共に教会論の概容を明らかにした。その上で「和解論」の各教会論の題詞《ライトザッツ》を改めて通して読めば、バルトの教会理解の前提となる三つの特質が浮かび上がる。第一に、教会がキリスト論に規定された聖霊論においてとらえられていること、第二に、教会の実在性がイエス・キリストの地上的・歴史的現実存在として、聖書的概念を用いればキリストの体として理解されていること、第三に、教会がイエス・キリストにおいて義とされ聖とされ召された全人間世界の「暫定的表示」として、「中間時」を歩む終末論的な存在と見られていることである。バルトの教会理解のこの三つの特質を「和解論」第一部の教会論は取り上げる。以下、この三つの特質を明らかにすることからわれわれもはじめたい。

第二節　教会の集まり――三つの特質

「教会の集まり」（六十二節）においてバルトは、われわれが前節の終わりで明らかにした教会という集合の出来事の三つの特質、すなわち、聖霊の力によって集められ成立した教会そのものの三つの特質を語った。本節で

「和解論」の構造

教義学 KDIV/1-3	KDIV/1 第1部(14章)	KDIV/2 第2部(15章)	KDIV/3 第3部(16章)
イエス・キリスト　その人格	真の神 ――僕としての主	真の人 ――主としての僕	神　人 ――和解の保証者・証人
その職	われわれに代わって審かれたもうた審判者 ――祭司	王的人間、人の子の高挙 ――王	「イエスは勝利者」、仲保者の栄光 ――預言者
その道と状態	異郷に赴く神の子の道 ――「卑下の状態」	人の子の帰郷 ――「高挙の状態」	生の光 ――「二つの状態の統一」
人間の罪	高慢と堕落	怠慢と悲惨	虚偽と断罪
和解の現実	父の判決 人間の義認	御子の訓令 人間の聖化	御霊の約束 人間の召命
教会における聖霊の働き	教会の集まり	教会の建設	教会の派遣
個人における聖霊の働き	信仰	愛	希望
倫理学 KDIV/4 キリスト教的生	洗礼 キリスト教的生の基礎	(主の祈り キリスト教的生の遂行)	(聖晩餐 キリスト教的生の更新)

E.Jüngel, Barth-Studien,1982.および井上良雄『地上を旅する神の民』1990年を参考に作成した。

われわれは、この三つの特質を明らかにし、確認することにしたい。

1．キリスト論的・聖霊論的教会論

U・キューンは神学教科の手引き書として書かれた本の中でバルトの教会論にいくつかの批判的問いを投げかけた。[39] その一つとして、聖霊の現実に、そこにキリスト論が入り込んできている中でなお独自の役割が与えられているのであろうかと、問うた。彼の他の問いと共に、これもバルトに対する正当な問いに違いない。この問いにわれわれは、なお独自の役割が与えられていると、肯定の答えを与えることができると思うし、肯定の答えを与えなければならない。

われわれは第二章第二節ですでにイエス・キリストの受肉を教会の実在根拠とし、さらに教会の現実を聖霊の力において語るバルトの新しい教会理解の萌芽を確認している。重要なテキストを改めて引用する。

「聖霊の力によって、ただ聖霊の力によってだけ、教会――すなわち、教会がそこで神の言葉のために言葉を持つがゆえに、啓示について教会の語ることが啓示についての教会の証言でありまたそのかぎり啓示を新たにすることであるがゆえに、神の言葉に対して奉仕がなされうる、そのような教会――は存在する。聖霊がこの意味でこの領域においてわれわれに与える自由――この自由は、それが聖霊自身の自由であり、また聖霊がわれわれにご自分以外の何ものもご自分以下の何ものも与えないかぎり与える自由なのだが――、このような自由が、教会の自由、神の子たちの自由である。まさに聖霊のこの自由、そして聖霊におけるこの自由こそが、しかし基本的にはすでに神の言葉の受肉の中で、神の御子が人間の性質をおとりなることとの中で問題である。この中にわれわれは、神の子たちのあの自由の実在根拠を、啓示を受けとることすべての、人間に対する恵みのすべての支配の実在根拠を、教会の実在根拠（Realgrund）を認識しなければならない。人間の性質が神の子との統一性の中に取り上げられる可能性、それが聖霊である。それゆえに、啓示のこの原点においても、いやまさにこの啓示の原点においてこそ、神の言葉は神の霊なしではない。そしてこのことがすでにここで霊が言葉とともにある共存である。すなわち、そのことは、被造物が、人間が、神のためにそこに存在し、かつ自由であるということが、霊を通して、実在となり、それとともに可能となるということである。霊を通して肉は、人間の性質は、神の子とのあの統一性の中へと取り上げられる。霊を通してこの人間は神の子であり、同時に第二のアダム、そのようなものとして『多くの兄弟の中での長子』（ローマ八・二九）であり、彼のゆえに彼を信じる信仰の中で自由とされたすべての者の原型であることができるのである。あの方の中で人間の性質が啓示の担い手（Träger）になったように、人間の性質はわれわれの中で啓示の受領者（Empfänger）となる。それは何も人間の性質そのものの能力によるのではない。むしろ霊によって――Ⅱコリント三章一七節によればその方自身が主である霊によって――人間の性質に与えられる能力からして啓示の受領者となるのである」[40]。

神の子が肉をとるのと類比的に人間において彼の人間的性質は啓示の受領者となる。そのどちらにおいてもそれは聖霊によってであって、聖霊の働きなしにではない。なるほど「彼〔イエス・キリスト〕がいますゆえに、また彼がいますときに、教会も存在する」[41]。しかしこのキリスト論的な言表も、「聖霊の業」[42]を考慮することなしに言うことはできないのである。われわれもここでバルトのキリスト論的ないしキリスト論的・聖霊論的教会論の基礎を改めて想起しなければならない。

他方「和解論」三部の題詞《ライトザッツ》を見れば、なるほど聖霊は、教会の集まり、教会の建設、教会の派遣において、それぞれその「目覚めしめる力」、「生かす力」、「照明する力」として働く。しかしわれわれが注目しなければならないのは、教会の主体としてのイエス・キリストである。したがって次のように言われる、聖霊の「この力によって、イエス・キリストは〔傍点、筆者〕……」御自身の体としての教会を作り、建設し、そして派遣すると。「聖霊は、このような働きの主体としてのイエス・キリストの生の表出であり、確証である」(43)。教会の主、その頭《かしら》はイエス・キリストにほかならない。「聖霊は、イエス・キリストの霊、イエス・キリストの力である」(44)。かくて「われわれは、聖霊とその御業について、根本的・一般的には、『聖霊は、……イエス・キリストが御自身を証ししたもう力であり、しかも効力をもって証しして人間の間においてまた人間の中においてそれによって聴従と従順を獲得したもう力である』という以上のことは語り得ない」(45)。ここでのバルトの神学的思索の根本にあったのは「われわれは聖霊を信ず」であった(46)。以上のことをまとめて言えば、われわれはバルトの教会論をむろんキリスト論的と言ってよいが、それだけでなく、キリスト論的・聖霊論的教会論と呼ばなければならないということであろう。

2．教会の実在性

第二にわれわれは、バルトが教会をその現実に存在する姿において真剣に受けとめたことを、「和解論」の教会理解の特質としてあげなければならない。教会は救いのたんなる手段ではない。それは救いの実現であり、その現実存在そのものにおいて和解の証人にほかならない(47)。

教会をその現実存在において真剣に受けとめるとは、バルトにおいて何よりもその「可視性」において受けとめることでなければならなかった。教会は「出来事の存在」(48)であり、教会が神の言葉から生まれるとき、「何らかの形で一つの歴史的存在が――歴史的に目に見え・歴史的に働き・歴史的に考察できる一つの存在が、成立するのである」(49)。バルトにおいて教会の存在はイエス・キリストの存在に対応する。(50)「同じものが同じものを呼び起こす」(51)。「教会論的仮現説」(52)なるものがあるとすれば、キリスト仮現説同様貫徹することはできない。しかしバルトによれば、教会の実在性の本質、可視性の真理は、そうした一般的な可視性の事柄でなくて、じつは「特別な可視性」(53)であり、ただ信仰に対してしか可視的なものではなかった。教会のこの特別な不可視性が、もし存在しないとすれば、じつは教会の可視性もないのである。可視的教会と不可視的教会をバルトは別々に考えることをしなかった。(54)「可視的教会と不可視的教会は、二つの教会ではない。すなわち、地上的・歴史的な共同体と、その上にある或いはその背後にある超自然的・霊的な共同体ではない。そうではなくて……一つの教会・同一の教会の、前者は形姿（Gestalt）であり、後者はその秘義（Geheimnis）である。すなわち、その形姿の中に隠されているが・しかし同時に示され・その形姿の中に尋ね求められるべき秘義である。すなわち、可視的教会は、まったく不可視的教会によって生き、不可視的教会は、ただ可視的教会の中にだけ示され、尋ね求められることができる」(55)。教会は、イエス・キリストが真の人として可視的であり真の神として不可視的であるように、「その唯一の本質において、可視的、不可視的という両者なのである」(56)。そしてこの統一においてある教会――バルトはこれを教会の現実存在の「第三次元」(57)とも言う――を、バルトは「イエス・キリストご自身の地上的・歴史的な現実存在の形」と語り、聖書的概念を用い「イエス・キリストの体」として理解した〔本章の付論1を見よ〕。

バルトにおいて別々ではなくその統一において考えられた可視的教会と不可視的教会は、むろん直接的同一性において受けとられることはできないし、それは許されない。もし可視的教会が自らのその歴史的姿において不可視的教会だと考え、それに生きようとするなら、バルトによれば教会にとってそれ以上の「禍」(58)はないと言わざるをえない。教会の全く不可視的な存在はその全く可視的な存在そのものの中にその秘義として生きまた働いているものであった。「その全き不可視的な存在は、まさにその全く可視的な存在においてこそ、開示と告示へと押し迫って来る」(59)。教会がなすべきことはそれを証しすることであり、したがって教会は、可視的教会の存在において、不可視的教会の証人であること以上ではない(60)。「可視的なものが不可視的なものを証しする」(61)。かくて人は、「『不可視的教会』に対する信仰において、『可視的教会』の活動分野と戦場に、足を踏み入れるのである」(62)。すべてのキリスト者は「われは教会を信ず」との告白と共に、その闘いへと、すなわち、この可視的存在において不可視的な教会を証しする奉仕へと召されている(63)。こうしてバルトが、教会がイエス・キリストご自身の地上における歴史的な現実の形としての自らの存在に基づき、「極めて謙遜にではあるが確信をもって」(64)この世における可視的な自分自身を真剣に受けとめるように促したこと、このことをわれわれは、バルトの教会論の二つ目の特質としてあげておきたい。

補説　一つの・聖なる・公同の・使徒的教会

信仰において可視的な教会の存在をバルトは「イエス・キリストの地上的・歴史的現実存在の形」、あるいは「イエス・キリストを天の頭《かしら》とする彼の地上の体」、約言して「キリストの体」としてとらえた。さらにバルトはこの教会の本質理解を「ニカイア・コンスタンティノポリス信条」の教会の四つの賓辞ないし標識（「一つの・聖なる・公同の・使徒的」）の分析という形で展開した。以下これを瞥見する——ゲッティンゲンにおける彼の最初の教義学講義（一九二五／二六年）では、使徒信条の定式から「一つの、聖なる、公同の」を挙げ、四つ目として古改革派教義学から「不朽の」（perpetua）を挙げていた(65)。「使徒的」を含む「ニカイア・コンスタンティノポリス信条」に基づいて四つの規定を掲げたのは、ミュンスターにおけるバルトの二つ目の教義学『キリスト教教義学試論』（一九二七年）からである。(66) なおこの講義の前後のミュンスターのカトリック中央党大学グループでの講演『教会の概念』も同じく「ニカイア・コンスタンティノポリス信条」の四つの規定に言及し、カトリックとの共通の理解を確認しつつ、プロテスタントとの分岐点となる信仰理解の問題などを鋭く提示している。(67)

さてバルトは四つの規定を二つに区分する。それによれば「使徒的」は「一つの・聖なる・公同の」教会の「具体的・霊的な基準」（KDIV/1, S.795）を示しており、その意味で「一つの（唯一の）『教会ノ徴』（nota ecclesiae）」（797）である。教会はただ「使徒的」に存在することによってのみ、「一つの・聖なる・公同の」教会、真のキリスト教会たりうるのである。われわれは「使徒的」を最初に取り上げる。「『使徒的』ということは、使徒たちに聞きつつということであり・彼らの委託を受け容れつつということであるから、彼らに従いつつということであり、彼らに学びつつということであり、彼らの規範的な権威・教え・導きのもとにということであり、彼らに一致しつつということである」（798）。そのようにして教会は「使徒たちの運動」（ibid.）の中に移し置かれ、それに参与する。その中で「聖書が自分と共にこのような方向〔つまりイエス・キリスト御自身に〕に目を注げと、教会を鼓舞し・指導し・要求し・強要する場合に、その霊である聖霊の御業が起り、聖書は、その主に奉仕して働き、教会は使徒的な従って真の教会となり、またそのような教会である」（807）。

次に「一つの・聖なる・公同の」の三賓辞のバルトの理解を簡単に見てみよう。彼の解釈によれば、この三つは漸層法《クリマクス》として理解される。すなわち、「一つの」は教会の「唯一性」を、「聖なる」はその唯一性の基礎としての「特殊性」を、そして「公同の」は、唯一性と特殊性において確証され保持される教会の「本質」を示していると言う（795）。全体を通じてのバルトの理解の基本の視点はキリスト論的と言ってよいであろう。

教会が「一つ」であることの基礎となる聖書箇所は、ゲッティンゲン教義学と同じくエフェソ四章である。この部分でわれわれに興味深いことの一つは、ここにも見られるバルトのエキュメニズム観である（Vgl. Kirche und

Kirchen, 1935)。教会の多元性や分裂は彼には「醜聞」(756)でしかない。それは罪と同じく存在論的不可能性である(756)。というのも生ける主イエス・キリストこそが教会の統一性なのであるから(762)。その場合諸教会はどのようにして一致へと至るのであろうか。われわれはわれわれ自身の特定の教派としての教会(Konfessionskirche)の根源を掘り下げ、それによってイエス・キリストに奉仕すると自ら信じるその特別の証しを責任的に明らかにするという方途がとられるべきである。かくて「分裂した教会が、誠実・真剣に主の声に聞こうとし・また恐らくは聞き、しかも主の声によって心開かれ・主の声に対して心開かれつつ、他の者の声にも聞こうとし・また恐らくは聞くということ――それが、教会の分裂に面しつつ一つなる教会に対する信仰を実現する場合の、決定的な一歩であろう」(764)。

「『聖』ということは、分けられており、区画されており、従って区別されており、特別のものとされており、固有の起源・固有のあり方・固有の意味・固有の方向を持つ存在として別のところに置かれているということである」(765)。ここでもバルトは教会の聖性を根源的な意味でキリスト論的に理解する。「教会の聖性とは、教会の天的な頭《かしら》としてのイエス・キリストの聖性の反射以外のものであり得るであろうか」(767)。イエス・キリストが聖であるがゆえに、また聖であるときに、教会は聖である。罪に汚れた教会は「彼の聖に与るのである」(767)。

「公同の」についても、バルトの理解はキリスト論的である、すなわち、「教会自身の現実としての公同性は、その頭《かしら》としてのイエス・キリストの中に基礎を持っている」(793)と。「『公同の』いう形容詞は、普遍的・包括的という意味である。……教会に適用すれば、この言葉の語ることは、〈教会には一つの性格があって、この性格によって、教会は、いつどこででも同一であり、この同一性においていつどこででも認識され、この同一性を保つことがいつどこででも教会の義務である〉ということである」(783)。公同性の普遍的・包括的意味を、バルトは、第一に地理的な含意として、第二に社会的に、つまり「キリスト教会は、その本質において、あらゆる人種・言語・文化・

階級の中にあってあらゆる国家形態・社会形態の中にあって、同一である」(785)として、第三に、時間的・歴史的に、そして第四に、個々のキリスト者との関係においても公同のものとして、つまり彼らの信仰が公同の教会の信仰に与るものとして理解した。

バルトはここで正当にもこれらがすべて信仰の事柄であることに注意を促した(「われは公同の教会を信ず」)。それが信じられなければならないのは、教会が実際に「まさにそのような同一性という点で、脅かされているからであり、教会はその可視的な現実存在のすべてにおいて、真の教会と偽りの教会の唯一の戦場だからである」(790)。われわれは教会を真の教会としては、すなわち、「神の神殿」(Iコリント三・一六)としては、「しみやしわ」もないあの花嫁としては(エフェソ五・二七)、どこにも見ることはできない。それゆえにわれわれは「われは公同の教会を信ず」と言わなければならないのである(790f.)。逆な言い方をすれば、もし教会が、教会の公同性を信じることが許されている、信じなければならないというだけでなく、それを見ることができるし確証することもできると考えるならば、「その無悔悟においてこそ、その高慢においてこそ」(791)、自分が非公同的であることを示すであろうとバルトは言う。「もし、それが真の教会であるとすれば、自分の真理的性格に関してまったく信仰に依り頼み・まさにそのような信仰において確信をもってイエス・キリストの真の教会として存在を許されるということに、どうして謙遜に満足しないのであろうか」と問いかけている(791)。

3. 教会の時間性

バルト教会論の三つ目の特質として、われわれは、教会の終末論的理解を上げなければならない。[68]

われわれは第一の特質としてキリスト論的・聖霊論的な教会理解を上げた。教会の成立も存続も聖霊の業であった。ところでバルトによれば、「聖霊を受けた人について、聖霊によって動かされ満たされた人について、言われるべきすべてのことは、新約聖書の意味において、終末論的陳述である。終末論というのは、何も非本来的、非実在的ということを意味するのではない。むしろエスカトン（終りのもの）との関連において、換言すれば、われわれから見たのではわれわれの経験と思惟にとってまだ来ていないところのこととの関連において、神的成就と実行の永遠的実在との関連においてということである」[69]。してみれば教会に関しても、その言説はみな終末論的であるほかない。キリスト論的・聖霊論的理解、キリストの体としての教会の実在理解のほかに、終末論的理解ということがその特質として上げられなければならない[70]。

終末論的要素は「和解論」三部の教会論の題詞《ライトザッツ》にすでに明らかである。すなわち、集められた教会はイエス・キリストにおいて「義とされた全人間世界の暫定的表示」であり（六十二節）、建設される教会はイエス・キリストにおいて起こった「全人間世界の聖化の暫定的表示」（六十七節）であり、派遣される教会はイエス・キリストにおいて発せられた「全人間世界に対する召し（否、さらに全被造物に対する召し）の暫定的表示」（七十二節）なのである。教会とは、全人間世界を、さらには全被造世界を終末的目標とし、「イエス・キリストによって、他のすべての者たちに先んじて、今すでに、彼の死によって行われ死人の中からの彼の甦りにおいて啓示された神の判決のもとに生きることを欲しまたその用意のある者とされた者たちの教会の集まりである」。教会が救いの将来的普遍的啓示の「暫定的表示」として「他のすべての者たちに先んじて、今すでに」集められた群であることは教会がつねに約束のもとにあることを示すとともに、運動の中にあることをも示す。教会は、終末的目標への途上にあって、福音の証しの奉仕の道を歩む「旅人の教会」であるほかない。

地上を旅する教会の時を、バルトは「中間時」（Zwischenzeit）と表示した。「教会の時は、イエス・キリストの第一の来臨（Parusie）と第二の来臨の間の時である。『来臨』とは、生けるイエス・キリスト御自身の直接目に見える現臨と活動である。彼の最初の直接目に見える現臨と活動は、彼が不義なる者たちのために審かれたもうた審判者として、復活の後四十日間、その弟子たちに出会いたもうた期間におけるその現臨と活動である。彼の第二の同様の現臨と活動は、すべての生ける者と死ねる者との審判者としてのその啓示における彼の最後の到来である。教会は、あのとき甦りたもうた方としての彼の到来と彼のこの最後の到来の間に、存在する。このようにして、教会の時は、このような中間時である。教会は、イエス・キリストの直接の可視性から出発して、その直接の可視性に向かってゆく。その間、彼は、不可視的にではあるが教会に対して現臨し、教会の生ける頭《かしら》として、その聖霊によって、彼の体である教会の只中にいますのである」(71)。第一の来臨である四十日の復活顕現は、死において完成したイエス・キリストの生の時間とは別の新しい命の時間の到来を意味していた。イエス・キリストはこの二つの時間、すなわち死の此岸と彼岸に現実存在する方として永遠の救い主である。たしかに四十日の時間とは死の彼岸から此岸への到来である。しかしこの四十日も、イエス・キリストの生が死によって終わる時間的出来事であったと同じように、始めを持つがゆえに終わりを持つ時間的出来事であった。第一の来臨が時間的な終わりを持ったことによって不可避的に第二の来臨は基礎づけられる。第一の来臨の終わりのしるしは昇天、それと共に教会の時は始まった(72)。昇天と共に、換言すればイエス・キリストが「父なる神の右に座し」たもうことによって開始された中間時は、第二の来臨につねに開かれているがゆえに終末時である。むろんこの時の中においてもイエス・キリストが在さないのではない。しかし今や彼は、可視的ではなくて「不可視的」に、直接ではなくて宣教の奉仕の「間接性」において、すなわち聖霊において在す。「教会は中間時におけるキリストの国である」(73)。四十日の顕現はすべての「人間の状況の変化」(74)、「全世界の状況の変化」(75)がイエス・キリストの歴史において起こったことの啓示であった。しかしこの啓示は、いまだ、全人間的な事態として、すべてにおいて明らかになってはいない。それゆえ教会はこの最初の啓示、すなわち「イエス・キリストの甦りにおける神との和解の暫定的・過渡的・特殊的啓示」[76]の時を後にして、前方へと、すなわち「最後の到来における和解の完全・究極的・普遍的な啓示」[77]の時を目指して、その証しの奉仕の道を進む。教会はこの中間時を、ただ聖霊によって、すなわち見えるものによってではなく、「ただ信仰によってだけ」[78]歩む。

なぜ中間時が存在するのか、その意味は何か、この問いと共に、われわれは、なぜ教会が在るのか、教会の存在理由に行き当たることになる。「教会は、イエス・キリストの第一の来臨と第二の来臨の間の謎のような隔たりにおける神の善き恵みの意志を問う問いに対して、答えである。また、そのような答えを与えなければならない」[79]。じっさい中間時がないということもありえた。第一の来臨が最後の来臨であることもありえた。しかし事実はそうならなかった。「さらに別の時が始まり新しい時が始まった」[80]。それは何を意味するのであろうか。バルトはこれに消極的と積極的の二つの答えを与えている。消極的に言えば、「このことは明らかに、〈イエス・キリストの死において起こりその甦りにおいて啓示されたことは、それがどのように終局的なことであったにしても、一方的な力の行使や独裁的な意志表示や尊厳な制圧ではなかった〉という事実から生まれる結果である」[81]。すなわち、神の恵みは人間の側の対応を求めず、また感謝も期待もしない恵みではなかったからであり、そのような恵みは抽象的な恵みであって、真の神の恵み、イエス・キリストの父なる神の恵みではなかったからである。

積極的に言えば、その意味は、「神は、まずそれに対する人間の答えを聞くことなしには、それに対する人間の然りという言葉を聞くことなしには、〈神の恵みは神御自身との和解を与えられたこの世の深みからの人間の感謝の声の中に、その対応をすでに見出した〉というのでなければ、〈神の永遠の安息日の出現以前に、すでに今ここで、その創りたもうた人間的被造物の只中から神に対する讃美が聞かれた〉ということがなければ、その究極の御言葉を語り終えようとしたまわず、御自身が決意し・為し遂げ・宣言したもうた究極の姿における完成を生起させようとしたまわないということ——それが、明らかにその意味である」[82]。ここに教会の存在理由があるとわれわれもバルトと共に言ってよい。むろんすべての者が賛美と告白に加わるということではない。むしろその群は小さく罪人の群としての賛美は「地上の貧しき賛美」[83]でしかない。「それにもかかわらず、いやまさにそれゆえにこそ、イエス・キリストの第二の来臨は、この信仰し認識し告白する者たちの群の中で起こることのために、またこの群を通じて人間世界の中で起こることのために、押しとどめられているのである」[84]。それが教会の時、中間時、終末時である。それは全世界に福音を宣べ伝えられる時、それが許され、それが可能な時である。教会がこの中間時を生きるのは、自分のためではありえない。神のためであるがゆえに世のためであり、世のためであること以外の仕方で神のためでもありえない。教会は、その奉仕のためこの中間的な「時をよく用いる」（コロサイ四・五、エフェソ五・一六）ものでなければならない。中間時は神の忍耐の時であり（Ⅱペトロ三・九）、教会の存在は神の忍耐の証明でもある。中間時の意味は、教会が「一人も滅びないで皆が悔い改め」るための神の忍耐に仕えるところに存する。バルトの教会論は、教会へと招かれるすべての者の証しの奉仕への積極的参与を求め、促す。神の民としての教会は、普遍的啓示の時、すなわち神の国を目標とし、主の将来を目指して、この中間時を、待ちつつ・急ぎつつ、歩む群れにほかならないのである。

第三節　教会の建設

「和解論」の聖霊論の部分を横断するバルトの教会論は、第一節で述べたように、第一部で「キリスト教会の集まり」、第二部で「キリスト教会の建設」、第三部で「キリスト教会の派遣」をそれぞれ取り扱う。われわれは本節で、この第二部の教会論に取り組むことになる。

このバルトの「和解論」の教会論の三重構造は、第一部が教会の形式的規定への、第二部が教会の内容的ないし人格的規定への、第三部が教会の意味と目的の規定への問いの答えをなしている。[85] それゆえボイムラーは、それぞれの設問に立ち返って、第一部は「教会とは何か」を、第二部は「教会とは誰か」を、そして第三部は「何のために教会は存在するのか」を論じているものとして総括した。[86]「和解論」第二部の教会論は、教会の人格的規定に答えようとするバルトの試みである。教会の人格的規定とは、集められた聖徒の特質、あるいはその交わりから教会を規定するものであり、バルトは、この方向での教会論の展開はメランヒトンに始まると見る。[87] 伝統的な教会の内容的・人格的規定について個々の点でバルトは留保を隠さないが、その問いそのものは肯定する。「適切に」[88] 主張されなければならないと。「聖霊とキリスト教会の建設」（六十七節）は、教会論のこの問い、すなわち内容的かつ人格的規定への問いに対するバルトの答えでもあった。われわれはこの第三節で「教会の建設」の意味を明らかにし、「教会の秩序」については少し詳細に考察することになる。

1. 真実の教会

（1）出来事としての真実の教会

「聖霊とキリスト教会の建設」は以下の四つの分節から構成されている。「一　真実の教会《キルヒェ》」[89]、「二　教会《ゲマインデ》の成長」、「三　教会《ゲマインデ》の保持」、「四　教会《ゲマインデ》の秩序」。バルトによれば、最初の分節「真実の教会」は六十七節の表題の説明であり、それを含めて全体は「教会の建設」（Erbauung）という大概念のもとに総括されると言う。われわれはじめに「真実の教会」（Die wirkliche Kirche）という、特にこの箇所で集中的に用いられている言葉の含意を確認し、その上で「教会の建設」を考える。

最初の分節「真実の教会」は六十七節の表題の説明であるというバルト自身の解説に導かれて言えば、真実の教会とは聖霊が働いて建設される教会、あるいは神の御業において実現され実在的となる教会を指す。したがって真実の教会は出来事として、動態性においてとらえられなければならない。有名なネオン・サインの比喩、電流が通じるとその暗い文字が読めるものになり語りかけるものになるという比喩を、バルトはここで用いる。「真実の教会が……可視的となるのは、教会的組織・伝統・慣習の中での（しかしまたあらゆる教会的革新・変革の中での）その隠蔽状態から、教会が現われ出で、輝き出でるときだ」[90]。この「出《い》でる」において、バルトは、神の恵みの自由を、特別な憐れみの行為を見るように指示した。もしそこに神の恵みの行為、聖霊の働きを見ないならば、われわれはたんなる人間の活動、すなわち「仮象の教会」（Scheinkirche）[91]、あるいは「死せる教会」[92]しか見ることはできないのである。

　このもろもろの隠蔽から現われ輝き出る真実の教会は自己目的ではない。一つの方向と目標へと神によって動かされる。目標は「イエス・キリストにおいて『法的ニ《デ・ユーレ》』はすでに起こった人間世界全体の聖化」[93]を暫定的に表示すること、それを証しすることにほかならない。それが教会、キリスト者の群れである。そのために教会は実在し、時が与えられており、途上にあるのである。むろん教会自身がそうした表示を行うのではないし、行うこともできない。それを行うのは、聖霊の生かす力によってイエス・キリスト御自身にほかならない（六十七節題詞）。暫定的表示を行うのに、教会は神によって「適した者」とされる（エフェソ四・一二〜一五）[94]。この聖化の暫定的表示、それが「教会の建設」（Erbauung）である[95]。この新約聖書の重要な概念（Ⅱコリント五・一〜五、エフェソ二・一九〜二二他）をもってバルトは教会の建設のあらましを描きだす。それによれば教会の建設は進行中の業として理解される。その場合、誰が建てるのであろうか。それは神が、イエス・キリストによって、聖霊の生かす力において建てたもう（「わたしはこの岩の上にわたしの教会を建てる」マタイ一六・一八）。しかし同時に、人間は建設の「受動的客体」[96]であるだけではない。「教会は、自分自身を建設する」[97]。教会の建設は、たとえ教会が人間的弱さ・欠乏・不確かさの中にあっても、教会の業でもあり、「教会の責任の事柄であり、しかもまた教会の光栄の事柄でもある」[98]。ところで建設とは「組み合わされる」（エフェソ二・二一）[99]ということである。それは「兄弟関係への結合」とならざるをえないが、その「兄弟関係への結合は、堅固な結合であるが、個人が個人であることをやめないような自由における結合であり、個人がその特殊性を持ちつつそれぞれの特殊性を持った他の人々と結合するような自由における結合である」[100]。「愛が……教会を建てる」[101]。主イエスによって愛せられる教会が互いの間でも愛するように聖霊によって導かれ、それを受け容れるとき、教会は、全人間世界の聖化の暫定的表示として真実の教会となる。そしてバルトによれば、真実の教会は、「いつも新しく、まず第一に礼拝において、建てられる」[102]。この場合礼拝の本質をバルトは、聖晩餐だけでなく、すべての要素において「コムニオーン〔交わり〕」ととらえた[103]。この場合コムニオーンとはバルトの説明によれば、次のようなことである、「礼拝において、この建築は、特定の時と所において、全体的に具体的な出来事となるのである。礼拝においては、単にあれこれの個人というのではなく、すべてのキリスト者が『組み合わされる』ことになる。礼拝においては、根本的には同じ受動性と能動性をもって、御言葉を聞く者またそれを行う者として（ヤコブ一・二二）、すべての者がすべての者に身を向けるのである。また礼拝においては、彼らは、あの相互性をもって、互いに誡めまた慰める。また、礼拝においては、彼らは、その甦えりたもうた主の聖霊の力によって、共に、その主の将来の啓示と自分たち自身の究極《エスカトン》を仰ぎ見るように召されている。また、この終りの時の終りに教会に対して定められ与えられている彼ら自身の建設の目標を目指して、共に、目を注ぐようにされ、進んでゆくようにされる」[104]。こうしてコムニオーンは礼拝において「第一次的な形として、生起する」[105]。礼拝において、教会は、自らをコムニオーンとして示す。教会は礼拝によって自らを建て、これを中心として「他の場所でも、外部でも、周囲の世界でも、日常生活でも」[106]建設する。バルトはここでローマの信徒への手紙一二・一（「自分の体を神に喜ばれる聖なる生けるいけにえとして献げなさい。これこそ、あなたがたのなすべき礼拝です」）を指示し、キリスト者の現実存在全体が「礼拝」として語られ、「献げる」という礼拝的概念で述べられていることに注意を促す。教会が礼拝において建設されるという意味は、そこまでの広がりを持つ。

（２）交わりの形成としての教会の建設

二つ目の分節「教会の成長」で、教会の建設を説明するために「交わり」という言葉が用いられる。バルトは「交わり」を次のように説明する、「自分たちの結合がこれから作り出されるというようなものではなくて、すでに生起したものであり、自分たちは共にこの結合から出発して、今はまだ隠されているその実在の啓示に向かって共に進んでいるのだという、その事実に基づいて、彼ら互いの間の結びつきも起こる」[107]と。このような交わりの形成として教会の建設も起こるし、交わりという言葉によって教会の建設も説明されることもできる。教会の交わりは「聖徒の交わり」である。教会の建設は「聖徒の交わり」として生起する。

交わりにおける建設とは、成長を意味する。バルトによれば、成長というこの「有機的な世界の比喩」[108]が「建設」という新約聖書における主要概念と「並行」[109]し「交錯」[110]し、ときにはそれを「曖昧」[111]にしているように見える。しかし決してそうではない。「『成長』ということが、この『建設』の出来事に性格を与える」[112]。教会の建設は教会の成長のことである。

さて成長とは何か。成長は当然のことながら量的拡大、「外延的成長」[113]を含む。しかしそれだけでないのは言うまでもない。本来の成長は「内包的な成長であり、その垂直の成長、高みと深みに向かう成長である」[114]。またそれは「霊的な成長」[115]である。バルトにとって、「地上における聖徒の交わりのこのような本来的・内包的・霊的な成長よりも驚くべきものは、存在しない」。[116] 成長を引き起こすもの、その力、むろんそれは人間の自由のもとにはない。努力が成長をもたらすのでもない。いずれにせよ成長の力の支配と働き、「この力が教会を導くときに、教会は成長する」。[117] そのとき教会は外延的にも成長する。しかしこの力とは何か。それは聖霊の「生かす力」、この力によって主イエスが教会を建設し、成長させ、保持し、秩序づける。成長を引き起こすのは、イエス・キリスト御自身なのである。主イエスは、父なる神の右にあって天的に在すだけではない。地上的・歴史的な現実存在の形も取りたもう。聖徒の交わりに対して超越的であると共に、聖徒の交わりとしてあらわであり、内在的である。この「イエスが、教会に内在する生の力なのである。すなわち、それによって教会が成長し教会もまた生きる内在的な生の力なのである」。[118] この内在的ということを、われわれはもう少しはっきりさせておかなければならない。バルトによれば、教会を生かす力としての聖霊とはイエス・キリストの自己証示であった。しかしこの自己証示は単なる告知ではない、それ以上のものである。バルトによれば、それは「御自身を現前化する」（vergegenwärtigen）[119] ことであり、さらには「御自身を分与する」（mitteilen）[120] ことでもある。かくてイエス・キリストは、「神の前において彼らの代わりとなり従って現実に彼らの代わりとなる聖なる方として……彼が彼らと一つであり、彼らが彼と一つであるという認識を、彼らに、開き、示し、与えたもう。まさにそのような認識において、彼らは、地上においてまた時間の中において、自分たちが彼と一つであり、また自分たちが互いに一つであることを知る。そのようにして……彼は、教会を基礎づけ生かしたもう。そして、それが、彼の聖霊の力ある御業である」。[121] 以上のことをバルトの言葉でまとめれば、「彼の現実存在（Realpräsenz）によって、教会は、それ自身の成長を遂行する」[122] と言えるであろう。

（3）キリストによる教会の保持

というのも「教会の保持」（第三分節）も、「教会の成長」と共に、教会の建設のもう一つの重要な局面をなす。というのも地上における聖徒の交わりは「人間的な弱さ」[123]を持ち、つねに「危険にさらされている」[124]からである。そうした危険から教会は守られ、保持されなければならない。

教会を脅かす危険には、バルトによれば外部からのものと内部からのものがある。外部からのものには二つの形を認めることができるが、そもそもなぜそういうことが起こるのかと言えば、つまりは教会はその交わりをこの世にある他の交わりとまったく違った起源と目標を持ったものとして示し、この世もその交わりを自明なこととして承認しないからである。それゆえ「それらすべてのことは、教会が真実の教会でなければないほど、起こらないであろうが、それが生ける教会であり、外的にも成長する教会であればあるほど、確実に起こるであろう」[125]。この外部から脅かす危険には二つの形がある。一つは、「周囲の世界が、教会をできるならば排除したいと願い、少なくとも別の無害な姿のものにしたいと願って、教会を圧力のもとに置くということである」[126]。もう一つは、第一のものとは逆に、周囲の世界が教会を「無関心・冷淡さをもってあしらう」[127]ことである。「この世は教会を少しも迫害せずに、むしろ静かに或いは騒がしく教会のかたわらを通り過ぎてゆく……」[128]。あるいは、じつはこちらのほうが、教会にとって、ずっと危険なのかも知れないが、いずれにせよそこでは教会が、いわば「それがなくても走ってゆく馬車の五番目の車輪」[129]のようなものであるということだけを恐れなければならないような場合である。

教会は内部からも脅かされる。なぜそうなのか。それは教会がこの世というものを自分の周囲にもっているだけでなく「自分の内部にももっている」[130]からである。誘惑は外部にあるだけではない。むしろ問題は、それに呼応するものが内部にあるということである。問題は外的脅かしの場合のように教会の存在ではない。そうではなくて「その本質に対応する働き」[131]である。内部から脅かされるとは、バルトによれば、つまり、「この世において疎遠な存在であるというその性格を、また他の人間的交わりに対して不調和なその存在の性格」[132]を失うということ、その誘惑と可能性である。ここでもバルトは、二つの形を指摘する。一つは教会が、善き羊飼いの声に聞く代わりに、あるいはそれと一緒に他者の声に聞くとき、教会は「他者隷属化」[133]に陥り、「世俗化」[134]する。もう一つの堕落の形は、教会が自分を主張しようとし、「自己栄光化」[135]に陥り、「宗教化」[136]という形で堕落することである。[137]これら世俗化も宗教化も、教会の終焉である。[138]教会はまさに教会として保持されることを必要としている。

さて何が、あるいは誰が、教会を、迫り来る外からと内からとの脅かしの中にあって保持するのであろうか。教会は決して自分で自分を保持することはできない。バルトは何よりも聖書を指示する。「聖書自身が、教会を保持したし、また保持している」[139]と。エフェソ六・一七によれば教会を守る「霊の剣」は神の言葉である。しかし聖書は証言として神の言葉である。聖書が証しする方、その方が聖書を確証する。それゆえに「教会を保持したもうのは、第一義的・本来的には、彼である」[140]。すなわち、イエス・キリスト御自身が御自身の教会を保持する。「教会は、彼と共に、立ちまた倒れる。ところが、彼は倒れたまわない。それゆえに、教会が倒れるということは、あり得ない……あらゆる顛落の中を貫いて、教会は、繰り返し立つことができ、また立つにちがいない。また、実際立つであろう」[141]。

2. 教会の秩序――「兄弟団的キリスト支配」

ここまでバルトは教会の建設を、第一に教会の「成長」、第二にその「保持」として描いてきた。第三に、教会の建設の「形式」[142]の考察として教会の秩序と法の問題が取り上げられる。「教会の秩序」という最終分節では、はじめに教会の秩序や法とは何かを巡る基礎的な問題が取り扱われ、その上で、福音的な教会法理解に立って、正しい教会法の諸原則の確認へと進む。

建設が何らかの形式によるのは言うまでもない。教会の建設にとっての必然的形式は秩序である。秩序とは、バルトによれば、当該の「事柄《ザッヘ》との正しい関わり」[143]のこと、つまり正しい（recht）関係・関連のことであるから、秩序について語るということは、法（Recht）について語ることでもある。教会の建設は、そのすべての局面において、この意味での秩序において起こる。

教会においてこの事柄というのは何であろうか。それをバルトは、イエス・キリストは教会の頭《かしら》であり教会は彼の体であるという教会の実在性に見た。そのことは、教会において、イエス・キリストは「第一次的主体」[144]であり、教会は「第二次的主体」[145]であることを意味する。このことが、教会の秩序の「公理」[146]であり、「基本法」[147]にほかならない。それゆえこの教会の実在性に一致しない法はみな「不法」[148]と言わざるをえないのである。またこうした教会の秩序と法は、この世でそのように呼ばれるものと異なっている。その特殊性とはどのようなものか。イエス・キリストは頭であり主であり第一次的に行動する主体である。教会が問わなければならないのは、イエス・キリストの指示であり命令である。イエス・キリストにふさわしい従順が求められなければならない。「正しい教会法は……イエス・キリストの御声に聞くことから生まれる」[149]。「教会法は……霊的な法でなければならない」[150]。この世の法はそうしたものではない。しかし「そのような法を求め発見し打ち建て運用するということは、この世にある教会に、またこの世に面する教会に、委託された行為の本質的な構成要素である」[151]。こうした教会の実在性、すなわちキリスト論的教会論を反映する秩序の生きている教会、それをバルトは、エーリク・ヴォルフの言葉を用い「兄弟団的キリスト支配」（Bruderschaftliche Christokratie）[152]、追加的に・二次的に「キリスト支配的兄弟団」（Christokratische Bruderschaft）[153]と呼んだ――この場合でも決定的なのは「キリスト支配」

という概念である。「まさにこのキリスト支配という概念によって、『兄弟団』は、法的共同体として、特徴づけられる。すなわちイエス・キリストの優越的な法によって秩序を与えられた共同体として、特徴づけられるのである」[154]。これと共にバルトは、周知のように、R・ゾームやE・ブルンナーの教会理解に批判的に対峙した。バルトからすれば、ゾームの教会概念（霊の教会、愛の教会、他）も、ブルンナーのそれ（純粋な人格共同体、生命共同体、他）も、結局のところ、バルトの言う「基本法」、すなわちキリスト支配という言葉で言い表わされている事態を考慮しないことによって、秩序も法も、本質的に語ることができなかった。これに対しすでに新約聖書が証ししているのはあの基本法であり、「兄弟団的キリスト支配」、「活ける主イエス・キリストの活ける教会」であった。そしてそれが尊重されないことによって、すでに最初の数世紀に悪しき「法制化」が生じ、同時に教会の頽落が起こったのであって、一世紀の教会を霊的教会とし、法的教会の出現と共に教会は堕落したというゾームらの見方は基本的に正しくないのである。[155] 結局のところ彼らが「霊的教会」と「法的共同体」という古典的対立の彼方に「第三のもの」[156]のものがあるのではないか、なければならないのではないかと、考えていないように見えることは、バルトにとってきわめて驚くべきことであった。バルトにとって重要なことは、キリスト教会は、教会生活の全線にわたって、事柄にふさわしい「法の形態」（エーリク・ヴォルフ）をくり返し問いつつ、確立することである。もし教会生活の官僚化・法制化・形式化が問題となるならその克服は法的形態を問わないことによって果たされるのではなく、ただキリスト支配にふさわしい真の秩序を求め確立する努力によってしかなされることはない。かくてバルトは積極的な意味で秩序と法について語った。

　さてバルトはこの分節「教会の秩序」の最後で、教会法を基礎づけ、教会法において働いていることが認められなければならない諸原則を詳細に述べている。われわれは要点を記すことで満足しなければならない。

　バルトの言うところの「基本法」、すなわち、キリスト支配に基づく教会法の第一の規定、それは、教会法は

「奉仕の法」[157]でなければならないということである。その根拠は、御自身の体の頭《かしら》として教会を治めるイエス・キリストが「仕えられるためではなく仕えるために」（マルコ一〇・四五）来られたという事実にある。この規定をバルトはさらに三つの観点から明らかにする。一つは、教会法が奉仕の法であることは、「一義的であり、非弁証法的であり、非可逆的である」[158]こと。二つ目は、それは「全体的である」[159]こと。奉仕は、教会の諸機能の一つではなくて「その全機能における教会の存在」[160]である。また神への奉仕と教会員の相互奉仕の「その全体の限界」[161]を決定するのも教会ではなく、主御自身である。三つ目は、それが「普遍的」[162]であること。教会内に生きている個人でこの奉仕を免れている者はいない。バルトはここから全信徒祭司制も説明する、すなわち、「教会における正常な状態とは、決して何人かの信仰者の特別な祭司制ではなくて、すべての信仰者の普遍的な祭司制である」[163]と。

教会法の第二の規定は、教会法は「典礼的な法」[164]であるということである。バルトは礼拝を教会法の「根源的な座」[165]ととらえる。つまり「神礼拝遂行の中で発見され認識される」[166]と。教会は、頭《かしら》であるイエス・キリストの体として、この方がその「特別な歴史」[167]において実在したように、「自ら歴史」であって、たとえそれがどんなに卓越したものであるにしても「或るものではなくて、出来事である」[168]。出来事としての教会の内部にあって特別の出来事である礼拝を中心とし、ここから出発して教会の全体の秩序と法は生まれる。このことをバルトはさらに、教会法が典礼的な法であることを以下の三つの観点から明らかにする。（1）教会法は神礼拝によって秩序づけられた法として理解されなければならない。「正しい方（der Rechte）でありたもう彼が教会の集まりの中にいますゆえに、またそのことによって、教会においては……彼に属する者たちにとって正しいこと（das Rechte）が起こる」[169]。バルトは礼拝によって秩序づけられて生起するものとして、告白共同体、洗礼共同体、聖餐共同体、そして祈祷共同体を挙げた。（2）教会法は礼拝の中でたえずくり返し見出されるべき法として理解されなければならない。教会における法は、教会に対するイエス・キリストの関係からだけ、考えられなければならないのだが、そのキリストの関係、すなわちその現臨と支配の具体的な姿は、先に述べた告白・洗礼・聖晩餐・祈りである。してみれば教会法は、聖書の証言に従いつつ、いつもその四つの出来事に基づいて考えられるように求められる。(3)教会法はそれ自身礼拝を秩序づける法として理解されなければならない。「教会は、その神礼拝の正しい秩序を問う問いとして、正しい教会法を問うのである」[170]。そのための努力を教会が中断することがあってはならない。バルトはこれに関連して「教会訓練」[171]の問題も決定的には教会法が答えを与えなければならないとも述べている。

第三の規定は、教会法は「生きた法」[172]である、ということである。聖書に証しされたイエス・キリストは昨日も今日も生きたもう(ヘブライ一三・八)。教会法もまた生きた法であるほかない。ここでもバルトは三つの側面から語っている。一つは、教会法は開かれた法であり、教会は新しい問いにいつも答える意志と用意をもっていなければならないということ。二つ目は、それは神的法ではなく人間の法であり、「『神ノ善キ意志ニヨッテ』(Deo bene volente)より悪いものからより良いものに進む途上にある」[173]ということ。三つ目に、それは決して「相対主義」[174]を意味しないということ。むしろ生きた教会法が問題である場合には、諸教会は相互に尊敬し合い、また問い合う。バルトはここでエキュメニカルな出会いの可能性を評価している。「教会法をも不生産的なものにするのは、いつどこにおいても(個々のキリスト者の生活や神学におけるのと同様に)、完全主義である。教会の法は(その神学や説教と同様に)、その様々の形態を、打ち開かれたまた学ぼうとする用意をもった態度で比較することによって、また率直なエキュメニカルな出会い(そこでは必ず、単に対決だけではなく、調和も生まれてくるであろうが)によって、それぞれの特別な形態の中にありつつ、ここかしこで実り豊かなものとなり、実り豊かなものであり続けるであろう」[175]。

教会法の第四の規定は、教会法は「範例的な法である」[176]ということである。バルトはここでも三つの側面から説明している。範例的な法であることの一つ目の意味は、教会は、その特別の法という形においても、この世に対して福音を聞かしめなければならない」[177]ということである。教会は秩序と法をそなえた教会の建設によって証ししなければならない。そのことの基礎はしかし、これが二つ目だが、世俗の法と教会法の間に「類比」[178]があることである。教会は、教会外でのキリストの支配を想起せしめられることがあるかも知れない。しかしそうした場合でも、いやそうした場合にこそ、教会に課せられている課題は、自らに課せられている課題をいっそう真剣に行うということ以外ではないであろう。そのとき教会法の三つ目の意味が明らかになる、すなわち、この世の法の「ある種の矯正である。この世に行われる法は、そのような矯正を、全面的に必要としているのである」[179]。この世そのことが教会によって「謙遜に」、しかし「有効な仕方で」、奉仕として、なされればならない。「教会は、この世と共に、またこの世のために、闇の明け初める夜を待ち望んでいる。そのような時間の中で、教会の法を求める努力の中で、神の法を暫定的にしかしリアルに表現し、そうすることによって、この世のただ中で、この世とその子らのために、暫定的ではあるがリアルな助けであるということは、教会にとっても些細なことではあり得ないし、些細なことであってはならない。まさにそのことによって、教会の法は、正しいものとして示されるであろう。すなわち、福音に基づいて福音を宣べ伝える法として、示されるであろう」[180]。この最後の言葉、福音に基づいて福音を宣べ伝える法、これがバルトの教会法理解である。

補説　「兄弟団的キリスト支配」を巡って

エーリク・ヴォルフの用語「兄弟団的キリスト支配」（Bruderschaftliche Christokratie）、ないし「キリスト支配的兄弟団」（Christokratische Bruderschaft）がバルトにとっても重要な概念であったことは本節で述べた。それはバルト自身が用いた言葉でいえば、「活ける主の活ける教会」と、その意味は重なっていた。いずれもバルトの教会理解の端的な表現である。この言葉自体は、バルトも認めているように、エーリク・ヴォルフのものであるが、事柄から言えば、むしろヴォルフがバルトから深く影響を受けたのであり、その上でのヴォルフの言葉であることに注意しなければならない。[181]

何よりもそれは、われわれが本書第三章で詳論した「バルメン神学宣言」第三項に関係する。「キリスト教会は、イエス・キリストが御言葉とサクラメントにおいて、聖霊によって、主として、今日も働きたもう兄弟たちの共同体である（Gemeinde von Brüdern）」という告白文において予示された。一九四七年世界教会協議会の準備ペーパーとして書かれた重要な論文『教会《キルヒェ》――活ける主の活ける教会《ゲマインデ》』には、次のような言葉が見られる。「イエス・キリストがご自身の主権を、それらの人間をご自身に屈服させるためには決して用いず、彼らの自由な服従を呼び起こすために用いたもうということが起こる。また、それらの人間の服従の共同性が、彼らの中のある人々が他の人々によって服従へと迫られ強いられるということに基づかず、彼らがみな、彼らすべての者の主である方への従属の自由によって、互いの間でも自由に一つにされることに基づく、ということが起こる。『教会《キルヒェ》』という言葉は、イエス・キリストのそのような主権を指し示さなければならず、まさにそれゆえに、そのような自由な（イエス・キリストに対しても自由であり、そのすべての成員互いの関係においても自由な）集団を指し示さなければならない」。[182]これらがバルメン第三項と第四項に関係することは明らかである。ハンガリーでの講演『真実の教会』（一九四八年）においても、「真実の教会」は「神の御子への共同の帰属」に基づいて「その構成員相互の無条件的な共属関係の中に生きる」[183]と語られた。さらに『教会教義学』「創造論」の「倫理」（五十五節）において、教会の課題に共に与り働くことを「働く生活」の根本形式として示す中で、神との垂直的関係に基づいてつくられる水平的な関係を兄弟関係（Bruderschaft）として示し、「兄弟愛の奉仕」をすべてのキリスト教的奉仕の不可欠の条件とした。特にここで重要なことは、世のためにある教会の奉仕の遂行の中で、兄弟愛の範囲は教会内に限られないことが指摘されていることである。「その〔キリスト教的兄弟愛の〕円〔範囲〕は、そのようなものとして、隣人そのものに対する愛、換言すれば、確かに福音なしに生きている同胞（Mitmenschen）、すなわち、見知らぬもの、非キリスト者、おそらくは敵、おおっぴらのあるいはひそかなる不敬虔な者、に対する愛の円〔範囲〕である」[184]。『教会教義学』「和解論」の教会論については本文で述べたので触れない。最後に『神の人間性』（一九五六年）から次の文章も引いておきたい。「われわれは、キリスト支配的兄弟関係（Christokratische Bruderschaft）によってヒューマニティーの頂点、すなわち人間の共同人間性（Mitmenschlichkeit）が可視的となることを許される場所として、教会を信ずるのである。しかしそれだけではない。神の栄光が地上に存在しようとする場所。すなわち、神のヒューマニティー、神の人間性が、すでに時間の中で、この地上で、把握できる姿を取ろうとする場所。そのような場所として、われわれは教会を信ずるのである」[185]。これによれば、神の人間性、神が人間に御自身を向けられ、御自身のものとするということ、そのことが、キリストの支配のもとにある兄弟姉妹の関係において映し出され、そこに人間性の頂点が見えるものとなる。教会はそのような場所として信じられる。

第四節　教会の派遣

1.「和解論」第三部の問題

「教会《キルヒェ》は、教会が生起するときに、存在する。そして、教会は、一定の人間的諸活動の結果また連関という形において、生起する」。[186] この諸活動が、教会の集まり・建設・派遣である。すでにわれわれは「和解論」の教会論を形成するこれら三つの要素のうち二つについて詳しく述べてきた。いま最後の重要な局面「教会の派遣」について語らなければならない。[187]

「和解論」の第三部（十六章「真の証人イエス・キリスト」）をなす和解の第三の次元とは、第一節で概略的に述べたように、和解が自己を告知する事態のことであった。「和解自身が――義認と聖化という神の御業が、その出来事全体において自己を啓示しキリスト教的認識を基礎づけることによって、世と人間の中で、自分自身を現実的存在の（realpräsent）ものとする」。[188] イエス・キリストはこのキリスト教的認識に基礎づけられた奉仕を教会に託し、世に派遣したもう。「和解論」第三部の預言者キリスト論[189]に対応するのは派遣の教会論であった。それは「使徒的教会」[190]であり、目的論的次元で言えば「世のための教会」であった。バルトは、「世のため」という在り方を、たんに教会の一つの機能としてではなく、教会を教会たらしめる、イエス・キリストの真の教会に欠くことのできない外的徴表の問題、すなわち「教会ノ標識」（nota ecclesiae）だとした。[191] 教会はたんに断続的にではなく、たんに部分的にではなく、「不断に、そのあらゆる機能において」[192]世のために存在する。世のためという以外の仕方で神のために在ることもできない。A・シラーは、こうした外部との、つまりこの世との教会の関係を、教会論にとって根本的なものと考える理解の仕方を、「一つの機能論的な教会概念」[193]と見なす。ただしバルトにとって、シラーも適切に述べているように、社会における教会の機能という場合、「教会本来の業が教会以外の人々の業に対してどのような関係にあるかということ、それが問題」[194]なのであって、社会学的な意味で教会の機能が問われているのではない。[195] いずれにせよわれわれはここで、教会理解における不可欠の要素としての世に出会うことになる〔バルトは「世」という語を、一般に次のような意味で使う、「世は……より広い意味においては、神によって創られ統治される神とは違った現実全体……、より狭い具体的意味においては、人間と人類」[196]である。この広狭二様の含意のあることに注意されたい（補説参照）。

バルトは「和解論」第三部（十六章）の「はしがき」[197]で、ここで取り扱われるのは今日世界のキリスト教の到る所で追求され議論されている「キリスト（あるいは教会）と世」の問題であること、[198]しかしそれらの議論に「福音の中心によって方向づけられた神学的根拠」が欠けていること、また宗教改革の神学にもそれ以後の神学にも人が出発点にすることができる前提も見出されないことなどを指摘しながら、したがってあれこれの各論（ミッション、福音宣教、信徒の活動、教会と文化、教会と国家、キリスト教と社会主義など）ではなく、「私にとっての問題は、決して自明とは言えない根本的な前提を、発見することであった」と述べている。その上で次のように言う、「結局私には、すべてのことは……キリスト者がキリスト者であるか否か、キリスト教会がキリスト教会であるか否かということは、その証しの問題によって決定されるのだという理解に、凝縮されることになった」と。「和解論」の教会論の全体、もっと言えばバルトの教会論を貫くのは、証しという概念であった。[199]以下、われわれは、「和解論」第三部の教会論「聖霊とキリスト教会の派遣」（七十二節）の概略を描きつつ、バルトの教会論の重要な局面を明らかにしたい。

補説　新約聖書の「世」

世ないし世界についての新約聖書の証言のあらましを見ておく。（１）世は、一般に神の被造世界である（使徒言行録一七・二四、ヘブライ一・二）。（２）そのかぎり世はまさに「この世」として有限であり、その「有様は過ぎ去る」（Ｉコリント七・三一）というのが、その根本的定めとなる。（３）世が有限であることは、人が創造主としての神から背いたということと無関係ではない。換言すれば「一人の人によって罪が世に入り」（ローマ五・一二）、世はそのために死と滅びの刻印のもとに置かれた（八・一九～二二）。罪と死の支配下にある世は完全に神敵対的であり、それゆえ「この世の支配者たち」は「栄光の主を十字架につけ」たのだ（Ⅰコリント二・八）。世は神の裁きのもとにある。（4）しかし神に背き、罪に支配されている世であるにもかかわらず、神の愛がそこになくなってしまったのではない。神の愛は一度極みまで注がれ、今も「わたしたちの心に注がれている」（ローマ五・五）。イエス・キリストは「世の光」（ヨハネ八・一二）、世の「まことの光」（一・九）。世はそれを認識しないし（一・一〇）、彼の民も彼を受け容れない（一・一一）。「世は自分の知恵で神を知ることができませんでした。それは神の知恵にかなっています。そこで神は、宣教という愚かな手段によって信じる者を救おうと、お考えになったのです」（Ⅰコリント一・二一）。かくて世は神の救いの対象である。神の救いの意志と、それがどれ程のものであったのか、如何なる手段によったかは、以下の聖句によく示されている。「神は、その独り子をお与えになったほどに、世を愛された。独り子を信じる者が一人も滅びないで、永遠の命を得るためである。神が御子を世に遣わされたのは、世を裁くためではなく、御子によって世が救われるためである」（ヨハネ三・一六）。この神の愛は、世に対する、神の側からの和解としてあらわされた。「これらはすべて神から出ることであって、神は、キリストを通してわたしたちを御自分と和解させ、また、和解のために奉仕する任務をわたしたちにお授けになりました。つまり、神はキリストによって世を御自分と和解させ、人々の罪の責任を問うことなく、和解の言葉をわたしたちにゆだねられたのです」（Ⅱコリント五・一八〜一九）。（5）しかし和解は世のすべての人々において認識され、告白されているわけではない。それはイエス・キリストに神から与えられた者たちにおいて、すなわちまだ教会においてだけ認識され、告白され、賛美されているにすぎない。しかしイエス・キリストにおける和解が全世界に、すべての人に妥当する、神と人の関係の根本的変化であることには変わりはない。それゆえ教会は全世界に出て行って、世にイエス・キリストにおける和解の出来事、すなわち救いを証ししなければならない。そのために教会は世に派遣される。「わたしを世にお遣わしになったように、わたしも彼らを世に遣わしました」（ヨハネ一七・一八）。教会は世のために存在する。（6）イエスをキリストと信じ、告白し、従い、賛美・証しする教会はむろんなお世の只中にあるほかない。そのかぎり世から憎まれ（一五・一八〜一九）、世の誘惑にさらされることは避けられない。しかし彼らは「この世に倣う」ことがあってはならない（ローマ一二・二）。キリスト者はこの世にあって、世に勝利したイエス・キリストの勝利に信仰においてあずかりつつ、新しい現実を生きる。彼らは、世に勝つ者として、聖霊に導かれて、この世にあって新しい命を生きることが許される（ヨハネ一六・三三、Ｉヨハネ五・四）。

2. 世の出来事と神の民

「聖霊とキリスト教会の派遣」（七十二節）は以下の四つの分節からなる。

「一　世の出来事の中にある神の民」
「二　世のための教会」
「三　教会への委託」
「四　教会の奉仕」

最初の分節「世の出来事の中にある神の民」は基礎論。「世のための教会」およびその「委託」と「奉仕」を明らかにする二〜四分節が本論である。

七十二節の基礎をなす最初の分節「世の出来事の中にある神の民」でバルトは、世の出来事（Weltgeschehen）の只中にある神の民としての教会の存在（Existenz）という事実に目を向け、三つのことを問題にする。第一に、その教会から見て世の出来事とは何か。第二に、世の出来事の中にある神の民としての教会の自己理解。第三に、そこでの教会の存在の仕方である。[200] 順次見ていく前に、一つ注意しておきたい。それは、ここで使われている

「神の民」（Gottesvolk）という言葉の意味は、本書第四章でわれわれの考察した、神の選びの観点からとらえられたイスラエルと教会《キルヒェ》という二つの形態をもつ一つの神の民《ゲマインデ》のことである。ただしここでは、諸民族の間にあって現実に歩みを進めていく共同体としての神の民に焦点が当てられる。

（1）　教会から見て世の出来事とは何か。バルトは摂理論[201]から出発する。すなわちイエス・キリストは教会の主であるだけでなく、この世の主である。世は主イエス・キリストにおいて神に属し、また世の出来事はイエス・キリストの領域で起こる。したがってバルトによれば、「世の出来事に対しても行われている神の王的支配と父としての摂理について考えるということが、世の出来事についてのキリスト教的思考全体の最初のまた決定的な一歩」[202]となる。しかしそれは「決定的」ではあっても「最初の」一歩であるにすぎない。というのも、まさに摂理の信仰の中で、それを前提として教会は、世の出来事における人間の混乱に直面せざるをえないからである。むろん人間の混乱が神の善き創造を覆してしまうことはないけれども、摂理論だけで世の出来事を割り切ることもできない。そこでバルトは「神の摂理」と「人間の混乱」という二元的な見方を超えた第三の見方を提示する。それがキリスト論的な見方である。「それは、〈イエス・キリストにおいて世に与えられた神の恵みの現実と真実が、世の出来事に関してあの第一の言葉と第二の言葉を超えて（その両者を統合しつつ）考えまた証しするようにとキリスト教会に命ぜられ許されている、第三の言葉である〉ということである」[203]それは第一の見方と第二の見方に対して新しいものであり、バルトによれば、まさにこの新しいものこそ、教会の根拠であると共に、世に対して証しすることを命じられている当のものなのである。この新しいものとは、新しい方、イエス・キリストその方に他ならない。そして「彼の教会は、彼に目を注ぐことによって世の出来事を見また理解するために、世にあって、彼を見る」[204]。教会が彼において認識し彼において聞くのは、「神との世の和解。神の前での人間の（すべての人間の）義認と神のための聖化。そしてそれと同時に、その根源における人間の混乱の根絶。また世の出来事における秩序の回復」[205]である。「したがって、教会がこの唯一の方である彼において認めるのは、実際単に世の歴史に対する新しい照明だけでなく、まったく別の姿への世の歴史の修復である。単に深淵への架橋だけでなく、深淵の閉鎖である。単に人間に与えられた慰めと人間に対しての警告だけでなく、破滅からの人間の救いであり、その創造者が人間に与えようとされる本質への人間の更新である」[206]。このような見方が、世の出来事のキリスト論的理解である。イエス・キリストにおいて教会は世の新しい現実に当面している。

（2） 世の出来事をそのように理解しつつ世の出来事の只中に現実存在する教会の自己理解が、次に問われなければならない。バルトはこう答える、「キリスト教会とは、イエス・キリストの中に隠されている世の出来事の新しい現実について自分に与えられた認識の中に生きる人間の群であり、そのことによって自分たちに固有な決然たる姿（その信頼・決断・希望を伴う決然たる姿）で生きる人間の群である」[207]と。約めて、「教会は、そのような決然たる姿で生きているということの中に、自分自身を理解する」[208]と言うこともできる。この群はいかなる群か。バルトは第一にその可視性を強調する。イエス・キリストがそうであったように、教会もこの世的・可視的に存在する。「教会は、彼の模範と一致して、この世自身の平面において、この世に出会うよりほかはない。すなわち、教会自身まったくこの世的なのであるから、この世に対して、この世的なものとして可視的であることによって、この世に出会うよりほかはない」[209]。まさにこのような「世とのその同種性と連帯性によってこそ、教会は、世に対して証人たりうる」[210]のである。他方バルトは、同時に教会の不可視性を強調する。「多くの他の群の中にあって一つの群として可視的であるということが、教会にとって本質的であるのと同様に、この群として不可視的であるということも、本質的なことである」[211]。むろん両者は個々別々の性質というのではない。イエス・キリストが真の人として可視的、真の神として不可視的、その両者であるように、可視性は不可視性において、また不可視性は可視性においてとらえられる。その関係はこうである。「そのまったく可視的な存在そのもの中に、その秘義として、教会のまったく不可視的な存在は、生きまた動いている。そして、そのまったく不可視的な存在は、まさにそのまったく可視的な存在においてこそ、開示と告示へと押し迫って来る」[212]。簡単に言えば、教会の不可視性とはこの群がイエス・キリストの教会であり、世の出来事の中にあって神の民であるということである。そしてこの不可視的なものが、教会の内部から、外部に向かって、すなわち可視的なものへと押し迫ってゆく。換言すればそれは、「教会は、自分を、その活ける主の活ける教会以外のものとして理解することはできない。すなわち、その存在の中に、またその存在と共に、活ける主御自身が、世の出来事のただ中に活動的に存在しまた働きたもう民――それ以外のものとして、自分を理解することはできない」[213]ということを意味する。教会の不可視の本質、すなわちこの共同体がたんなる人間の群ではなくまさに「イエス・キリストの教会」であることが、世の只中で告示され開示されるために、証人として召されていること、ここにこそ、たとえその歩みが労苦と闘いに満ちたものであっても、地上の教会の栄光と価値が存するのである。

(3) 基礎的考察「世の出来事の中にある神の民」の第三の、最後の問いは、世の出来事の中にある教会の存在そのものを問うものであった。教会はどのようにして「実際に存在する」のか。あるいは「出来事となり、現実となる」[214]のか。バルトはこう答える、「キリスト教会は、その秘義によって存在している」[215]と。つまり教会は第一に自らの信仰や愛や希望に基づいて存在しているのではない。神の秘義において存在している。神の秘義において働くのは、イエス・キリストと聖霊、この二つの名で呼ばれる方である。「そのような二重の姿において働くただ一つの神の行為が、キリスト教会の根拠であり、秘義である」[216]。それゆえ「教会の存在は、イエス・キリスト御自身の存在の一つの述語であり、一つの次元である」[217]。「わたしが生きるので、あなたがたも生きる」（ヨハネ一四・一九）というのが、教会の存在において妥当している秩序である。イエス・キリストにおいて神は彼岸的存在としてだけではなく、憐れみをもって此岸にまで降りて来られた。イエス・キリストが「一次的に行動する主体として上方にいますだけでなく、この下方にもいますときに――上方にも下方にもいますのと同一の方として教会の中にもいますときに――すなわち教会によって想起され待望される生というだけでなく、教会に現在する生でありたもうときに、教会は存在する」[218]のである。この事態を「頭《かしら》」と「体」の聖書的表象でいえば、イエス・キリストは「体」をもたない天の「頭」なのではない。彼は彼の地上的「体」の天的な「頭」である。教会もこの世的にだけ存在するのではない、天の「頭」の「体」であるときに存在するのである。以上がここでの問題に関する第一のキリスト論的命題であるとすれば、同じことを聖霊論的命題としても言うことができる。聖霊とは、イエス・キリストの存在に固有な神の力。したがってこの聖霊の力によって、「教会はイエス・キリストが存在するときに存在する」という事態が生起する。さて最初の問いに返って言えば、「聖霊の恵みの働きによって、彼の証人たちの群は、世の出来事のただ中に、存在し、存続する」[219]。これが、第三の問いに対するバルトの答えである。

以上、われわれは、世の出来事の中にある教会の存在を巡るバルトの基礎的な考察の概略を見てきた。確認されるべきことは、第一に、世および世の出来事が徹底してキリストから考えられていること、第二に、世の出来事の中にある教会の存在も同じく徹底してキリストから理解されていることである。トゥルツ・レントルフは、バルトの神学的思惟を「神の自律性」の徹底化と見る立場から、たとえば教会論においてもそれがキリスト論的に貫かれる結果、バルトの教会論は「可能的には（potentiell）教会の整理解散、解体」[220]を意味することにならざるをえないと批判する。そのためレントルフは、いまわれわれの取り組んでいる「和解論」第三部、派遣の教会論の中から、世はイエス・キリストなしには、つまり彼の御業と御言葉なしには破滅したものだが、世は仮に教会がなくても破滅したものではない、それに反して教会は世を相手方としてもたなければ破滅したものだ[221]、というような世と教会の関係についてのバルトの発言を取り上げ、またバルトが「決然たる姿」（Entschlossenheit）[222]

なるカテゴリーで教会の在り方をとらえていることを問題にする。しかしバルトの前者の言葉について言えば、「人間総体は……実際に（faktisch）人間総体に関係づけられイエス・キリストによってその中心に建てられた教会との対決と共存から、実際に（praktisch）逃れることはできないのである」[223]という現実認識の文脈にあることにも注意が払われなければならない。その上で教会は受肉の延長ではありえず、[224]ただイエス・キリストの言葉と業による現臨に依存し、かつその委託と証しの奉仕においてのみ自らの存在の意味と可能性をもっているのであって、バルトの言葉は、その状況を客観的に示したものであり、それはまた、つねにそこから逸脱する誘惑と危険の中に置かれている教会への警告、あるいは自戒でもあるだろう。してみればバルトの後者の発言に見られる「決然たる姿」も、むしろ本来教会に求められていることだ言わなければならないのではないだろうか。「教会は……あの決然たる姿で存在し自分に課せられた証しを敢えて行なうことによってだけ、自分を、イエス・キリストの教会として、理解できるのだからである」[225]。そうした在り方を回避する時にこそ教会は「解体」され「空虚な存在」[226]になることを免れない。教会論はキリスト論によって批判的に限界づけられている。それはまた同時に積極的に規定されていることでもあった。教会の「真の卓越」[227]とは、教会がイエス・キリストの教会として、選ばれ召され彼の自己証示にあずかっていること、証人として御言葉に奉仕すべく任命されていること、御子に従うべく定められていることである。教会の「無比な栄光と価値」[228]はそこにあるのであって、それが何であれ、教会がそれ以上のものに手を伸ばそうとすれば、われわれはその「栄光と価値」を、バルトによれば、まさに無思慮にも放棄することにならざるをえないのである。

3．世のための教会

すでに指摘したように、世のための教会への委託と奉仕を取り扱う二～四分節が本論である。そのうち二番目の分節「世のための教会」は、教会をして世のための教会の委託と奉仕の遂行へ向かわしめるもの、その根底にあるもの、換言すれば、教会をして世のための教会たらしめるものとは何かを問う。

(1)　この「世のための教会」の分節でバルトが最初に問題にするのは、教会存在の方向、意味、目的を問う問いの正当性である。どこに向かって教会は存在するのか、何のために教会は存在するのか、それが問われなければならない。しかしバルトによれば、まさにこの点で、教父神学の教会論も、スコラの神学のそれも、さらに宗教改革とその後の時代のそれも「一つの欠損を示している」[229]と言う。つまりその問いは問われてこなかった。少なくとも十分な自覚のもとに答えられたことはなかった。バルトは『アウクスブルク信仰告白』第七条の教会の「一般的・形式的」[230]規定も「アウクスブルク信仰告白弁証」(「第七条と第八条」の5)にはじまる教会の「内容的・人格的」[231]規定も、教会を規定し基礎づける二つの線として肯定・受容しつつ、[232]「あの二つの線によって述べられるキリスト教会の存在の意味と目的を問うということは、許されているだけでなく、命ぜられている」[233]と言う。もしこの問いを看過するようなことがあれば、その教会理解は自己目的的理解の域を出ていないと推測せざるをえないし、その時それは、明らかな聖書証言の方向性とも矛盾すると言わざるをえないのである。われわれはバルトの教会論にとっても重要なあの聖書箇所をここでも引くことから、その所論に従い、教会の方向性と目的性についてはっきりさせることをしなければならない。それはヨハネによる福音書三・一六～一七である（「神は、その独り子をお与えになったほどに、世を愛された。独り子を信じる者が一人も滅びないで、永遠の命を得るためである。神が御子を世に遣わされたのは、世を裁くためではなく、御子によって世が救われるためである」)。世を愛し世のためにいますのは、第一に神である。この神を教会が愛し、この神のために存在し、この神に聴き従うのなら、この神が愛しこの神がそのためにいましたもうもの、すなわち世を、教会は愛し、またその世のために存在しなければならない。「イエス・キリストの教会は、人間的被造物であるが、この人間的被造物は、その存在がまさに神のための存在として、神のために神の現存在に奉仕し従いつつ世のための存在であり人間のための存在であるという、そのような意味と目的を持っているのである」[234]。教会は自己目的的に存在しない。神のために存在するゆえに、世に向かって自己を超出し、世のために存在する。さらにこの聖書箇所の後段と共にヨハネ一七・一八（「わたしを世にお遣わしになったように、わたしも彼らを世に遣わしました」）のイエス・キリストの言葉を想起すれば、イエス・キリストは、「世への途上において、教会に先立つために、遣わされたもうのであり、教会は、その同じ途上において、彼に後続するために、遣わされるのである」[235]と言わなければならない。教会が世から呼び出されるのは、世の中へと引き入れられるためである。呼び出されるのと引き入れられるのは同じ一つの運動でなければならない。教会は神によって世へと派遣される。イエス・キリストを証しするために、換言すれば、イエス・キリストにおける神の慈しみの然りを語るために派遣されるのである。

(2)　教会は無為に世のために存在するのではない。「委託を行なうことによって世のために存在するのである」[236]。そこでバルトは次に、そのような行為を可能ならしめる「活きた根」[237]、行為の根底にあるものを問う。世のための教会の根にあるもの、世のための教会に力と方向性を与え、つねにそれを更新し前進させていくもの、すなわちキリストの教会をしていつも世のためたらしめていくもの、それは何か、と。

　バルトは第一に、「イエス・キリストの真の教会は、そこでは世がどのようなものかを知ることが人間に許される共同体である」[238]ということを上げる。つまり世についての認識、知識である。バルトによれば、世は神について、人間について、神と人間の関係・契約について知らないことによって、自らの真の姿を知らない。これに対して教会は、神について、人間について、神と人間の関係・契約について知っていることによって、世を真にあるがままに認識することが許される。教会において世は自らの目が開かれ、自らの無知に終わりが告げられる。教会とはそのような場所である。さらにバルトによれば、世について知ることは人間について知ることでもある。人間についても、その本当の姿は教会で知られる。なぜなら人間を知るということは、イエス・キリストにあって神の恵みがすべての人間に向けられているという事実において知ることだから。

バルトは第二に、「イエス・キリストの真の教会は、自分が世と連帯的であることを認識し世と連帯的に振舞うということが人間に許される共同体である」(239)ということを上げる。教会は、教会の主イエス・キリストがそうであるように、世と連帯的であるほかない。なぜなら、「教会においては、永遠の父の永遠の御子として世全体と異なった方でありつつ世を彼自身において神と和解させるために躊躇なく世を受け容れ、世と交わり、世の罪を回避せず、むしろそれを担い、御自身のものとしたもうたあの方が、支配していたもう」からである。(240)バルトによれば、世と連帯的であるということは、人間と連帯的であることを意味する（「群衆が飼い主のいない羊のように弱り果て、打ちひしがれているのを見て、深く憐れまれた」マタイ九・三六）。むろん教会はイエス・キリストの徹底した連帯的振る舞いと同じことをすることはできない。しかし同時にこの線以外の線上で動くこともできないのである。そのような仕方で教会は世のために存在する。そして教会がもしそのことを忌避し、自らの純粋性や名声を守ろうとすれば、その時こそ奇妙なことだが、世が自分と同じものを教会にも見いだすことになるがゆえに教会は世と等しくなるとバルトは言う。世と同じものとなった教会は味を失った塩である。それゆえ世の光としての教会は徹底して世と連帯的である。

バルトは第三に、「教会は、イエス・キリストの真の教会として、世に対して義務を負うことが人間に許された共同体である。彼らは、世について知ると同時に、また世に対して連帯的に結合されると同時に、世に対して、世の将来に対して、世が成るべきものに対して、共同責任を負う」[241]ということを上げる。神の御業は世に対する、世における御業である。したがって教会もその限界の中ではあるけれども、世に対する、世における活動へとその共同の責任を負わせられている。バルトによれば、世に対しての働きということは、ここでも人間に対しての働きである。この人間はイエス・キリストにおいて教会に集められた者と同じ兄弟である。それゆえ、あの祭司やレビ人のように困窮の中にある一人の人間の傍らを通り過ぎることはできない（ルカ一〇・三〇以下）。彼は「知られる」ことだけでなく、「連帯的な関与」だけでなく、「助けられる」ことを待っている。彼のために教会がなしうることを世は待っている。そして教会は、自分の限界内でそれらの求めに応じることをやめることはできない。「世は、その中心に現われるサマリヤ人を待っている」[242]。バルトの言うようにサマリヤ人を気取るなどということはむろん問題にはならないが、いずれにせよ神の働きに能動的に共同責任を負うべく教会は世に派遣されている。「そこで問題になるのは、世における何らかの行為というようなものではなくて、教会に命ぜられ、教会への委託にふさわしい、教会に委託したもう方によって力を与えられた行為である」[243]。そのような行為を教会は避けることができない。その時教会が誤りを犯すこともあるであろう。その意味で不断の自己検証も必要である。しかし誤りを恐れて何もしないというのは真実の教会ではない。「教会は、単に断続的に、単に部分的に、派遣された教会として存在するのではない。むしろ、不断に、そのあらゆる機能において、派遣の目的である人々に向かって跳躍しつつ（少なくとも跳躍の助走をしつつ）、存在する」[244]。その敢為の中に教会は存在する。われわれはバルトの「世のための教会」を誤解してはならない。世のための教会は教会の根本規定である。「不断に、そのあらゆる機能において」であるから、世のための教会とは、教会がそれ以外の在り方のできない存在の仕方のことである。「イエス・キリストの教会は、世のために存在する。……まさにそのようにすることによって、そしてそのような仕方で、教会は、神のために存在する。……まず第一に、そして何よりも、神が、世のためにいますのである。そして、イエス・キリストの教会が、先ず第一に、そして何よりも、神のために存在するときに、教会も、それなりの仕方で、その置かれた場所において、世のために存在するよりほかにない」[245]。

われわれはバルトの論述に従い三点（あるがままの世を知り、理解し、義務を負うこと）にわたって明らかにしてきた、キリストの教会をして不断に世のための教会たらしめるもの、すなわち「活ける根」こそ、教会の時々の具体的在り方の如何を越えて、教会をして世のための存在たらしめる。

(3)　最後にバルトは、この「活ける根」と共に不断に世のために存在する教会が一つの理想でも綱領でもなく、教会の歴史的な現実であることを、その根拠と共に示す。教会が世のために存在するということをバルトは「信仰的命題」[246]であることを確認し、その上で以下の四点を指摘する。第一に、教会は自らの成立と存続をまったく特定の力に負うていることを認識している。その力とは「神の御言葉の力」[247]にほかならない。御言葉は世に輝く。教会は、聖霊の力によって、神の光を反射しつつ、「造られた光」「間接的な光」[248]として、「したがって自らも明るいものでありつつ、世のために存在するというあり方以外のあり方はない」[249]。第二に、教会はそのなし得るすべてによってイエス・キリストを告白する以外にないことを認識している。教会は告白する教会、しかもすべての人間の前で（マタイ一〇・三二）彼を告白する教会である。「教会に対して啓示されたまさにあの唯一の御名が、他のすべての名の上に立つ御名として、告知されることを欲する。教会は、ただひとりのイエス・キリストに対して義務を負うことによって——したがって自分自身の根底から、無条件で、世に対して義務を負うことによって、存在する」[250]。第三に、教会は、自らの、むろん聖霊によって力を与えられたイエス・キリストの告白が自由な、しかし従順の応答でしかないことを認識している。教会においてイエス・キリストこそ「第一次的・本来的な主体」[251]であって、「教会に対しての彼〔イエス・キリスト〕の告白に、彼に対しての教会の告白が続き、感謝をもってそれに答える」[252]。この方が教会を召し、派遣する。「教会は、彼御自身が派遣されたもう場合と同じ方向へと、派遣される。すなわち、世へと派遣され、世において自分のために存在するためにではなく、彼と同様に世のために存在するために派遣される」[253]。最後に、第四に、教会は自らを神の国の比喩として理解することが許されるし、また理解しなければならない。神の国はイエス・キリストの甦りにおいて端初的に啓示され、イエス・キリストの最後の出現において決定的に啓示される。それゆえに「彼から（すなわち、彼の第一の啓示から）由来し、彼に向かって（すなわち、彼の最後の啓示に向かって）進んでゆくということが……教会の存在の根本的意味である」[254]。むろん教会は「第二のキリスト」のようなものになるのではないが、しかし第一の啓示と最後の啓示の「時の間」にあって、自らの現実存在によって神の国を指し示す。教会は、召しを受けて、預言者的証しをなす。教会は世のために存在するほかないのである。

以上、われわれは「世のための教会」の内容を辿った。バルトははじめに教会の目的論的次元を明らかにし、次いで「世のための教会」の「活ける根」を示した。最後に、世のための教会が教会の現実であることを徹底してキリスト論的に論証した。教会が不断に世のための教会として、その働きは何であり、どのように果たされるのであろうか。それを以下で考察する。

4．教会への委託と奉仕

第三分節「教会への委託」と第四分節「教会の奉仕」も、既述のように「聖霊とキリスト教会の派遣」（七十二節）の本論をなす。ここではそれらを一まとめにして扱う。はじめに教会の「委託」と「奉仕」を考察し、それにつづいて奉仕の諸形式が取り上げられる。

（1）教会への委託

教会は「一つの委託」[255]を持ち、この委託を「遂行する」[256]ために、世に遣わされ、世のために存在している。バルトは第三分節でこの委託そのものを、第四分節で委託の遂行を論じる。

第三分節「教会への委託」でバルトは三つの問いを立てる。第一に、この委託の内容とは何か。第二に、それは誰に向けられているのか。第三に、委託の純粋性の問題である。バルトの答えを聞こう。第一の問いの答えは、使徒言行録一・八に言われているように（「あなたがたは……わたしの証人となる」）委託の内容はイエス・キリスト御自身である。あるいは端的に「福音」[257]、敷衍すれば「神の慈しみの然り」[258]である。次に、それは誰に向けられるのか、語りかけられる人間は誰か。バルトによれば、それは委託という視点、福音を委託した方の視点、換言すれば「福音の視点から見た人間」[259]である。したがってそれは単純に福音に無知・無神の人間というのではない。むしろこう言われる、「委託の名宛て人は、福音についての認識を持たず、それを極度に必要とする人間」[260]と。総括的に言えば、「教会に与えられた委託は、その無知のゆえにまだ外に立っているために悩まされ嘆いている被造物に――苦しんでいる人間という被造物に、向けられる」[261]。そしてバルトによれば、そのような一人一人の人間において「現実的にキリスト者を――定メラレタキリスト者（christianus designatus）、将来ノキリスト者（christianus in spe）を、相手にするということは、確かにまだない（noch nicht）が、しかし可能的、潜在的には、すでに（schon）そのようなキリスト者を、相手にするのである」[262]。さらにバルトはそれに付け加えて、彼ら名宛て人の「将来は、彼の過去と現在が、また彼の無知が、どのように悲惨な状態であっても、喜びである」[263]と言う。それゆえに「教会が自分の委託に適った行動をしているか否かという問題における決定的な基準は、次のようなものである。すなわち、教会が、その名宛て人を、彼のまだ無知な状態に面しながら、すでに彼の認識に希望を懐いて、見、語りかけ、取り扱うということであり、まだ外側にいる者でありながらすでに内側にいる者として見、語りかけ、取り扱うということであり、したがって、現在はまだ悄然とした姿であっても、すでに重荷から解かれ解放され喜びを与えられるべき被造物として――すなわち、あの喜ばしい神への奉仕と預言者的存在へと定められ、それに向かって進んでゆく被造物として、見、語りかけ、取り扱うということである」[264]。かくて教会は、外側にいる人々のためにも前喜びを懐きつつ、自ら前喜びの中に生きているのか真剣に問われることになる。「キリスト教会は、すべての人間に関しての――全被造物に関しての、大いなる前喜びの場所である」[265]。

第三の問いは、委託の純粋性を巡るものである。「重大な問い」[266]としてバルトは相当の分量を裂いて論じているが、われわれとして簡潔に示す以外にない。神において純粋な委託が教会の人間の手に、すなわち罪の人間の手に渡されたとき、委託の純粋性を巡って問いが生じる。バルトは委託の「内容」と委託の「名宛て人」という二つの関連から問うている。まず「内容」に関して、つまり福音に関して、一方で教会が、福音を「活ける主の常に活ける御言葉」[267]として聞かず、無時間的真理にしてしまうときに純粋性が危険にさらされる。他方で、福音が「教会のただひとりの主の御言葉」[268]としてその恒常性において聞かないときに、純粋性が危険にさらされる。「名宛て人」に関しても、一方で教会が名宛て人を無視するとき純粋性が危険にさらされる。他方で教会が名宛て人の後見をするというようなとき、純粋性は危険にさらされる。それゆえ「教会が、そのような彼の御言葉への奉仕を許されているのであれば、支配ではなく奉仕、後見ではなく解放、抑圧ではなく高揚を必要としている世に対して、教会にできるのは、ただ奉仕であって、世を自由に処理しようとすることではない」[269]。

（2）教会の奉仕

委託の「内容」を「名宛人」に証しすることが「教会の奉仕」（第四分節）にほかならない。「奉仕」は一般にミニストリーという言葉で理解されているものに等しい。この第四分節でバルトの考察対象は三つである。第一に、委託の遂行としての奉仕とは何か。第二に、奉仕の本質。第三に、奉仕の諸形式である。

第一に、委託の遂行としての奉仕とは何か。バルトはこれを三つの特徴を示すことから始める。一つは、それが「限定された奉仕」[270]であること、二つ目は、それが「限界づけられた奉仕」[271]であること、三つ目は、それが「約束に充ちた奉仕」[272]であることである。

奉仕が「限定された奉仕」であるのは、教会は世に対して証しをするという務めをイエス・キリストによって与えられているからである。奉仕が「限界づけられた奉仕」であるのは、教会は証しの「奉仕……以外のことをするように、命ぜられていない」[273]からである。また奉仕が「約束に充ちた奉仕」であるのは、教会に次のような約束が与えられているからである。「教会が、彼によって任命されて、彼と共に立ちまた歩むことを許され、彼と共に働くことを許され、彼と共に奉仕することを許され、彼と共に行動することを許されているということ――――それが、それによって教会が生きているその奉仕に固有の約束である」[274]。そして「この約束は、揺るぐことがなく、誤ることがない。……それは、教会に、どれほどおずおずと謙遜にであろうと、無比の確信をもって生きることを許し、また命じる」[275]。

第二に、奉仕の本質が問われなければならない。バルトにとって奉仕の本質は「証し」にある。証しとは何か。「キリスト教会の奉仕として常に起こらなければならないものの総体としての証しとは、言明（Aussage）・説明（Erklärung）・語りかけ（Anrede）――すなわち、教会に託せられた神の御言葉としての福音の布告（Proklamation）・解釈（Explikation）・適用（Applikation）である」[276]。三つの要素によって証しが説明される。まず福音の言明・布告によって、「教会は、いつも、福音の内容をなしている神的・歴史的な事実に対応しそうすることによってその神的・歴史的事実を指し示し告知するような、人間的・歴史的事実を（したがって神の国ではなく、神の国の比喩を）、世の出来事の舞台に登場させ、人間に示すのである」[277]。世は福音の言明を必要としている。世はまだそれを知らないという点で教会と決定的に異なっている。教会がそれをすでに受け取っているのは、それを伝え、知らせるためである。「それを知らせるということが、教会の奉仕である」[278]。次に、バルトによれば、「教会の証しは……同時に福音の説明であり、福音の解釈である」[279]。説明とは、「一つの事柄に固有の明確さを指し示し、それに内在する光を指し示すということである」[280]。しかし教会の証しの対象である契約の歴史ないし和解の歴史は、それ自身同時に啓示の歴史であった。イエス・キリストにおける和解の神的・歴史的事実の自己告知は、それ自身の認識も基礎づける。したがって「教会に命ぜられているのは、福音の内容の自己解明に耳を傾けて、教会に許されている人間的手段を用いつつ、あらゆる先走りを断念しつつ、福音の内容の自己解明に服従するということである」[281]。それはまさに「信仰ノ知解」[282]として行われる。最後に、教会の証しは「福音の語りかけでもある。すなわち、適用という形における布告と解釈である」[283]。教会は世の只中において、自分を取り囲んでいる世との一定の関係の中にある。教会の構成員と同様に、非キリスト者である人間との関係の中で、教会は世に身を向け、証しの奉仕をする。彼らを教会は覚えなければならない。それは、「神が彼らをも創り愛したもうという事実……、イエス・キリストが彼らのためにも死んで甦りたもうたという事実……、神の御言葉を聞いてそれに従うということが彼らにとっても最初にして最後の定めだという事実」[284]を認識しているということでもある。それが教会の存在と行為全体の意味でなければならない。こうして、「教会にとっては、人間を、神によって愛されている者たちとして認識しつつ、教会としても愛し、愛しつつ語りかけるということ以外に、なすべきことがあろうか」[285]。世はじっさいそのような語りかけを必要としている。教会は言明し説明するだけでなく、勧め、呼びかけ、そして訴えかけなければならないのである。

（3） 奉仕の諸形式

第四分節「教会の奉仕」の三番目の考察でバルトは、教会の奉仕の具体的な諸形式を問う。

この分節のはじめでバルトは、「過去と現在を通じて変わることのない教会的奉仕の構造の根本形式」[286]を問題にする。福音書のイエスにまで遡って明らかになることは、言葉と行動の二様性である。それは「語ること」と「行動すること」とも、「宣べ伝え」と「いやし」という言い方でも表わすことができる。いずれにせよその二つの線上でイエス・キリストの活動が示されているのであるから、教会もその二つの線の上で動かなければならない。しかもそこにははっきりと一定の順序、「逆転不可能な一つの秩序」[287]がある。語ることが行動に先行している。むろんそれは一方が他方より価値があるということではない。そうではなくて、事柄から言えば、人間を認識へと呼び出すことが語りと行動の目標であるから、語ることが先行していなければならないのである。「教会は、あの秩序に従って、まず第一に語らなければならない。しかし、教会はさらに、同じ真剣さと力をもって、その言葉にふさわしく行動もしなければならない」[288]。これが聖書に従ったバルトの順序である。

そこでバルトは、以下の一二の奉仕の形式を列挙する。「礼拝」、「説教」、「教育」、「福音伝道」（Evangelisation）、「ミッション」（Mission）、「神学」、「祈り」、「魂の配慮」、「模範の提示」、「ディアコニー」、「預言者的行動」、そして「交わりを基礎づけること」である。「礼拝」から「神学」までの六つが、語ることによる行動の奉仕として、「祈り」以下の六つが、行動することによる語りの奉仕として挙げられている。ただしバルトによれば、これらは互いに交錯し合っており、相互に厳密な意味で分離することはできず、したがって分析的・総合的体系化は不可能であると言う。いずれにせよわれわれがこれらを一つひとつ検討する場合、いずれも、世のための教会の証しの奉仕という観点から論述されていることを忘れてはならない。ここでの特別な観点は、以下のバルトの言葉に示されているであろう。世のための「教会は、あらゆる点で、その一見内向きの行為にすぎないと見えるもののあらゆる部門においても（すなわち、その祈りにおいても、その典礼においても、その牧会においても、その聖書講解や神学においても）、外に向けて、『壁ノ外へ』の方向で、今はまだ内側にいない人々（恐らく可視的には内側にいないであろう人々）に向けて、行動するのである。教会は、そのような敢為の中に存在する」[289]。教会の伝統的な諸奉仕がここでそうした観点から再解釈される。われわれはここでそのすべてを考察することはできない。一二列挙された中から四つを取り上げ、いま述べた「世のための教会」のミニストリーという観点から考えてみたい[290]。

a．特別な奉仕としての神賛美

語ることによって行動する奉仕の最初に挙げられたのは「礼拝」である。バルトは礼拝を取り上げるに先立って、「特別な奉仕」[291]として、教会の奉仕全体に関わる機能を確認する。それが「神賛美」である。すべての奉仕は神賛美としてなされる、ということであろう。バルトは簡単にしか述べていないけれども、これを独立させて考察することは許される。

バルトによれば、神賛美とは「その永遠の尊厳において人となりたもうた方としての神の存在、人間を（すべての人間を）全能の憐れみにおいて受け容れたもうた神の行為、その存在と行為においてわれわれの神でありインマヌエルでありわれわれと共にいましわれわれのためにいます神を、そのような方として肯定し・承認し・是認し・称賛し・誉めたたえるということ――すなわち、彼をそのような方として、ただひとりの真の神として公然と告白するということである」[292]。教会は、またすべてのキリスト者は、この真の神の公然たる告白としての神賛美に奉仕しなければならない。この神賛美がなされるかぎり、教会はこの世において何ものかなのである。このような教会の神賛美はまた、この世の大多数のものに「代わって」[293]、「先取り」[294]して行なわれるのであって、それは、「息あるすべてのものに主をほめたたえさせよ」（詩篇一五〇・六）との神の召喚に応える奉仕である。かくて「教会の神賛美が、教会が語るという特別な活動として、正しく行われるならば、それは、それ自身同時に、かならず、いやし・助け・清め・正す行動でもあり、そのようなものとして世に対してなされた行為による証しである」[295]。われわれはバルトの考えを、神賛美は世のための教会の語ることと行動することの一切であると総括的に言ってよいであろう。

b．基本的な奉仕としての説教

次に「説教」を取り上げたい。ここには世との関わりを視野に収めた簡潔な説教論が示されている。

バルトによれば、説教における問題の中心は「決定的には、それは、〈説教において教会は（そしてそれを共に聞く世も）、自分に課せられた証しを想起し、また想起させられ、その内容を新たに確認し、その反射の中でイエス・キリスト御自身をして新たに教会自身に対して語らしめ、世において彼に奉仕することへと新たに召喚される〉ということである」[296]。説教は証しであり、説教によって「奉仕と証しの共同体としての教会」[297]が建てられ[298]、可視的となる。説教が他のすべての人間的言説と異なるのは、バルトによれば第一にその内容、すなわちそれがイエス・キリストについての説教であることに存するほかないが、しかし第二に、副次的に、説教が「イエス・キリストとしたがって神の国についての根源的な証し、すなわち旧新約聖書に具体的に結びついて語られ、その限りにおいて聖書の使信の遂行である」[299]という点にある。とはいえ説教は聖書研究ではない。たんなる聖書解釈でもない。「説教は、聖書に基づいて（aus）語らねばならないが、聖書について（über）語るのではない」[300]。また説教は組織神学の仕事でもない。むろん教義学的教養を十分持っていなければならないが、それから自由でもなければならない。「説教は、考察せず、論証せず、論争せず、講義しない。説教は、宣教し、呼びかけ、招き、命じる」[301]。そうした仕方で説教は「典礼的行為（ein liturgischer Akt）」[302]として自ら固有の奉仕を行う。かくて説教は、すべての人を、不信仰から信仰へ、不従順から従順へ、非認識から認識へと呼び出す。そのようにして説教は、「最初は分離するが彼らについて下された決定によって積極的に重要な徴をすべての者の生活の中に打ち建てる」[303]。しかし「教会の中にも」、さらに「世のただ中に」も打ち建てる。

バルトはここで、説教に関し、過重な意味を負わされていると言えぬこともないけれども、としつつも、その重要性を認め、説教の奉仕が不毛なものとならないために、「頭と肢体における改革（Reformation）――、その他でも、教会がそれを必要としないようなところが、どこにあろうか」[304]と問いかけた。

c．奉仕の試金石としての預言者的行動

奉仕の種々の形式として一二個列挙された中で、もっとも特色があり、のみならず世のための教会の在り方を考える上で重要な一つの要素をわれわれは取り上げたい。それは「預言者的行動」である。B・クラッパートも、「特別な仕方でバルトの和解論のエキュメニカルな方向づけを伝えることができ、今日のエキュメニカルな議論に影響を及ぼす」ものとして、この「預言者的行動」と、次にわれわれも考察する「交わりの基礎づけ」の二つを挙げている。[305]

バルトは、証しの奉仕における教会の行動の本質を、預言者的行動にあるとする。預言者的行動という言葉で考えられているのは、教会ならびにこの世の、すなわち、教会が証しする神の国に対して積極的・消極的関係にある周囲の世界の「その都度の現在における出来事・状況・形態の意味を認識しつつなされる行動」[306]である。バルトは次のように言う、教会は、その都度の現在において、自己吟味しつつ、自分自身を乗り越えようとしなければならないだけではない、それだけでなく、「その時々に、自分を取り囲んでいる世に対しても、（その後からのろのろ歩いてゆくのではなくて）『時のしるし』（マタイ一六・三）に関して、来るべきものを嗅ぎつけつつ、一馬身――あるいは少なくとも一頭長、その先に立っていなければならないのではないであろうか」[307]と。つまり教会は「何が神の御心であるか、何が善いことで、神に喜ばれ、また完全なことであるか」（ローマ一二・二）をわきまえ知ることによって、「どんな決断が下されるべきかを、感知し、見、区別するであろう。その時々にこの

決断が下されるべきだということを教会が認識し、それを教会自身の中で実行し、世において公言するときに、その証しは、預言者的なものになり、預言者的なものである」[308]。そのような教会の預言者的証しにおいて、神の恵みの新しい業と言葉と共に、「新しい世の現実」[309]が示される時、もはや古い現実は存続できない。その時教会はその内部でも外部でも、激しい拒否と抵抗の壁に突き当たらざるをえなくなるであろう。「キリスト者の証しと世の間の衝突は、あの〔預言者の〕前進命令においてはっきり集中されるときに……不可避なものとなり、あらわなものとなるであろう」[310]。しかしそれだからといって、教会はその預言者的証しの奉仕をやめることはできない。むしろそれこそ、教会の他の奉仕が、つまり説教も祈りも神学も本物かどうかを試す「一種の試験」[311]ともなるのである。この預言者的奉仕は、教会全体が、したがって「すべてのキリスト者が招かれ召されている賜物と可能性」[312]なのである。バルトにとって、預言者的奉仕は、教会の奉仕が本物であるかどうかのいわば試金石であった[313]。

d．平和のための奉仕としての交わりの創出

最後に、交わりを打ち建てるという行為による奉仕を、世のための教会の不可欠の奉仕の一つとしてとして取り上げたい。クラッパートはエキュメニカルな交わりを打ち建てることと説明する。むろんそれも含まれるであろう。いずれにせよバルトによれば、教会の証しは、「交わりを――すなわち人と人との間の交わりを打ち建てる行為」[314]である。それは、教会の証しの内容、すなわち、その使信にその基礎がある。なぜなら教会の使信はその「第一にして究極の秘義」[315]として、最高の交わり、すなわち聖霊における御子と父の交わりを、したがってイエス・キリストにおける神と人の交わりを、したがって教会の頭《かしら》としてのイエス・キリストとその体としての教会との交わりを、またその肢々の交わりを、さらには神と全世界との交わりを証しするからである。むろんこの交わりを打ち建てることそのことは教会の行為ではない。しかしながら教会の証しの遂行の中で、少なくともそ

の「徴として」[316]人と人との交わりを打ち建てることは教会の行為であり、[317]奉仕の不可欠の要素である。

それは具体的にはどのようなことであろうか。バルトがここで言及している経済的な階級対立、あるいはイデオロギーの対立・抗争を取り上げてみよう。バルトによれば、決定的なこととして言わねばならないのは、教会はそうした対立を是認したり、絶対視したり重大視したりすることはできないということであると言う。またどちらか一方に与し、それと自らを同一視したりすることもしてはならない。「教会は、先ず自分の領域内で（しかしそれは、そうすることによって、教会の周囲の社会にとっても範例となることであるが）様々の階級の人々の間の交わりを打ち建てなければならない。そのことを、教会は、神の国の福音の認識によって人々を集めることで、行わなければならない。すなわち、人々を分かっていてまだ解決されぬ社会的な問題性を少なくとも乗り越え相対化し包含し疑問視しその廃棄をかすかにでも示すような現実について（そこでは人々が、少なくとも共に新しい第三の道の探究へと呼び出されるような現実について）[318]告げる神の国の福音の認識によって、人々を集めることで、教会はそのことを行わなければならない」[319]。かくてバルトによれば、ブルジョワ階級の人々とプロレタリア階級の人々と、教会は、「その両者に対して、〈君たちは、人間として、神の子らと呼ばれまたそのような者であることを許されており、そのような者としてすべての善いことを神からだけ期待せねばならず、そのような者として神に対してだけ責任を負い、しかしそのような者として互いの間でも結合されており、互いに他に属しているのだ〉ということを、精力的に呼びかけることである」[320]。教会がそのようにして、両者を神の事柄の前に立たせ、彼らの心と良心にそれを彼らの事柄として書き記すことをすればするほど、「教会は、いよいよ平静に、前者をも後者をも、共に御言葉を聞くように招き、主の祈りを共に祈るように招き、共同の聖餐台へと招くことができる」[321]。

バルトがここで聖晩餐に言及しているのは注目に値する。バルトにとってここで聖晩餐が、いな聖晩餐だけでなく洗礼と聖晩餐が重要なのは、それらが「徴としての所作」「交わりを打ち建てる所作」[322]であるからである。それらが「比喩」として「徴」として神の不可視的行動、すなわち、霊における父と御子の交わり、イエス・キリストにおける神と人との交わり、頭としてのイエス・キリストと体およびその肢々との交わり、そして神と世界、すなわち和解を与えられた世界との交わり、これらをはっきりと映し出すからにほかならない。こうして洗礼と聖晩餐とは、「教会の責務としての証しの、すなわち、神の御心にかなう人々の間における地上の平和の証しの、もっとも単純な、しかしその素朴さによってもっとも雄弁な要素である」[323]。世のための教会は、交わりを打ち建てることにおいて平和に奉仕する。

さてここまでわれわれは四分節に従って、バルトの派遣の教会論、すなわち世のための教会論を見てきた。以下の彼の言葉をもって本節を、また第五章全体を締めくくりたいと思う。「教会の喜びは、教会自身に関しての喜びではなくて……世のただ中で、世に対して、すでに来たったそしてなお来たりつつある神の国の比喩であり、その意味で世のために存在することを許されるという喜び以外のものではない」[324]。

付論１　バルトにおける「キリストの体」

われわれはバルトが、教会の実在性を、すなわち、教会をその可視的な姿において真剣に受けとめたことを彼の教会理解の二番目の特質としてすでに指摘した（本章第二節の２）。それは彼が教会の可視性の真理をその不可視的な本質に見てとったからにほかならない。

われわれの信仰によれば、イエス・キリストは父なる神の右にいますだけでなく、聖霊においてわれわれと共にいます。キリストは、バルトの用語で言えば、たんに「天的な現実存在の形」を取るだけでなく、「地上的・歴史的な現実存在の形」をも取られる。すなわち、キリストは御自身のために「聖徒の交わり」を創り、保持し、統治される。新約聖書はイエス・キリストの天的な現実存在の形を教会の頭《かしら》として語り、教会をその体《からだ》として語った（エフェソ一・二二～二三）。バルトもこの聖書概念を重んじて、教会の実在性を「キリストの体《ソーマ》」として理解した。ここで「和解論」六十二節を手がかりにバルトの「キリストの体」の理解を整理しておきたい。

「和解論」六十二節の中でバルトは、パウロ書簡および第二次パウロ書簡のほとんどのすべての関係箇所に言及しながら、「キリストの体」の、批判的な聖書釈義でも、聖書主義的な聖書による証明でもない、[325]神学的解明を行った。われわれもその意味の解明に努めその組織的整理をしておきたい。

a．はじめにバルトは、新約聖書における体の持つ多様な意味を確認する。それによれば、体は、「屍」、「生ける体」、「体験と受苦との媒介物、人間の行動の機関あるいは道具」、さらに「奴隷」（黙示一八・一三）、「影と区別されてその影を投げている実体」（コロサイ二・一七）などを意味し（KDIV/1, S.740）、これらの意味が何らかの形で「キリストの体としての教会」理解に反映していると言う。

b．「キリストの体」の意味を理解する上でバルトが出発点としたもっとも重要な聖書箇所はⅠコリント一二章一二節である（「体は一つでも、多くの部分から成り、体のすべての部分の数は多くても、体は一つであるように、キリストの場合も同様である」）。バルトによれば、ここで注意しなければならないのは、第一に「体」と呼ばれる対象が教会ではなく、じつにキリストだということである。キリストご自身が体、すなわち多様性と単一性における存在なのである。このキリストの身体性に基づいて、イエス・キリストの教会はキリストの体なのである。つまり、教会がキリストの体であるのは教会が体に類比的な有機的組織であるからなのではなく、キリストご自身が体であるからだ。Ⅰコリント一二章四～三一節の証明の力は、体が教会自身についての良い比喩だということによるのではなくて、イエス・キリストご自身が本質的に体であるということによる」(ibid.)。キリストが体であることによってエクレーシアとしての教会は彼の体であり、教会の成員は御霊の多様な賜物を受けることによってキリストの体の肢体なのである（Ⅰコリント一二・二七「あなたがたはキリストの体であり、また、一人一人はその部分です」）。バルトは、体なるキリストに基づいて教会がキリストの体であるというこのキリストと教会の不可逆的な関係を強調した。この関係は、聖書において、キリストがご自身の体としての教会の「頭《かしら》」と呼ばれることに表わされている（コロサイ一・一八「御子はその体である教会の頭です」）。教会はキリストを頭とする彼の体なのである（エフェソ四・一六、五・二三、コロサイ二・一九、他）。したがって「この体を設定し・組織し・保証する原理ないし目標が、イエス・キリストと並んで存在するということはない。キリスト者のケリュグマ・洗礼・聖晩餐・信仰・愛・希望も、使徒の業や言葉も、そのような機能を持つことはできない。それは、まったくただひとりイエス・キリストの機能である。頭《かしら》として自らそして第一に体でありたもう彼が、教会をご自身の体として設定し・組織し、保証したもうのである」(741)。キリストと教会のこの不可逆の関係が、バルトの「キリストの体としての教会」理解全体をつらぬく基本的洞察であった。

c. 本質的にご自身体であるキリストは、キリストの体である教会を、いかにして「設定し・組織し・保証し」たのだろうか。バルトは、イエス・キリストの歴史、すなわち十字架の死と復活を指示しつつこう述べる。「教会の救いのために、またこの世の救いのために、彼らすべての者を包んでいたもうのは、彼の体が彼らすべての者を包んでいたもうゆえに、またそれによって、彼の体は彼らの体であり、したがって彼らは彼の体である。すなわち、彼において彼ら自身が、自分たちの過去としての罪と肉と死とから離れて、自分たちの将来としての義と生命へと向かうのである！」(742)。「過去としての罪と肉と死とから離れ」ることが人間に可能とされたのは、十字架の死におけるキリストの体によってであり（ローマ七・四、コロサイ一・二二、三・一五、エフェソ一・一六、Ｉペトロ二・二四、ヘブライ一〇・一〇、他）、「自分たちの将来としての義と生命へと向かう」ことが可能とされたのは復活におけるキリストの体、すなわち「霊の体」の啓示によってであった。「彼がこのような身体性において彼らに出会いたもうときに、弟子たちは、差し当たっては自分自身に向けられた言葉として、そしてまさにそのことによって成立した教会《エクレーシア》に向けられた言葉として、彼の地上的・歴史的現実存在の秘義の解明として、『あなたがたはキリストの体である』という呼び声を聞いたのである」（742）。神の決意におけるキリストの選びにおいて永遠からキリストの体であった教会は、キリストの十字架の死と復活を通して、キリストの霊の力ある業によって「歴史的次元」（745）を与えられたのである。

d・ところでバルトによれば、新約聖書は「キリストの体」の概念を「ただキリスト教会に対してだけ」（742）適用していて、その他の集団に用いていない。また特にはっきりとは全人類に対して適用していない。じっさい教会においてだけ、すなわち聖晩餐において、共に割かれたパンを分かち食べることを通して体の交わりが可視的となり、イエス・キリストの現実的存在が目に見えるものとなり、彼との交わりが生じ、キリストとの結びつきが具体的に生起するのである。「キリストが教会の頭《かしら》であり、自らその体の救い主である……」（エフェソ五・二三）。しかしわれわれは、イエス・キリストを、彼の体なる教会の救い主とだけしてしまうことはできない。むしろイエス・キリストは「すべての人間の頭・代理者・仲保者」、「最後のアダム」（742）である。したがって教会は、「すべての人間を包括し統括するキリストの体」（743）を考えることなしに、教会が自らキリストの体であることはできないし、自らの「本質と課題」（ibid.）を果たすこともできない。むしろ教会はイエス・キリストがすべての人間の仲保者・代理者・代表者であることを自らにおいて「指し示す矢」（ibid.）であるにすぎないのである。「教会は、キリストの体としての自分自身を、そこではイエス・キリストにおいてキリスト者だけでなくすべての人間が今すでに統括されているあの統一が可視的となる約束として、理解せざるをえないであろう」（ibid.）。別言すれば、それは、「教会は、キリストの体として、自己目的ではない」（ibid.）ことを意味する。それゆえ、バルトにとって、教会の目的論を規定したエフェソ一・八～一二と共に、エフェソ一・二三（「教会はキリストの体であり、すべてにおいてすべてを満たしている方の満ちておられる場です」）は、「キリスト教会の存在のマグナ・カルタ」（ibid.）と呼ばれるべききわめて重要な聖句であった。万物の主が教会の頭であり、世界を満たしている方が教会を満たしているのである。すなわち、教会は、「あらゆるものが、頭であるキリストのもとに一つにまとめられます」（エフェソ一・一〇）という目的のために神の民として選ばれたのである。キリストの体としての教会について語る聖書の言葉はみな、バルトによれば、第一にキリスト論的言葉であり、したがって目的論的であり、そのようなものとしてはじめて教会論的言葉である。

e．以上見てきたように、バルトは、「キリスト」と「キリストの体なる教会」とを分離しなかったし、同一視もしなかった。教会を御自分の体として「設定し・組織し・保証」するのはキリストであって、両者の関係は不可逆である。教会論をキリスト論から分離して語ったのが近代プロテスタンティズムだったとすれば、キリストと教会を同一視したのはローマ・カトリックだった。バルトの教会論はこの両者に対し境界設定する中で生い育ってきた。キリストの体の理解に当たっては、バルトは、特に後者、すなわちカトリックの立場をつねに念頭においていたように思われる。教会を「第二のキリスト」とすることはバルトでは問題にならなかった。この同一視の問題をバルト自身がどのように考えていたか、簡単に見ておきたいと思う。

バルトによれば、「体であるキリスト」と「キリストの体である教会」の同一視はできない。しかしそうであるからと言って、キリストの体としての教会をたんに「象徴的・比喩的に」（744）理解する必然性もない。「教会は、イエス・キリストの地上的・歴史的な現実存在の形として、彼の体で**あり**、彼の体は彼の教会で**ある**」（同）のである。バルトは他の箇所で、キリストの体としての教会について、「イエス・キリストの人格とは違った他の人間の場所で遂行される、したがって全く別様の、しかしその全き別様性において同質の、イエス・キリストの人格における神の言葉の受肉の反復」[326]だと述べている。この場合「客観的な啓示そのものの独一性」[327]のゆえに、啓示の継続、延長、広がりなどという言い方は許されない。「キリストの体と教会の同一視が有効性をもつのは」、いわばイエス・キリストにおいて神性が満ちあふれ見える形をとって宿ったと言われているように（コロサイ二・九）、「神的活動に目を注ぐ場合だけである」（ibid.）。バルトによれば、キリストと教会の同一視は、たとえば使徒言行録九・四、マタイ二五・四〇、四五、などの出来事を引き合いに出すまでもなく、世にある教会にとって実践的には決定的重要性をもったキリスト論的命題だと言わざるをえないとしても、「第二次的な」キリスト論的な命題であることには変わりがない。いずれにしても、厳密に考えれば、教会におけるキリストの霊の豊かな賜物が、あるいは信仰が、あるいは伝道の実りが、あるいは洗礼や聖晩餐が、教会を「キリストの体にする」（ibid.）のではない。そうではなくて、「イエス・キリストにおいて、彼の永遠の選びにおいて、教会はキリストの体であり、教会の肢々はこの体の肢々である」（ibid.）。そのことに聖霊によって歴史的現実性を与えられる。バルトにとって、キリストと教会の関係はつねに不可逆的にキリストに基づくものであり、「第二のキリスト」と言われるべきものではなかった。

付論2　二つの釈義

バルトは「契約の成就としての和解」という彼の和解の基本理解を述べる中で、二つの聖句、すなわち、ヨハネによる福音書三章一六節（「神は、その独り子をお与えになったほどに、世を愛された。独り子を信じる者が一人も滅びないで、永遠の命を得るためである」）とⅡコリント五章一九節（「神はキリストによって世を御自分と和解させ、人々の罪の責任を問うことなく、和解の言葉をわたしたちにゆだねられたのです」）の講解を補説《エクスクルス》として記している。和解の問題、教会と世の問題、世のための教会論に関わる重要な聖書的典拠であり、両方の講解に見られるバルトの基本理解を確認しておきたい。ただしバルトは、これらの聖句が重要であるだけに、かえってここでは特別な釈義を論争的に展開するようなことはせず、むしろブルトマンのヨハネ注解、あるいは新約聖書神学辞典などを参照するように指示しながら、可能なかぎり通説を提示しようとしているようにも見える。それでもしかし、彼の理解の特色は明らかであり、われわれは特にその点に注目して記述しておきたい（本文中の数字は、KDIV/1の頁数。強調点は断らないかぎりバルト）。

バルトは、ここで二つの聖書箇所を関連させて講解し、「契約の成就」(78)の「実現」(ibid.)とその「射程」(ibid.)を明らかにすることによって、イエス・キリストの歴史を和解の出来事として描き出す。

バルトがまず第一に強調するのは、ヨハネもパウロもここで一つの「出来事」(75, 78)、「歴史」(75)を語っているということ、しかもその主体が神であるような出来事あるいは歴史を語っているということである。「神は……愛された」に示されているのは、まさに神の「自由な愛の出来事」(75)であり、「神は……御自分と和解させ」に示されているのも、「神が行動の主体」(78)であるような出来事である。ヨハネによる福音書においてもⅡコリントにおいても、「和解として記された出来事における主動性と決定的行為は、共に……神のがわにある」(79)。

第二に、バルトは、この「神の愛の対象は、『この世』」(75)であり、「世」が神の「行動の客体」(78)であることを正当に強調した。

バルトは、「神は……世を愛された」と語られる際の「世」について、ヨハネによる福音書を背景に、以下のような理解を示す。すなわち、総括的に言えば、世とは「自ら神に敵対する統一的な主体としての人間世界」(75)であると。むろん世ははじめから神敵対的でそれ自身悪であったのではないし、そうする資格や能力を与えられていたわけでもない。なぜなら、世は神の被造物であり（ヨハネ一・一〇）、世は神の所有であったのだから（同一・一一）。神はまた世を放任していたのでもない。「まことの光――命を約束する契約の光は、この世の中に存在したし、また存在している。すべての人にとって十分明るい光として存在している（ヨハネ一・九）」(75)。バルトが「まことの光」を、ここで「契約の光」、詳しく言えば「神が御自身と人間との間に締結され最初から人間を照らしている契約の光」(77)と敷衍しているのに注意しておきたい。いずれにせよ世はそれを知らず（同一・一〇）、それゆえ世は闇である（同一・五）。しかし「世は、それら様々の性格を持ちながらも、そのような性格のゆえにこそ、それがこの世であることによって（すなわち、神に造られたものとして、最初から神に照らされたものとして、しかも神を知らず従って闇であるこの世として、否、この世がこのようなものであることによって、またこのようなものであるにもかかわらず）、それはあの神の愛の対象なのである！」(75)。この神の愛は自由な愛であって、対象に義務づけられていない。

Ⅱコリントにおいても（「神は……世を御自分と和解させ」）神の「行動の客体」が世であることははっきりしている。バルトの言うように、パウロにおいて世という概念はそれほど一般的ではない。しかし多くの場合、否定的意味をもっていることにおいて、ヨハネと変わらない。ところでⅡコリントでは、和解の対象が、五章一八節では使徒である「わたしたち」であり、それが最も増大された形で一九節で「世」となる。つまり、バルトによれば、パウロは、自分に対する神の和解の行為を、世に対する神の和解の行為との連関において、神御自身と世の和解といういわば「公分母」(79)の上に見た。神の和解の業の目標が世であることはここでも変わらない（ローマ一一・一五、コロサイ一・二〇他）。「神の和解の行為は、明らかに、神に向かってのこの世のそのような全体的な転向を目ざしている」(ibid.)。

第三に、バルトは、この神の愛の遂行、すなわち和解を、「交換」(Tausch) という概念を用いて解明した。「神がその独り子をお与えになったほどに世を愛された」とは、「この愛の異常さ」(76) を述べている。それは、「神がその御子において、御自身を、この神の敵の手に与えたもうた」(76) という使信である。そしてこの使信によれば、「神はこのような徹底的な意味において、われわれを「まず」(Ⅰヨハネ四・一九) 愛したもうた。単に、われわれが神を愛する以前に、というだけでなく、われわれがまだ罪人であり・まだ敵であった時に (ローマ五・八、一〇)、愛したもうた」(ibid.)。このキリストの出来事を、パウロはⅡコリントで「世を御自分と和解させ」と言い表わした。そしてバルトは、「和解」というこの語の本来の意味に立ち返ってこれを「交換」として理解する。それによれば、キリストの出来事とは、第一に、「キリストにおいて現臨し働きたもうことによって、われわれ罪人と全く連帯的となり、われわれの一人と成るということ (もちろん自ら罪を犯すことなしに) を、神は承認したもうた。否、むしろそれこそ、神の意志であった」(80) ということであり、そのことによって、第二に、「わたしたちが……彼にあって神の義となる」(ibid.) ということである。神と人間の立場の交換。神が罪人と連帯し罪人としてのわれわれの場所と地位を不可能にした以上、われわれには、「神にすでに受け容れられた忠実な契約の相手方 (Bundesgenosse) の場所と地位」(ibid.) しか残されていない。これがイエス・キリストの出来事であり、彼において起こった神と世の和解であり、世の神への転向である。バルトによれば、これは最後決定的に起こったのであり、神の決断の出来事であり、もはや取り消されることも凌駕されることもありえない。

最後に、第四に、われわれは、和解の出来事の目的、あるいは帰結に関するバルトの理解を瞥見しなければならない。ヨハネはそれを、「独り子を信じる者が一人も滅びないで、永遠の命を得るためである」と記し、パウロは、「人々の罪の責任を問うことなく、和解の言葉をわたしたちにゆだねられたのです」と書いた。はじめにヨハネを取り上げれば、この神の愛の働きの「意図」(77)と「射程」(ibid.)について語るこの目的文を理解するに当たって、バルトは、まず「世を愛された」という主導的文章から目を離さないことが大切だと言う。というのも、独り子を信じる者たちにおいて起こることは、人間世界に対しても、世に対しても起こることであるから。その上で、二つの意味を取り出す。第一に、「意図」に関わることとして、その意味は、「滅び」に陥ることからの彼らの救済である。そこに示されているのは、「御子派遣という形における神の愛は、先ず第一に、世のこのような消滅と破滅を起こさせまいとする神の意志である」(ibid.)。第二に、「射程」に関わることとして、その意味は永遠の命の約束である。それは、彼が被造物であることによっては決して保証されていないものである。「むしろ、それは、神が御自身と人間との間に締結され最初から人間を照らしている契約の光の特別な約束である」(ibid.)。「御子派遣という形における神の愛は……人間をして永遠の生命を(人間が被造物としてのその存在権利と共に喪失してしまった永遠の生命を)所有させようとする神の意志の確証である」(ibid.)。

ところで、バルトによれば、このキリストにおける神の愛の働きは、「この世の只中において御子を信ずる者たちが実際に参与を許される出来事」(77)である。参与とは、神に対しキリストにおいて示された神の愛と救いの意志に然りを言うということであり、具体的に言えば信仰が形成されることである。しかし重要なことは、神の愛の目的が彼らの身に起こることを、ここでも世全体に関わる神の救いの約束との関連で、とらえなければならないことである(ヨハネ三・一七)。したがってバルトはこう言う。「この世の只中に、この世に対しての証しとして、またこの世のために定められた証しとして、永遠の命を持つ人間が存在する。彼らは、この世に属してはいるが、しかも滅びることがないのである。この世の只中で、この証しがなされることによって、和解はこの世に対して与えられる和解だということが示される」(78)——ここにはわれわれの主題にとっても重要なバルトの視点が含まれている。

いま最後に述べたこと、すなわち、御子を信じる者の「証しの務め」(83)をⅡコリントは、バルトによれば、むしろ「全体の眼目」(ibid.)として語っている。「和解の言葉をわたしたちにゆだねられたのです」がそれである。ここには、「わたしたち」としての使徒と世との間に明確な区別がある。使徒は生起した和解を知っているが、世はいまだ知らず、なおも深い迷妄の中にある。しかしバルトによれば、こうした使徒と世との間にある「この違いの緊張状態や力」(82)がパウロを使徒として動かしているのではない。そうではなくて、「キリストにおいてパウロに彼の和解として神から起こったものは、この世のために彼に起こったのだ」(ibid.)という事実がパウロを動かしているのである。それゆえに、彼の転向そのものが、同時に使徒としての召命であり、「和解の務め」(Ⅱコリント五・一八)への任命であった。「キリストにおいて起こったあの転回が経験され認識される場合には、それが直ちにこのような運動を呼び起こすということ、またそれが、この世において(in)、この世に対して(gegenüber)、しかしこの世のために(für)、教会と教会の証しの務めを打ち建てるということ、それが転回の具体的な結果である」(83)。かくてバルトによれば、キリストにおける神のこの世との和解そのものが、教会を基礎づけ、その証しを基礎づける。神のこの世との和解が示されるのは、教会の実際の証しの奉仕によってである。二つの聖書講解の以下の結びの言葉が、バルトにおける和解とこの世と教会の関係理解を明確に示している。「キリストにおいて起こった和解が認識され経験される場合に、その和解自身が、己についての証しを要求するのである。したがって、この聖句に関しては、われわれは〔ヨハネ三・一六の場合よりも〕一層の権利をもって、〈和解は、和解についての証しを打ち建てそれを実際行なうことによって、この世の和解として示されるのだ〉という総括の言葉で、終わることができる」(ibid.)。これが「和解論」第三部で詳細に展開されたことは本論で述べた通りである。

（1） Vgl. KDI/1, S.1.

（2） ゲッティンゲンでのバルトの最初の教義学講義においても教会論は和解論の枠の中で扱われた（一九二四年夏『序説』、一九二四／二五年冬『教義学Ⅰ（神論・人間論）』、一九二五年夏『教義学Ⅱ（和解論）』、一九二五／二六年冬『教義学Ⅲ（救済論）』。救済論はミュンスターの最初の講義となり、和解論がゲッティンゲンの最終講義となった）。「さてこの教会の教説についての、特別にみ言葉の奉仕（ministerium verbi）のための、駆け足の概観をもって、ここゲッティンゲンでの諸君との共同の素晴らしい作業も終わりを迎えたが……この時にあってもう一度次のことを思い起こしていただきたい、私がここで諸君に講義した神学の意味と核心は、発生的にも即事的にも全く具体的で限りなく切迫している牧師の問題、すなわち、われわれ神学者は何をなすべきか、何ができるのか、ということ以外の何ものでもなかったし、何ものでもないということを。その唯一の答えは……預言者エレミヤに与えられている。そうすればわれわれも類比によってそれを聞くことになる。『わたしがあなたを、だれのところへ遣わそうとも、行って、わたしが命じることをすべて語れ（predigen）！』（エレミヤ一・七）」（《Unterricht in der christlichen Religion》 III. Band. GAII (38). S.377.）。教会論は「駆け足の概観」にすぎなかったが、和解論の講義全体において、教会の存在と働きについて、重要な取り扱いと位置づけを与えられた。バルトは、教会を、「神の愛の実証」、神の「信実」の中に位置づける。「神はまさに堕落した人間を愛したもう。罪人たちの間と死の世の只中に、彼は御自身をその御子において啓示し、彼はご自身の言葉と霊の国を目指し、彼は彼の教会を基礎づけ、集め、保持したまい、彼ご自身力ある和解者として、彼の約束と要求、彼の福音と律法、彼の新旧の契約を確証しこれを執行したもう」（S.1）。また御子イエス・キリストは「王」として行動し、ご自身の「第二の国、成長する恵みの権能領域、一つなる聖なる普遍的な教会を基礎づけたのであり、ご自身の現臨によって、世の終わりまで、すなわち、彼の第三の永遠の国、栄光の国の開始までこれを統治し保持したもう」（S.75）。こうしたキリストの統治の下、「教会は……そのために特別に召された者たちの奉仕と、この奉仕に結びついている権力と、純粋な説教、それだけでなくまた正しいサクラメントと真の悔改めの訓練とによる神の言葉の宣教という手段によって生き、それゆえに自分自身ではなく神に栄誉を帰し神の恵みの国の証人であるその程度に応じて、真の純粋なキリスト教会である」(S.350)。ここに示されているのは、当時「ヘッペの書物を見つけた」(ブッシュ『生涯』二二一頁)バルトの勉強によって構築された改革派の教会論の輪郭と言ってよいであろう。「駆け足」でなされた概観は四つの部分からなる。第一に、教会の不可視性。教会は見られるものではなく、信仰において信じられ肯定されるべきものであるということ。第二に、しかし教会は可視的でもあるということ。第三に、可視的教会としての純粋なキリスト教会の指標(一つの、聖なる、公同の、不朽の教会)について。そして最後に、第四に、教会の奉仕について語られる。Vgl. *B. L. McCormack*, Karl Barth's Critically Realistic Dialectical Theology, Its Genesis and Development 1909-1936, 1995, pp. 291.

(3) KDIV/1, S.718f.

(4) Ibid., S.719.

(5) Ibid.

(6) Ibid., S.164.

(7) Ibid., S.719.

(8) Ibid., S.721.

(9) Ibid.

(10) Ibid.

(11) Ibid.

(12) Vgl. *Hans-peter Großhans*, Universale Versöhnung im geschichtlichen Vollzug. *Zur* Ekklesiologie in Karl Barths Versöhnungslehre, in: ZDiTh 46, 2006.「イスラエルと教会としての神の民は、三一の神の和解の行為の必然的要素として理解されなければならない」(S.101)。

(13) KDIV/1, S.391.

(14)「和解は、認識的に言えば、イエス・キリストについての歴史であり、存在的に言えば、イエス・キリスト御自身の歴史である。和解について語るということは、イエス・キリストの歴史について語るということである」

(KDIV/1, S.172)。
(15) KDIV/1, S.83.
(16) KDIV/1, S.171. 五十九節の題詞。
(17) KDIV/1, S.142 .
(18) Ibid.
(19) KDIV/1, S.231 ff.
(20) KDIV/1, S.312.
(21) KDIV/1, S.166.
(22) KDI/4, S.718.
(23) KDIV/2, S.2.
(24) KDIV/1, S.143.
(25) KDIV/1, S.83.
(26) KDIV/1, S.143.
(27) KDIV/1, S.144.
(28) KDIV/2, S.293.
(29) Ibid.
(30) KDIV/2, S.578.
(31) KDIV/2, S.695.
(32) KDIV/1, S.167.
(33) KDIV/3, S.5.
(34) KDIV/1, S.83.
(35) KDIV/1, S.150.
(36) KDIV/3, S.7.

（37）KDIV/3, S. 6.
（38）KDIV/3, S. 780.
（39）*U. Kühn*, Kirche, 1980, S. 117 f. 他の問いは、一つはバルトの普遍救済説《ユニバーサリズム》を批判的に問うものであり、もう一つは、到来する世界共同体の前衛《アヴァンギャルド》としての教会理解は、一九世紀文化プロテスタンティズムの特定の考え方に類似しているのではないかという問いである（Vgl. Ders., Kirche, in: TRE, Bd. 18, S. 262 ff.）。グロスハンスはこれらの問いの適切さを認めつつ、むしろそれらに「バルトの教会論の強み」を見て取っている（*H.-P. Großhans*, ibid., S. 100.）。
（40）KDI/2, S. 217-218.
（41）KDIV/1, S. 738.
（42）Vgl. Ibid., S. 718.
（43）Ibid., S. 724.
（44）Ibid., S. 723 f.
（45）Ibid., S. 724.
（46）Ibid., S. 726.
（47）本書第一章および第二章で明らかにしたように、教会の現実存在のバルトの積極的評価は『ローマ書』以後、弁証法神学の初期の時代をへて現われてきたものである。『神の人間性』（一九五六年）の以下の回顧はわれわれによく知られている。「……神の人間性を認識する場合には、キリスト者総体（Christenheit）が、教会（Kirche）が、真剣に考えられ、肯定されなければならないし、感謝をもってそれを告白しなければならない。われわれは、おのおのその所において、教会の生活に参与し、その奉仕に参加しなければならない。一九二〇年ころには、われわれは、教会の神学的重要性を、当時われわれが幸いにも再発見した神の国の消極的な対照物としての性格においてしか見ることができず、教会の教理・礼拝・法的秩序の形を、『人間的な、あまりに人間的な』ものとして『それほど重大視』しようとしなかったし、それらのものに向けられた真剣さあるいはさらに熱心を、余計なものとして説明し、あるいはさらに有害なものとして説明した。そして、それらすべてのことにおいて、霊的なパルチザン主義と秘教的グノーシスの理論および実践に少なくとも近づいた。しかし、それは、われわれがその当時犯した誇張の一つであったのである」(Die Menschlichkeit Gottes, ThSt (B)48, S.24f.)。〔『神の人間性』井上良雄訳〕。

(48) KDIV/1, S.728.

(49) KDIV/1, S.729.

(50) Vgl. *M. Honecker*, Kirche als Gestalt und Ereignis, S.183ff.

(51) KDIV/1, S.729.

(52) Ibid.

(53) Ibid., S.731.

(54) 「カール・バルトはカルヴァンの考えをさらに展開し、可視的教会が、比喩(Gleichnis)として、換言すれば、《不可視の》神の国の暫定的表示として理解されることを欲した。二つの分離した団体が互いに対立して存在するのではない、そうではなくて、総譜とその演奏のように関係し合っている二つの現実があるのである。それには必ずしもコンサートホールが必要なわけではない」(*Christian Link*, Die Kennzeichnen der Kirche aus reformierter Sicht, in: *M. Welker* und *David Willis* (Hg.)Zur Zukunft der Reformierten Theologie, 1998, 280f.)。
Vgl. KDIV/3, S.906ff.

(55) KDIV/1, S.747f.

(56) KDIV/3, S.831.

(57) KDIV/1, S.732.

(58) Ibid., S.734.

(59) KDIV/3, S.831.

(60) KDIV/1, S.734.

(61) Ibid., S.735.

(62) Ibid., S.730.

(63)「この教会論が少なくともヨーロッパにおいてあまり理解されず、取り上げられていないとすれば、その決定的な理由は、この教説が、既存の教会を非常に骨の折れる労働と戦いの場とするからだと、あえて推測して言うことができるかも知れない。しかしイエス・キリストの教会であれという要求に教会が応じることが問題の中心であるとすれば、ここで労働と戦いを忌避することは許されるであろうか」(Ｅ・ブッシュ「成人した信仰共同体としての教会」拙訳、四五、五四頁)。

(64) KDIV/1, S.737.

(65)《Unterricht in der christlichen Religion》III. Band, ibid., S.357 ff.

(66) CD §64. 未公刊（バーゼル、バルト・アルヒーフ蔵）。

(67) Der Begriff der Kirche, ibid., S.140-159.〔「教会の概念」〕。

(68) Vgl. *Ch.Bäumler*, Die Lehre von der Kirche in der Theologie Karl Barths, S.10 ff.

(69) KDI/1, S.486 f.

(70) 教会と終末論との関係は、すでに最初の教義学において論じられ（「すべてのことが」したがって教会も「何処から（daher）と何処へ（dahin）によって規定され、方向づけられている」。《Unterricht in der christlichen Religion》III. Band, ibid., S.410, S.377. 411 ff.)。さらにミュンスターの講演『教会の概念』（一九二七年）でも触れられる（「地上における神の民」としての教会は神の「王宮」よりはむしろ人間の間にある「あばら屋《ヒュッテ》」として「栄光の国の開始まで」神の憐れみにより生きる群であり、この世における教会の栄光はただ十字架のもとにしかない（Der Begriff der Kirche, ibid., S.158.）と。それが「信仰」理解の相違と共に、カトリックの教説へのアンチ・テーゼであることも暗示されていた。その意味でバルトの終末論的教会理解は、カトリックとの対論の中でいっそう強調され際立たせられた。

(71) KDIV/1, S.810.

(72) Ibid., S.350 ff.

(73) Credo, S.123, 1935.〔『われ信ず』〕。

(74) KDIV/1, S.348.

(75) Ibid., S. 351.
(76) Ibid., S. 820.
(77) Ibid.
(78) Ibid., S. 351.
(79) Ibid., S. 820.
(80) Ibid.
(81) Ibid., S. 823.
(82) Ibid., S. 824.
(83) Ibid., S. 825.
(84) Ibid.
(85) KDIV/3, S. 875 ff.
(86) *Chr. Bäumler*, Die Lehre von der Kirche, ibid., S. 27.
(87) Vgl. KDIV/3, S. 875.
(88) KDIV/3, S. 876.
(89) 邦訳は「実在の教会」。同じ表題をもつ一九四八年のハンガリーでの講演（Die wirkliche Kirche, in: EvTh, 8. Jahrgang, 1948/49）が「真実の教会」と訳されていることも参考にして、ここでも「真実の教会」とした。なお形容詞ないし副詞としての wirklich には、実在的、現実的、などの訳語を当てた。
(90) KDIV/2, S. 700.
(91) Ibid., S. 698.
(92) Die Kirche —die lebendige Gemeinde des lebendigen Herrn Jesus Christus, in: Die Schrift und die Kirche, 1947, S. 32.〔『教会——活ける主の活ける教団』〕。
(93) KDIV/2, S. 702.
(94) Ibid., S. 705 ff.

(95) Ibid., S. 709.
(96) Ibid., S. 717.
(97) Ibid.
(98) Ibid.
(99) Ibid., S. 718.
(100) Ibid., S. 719.
(101) Ibid.
(102) Ibid., S. 722.
(103) Ibid., S. 723. Vgl. S. 725 f.
(104) Ibid., S. 722.
(105) Ibid.
(106) Ibid., S. 723.
(107) Ibid., S. 726.
(108) Ibid.
(109) Ibid.
(110) Ibid.
(111) Ibid.
(112) Ibid.
(113) Ibid., S. 731.
(114) Ibid., S. 733.
(115) Ibid.
(116) Ibid., S. 735.
(117) Ibid.

(118) Ibid., S. 737 f.
(119) Ibid., S. 740.
(120) Ibid.
(121) Ibid.
(122) Ibid., S. 747.
(123) Ibid.
(124) Ibid., S. 748.
(125) Ibid., S. 749.
(126) Ibid., S. 750.
(127) Ibid., S. 751.
(128) Ibid., S. 752.
(129) Ibid.
(130) Ibid., S. 753.
(131) Ibid.
(132) Ibid., S. 754.
(133) Ibid.
(134) Ibid., S. 756.
(135) Ibid.
(136) Ibid., S. 757.
(137) 「和解論」の倫理学『キリスト教的生』(一九五九〜六一年の講義)では、宗教化した教会を「内向きの教会」「過剰の教会」と呼び、世俗化した教会を「外向きの教会」「不足の教会」と呼んだ。いずれも主イエス・キリストの否認の形態にほかならない。Vgl. Das christliche Leben, S. 224 - 235.〔『キリスト教的生』〕。
(138) Ibid., S. 758.

(139) Ibid., S. 763.
(140) Ibid., S. 764.
(141) Ibid.
(142) Ibid., S. 765.
(143) KDIV/2, S. 766.
(144) Ibid., S. 768.
(145) Ibid.
(146) Ibid.
(147) Ibid., S. 770.
(148) Ibid., S. 768.
(149) Ibid., S. 772.
(150) Ibid.
(151) Ibid.
(152) Ibid., S. 770.
(153) Ibid.
(154) Ibid.
(155) Ibid., S. 776 f.
(156) Ibid., S. 773.
(157) Ibid., S. 781.
(158) Ibid., S. 783.
(159) Ibid.
(160) Ibid., S. 784.
(161) Ibid.

(162) Ibid., S.785.
(163) Ibid., S.786.
(164) Ibid., S.787.
(165) Ibid.
(166) Ibid.
(167) Ibid., S.788.
(168) Ibid., S.789.
(169) Ibid., S.792.
(170) Ibid., S.804.
(171) Ibid., S.804 f.
(172) Ibid., S.805.
(173) Ibid., S.812.
(174) Ibid., S.814.
(175) Ibid., S.815.
(176) Ibid.
(177) Ibid., S.817.
(178) Ibid., S.822.
(179) Ibid., S.823.
(180) Ibid., S.823 f.
(181) Vgl. *Günther Bauer-Tornack*, Sozialgestalt und Recht der Kirche. Eine Untersuchung zum Verhältnis von Karl Barth und Erik Wolf, 1996. これによれば、「エーリク・ヴォルフは、自分の教会理解及び教会法理解の本質的諸要素を、一九四五年以降、カール・バルトから受け継いでいる」(S.271 ff)。
(182) Die Kirche—die lebendige Gemeinde, ibid., S.23.〔前掲〕。

(183) Die wirkliche Kirche, ibid., S.135.〔「真実の教会」〕。

(184) KDIII/4, S.576.

(185) Die Menschlichkeit Gottes, ibid., S.27.〔「神の人間性」〕。

(186) KDIV/1, S.728.

(187) Vgl. *A. Siller*, Kirche für die Welt. Karl Barths Lehre vom prophetischen Amt Jesu Christi in ihre Bedingungen der Moderne, 2009. *L. A. Hoedemaker*, Die Welt als theologisches Problem. , *M. den Dulk*, Eine Gesellschaft mit einem Gedicht als Grundsatz.Über Karl Barths Ekklesiologie in KDIV/3, §72. *H. Th.Goebel*, Die Entbehrlichkeit der Kirche für die Welt und die Unentbehrlichkeit der Welt für die Kirche, in: ZDiTh 20, 2004. *G. Hunsinger*, editor. For the sake of the world : Karl Barth and the future of ecclesial theology, 2004.

(188) KDIV/3, S.242.

(189) 「和解論」第三部のキリスト論（六十九節）は「預言者キリスト論」。このキリスト論が宗教改革の神学、とくにカルヴァンにおいてはじめて本格的に展開されはじめたことをバルトは認めつつ、それがまだ曖昧なままにとどまっていたという事実と問題点を指摘している（KDIV/3. S. 13-18.）。預言者キリスト論が明瞭に見られるのは『キリスト教綱要』第二篇一五章、『ジュネーヴ教会信仰問答』（問三九、四四）――『ハイデルベルク信仰問答』（問三一、三二）参照――である。バルトは五つ問題点として挙げ、論じているが、ここではわれわれのテーマに関わる、五番目に挙げられた問題だけを取り上げておこう。バルトの問いは、たとえば『ジュネーヴ教会信仰問答』問三九「どうしてあなたはイエス・キリストを預言者というのですか」に対する答え「なぜならば、この世に降って、父なる神の最高の使者また大使となられたからであります」における「世」と、イエス・キリストの預言者職について問うた問四四の答「この任務は、彼に属する者たちの主であり師であるために、主イエスに与えられたものでありますから、父とその真理についての真の認識にわれわれを導くことが目的であります。かくてわれわれは神の家の生徒となるのであります」（外山八郎訳）との奇妙な乖離に向けられる。つまり前者で、預言者キリストが身を向けるべき「世」が、後者において「われわれ」、すなわち選ばれた民、教会の壁の中に限定されている。世ということで問題になるのはすべての人間である。和解は全被造物に妥当する。したがってここで示されている、世をめぐる曖昧さは、神はイエス・キリストの派遣によって世を愛したもうたという聖書証言に一致せず、またイエス・キリストに従う者、すなわち選ばれた民は、イエス・キリストの愛したもうたものを愛することによって、彼らも彼らなりの仕方で世に向かい、世を愛し、世のために存在するようにとのイエス・キリストの委託にも反することになる、と言う。バルトの「和解論」第三部のキリスト論、それに続く人間論的諸領域への展開、したがって教会論への展開も、基本的には、ここで問いとして投げかけた点をバルト自身が克服していくところにその本質はある。

(190) Ibid., S. 783.
(191) Ibid., S. 883, 887, 892.
(192) Ibid., S. 892.
(193) *A. Siller*, Kirche für die Welt, ibid., S. 104 f.
(194) KDIV/3, S. 856.
(195) Vgl. *A. Siller*, ibid., S. 105, Anm. 118.
(196) KDIV/3, S. 784.
(197) 以下の論述はこの「はしがき」(KDIV/3, VII-IX.) による。
(198) バルトは一つの長い注をほどこし、教会と世との本質的関係、「この世への教会の注目すべき突出 (KDIV/3, S. 40)」について、聖書的、神学的だけでなく、教会史の観点からも論証している。それによると、近代のキリスト教および教会の歩みは、その発展そのものの良し悪しはともかく、教会がこの世に向かう、この世と深く関わるようになった歴史であったという。教会と世の関わりはそれゆえ本質的だとは言えないとしても、そこに歴史の現実があることも確かである。そしてこうした歴史は、近代のはじめの時期、すでにわれわれも触れたようなキリストの預言者の職務の教説が再興されたのと無関係ではないという。

バルトによれば、近代のキリスト教の歴史が、この世に向かいこの世に関わる教会の姿を示しているという言い方は、簡単には納得されない。なぜならルネサンスと宗教改革以来のヨーロッパの近代史はまさにそれとは反対に、もろもろの世俗的権威が教会的権威から離れていく歴史であるというのが普通の見方であろうからである。

バルトも基本的にそのように認識している。ここ四五〇年の歴史において、「近代人の生活が教会から遠く離れていること、教会の生活が近代人の生活から遠く離れていることが、いよいよ具体的になり、明瞭になった」(ibid., S.19)。しかしバルトによれば、われわれは別の局面も見なければならない。つまりわれわれは他のどの時代にも見られなかったような「世の中へのキリスト教会の本源的・自発的な突出」に、まさにこの近代において出会うという。教会は様々の分離を経験し、その地位から追われ、あるいはその中で自らを殺して妥協に終始していただけではない、そうではなくて「この近代は、同時に、決して敵対者から命ぜられたのではない極めて本源的な覚醒の舞台でもある。すなわち、キリスト者が、まさに世に対しての自分への委託を――世におけるまた世に対しての自分の派遣を、最初の数世紀以来どんな時代にもなかったような仕方で、新しく自覚し、もっと良く世に仕えるために、極めて様々な仕方で着手した覚醒の舞台でもある」(ibid., S.20)。それは教会が世に対しての対立においてこそ世に属するものであり、世との違いにおいてこそ世に対して無関心でありえず、敵対的でありえず、もっとも深い連帯性と責任をもって世に対するより他はない、という前提に基づく」(ibid., S.21) ことである。かくてまことに奇妙なことだが、世が教会から自らを解放すると共に、教会はみずからの自由において、世に向かいはじめたのである。世との新しい出会い、それが近代において教会が経験したことである。そのような意味で、この世と教会の分離という苦痛に充ちた事実と共に、この世に向かう、この世に関わる、世のための教会の姿を近代のキリスト教の歴史は示している。これがバルトの見方である。

そのような観点からバルトは以下六つの歴史的事実を挙げた。第一に、近代の初頭、宗教改革において、「教会が言葉の教会」(ibid.) という姿をとることが起こったこと。第二に、近代が、使徒時代以来かつてなかったような「異教徒に対するキリスト教ミッションの時代になった」(ibid., S.22) こと。第三に、近代において、内部の異教とも呼ぶべきものに対してのキリスト者の新しい覚醒と決起が起こったということ。たとえばいわゆる「内国伝道」、それと関連する宗教的・社会的運動などの展開などである。第四に、近代にいたってキリスト教信仰とキリスト教宣教の根底と対象に関して、古代中世の教会では知られなかったような観察・研究・思想が現われ、神認識の問題や人間が神について語る正しい言葉の問題などが真剣に考えられるようになった。つまり近代が「キリスト教思想・表現の正しい即事性を新しく探求する時代」(ibid., S.34) になったこと。第五に、教会内部において、宗教的身分と世俗的身分の区別、聖職者とそれ以外の信徒《ライエン》の区別等が問い直されつつあること。最後、第六として、バルトは、エキュメニカルな思想とその運動を挙げている。これも「教会からのこの世の離反に逆行する教会のこの世への志向」(ibid., S.39) の一つであることは明瞭である――これについて以下の拙稿を参照していただきたい。「遠い目標へ、その途上にある諸教会――第二バチカン公会議とカール・バルト」(『福音と世界』二〇一二年六月号)。「世界教会の形成と告白教会――ボンヘッファーとバルト」(渡辺昭一編『ヨーロピアン・グローバリゼーションの歴史的位相』所収、二〇一三年)。

(199) 「教会の存在は、単にその意味だけでなくその根拠もその可能性も、外部にいる人々に対するその派遣・奉仕・証し・委託の中にだけ――したがって彼らに対するその積極的関係の中にだけ、持っているのだからである。教会は、彼らに対する関係と共に、立ちまた倒れる」(KDIV/3, S.947)。

(200) Vgl. *M. Beintker*, »Das Volk Gottes im Weltgeschehen«. Die Gemeinde Jesu Chriti als Zeitgenossin, in: *S. Holtmann und P. Zocher* (Hg.), Krisis und Gnade, 2013, S. 200-219.

(201) Vgl. KDIII/3, S.1-66.

(202) KDIV/3, S. 787.

(203) Ibid., S.808.

(204) Ibid., S.814.

(205) Ibid., S.815.

(206) Ibid., S.815.

(207) Ibid., S.826.

(208) Ibid.

(209) Ibid., S.829.

(210) Ibid.

(211) Ibid., S.831.

(212) KDIV/3, S.831.
(213) Ibid., S.833.
(214) Ibid., S.860.
(215) Ibid.
(216) Ibid., S.861.
(217) Ibid., S.863.
(218) Ibid., S.867.
(219) Ibid., S.872.
(220) *T. Rendtorff*, Radikale Autonomie Gottes—Zum Verständnis der Theologie Karl Barths und ihrer Folgen, in: ders., Theorie des Christentums, 1972, S.177 f.
(221) Ibid., S.946.
(222) Ibid., S.823, S.825, passim.
(223) Ibid., S.946.
(224) Ibid., S.834.
(225) Ibid., S.835.
(226) Ibid., S.874.
(227) Ibid., S.835.
(228) Ibid.
(229) Ibid., S.875.
(230) Ibid.
(231) Ibid., S.876.
(232) 教会の「一般的・形式的規定」の問題を、バルトは、和解論第一部の教会論で（教会とは何か）、またその「内容的・人格的」規定を和解論第二部の教会論で（教会とは誰か）で取り扱っている。

(233) Ibid., S. 876.
(234) Ibid., S. 872.
(235) Ibid., S. 879.
(236) Ibid., S. 879.
(237) Ibid., S. 879.
(238) Ibid., S. 880.
(239) Ibid., S. 884.
(240) Ibid., S. 887.
(241) Ibid., S. 888.
(242) Ibid., S. 891.
(243) Ibid., S. 892.
(244) Ibid., 傍点、筆者。
(245) Ibid., S. 872.
(246) Ibid., S. 898.
(247) Ibid., S. 900.
(248) Ibid.
(249) Ibid., S. 901.
(250) Ibid., S. 903.
(251) Ibid., S. 905.
(252) Ibid.
(253) Ibid.
(254) Ibid., S. 907.
(255) Ibid., S. 910.

(256) Ibid.
(257) Ibid., S. 916.
(258) Ibid.
(259) Ibid., S. 919.
(260) Ibid., S. 923.
(261) Ibid., S. 926.
(262) Ibid., S. 927.
(263) Ibid., S. 927 f.
(264) Ibid., S. 929.
(265) Ibid.
(266) Ibid.
(267) Ibid., S. 930 f.
(268) Ibid., S. 931.
(269) Ibid., S. 950 f.
(270) Ibid., S. 951.
(271) Ibid.
(272) Ibid.
(273) Ibid., S. 955.
(274) Ibid., S. 966.
(275) Ibid.
(276) Ibid., S. 967.
(277) Ibid.
(278) Ibid., S. 968.

(279) Ibid., S. 970.
(280) Ibid.
(281) Ibid., S. 971.
(282) Ibid.
(283) Ibid., S. 975.
(284) Ibid.
(285) Ibid., S. 976.
(286) Ibid., S. 986.
(287) Ibid., S. 990.
(288) Ibid., S. 991.
(289) Ibid., S. 892.
(290) その中の一つ「ミッション」については、本書の「終章」で論及した。
(291) KDIV/3, S. 991.
(292) Ibid., S. 992.
(293) Ibid.
(294) Ibid.
(295) Ibid.
(296) Ibid., S. 994 f.
(297) Ibid., S. 995.
(298) 本章第三節「教会の建設」を見よ。
(299) Ibid., S. 996 f.
(300) Ibid., S. 996.
(301) Ibid.

(302) Ibid., S.997.
(303) Ibid.
(304) Ibid.
(305) *B. Klappert*, Der messianische Mensch und die Verheissung der Befreiung, in: ders., Versöhnung und Befreiung, S.73 ff.〔「メシア的人間と解放の約束」〕。
(306) KDIV/3, S.1026.
(307) Ibid., S.1027.
(308) Ibid., S.1027 f.
(309) Ibid., S.1028.
(310) Ibid., S.1029.
(311) Ibid., S.1028.
(312) Ibid.
(313) Vgl. KDIII/4, S.583-590.『教会教義学』五十五節「生への自由」の「キリスト教会の預言者的な奉仕」も参照せよ。
(314) KDIV/3, S.1030.
(315) Ibid.
(316) Ibid.
(317) Ibid.
(318) Ibid., S. 1033.「東と西の間にある教会」（一九四九年）を参照せよ。周知のようにバルトは、戦後、東西冷戦が始まると共に、「第三の道、教会独自の道」を歩むべきことを提唱した。
(319) KDIV/3, S.1032 f.
(320) Ibid., S.1032.
(321) Ibid.

(322) Ibid., S. 1034 f.

(323) Ibid., S. 1034.

(324) Ibid., S. 909.

(325) *Chr. Bäumler*, Die Lehre von der Kirche, ibid., S. 16.

(326) KDI/2, S. 235.

(327) Ibid.

終章　旅する神の民

1. 教会論の熟成

ここまでわれわれはバルトの初期から後期まで、すなわち『ローマ書』から『教会教義学』までを辿り、その教会理解の全体像を明らかにすべく努めてきた。残された著作は膨大であり、時代関連も複雑であるが、教会理解の一つの筋道を明らかにすることによってその全体像を浮き彫りにしようと試みた。われわれの考えるその「一つの筋道」をここで改めて示しておきたい。

バルトの教会論は、彼の他の神学的教説と比べれば、関心の向けられることが一般に少なく、時には疑いの目をもって見られてもきた。[1] 個別的な研究も必ずしも多いとは言えないとしても、一九三三年のカトリック神学者G・フォイアラーの弁証法神学の教会理解の研究を嚆矢として、[2] 今日まで少なくない研究が積み重ねられてきた。時代順に挙げれば、O・ヴェーバー（一九五六年）、M・ホネッカー（一九六三年）、B・A・ヴィレムス（一九六四年）、C・ボイムラー（一九六四年）、W・ヴェンデブルク（一九六七年）、K・A・バイアー（一九七八年）、それに加えてW・フーバー（一九八三年）やW・ヴェート（一九八四年）、さらにはW・グライフェ（一九九一年）、近年では、H・ホフマン（二〇〇七年）、A・シラー（二〇〇九年）など、英語圏のK・ベンダー（二〇〇五年）なども加えて、プロテスタント、カトリックを問わず、彼らの諸研究は顧慮されなければならない。[3]

これらの中で――内容に立ち入った検討はここでは行わない――バルトの教会論の発展理解に関して、われわれは、O・ヴェーバー、M・ホネッカー、そして特にW・フーバーやW・ヴェートなどと、その認識と立場を基本的に共有していることをはじめに明らかにしておきたいと思う。

(1) O・ヴェーバーはカール・バルト七十歳献呈論文集『応答』（一九五六年）に寄せた「カール・バルトに

おける教会と世」という論考の中で、初期バルトの教会概念と後期バルトの教会概念の相違を、バルトにおける受肉論の深まりとそれに基づく神学的思惟の変化の中に見ている。われわれもその相違を「受肉論の発見」に見て、そこに大きな区切りのあることを意識しつつ第二章以下を展開した。受肉論だけではむろん十全なキリスト論とは言えないとしても、バルトのキリスト論的な教会理解はここから始まったと見てよいであろう。第二章の第二節で『教会教義学』のプロレゴメナ、啓示論を取り扱ったところで詳細に論究した。

（2）戦後ドイツを代表するキリスト教倫理者として活躍してきたM・ホネッカーは、「カール・バルトの教会概念の変遷」（『形態と出来事としての教会』一九六三年）を問題として、バルトの教会論のすぐれた分析を先駆的に示した。彼はその教会論の変遷を三段階においてとらえた。すなわち、教会の危機を鋭く剔抉した『ローマ書』の段階、次に弁証法的教会理解の段階、最後に『教会教義学』、特にその「和解論」におけるキリスト論的教会理解の段階である。その上で彼は、バルトの予定論（「神の恵みの選び」）の中に教会の「基礎づけ」を見いだし、それを第三段階の最初に位置づけた。われわれの理解は、このホネッカーの解釈と分析に基本的に一致する。上に名をあげた研究の多くもこのホネッカーの理解を基本的に踏襲しているように見える。ただ弁証法的教会理解の段階をどこまで見るかという問題――じっさい概念の多くが後々まで残り続ける――、あるいは二十年代の半ばには民族主義的神学が台頭し、バルトの神学的戦線に変化が生じたことを考慮して、本書では、第二章を「二十年代から三十年代の教会理解」と一般的に表現し、第一節の特に「4．教会の本質と実存」において、基本的には弁証法的教会理解に立ちつつも世にある教会の在り方を問題にせざるをえなくなったバルトを取り扱っている。第三章の「バルメン神学宣言」の教会理解の序曲として理解していただきたいと思っている。二十年代の半ば、ヴァイマル中期にすでに、教会は可視的教会としてその本質にふさわしく現実存在しているかが問われ始めたのである。

なお特に、弁証法神学時代の後期、ミュンスター時代（一九二五〜三〇年）のカトリック神学との出会いも教会論形成に重要な意味を持った。われわれも不十分ながら第二章第一節で論及した。バルトはカトリック神学者たちとの交流の中で近代のプロテスタント主義の問題性を改めて知らされると共に（たとえば一九二八年の「問いとしてのローマ・カトリシズム」など）、カトリシズムに対しても批判的立場を取りながら、独自の神学的立場、また教会理解を形成して行った。(4)

(3) バルト教会論の分析にさいし「バルメン神学宣言」の教会論的意義に、M・ホネッカーは特に言及しなかった。C・ボイムラーやW・ヴェンデブルクにおいてもそれは同じであった。

しかし本書でわれわれは、「バルメン神学宣言」を、第三項だけでなく、その全体を教会論のテキストと見て、その詳細な分析を行い、バルトの教会論の全体理解において不可欠の位置を占めることを明らかにした。「バルメン神学宣言」のテキストをユンゲルのようにバルトのテキストと見る見方に対しては、バルトのテキストとは言えないというテートのような立場もある。本書で私は、バルトのテキストと言い切る見方には賛成しなかったが、バルトの原案から最終テキストの成立までを辿ることによって、バルトのテキストと見なして差し支えないという結論を下した。じっさい「バルメン神学宣言」がバルトのテキストとしてバルトの思想と齟齬のないことは、第三章全体を通して論証されている。その一致のゆえに「バルメン神学宣言」以後の著作をバルメンの「射程」の中でとらえることをした。

「バルメン神学宣言」の教会論的重要性は、むろんつとに指摘されていたが、W・ヴェートはそれを代表的する形で、「『バルメン』はキリスト論と教会論と倫理との緊密な結びつきのゆえに一つの挑戦である。教会はまだ決してそれを十分認識し受けとめてはおらず、自らの証しの務めを損なっている」(5)と書いている。その認識をわれわれも共有している。(6)

W・フーバーはバルトの教会論全体において「バルメン神学宣言」が不可欠の位置を占めるとか、それが統合されて理解されなければならないということは議論していない。むしろ端的に、同神学宣言の、特に第三項、第四項、第五項を、現代の教会論の最も重要な基礎的な認識として取り上げる。われわれもそれに第三章第一節で言及した。じっさい「バルメン神学宣言」がその第三項において明らかにした「イエス・キリストが主として働きたもう兄弟たちの共同体《ゲマインデ》」という定式は、「活ける主の活ける教会《ゲマインデ》」と共に、バルトの教会論の最も簡潔な定義であり、そこに彼の決定的認識が示されている。フーバーは近年の著作においても、特に教会法の観点からバルメン第三項以下の諸テーゼを取り上げている。この終章の後半で論及したい。

2. 教会理解の文脈

受肉論の重要性、教会理解の三段階説、教会論との関係での「バルメン神学宣言」の位置付けなど、いま述べたバルト教会論の変化・熟成のプロセスの理解は、組織的な観点からの分析である。われわれはこの変化・熟成の過程を、別の視点から、つまりバルトがその時々に何と対峙していたかという視点から、教会理解の文脈から、見ることもできるし、おそらくまた見る必要があるであろう。

(1)『ローマ書』から特に二十年代前半までの弁証法神学時代、彼が対峙していたのは、言うまでもなく近代の文化プロテスタンティズムであった。その意味での教会の危機の現実がバルトにははっきり見えていた。その危機のただ中に、しかし彼は同時に、神の不可能の可能性としての希望も見ていた。危機の克服がもし可能だとすれば、そこにしかそれはない。われわれはそれを第一章で明らかにした。

(2) われわれが第二章、特にその「4. 教会の本質と実存」で明らかにしたように、二十年代半ば、民族主義的神学や創造の秩序の神学が台頭し、カトリック教会に通底する尊大な教会主義がドイツ福音主義教会を覆い尽くす中で[7]バルトが問題として見据えていたのは神学における自然主義にほかならなかった。ヒトラー政権下、ドイツ的キリスト者ならびに帝国教会当局との軋轢の中でバルトが「教会が教会であるために」対峙しつづけたのも、ドイツ・プロテスタント教会二〇〇年来の自然神学の問題であった。それゆえ彼にとって教会の戦いとは、「バルメン神学宣言」がその第一項と第二項で述べているように、われわれのすべての「生の領域」において、「聖書においてわれわれに証しされているイエス・キリスト」を、「われわれが聞くべき、またわれわれが生と死において信頼し服従すべき神の唯一の言葉」として告白することにあった[8]。

(3) 戦後、「和解論」の教会論でバルトは、すでに第五章で見たように、個々には、たとえばキリストの体としての教会理解ではカトリックと対決し、教会の秩序の問題では仮現論的教会理解に、さらに世のための教会論では預言者キリスト論を手がかりに宗教化した、あるいは世俗化した教会理解と対決した。

しかし全体として見て、戦後のバルトの教会理解の方向を規定しているのは、やはり教会闘争の中でいっそう明らかになってきた一つの認識だったように思われる。バルトはどのような教会の現実を見つめていたのであろうか。

『現代における福音』（一九三五年）でバルトは、「現代」における「キリスト教」の在り様を「福音」から問い直し、「これまでわれわれに知られてきた形態におけるキリスト教は終わった」[9]と断じた[10]。その「形態」とは、四世紀以来西洋で形成されてきた社会と教会とが一体化したキリスト教のことである。「キリスト教的＝市民的、あるいは市民的＝キリスト教的時代は過ぎ去った」[11]。中世のキリスト教世界《コルプス・クリスティアヌム》は消えて久しい。それに続いた「新しい時代《ノイツァイト》」（近代）も今やむろん新しい《ノイ》とは言えない。それでもこの時代、すなわち「キリスト者の現実存在の独立の時代」[12]が、バルトによれば依然として「われわれの時代」[13]に違いないのである。キリストの最初の来臨と二度目の決定的来臨の間の「中間時」が自らの時間であることを忘れてしまった教会、[14]この世（Welt）から招待を受けた教会、自分のほうでも、この世に対し、自分の「現実存在の正当化、家宅不可侵権」[15]を保証してくれるように願う教会、この世と同盟を結んだ教会、自らの生活を保障してもらう教会、[16]こうした教会の形態は終わったのである。なるほどそのことで教会は貧しくならざるをえないかも知れない。[17]しかしバルトによれば、今日、そのことによってキリスト者も、そして教会も「その信仰告白とその認識とにおいて全く新しい自由へ召し出されている」[18]のである。この「全く新しい自由」へと、教会は福音に聞き従うときにのみ歩み入る。「この世を前にしての、あるいはこの世からの逃走へ、ではなく、あのコンスタンティヌス的秩序においては与えられなかったこの世における自由へと、召し出されている。この世との連帯の自由ではない、それゆえこの世における教会の派遣、教会の責任、教会の奉仕の自由へ、ではなくて、この世の中で、この世のために、自らの派遣、自らの責任、自らの奉仕に生きかつそれに従事する自由へ」[19]召し出されているのである。教会闘争時の洞察でもあるこのような教会の現実の認識が、戦後の和解論の教会理解の前提であり文脈であった。[20]それはまた彼が「和解論」の倫理学断片で幼児洗礼を厳しく否定することになる背景の一つでもあった。[21]

3．「兄弟たちの共同体《ゲマインデ》」

本書でくり返し述べたように、われわれはバルトの教会論の端的な定式の一つを「バルメン神学宣言」第三項に見いだした。すなわち、キリスト教会は「イエス・キリストが御言葉とサクラメントにおいて、聖霊によって、主として、今日も働きたもう兄弟たちの共同体《ゲマインデ》である」。これを約めて、エーリク・ヴォルフと共に、兄弟団的キリスト支配、副次的にキリスト支配的兄弟団と言ってもよい。

この定式を一つの決定的定式として現代の教会論を展開しているのはW・フーバーである。すでにわれわれも第三章で言及した。フーバーは近作『正義と法――キリスト教法倫理学の基本線』において特に教会法の観点から改めてその意義を評価している。ここで論及しておきたい。

W・フーバーによれば、ドイツで、一九一八年以後、すなわち、国家と教会の分離が成し遂げられて以後[22]、本来、教会法の独自の基礎づけと独自の教会の秩序の形態の探求が起こらなければならなかったにもかかわらず、それがなされず国家と類比的な実体としての教会理解が続いたのは、たんに教会に「公法上の社団」[23]としての地位が認められ存続したからだけではない。そうではなくて四世紀間持続しつづけた国家と教会の結びつきという伝統が、この結びつきが終わった後も、広くドイツの福音主義教会の法と行政機構に影響を及ぼしていたからである。この伝統をはっきりした形で打ち破り、独自の教会法と秩序構築の道を拓いたのは「バルメン神学宣言」、とり分けその第三項以下の諸テーゼにほかならなかった。「教会と教会法の領域におけるナチスの権力奪取の試みと共にはじめて、告白教会の領域で警鐘が鳴らされる。一九三四年五月、バルメン告白会議は、その神学宣言において、教会の使信と秩序とは相互に関連しており、また国家の課題と教会の課題とは相互に区別されなければならないと確言することで、それに答える。それと共に、ドイツ語圏福音主義教会概念の歴史上はじめて、教会の領域への政治的秩序の諸形式の単純で無反省な受け入れは原則的に排除される。というのも教会の法秩序の基準は、その法秩序が、兄弟たち姉妹たちの共同体として独占的にイエス・キリストの支配下にある証し - 奉仕の共同体の共同生活に奉仕することの中に――そしてただそのことの中にだけ――あるからである」[24]。

バルメンのこの教会理解において、人間による支配（Herrschaft）の概念が、教会に関連して排除されていること、それだけでなく国家に関連しても慎重に回避されていることを、フーバーは指摘している。というのも、イエス・キリストがただひとりの主であること、この一つの支配だけが教会を教会とすると理解されているからである。イエス・キリストの支配が独占的に教会の制度化の尺度・基礎であり、イエス・キリストの主としての働きのみが、教会の証しの奉仕を基礎づける。その意味で決定的に重要な告白は、バルメン神学宣言第四項である。（「教会にさまざまな職位があるということは、ある人びとが他の人びとを支配する根拠にはならない。それは、教会全体に委ねられ命ぜられた奉仕を行なうための根拠である。――教会が、このような奉仕を離れて、支配権を与えられた特別の指導者を持ったり、与えられたりすることができるとか、そのようなことをしてもよいとかいう誤った教えを、われわれは退ける」）。証しの奉仕は「教会全体」に委ねられ命ぜられている。その遂行は、相互奉仕によるのであって、職位は他の人の支配の根拠にはならない。教会指導がたとえ必要であっても、拒否命題が明確に語っているように、証しの「奉仕を離れて」はありえない。それゆえフーバーによれば、「いずれにせよ明らかなことは、教会指導的行為が、教会への宣教委任の後に位置づけられ、同時に、教会全体に委託され命じられた奉仕の遂行の中に差し込まれていることである。いかなる支配権限も、すなわち、相互奉仕の基礎構造を廃棄し、あるいはそれをただ相対化だけでもしてしまうような支配権限は、教会指導の課題と結びつけられていない」(25)。

他方、われわれは、W・フーバーに従って国家に関連しても支配概念が回避されていることも確認しておきたい。第五項でバルメンは、神の定めによる国家の務めについて、「人間的な洞察と人間的な能力の量《はかり》に従って、暴力の威嚇と行使をなしつつ、法と平和のために配慮する」という課題（Aufgabe）を語って、支配の任務（Auftrag）については語らなかった。それゆえこうした課題の遂行のために、バルメンは、統治者と被治者との間の支配関係について語らず、両者の共同の責任について語ったのである。かくてフーバーは次のように総括して言う、「教会に関連しても国家に関連しても支配は語られていないということが、もう一度強調されなければならない。というのも、人間的支配は、それがどんなものであれ、奉仕とは相容れないからである。そうしたものは人間によって唱えられる、他の人間を道具に貶める自由処理要求の表現であろう。それゆえに、教会における職務分化の基準は、支配要求にあるのではなく、ただ教会に全体として委託され命じられた奉仕——すなわち、神の自由な恵みのための証しの奉仕——にのみあるのである。国家の現実における統治者と被治者との間の区別も、統治者に認められた支配要求からではなく、ただ法と平和のために配慮するという国家の課題からのみ生じる。国家の権威の場合でも、徹頭徹尾、奉仕について語ることが、すなわち、法と平和への奉仕について語ることがふさわしいことなのである」(26)。このことは、フーバーの認めるように、あの時代、「告白教会」のもとで必ずしも実現されなかった。それが可能になったのは「ようやく一九四五年以後」(27)のことである。とはいえわれわれは、バルメン神学宣言に、前項で確認した従来の教会の形態の終焉の中を歩みつづけている「われわれの時代」の教会理解が、先駆的に示されているのを認めなければならないであろう。

4．旅する神の民

「和解論」の教会論でわれわれにもっとも印象深い考究の一つは、「和解論」第一部の教会論（六十二節）の終わり近くでバルトが展開した、教会は何のために存在するのかを巡るそれである。われわれもすでに第五章第一節で論及した。もう一度短く述べれば、それは「中間時」の意味と関わっていた。イエス・キリストの第一の来臨が最後の来臨であることもありえたにもかかわらず、そうはならずに「新しい時」(28)が始まった。神はわれわれのために、人間のために、なおも「補遺的歴史」(Nachgeschichte)(29)をもった。中間時の意味をつきつめれば教会の存在理由に至りつく。「中間時の意味……を問う問いに対して、教会は答えであり、答えを与えなければならない」(30)。その積極的意味をバルトはこう説明した。すなわち、神は、人間の答え、人間の然りという言葉、人間の感謝と賛美の声を聞くことなしに、神の永遠の安息日の出現以前に、和解の言葉を語り終えようとされず、和解の業の完成をもたらそうとはしない、と。[31] それゆえ「神は、簡単に人間抜きで——人間の頭上を飛びこえて、人間の和解者となりその救い主となることを欲したまわない。神は、その御子が独りでいますことを欲したまわない。……神は、この頭《かしら》のからだを——この頭《かしら》の地上的・歴史的な現実存在の形を求めたもう。神は、御子の死において起こったことに対しての——従って、人間の状況の中に起こった不義から義・死から生命へ向かう方向転換に対しての、開かれた目と開かれた耳を求めたもう。神は、そのような方向転換を認識する人間の心を求め、そのような方向転換を告白する人間の舌を求めたもう。神は、イエス・キリストにおいて義認が起こったということだけでなく、この義認についての報知が語られ信仰されることを欲したもう。そのようなことが起こるためにこそ、神は、この世に、今一度場所と時と現実存在を与え、終末時を出現せしめ、継続せしめたもうのである。終末時は、このような対応（Entsprechung）が起こるべき場所である」[32]。ここで言う終末時とは中間時のことにほかならず、中間時とは、「一人も滅びないで皆が悔い改める」ための神の「忍耐」（Ⅱペトロ三・九）の時である。教会はこの中間時における神の和解への「対応」であり、また応答である。神がキリスト以後も世界に空間と時間とを与えたことは「和解へのわれわれの積極的関与への神の最大の関心」[33]を表わしていると言ってもよいであろう。その場合教会は和解を受けた人類の「暫定的表示」として、その存在自体が神の人間への好意と憐れみの証明である。教会は、その存在をもって、その賛美と感謝をもって和解を証しする。それだけでなく和解の「報知」を通しても証しする。神はわれわれに「和解のために奉仕する任務」（Ⅱコリント五・一八）を与えられたのだから。教会は和解に仕えるのであって自分に仕えるのではない。教会は神の和解の恵みを証しつつ地上を「旅する神の民」（Das wandernde Gottesvolk）[34]として歩む。

いま述べたように、教会は、イエス・キリストにおいて神との和解を与えられた世の只中に、和解に仕えるために存在する。バルトはこの関連で「教会ノ外ニハ救イナシ」（extra ecclesiam nulla salus）という伝統的な命題を訂正し、次のように言う、「この意味で正しいのは、『キリストノ外ニハ救イナシ』(extra Christum nulla salus)という命題である。彼の体としての教会は、彼が歴史においてこの世に出会いたもう現実存在の形にすぎない。すなわち、自分たちの救いとこの世の救いをイエス・キリストにおいて認識し告白する者たちの教会にすぎない」[35]。バルトによれば、教会をこの世から区別するもの、それはイエス・キリストにおける神のこの世との和解が「他のすべての者に先んじて」[36]認識され告白されるところにあるのであって、教会が救いを持っておりこの世は持っていないというようなことではない。それゆえにバルトは、救いにあずかるためには教会の媒介がなければならないとか、教会の宣教がなければならないということすら言うべきではないと言う。[37]「むしろ、われわれは、神がイエス・キリストにおいて起こった和解の力を『教会ノ外』でも、すなわちこの世における教会の奉仕という仕方以外の仕方でも働かせたもう神の隠れた道を、予想しなければならないであろう(ヨハネ一〇・一六)。神は、教会の手の届かぬところにいる人々、まして神を神と呼び求めたことのない人々のためにも、われわれがまだ知らぬまったく別の仕方で配慮したもうたであろう。また、今も配慮したもうであろう」[38]。教会と世の「区別は流動的で開かれており絶対的な境界ではない」[39]。教会は「開かれた群れ」(E・ブッシュ)である。そしてバルトによれば、われわれがそうした神の隠れた道というようなものに開かれた態度を取るとしても、「それは教会の栄光を減ずることにはならない」[40]し「教会の課題を軽くすることにもならない」[41]のである。

教会をこの世から区別しかつ優越せしめるこの「認識」あるいは「知」をむろんバルトは主知主義的に考えていない。「教会は、他の者たちがまだ知らぬことを、今すでに知っている。それを信仰において知っている。教会は、それをまだ見てはいない。その点は、他の者たちと同様である。しかし、教会は、それを知っている。教会は、その信仰のこのような知において生きる。その信仰のこのような知において、またそれから出でる生活において、教会は、一にして聖なる公同の使徒的教会であり、イエス・キリストの教会である。その信仰のこのような知において、教会は、この世に優越し、この世に打ち勝つ。それは、軽蔑や敵対心をもって打ち勝つのではないが、確信と希望をもって打ち勝つ」[42]。この知、この認識は信仰の知であり、その知における生である。それが神の民としての教会における知であり認識である。教会は信仰の知とこの知に基づく愛と希望の生活によって、この世の只中にあって、イエス・キリストの自己証示に、換言すれば、和解そのものが和解の光・和解の啓示なのであるからイエス・キリストのリアル・プレゼンスに仕えつつ、世に打ち勝つ。

和解の認識は、バルトにおいて、和解の証人として召されることと同義である。和解の現実の認識は、そしてその認識の許されることは、教会がそれを証ししなければならないからであり、それを証しすることができるためである[43]。世との神の和解の証人であることによって教会はこの世と本質的に結びつけられている。教会の自己目的としての在り方はいずれにせよすでに禁じられている。「イエス・キリストの教会は、世のために存在する。……まさにそのようにすることによって、そしてそのような仕方で、教会は、神のために存在する。……まず第一に、そして何よりも、神が、世のためにいますのである。そして、イエス・キリストの教会が、まず第一に、そして何よりも、神のために存在するときに、教会も、それなりの仕方で、その置かれた場所において、世のために存在するよりほかにない」[44]。この間の消息をわれわれも第五章第四節で世のための教会に関連して論究した。先にわれわれはバルトが西洋における社会と一体化したキリスト教の在り方の終焉を見つめながら、脱コンスタンティヌス時代の教会論を模索していることを、和解論の教会論の文脈として確認した。しかしそのことは社会と無関係な教会の在り方をバルトが求めたことを意味しない。逆である。キリスト教の近代がこの世への指向において歴史的に特色づけられるとすれば――そのこともわれわれはすでに同節で確認している――、世との関わりをむしろ前へと進めること、つまり和解の証人としての歩みを通して前進させることをバルトは試みたと言ってよい[45]。

この和解の証人としての教会の在り方からバルトの教会理解の一性格、「成人性」の重要性を改めて指摘しているのはＥ・ブッシュである。「教会が教会以外の社会に向き合う中で証人となろうとするとき、それ（教会の成人性）は必然的条件である。そしてそれは何よりも、一つの職務の声に代わって『キリスト者の証しの多様性』[46]が現われるのを可能にする」[47]。ひとりの主の働きに対応するのが兄弟たちの共同体であったように。バルトにおいて洗礼は「教会全体に委ねられた派遣に参与するための聖別式あるいは按手式」[48]であった。バルトにおいて人間は教会形成の受動的主体にとどまらない。バルトの教会論は成人したキリスト者の責任的応答と積極的参与を強く促す。その迫力と熱心が彼の教会論の一つの魅力であると言って過言ではない。人間は神の主権的な恵みの中で、またその語りかけの中で、「神の自主的な被造物として真剣に考えられる。また、蹂躙され圧倒されることはなく、自立させられる。また、成人としての資格を剥奪されるのではなく、成人として語りかけられ、成人として扱われる」[49]。じっさいバルトは特に「和解論」で神が自らを人間のパートナーとし、人間を神のパートナーとしたことをくり返し語った[50]。いずれにせよブッシュが、バルトの教会論の目指すものを「成人した教会」(Die mündige Gemeinde) に見出したことを付言しておきたい[51]。

さて先にわれわれは教会の存在を中間時の意味の問いへの答えとして理解した。この教会は、委託されたもの、すなわち福音を、証しするために存在し、福音を証しすることによって生きる。証しのための教会の派遣を語ったのが「和解論」第三部の教会論であった。われわれもすでに前章の第四節で論究した。「和解論」第三部の「はしがき」でバルトが次のように記していたのをわれわれは思い起こす。「キリスト者がキリスト者であるか否か、キリスト教会がキリスト教会であるか否かということは、証しの問題によって決定されるのだという理解に、凝縮されることになった」[52]。この証しの問題について、本論（第五章第四節）で取り上げることをしなかったミッションの問題を[53]、以下二点にわたって取り上げ終章の締めくくりとしたい。

第一は、ミッションが、教会の課題として、すなわち世のための教会の課題として根本的な位置を占めるとバルトが考えていることである。[54]

ミッションをバルトは、『教会教義学』七十二節「四　教会の奉仕」の中で教会の一二の奉仕《ミニストリー》の一つとして挙げた——その一部についてはわれわれも第五章第四節で取り上げた。しかしミッションをミニストリーの中の他と並ぶその一つとして受け取ることはバルト理解として必ずしも正しくない。というのもミッションは、すでにその箇所でも「キリスト者の群れの存在のまたその奉仕全体の根底」[55]と認識されており、またじっさい「和解論」第一部の「和解についての教説」（概説）においてすでに、「和解論」の第三の教会論について予示的に「来たらんとする神の国を、人間の将来全体の総括として宣べ伝える教会《ゲマインデ》、しかし、それゆえにこそ、伝道の教会（Missionsgemeinde）」[56]と記されていたからである。世のための教会は伝道の教会であるほかない。「そのようにして教会は伝道の教会である。そうでないとしたら、教会は教会ではない」[57]。しかしバルトによれば、教会の証しは、なるほど第一に世に向けられる。外にいる人々に対する教会の委託が優位を占めるであろう。しかしそれだけではない。そうした「教会への委託の遂行のために——伝道の教会がその委託を遂行する能力と意欲を持った活きた真正のキリスト者の教会であるために——ただそのためにだけ、その証しは……内側にも向けられ、教会自身の構成員にも向けられなければならない」[58]のである。[59]バルトがここで念頭においているのは、今や全く内向きとなりただ序でに外をも向くという「年老いた」欧米の教会であった。アジア・アフリカの「若い」教会も簡単にそうなってしまわないようにと注意を促しつつ、そうした若い教会の存在と模範によって欧米の教会がまったく新しく感銘を与えられることをバルトは「残された希望」とも記した。

第二に、いま述べたミッションに関連して、教会は証人であり、また証しをするのであって、救いの仲介者として振る舞ったり、救いを創り出したりするのでないことが、改めて強調されなければならない。

バルトは、一二の奉仕の一つとしてミッションを取り上げ、神学的原則、心構え、注意点などを記しているが、要約すれば、次のようになる。第一に、イエス・キリストはすべての人のために、したがって異教徒のためにも、死んで甦りたもうたという明らかな約束と確かな信仰との前提のもとでだけ、ミッションは意味深い。[60] ミッションの課題はそれを彼らに「告げ知らせる」(anzeigen) ことであり、「語りかける」(ansprechen) ことである。第二に、伝道団体ではなく、教会がミッションの主体である。第三に、ミッションは福音を伝えるという純粋な意図でだけなされなければならない。第四に、諸宗教の中にあってミッションは真剣な評価と同時に非妥協的に自らの独自性と新しさを対置するという前提でなされる。第五に、ミッションにおいても、教会的奉仕全体の遂行が問題なのであって、たとえば教育やディアコニーなど、最初にもっぱらそれに従事することはあっても、それが自己目的化してはならない。第六に、ミッションの目標は「回心」させるということではない。むろんそれはじっさい起こることであるかも知れない。しかし回心は神の業である。そして最後、第七に、諸国民の間でのミッションはその出発点において征圧や支配ではないのであって「奉仕」である。若い教会が自らも証人となるように導くことが必要である——じつにまっとうな理解であり助言であると言わざるをえない。

バルトのミッション理解、あるいは伝道理解については、われわれも、D・マネッケと共に、これを「証人の奉仕としての伝道」[61] と言ってよいであろう。そしてバルトが証しについて次のように書いていることも、われわれは記憶しておいてよい。「概念のキリスト教的意味での証しは、わたしが、わたしが信じる時に、信じる間に、隣人に向かってなす挨拶のことである。わたしがそのものの中でイエス・キリストのひとりの兄弟を、それであるからわたし自身の兄弟を、見出すことを期待するところの者との間にわたしがもっている交わりを告知することである。わたしは証しをする間に、わたしは何も欲しないし、何も欲してはならない。わたしはただ隣人との具体的な向かい合いの中で、わたしの信仰を生きるだけである。キリスト教的証しの力は、その証しがそれがもっているすべての切迫性にもかかわらず、またこの意味で控えめであるという性格をもっているかどうかということと、立ちもすれば倒れもする。……証人は自分の隣人にあまりに近寄りすぎて侮辱を加えることはまさにしないであろう。証人は彼を『取扱い』(behandeln) はしないであろう。証人は彼を自分の活動の対象としないであろう。たとえ最上の意図をもってしてもそのようにはしないであろう。証しはただ、神の恵みの自由を最高度に尊重することの中でのみ、それ故にまた、わたしから何も期待してはならず、すべてを神から期待しなければならないところのほかの者を最高に尊重することの中でのみ、存在するのである」[62]。神の恵みの自由を最高に尊重し、かつ同時に他者を最高に尊重することの中でしか、証しは成り立たない。

さてわれわれはこの終章の「4．旅する神の民」で、特に「和解論」第三部の教会論を念頭にいくつかのことを述べることになった。われわれは改めて、教会論（七十二節）含む『教会教義学』「和解論」第三部の冒頭に置かれたキリスト論（六十九節）の題詞が「バルメン神学宣言」第一項のみであったことを思い起こす。つまり世のための教会論を含む「和解論」第三部は「バルメン神学宣言」の展開なのであり、キリストを集中して告白することの広がりであり、帰結なのである。神の唯一の御言葉であるイエス・キリストご自身が自らを啓示し、われわれを照らし、われわれに語りかけ、われわれの神となる。この世におけるこのイエス・キリストの自己証示、そのリアル・プレゼンス、すなわち、イエス・キリストの自己現前化と自己分与に教会は奉仕する[63]。神の国の来るその時までイエス・キリストを証ししつつ歩む。そこでわれわれも「バルメン神学宣言」第一項を引き、終章を、そして本書全体を閉じることにしたい。

聖書においてわれわれに証しされているイエス・キリストは、われわれが聞くべき、またわれわれが生と死において信頼し服従すべき神の唯一の御言葉である。

アーメン

（1） H・プロリングホイアーによれば、バイエルンのルター派教会監督マイザーは一九三四年一一月二二日に「バルトをもって教会は建てられないことが判明した」と語ったという。*H. Prolingheuer*, Der Fall Karl Barth, S.41. Vgl. *E. Busch*, Die grosse Leidenschaft, 1998, S.258. E・ブッシュは来日講演の中で、たとえばバルトにおいて神が権威的にいわゆる上から垂直に人間を支配しているゆえこの神学では人間の成人性が真剣に考慮されていないというバルトの教会理解に対する批判に言及し、バルトの教会論における成人性の要素を明らかにしようとしている（ブッシュ「成人した信仰共同体としての教会——バルトの教会論の目指すもの」、小川圭治編『カール・バルトと現代』所収、拙訳、一九九〇年）。Vgl. *H.-P. Großhans*, Universale Versöhnung im geschichtlichen Vollzug, in: ZDiTh 46, 2006, S.95 f.

（2） *Georg Feuerer*, Der Kirchenbegriff der dialektischen Theologie (FThSt 36), 1933.

（3） *Otto Weber*, Kirche und Welt nach Karl Barth, in: Antwort, Karl Barth zum 70.Geburtstag am 10.Mai 1956, S.217-236 ; *Martin Honecker*, Kirche als Gestalt und Ereignis. Die Sichtbarkeit der Kirche als dogmatisches Problem (FGLP 10. Reihe, 25), 1963 ; *B. A. Willems*, Karl Barth. Eine Einführung in sein Denken, 1964 ; *Christof Bäumler*, Die Lehre von der Kirche in der Theologie Karl Barths (TEH 118), 1964 ; *Ernst Wilhelm Wendebourg*, Die Christusgemeinde und ihr Herr. Eine kritische Studie zur Ekklesiologie Karl Barths, 1967 ; *Klaus Alois Baier*, Unitas ex auditu. Die Einheit der Kirche im Rahmen der Theologie Karl Barths, 1978 ; *Wolfgang Huber*, Folgen christlicher Freiheit. Ethik und Theorie der Kirche im Horizont der Barmer Theologischen Erklärung, 1983 ; *Rudolf Weth*, „Barmen" als Herausfordernug der Kirche. Beiträge zum Kirchenverständnis im Licht der Barmer Theologischen Erklärung (TEH NS 220), 1984 ; *Wolfgang Greive*, Die Kirche als Ort der Wahrheit. Das Verständnis der Kirche in der Theologie Karl Barths, 1991（簡潔な研究史の概観あり）; *Horst Hoffmann*, Kirche im Kontext, 2007 ; *Annelore Siller*, Kirche für die Welt. Karl Barths Lehre vom prophetischen Amt Jesu Christi in ihre Bedingungen der Moderne, 2009 ; *Kimlyn J. Bender*, Karl Barth's Christological Ecclesiology, 2005.

（4）　Vgl. *W. H. Neuser*, Karl Barth in Münster 1925 - 1930, ThSt 130, 1985, S.37 ff. *K. G. Steck*, Über das ekklesiologische Gespräch zwischen Karl Barth und Erich Przywara 1927/29, in: Antwort, 1956, S.249 - 265. Vgl. *Lidia Matošević*, Lieber katholisch als neoprotestantisch, 2004.
（5）　*R. Weth*, "Barmen", ibid., S.8.
（6）　拙稿「バルメン宣言と今日の教会的実存」（『福音と世界』二〇〇五年六月）、参照。
（7）　宮田光雄『十字架とハーケンクロイツ』（前掲）、雨宮栄一『ドイツ教会闘争の史的背景』二〇一三年、参照。
（8）　傍点は筆者。
（9）　Das Evangelium in der Gegenwart, TEH 25, S.33.
（10）　*E. Busch*, Die Grosse Leidenschaft, 1998, S.251-255. ブッシュ『生涯』三六七頁。
（11）　Das Evangelium, ibid. 傍点、バルト。
（12）　KDIV/3, S.603.
（13）　Ibid.
（14）　Das Evangelium, ibid., S.30 f.
（15）　Ibid., S.33.
（16）　Ibid., S.31.
（17）　Ibid., S.35.
（18）　Ibid., S.34.
（19）　Ibid. 傍点、バルト。
（20）　「現代の叙述、たとえばH・J・クラウスは、真実の教会は神の国に《あらゆる空間とあらゆる時間とあらゆる権利》とを譲り渡さなければならないという原則を第四の教会の指標として呈示し、神の教会は《世のために》存在しそれに対応して自らを《世と連帯的に》行動しなければならないという教会闘争の中で成長した〔バルトの〕認識を、もう一つのメルクマールとして付け加えた」（*Chr. Link*, Die Kennzeichen der Kirche aus reformierter Sicht, in: *M. Welker/D. Willis* (Hg.), Zur Zukunft der Reformierten Theologie, 1998, S.281 f. バルト

『教義学要綱』一一四～一一五頁、参照。
(21) Vgl. KDIV/4. 大木英夫『バルト』一九八四年、二一一～二一二頁、参照。
(22) ヴァイマル憲法（一九一九年）第一三七条、特にその第一項「国の教会は存在しない」。
(23) 同憲法、第一三七章第五項。
(24) *W. Huber*, Gerechtigkeit und Recht, Grundlinien christlicher Rechtsethik, 2006, 3. Aufl., S.505f.
(25) *W. Huber*, ibid., S.507. 一九三四年一月四日改革派教会自由教会会議における、バルトの起草になる「現代のドイツ福音主義教会における宗教改革的信仰告白の正しい理解に関する宣言」も参照。その五・二で次のように言われている。「教会の形態は、教会の外的な秩序もその内的な生き方も共に、教会の唯一人の主でありたもうイエス・キリストの約束と命令のもとにあることによって決定される。諸教会は、各自が、そして、その全体において応答の責任をもつものは、宣教の奉仕、監督の奉仕、宣教を導く教えと愛の奉仕の担い手をその中に見出し、課題を正しく執行せしめることである。したがって、同時にここで退けられるべきことは、諸教会が教会の奉仕の職務を任命したり管理したりすることが特別な教会の指導者によってなされたり、またそうすることがゆるされるという見解である」（雨宮栄一訳）。Vgl. *E. Busch*, Reformiert, Profil einer Konfession, 2007, S. 151-190.
(26) Ibid., S.508.
(27) Ibid.
(28) KDIV/1, S.820.
(29) Ibid., S.823.
(30) Ibid., S.820.
(31) Ibid., S.824.
(32) Ibid.
(33) *W. Kröke*, Die Kirche als »Vorläufige Darstellung« der ganzen in Christus versöhnten Menschenwelt, in: ZDiTh 22, 2006, S. 85f.
(34) Vgl. KDIV/3, S.380, 851f. KDIV/4, S.44. ヘブライ人への手紙一三章一二節を見よ。井上良雄『地上を旅する

教会　バルト「和解論」の教会論』一九九〇年、参照。第二バチカン公会議の「教会憲章」における神の民としての教会とキリストの体としての教会との関係について、Y・コンガール「神の民としての教会」（『旅する神の民』一一二頁）参照。「教会憲章」に対するバルトの質問表、特にI-1. を見よ。Ad Limina Apostolorum, 1967, S.26. 拙稿「カール・バルトと第2バチカン公会議」（東北学院論集『教会と神学』三七号）参照。Vgl. *W. Huber*, Kirche, 1979, S.69 - 80.

（35）KDIV/1, S.769.

（36）Ibid., S.718. 六十二節題詞《ライトザッツ》。

（37）Ibid., S.769.

（38）Ibid.

（39）*E. Busch*, Leidenschaft, ibid., S.269.

（40）KDIV/1, S.769.

（41）Ibid.

（42）Ibid., S.811 f. Vgl. KDIV/2, S.210 ff.

（43）Ibid., S.744.

（44）KDIV/3, S.872.

（45）Vgl. *E. Busch*, Leidenschaft, ibid., S.267 f.

（46）KDIV/3, S.988.

（47）*E. Busch*, Leidenschaft, ibid., S.270.

（48）KDIV/4, S.221.

（49）Ibid., S.25.

（50）Vgl. *W. Kröike*, Gott und Mensch als Partner. Zur Bedeutung einer zentralen Kategorie in Karl Barths Kirchlicher Dogmatik, in: *H. Köckert/W. Kröike* (Hg.), Theologie als Christologie zum Leben und Werk Karl Barths, 1988, S106-120.

(51)　E・ブッシュ「成人した信仰共同体としての教会」参照せよ。Vgl. *E. Busch*, Leidenschaft, ibid., S.264f.

(52)　KDIV/3, VIII.

(53)　バルトにおいてこの語（ミシオーン）は使命という意味で使われているところもあるが、多くは派遣の意味で用いられている。訳語としては「派遣」のほかにやはり「伝道」がふさわしい（ただしわれわれはここで邦訳に従いミッションという言葉を使い、必要に応じて「伝道」を用いた）。内国伝道（Innere Mission）と区別して「外国伝道」の意味でも使われており、それを含めて、むしろマタイ二八・一九～二〇のイエス・キリストの大伝道命令に基づき諸国民に福音を証しするために教会が遣わされるという「本来的・根源的な意味で」（KDIV/3, S.1002.）使われている。

(54)　Vgl. *J. G.Flett*, The Witness of God. The Trinity, *Missio Dei*, Karl Barth, and the Nature of Christian Community, 2010. *D. Guder*, editor. Missional Church, 1998.

(55)　KDIV/3, S.1002.

(56)　KDIV/1, S.168.

(57)　KDIII/3, S.74.

(58)　KDIV/3, S.954.

(59)　一九二八～二九年の倫理学講義に記された次のような言葉も、ここでのバルトの考え方を知るのに有益である。「教会は、言うまでもなく、——そしてそのことが、ここでよく考慮に入れられなければならない——いかなる閉鎖された集団《サークル》でもなく、絶えず開かれ、自分を広げてゆく、そしてそれから再び自分を閉じる集団《サークル》である。神の栄誉は、神の教会と共により大きくなることを欲している。教会はただ単に（それの生の根拠が、まさに神の栄誉であることが確かである限り）自分自身を建てようと欲することができるだけではない。教会は、それが生きている所では、常にまた伝道する教会でもある。教会はその使信をもって、いつも同じ仕方で、内部にいる者たちと外部にいる者たちに、身を向ける。そのようにして、私の所に来た隣人は、彼自身がまたキリストの成員であるかという問いは、私にとって全く何の意味も持ちえない。彼が、たとえ今日はまだそうでなくとも、明日はキリストの成員でないであろうかどうかについて、私は何を知っていようか。そして私は、その時、まさに私が、彼に対してキリストを、そしてキリストを通して父を、示すよう任命されていないかどうかについて、何を知っていようか（ヨハネ一四・八以下を参照せよ）。私はおそらく、隠れたキリストを隣人自身の中で認識することができないであろう。――しかしわれわれは、この否《ノー》でもって、また最も神を畏れない隣人をも、あまりに性急に捨て去ってしまってはならない。われわれは、まさにこの神を畏れない者を彼の兄弟と呼ぶことが、キリストの御心にかなわなかったかどうかについて、何を知っているか。そのようなわけで、私はいずれにせよ、――もしも私が（たとえ私が、彼はキリストにふさわしくないとどんなに強く確信しているとしても）隣人に対して、キリストの代わりに出会うことを拒むとしたら、――私自身の中に生きたもうキリストを否定しないでいることはできない。彼がキリストにふさわしくないかどうか、そのことについては、まさに再び、私ではなく、そのことについては再び、ただキリスト御自身だけが、決定したまわなければならない。そうだとしても、私は、従順でなければならないのである」（Ethik II, GAII (10), S.312 f.）〔『キリスト教倫理学総説Ⅱ／1』吉永正義訳〕。

（60）　以下を参照せよ。「このような、一方には人間イエス、そして他方には他のすべての人間たちという、そのような両者の間の存在論的関連。さらにまた、こちらには能動的なキリスト者、そしてあちらには潜在的・将来的なキリスト者という、そのような両者の間の存在論的関連。そこにこそ……まさにそのような教会《ゲマインデ》が、やはりイエス・キリスト御自身に基づく必然性をもって派遣され、この世における伝道の課題を委託されているという事実の根拠が存在する」（KDIV/2, S.305.）。

（61）　*D. Manecke*, Mission als Zeugendienst, Karl Barths theologische Begründung der Mission im Gegenüber zu den Entwürfen von Walter Holsten, Walter Freytag und Joh. Christian Hoekendijk, 1972. Vgl. *J. Webster*, The Church as Witnessing Community, in: Scottish Bulletin of Evangelical Theology 21, no.1., 2003, p.21-33.

（62）　KDI/2, S.487 f.

（63）　Vgl. KDIV/2, S.740.

あとがき

本書は、カール・バルトの教会論という主題を巡り、一九九九年以来、機会ある毎に発表してきた諸論稿を集成し、改めて主題に従って修正・加筆して一本としたものである。

カール・バルト研究は、日本では、大正期末、すなわち、一九二六、二七年頃から始まる長い歴史を持っており、実際バルトは今日まで、日本の教会とキリスト教に大きな影響を与えてきた。それだけではなく哲学者や政治学者によっても積極的に取り上げられてきた（バルト神学受容史研究会編『日本におけるカール・バルト』二〇〇九年、参照）。そうした研究の積み重ねがあってかつて私もバルト神学の魅力にとらえられたことを思えば、このささやかな研究も、多くの先達とその諸研究の土台の上に生まれたと言わざるをえない。感謝のほかはない。

教会論を主題として研究してきたことについては、私が長く牧師として教会に奉仕したことと無関係ではない。説教・牧会の現場でバルトと対話し、バルトを手引きとして、できるならその線で教会を建て伝道したいと願ってもきた。研究・教育の場に移ってからバルトの教会論を研究主題として定めたのは私にとって自然であり、それゆえまたつねに現実的なものでありつづけた。ただ「まえがき」にも記したように、この分野の研究は少なくはないが、個別的研究が多く、今回私が目指したような全体的研究はじつはほとんどない。それがいかに困難であり無謀なことか、むろん十分知りながら、また途中での個々のテーマでの成果発表も可能でも必要でもあったし、そのように勧めてくださる方々も少なくなかったが、結局全部を勉強してからということで、相当の時間を要することになってしまった。それはともかく、バルトの教会論の全体像を提示したことによって、これまで以上にわれわれは、バルトとの対話を広げ、深めることができるようになったのではないかと思う。

バルトは戦後最初の論集『一つのスイスの声』の序文に次のように記した（一九四五年六月）。「まさに御自身の教会におけるイエス・キリストただひとりの支配への告白――それはかつて一九三四年バルメンにおいてわれわれの喜びでありわれわれの挑戦であったのだが――は、この世における彼ただひとりの支配への告白として継続され遂行されることが欲せられていた。それこそがここに印刷された『神学的＝政治的論集』において追求されたことなのである」。バルトの教会論もここに記されたのと同じ軌跡を辿って発展し成熟していったと言ってよいであろう。キリストへの集中はかつてどの教会論にも見られなかったこの世への広がりをもたらした。この広がりの中でイエス・キリストを主として告白する歩み、これこそ教会の歩みにほかならない。そしてそれに相応しい教会の形は、われわれが本書で示したように、主キリストのもとにある兄弟姉妹の共同体ということになるであろう。われわれにとってこれらは、なお真剣な道標たる意味を失っていない。長くバルトを読んできて、この教会論の魅力が、教会の歩みに参与するように促すキリスト論に裏打ちされた力強い恵みの召命にあるという印象は、この貧しい研究を通しても強くなることはあっても弱くなることはなかった。これからも様々の対話が重ねられ、この神学は生きた神学として実証されていくことであろう。またそうなることを心から願って、本書を世に送り出したいと思う。

初出は以下の通りである。ただし今般一本にするにあたり、ほぼすべての論稿について表題も含めて大幅に修正加筆したこと、またこの一覧に示されていないところは新たに付け加わった部分であることをお断りしておく。

初出一覧

第一章　「『ローマ書講解』におけるカール・バルトの教会理解」（『歴史と神学』大木英夫教授喜寿記念献呈論文集上巻　倉松功・古屋安雄・近藤勝彦・阿久戸光晴編、聖学院大学出版会　二〇〇五年）

第二章　「二十年代から三十年代にかけてのバルトの教会理解」（「教会と神学」第四四号・第五二号、東北学院大学学術研究会、二〇〇七年・二〇一一年）。

第三章

第一節「ナチズムとバルト――『バルメン宣言』第三項を巡って」（『ナチ・ドイツの政治思想』宮田光雄・柳父圀近編、創文社、二〇〇二年）

第二節「政治的共同責任の神学――カール・バルトにおける教会と国家」（「教会と神学」第三三号、二〇〇一年）。

第三節「神の言葉はつながれていない――バルメン宣言第六項の意味と射程」（「教会と神学」第四三号、二〇〇六年）。

付論「『バルトとデモクラシー』を巡る覚書き」（「教会と神学」第三五号、二〇〇二年）。

第四章　「神の民の選び――カール・バルトにおける予定論と教会論」（『教会と神学』第三一号、一九九九年）。

第五章
第二節「われは教会を信ず――カール・バルトにおける教会の存在と時間の問題」（『教会と神学』第三六号、二〇〇三年）。
第三節「キリスト支配的兄弟団――カール・バルトにおける教会の秩序の問題」（『教会と神学』第三四号、二〇〇二年）。
第四節「世のための教会――カール・バルトにおける教会の目的論」（『教会と神学』第三二号、二〇〇〇年）。

付論1「カール・バルトの『キリストの体なる教会』」（『東北学院大学キリスト教文化研究所紀要』第二一号、二〇〇三年）。

終章「旅する神の民」（『人文学と神学』第七号、東北学院大学学術研究会、二〇一四年）

終わりに、これまでの著者のつたない歩みを導いてくださった方々に心からの御礼を申し上げたい。東北大学名誉教授宮田光雄先生には、私の学生時代、ドイツ教会闘争とそれを支えた信仰と神学への関心を呼び起こしていただいた。一九九八年に仙台に戻ってからも先生のもとで友人たちと共に自由な勉強を許されている。東北学院大学名誉教授大崎節郎先生からは『教義学要綱』の講読をもってバルトの最初の手ほどきを受け、以来今日までご指導いただいている。東京神学大学の故佐藤敏夫先生、同大学名誉教授大木英夫先生には、伝道者としての訓練と共に、神学史の幅広い視点からバルトを読むことを教えていただいた。信濃町教会では、故井上良雄、故小川圭治両長老に、親しい交わりの中でバルトをどう読むか、また読むことの意味を教えていただいた。世のための教会をはじめとして私の問題意識はそこで培われた。吉永正義先生、また日本カール・バルト協会の交わりを通して雨宮栄一先生や寺園喜基先生、そして多くの若い友人たち、仙台で長く一緒にバルトを読んできた牧師・信徒の仲間たち、また二〇一五年三月に最後の卒業生を送り出すかつてのキリスト教学科の学生諸君にも感謝したい。ベルトールト・クラッパート先生は教会論の新しい文献の存在を指示しかつ送付してくださった――一九八六／八七年、寒かった冬学期にブッパータールのゼミに参加して以来、つねに刺激を受けてきた。エーバハルト・ブッシュ先生には一九八九年の初来日のときから交わりを与えられ、特に二〇〇五～六年の一年間、ゲッティンゲン大学神学部客員研究員として様々の有益なご教示にあずかった。もっとも大きな感謝の思いを、一昨年亡くなられた森岡巌さん（元新教出版社社長・信濃町教会長老）に申し上げなければならない。バルト研究の進み具合をいつも問いかけ、出版を心待ちにしてくださっていた。森岡さんのお支えがなければ、牧師としても研究者としてもここまでの歩みはなかったであろう。

「結局において教化的でないような学問のあり方は、それだけの理由で、非キリスト教的なのである」というキルケゴールの言葉が思い出される。本書が、教会の兄弟姉妹たち、とりわけお世話になった日本基督教団大洲教会、そして信濃町教会員の一人一人の力になるとすれば、そして力となるそのときに、私の努力はこの地上においてなにがしかの意味を持ち得たということになるであろう。両教会のかつてのまた今の教会員の方々に御礼を申し上げる。私の家族にも感謝することをお許しいただきたい。新教出版社小林望社長に今回も全面的にお世話になった。

本書は、文部科学省の平成二六年度科学研究費助成事業の研究成果公開促進費の交付を受けて出版された。記して感謝いたします。

佐藤司郎

二〇一四年一二月二五日　降誕節

カール・バルトの著作から

【バルト・セレクション】

1	聖書と説教	天野　有編訳	1900円
4	教会と国家 I	天野　有編訳	1800円
5	教会と国家 II	天野　有編訳	1900円

【新教セミナーブック】

1	教義学要綱	井上良雄訳	2000円
11	われ信ず	安積鋭二訳	2200円
12	キリスト教の教理	井上良雄訳	2000円
13	教会の信仰告白	久米　博訳	2000円
14	神認識と神奉仕	宍戸　達訳	2400円
15	死人の復活	山本　和訳	2400円
16	ピリピ書注解	山本　和訳	2200円
17	ローマ書新解	川名　勇訳	2400円
18	福音主義神学入門	加藤常昭訳	2200円
19	国家の暴力について	天野　有訳	1800円
20	地上を旅する神の民	井上良雄訳	2500円
21	教会の洗礼論	宍戸　達訳	1100円

*

キリスト教的生 I	天野　有訳	8800円
キリスト教的生 II	天野　有訳	7200円

*

啓示・教会・神学／福音と律法	井上良雄訳	1000円

【カール・バルト著作集】

2	教義学論文集 中	蓮見和男他訳	4500円
3	教義学論文集 下	小川圭治他訳	6700円
4	神学史論文集	吉永正義／小川圭治訳	5000円
11	19世紀のプロテスタント神学 上	佐藤敏夫他訳	3000円
12	19世紀のプロテスタント神学 中	佐藤司郎他訳	5000円
13	19世紀のプロテスタント神学 下	安酸敏眞他訳	5000円
14	ローマ書	吉村善夫訳	7600円

創造論 Ⅳ/2（KD Ⅲ/4）

第12章　創造者なる神の誡め〈ii〉
吉永正義訳〈オンデマンド〉　7700円

創造論 Ⅳ/3（KD Ⅲ/4）

第12章　創造者なる神の誡め〈iii〉
吉永正義訳〈オンデマンド〉　8500円

創造論 Ⅳ/4（KD Ⅲ/4）

第12章　創造者なる神の誡め〈iv〉
吉永正義訳〈オンデマンド〉　5500円

和解論 Ⅰ/1（KD Ⅳ/1）

第13章　和解論の対象と問題
井上良雄訳〈オンデマンド〉　5400円

和解論 Ⅰ/2（KD Ⅳ/1）

第14章　僕としての主イエス・キリスト〈上〉
井上良雄訳〈オンデマンド〉　7300円

和解論 Ⅰ/3（KD Ⅳ/1）

第14章　僕としての主イエス・キリスト〈中〉
井上良雄訳〈オンデマンド〉　9500円

和解論 Ⅰ/4（KD Ⅳ/1）

第14章　僕としての主イエス・キリスト〈下〉
井上良雄訳〈オンデマンド〉　6000円

和解論 Ⅱ/1（KD Ⅳ/2）

第15章　主としての僕イエス・キリスト〈上1〉
井上良雄訳〈オンデマンド〉　7800円

和解論 Ⅱ/2（KD Ⅳ/2）

第15章　主としての僕イエス・キリスト〈上2〉
井上良雄訳〈オンデマンド〉　8500円

和解論 Ⅱ/3（KD Ⅳ/2）

第15章　主としての僕イエス・キリスト〈中〉
井上良雄訳〈オンデマンド〉　9240円

和解論 Ⅱ/4（KD Ⅳ/2）

第15章　主としての僕イエス・キリスト〈下〉
井上良雄訳　5200円

和解論 Ⅲ/1（KD Ⅳ/3）

第16章　真の証人イエス・キリスト〈上1〉
井上良雄訳　3800円（僅少）

和解論 Ⅲ/2（KD Ⅳ/3）

第16章　真の証人イエス・キリスト〈上2〉
井上良雄訳〈オンデマンド〉　8000円

和解論 Ⅲ/3（KD Ⅳ/3）

第16章　真の証人イエス・キリスト〈中〉
井上良雄訳〈オンデマンド〉　9500円

和解論 Ⅲ/4（KD Ⅳ/3）

第16章　真の証人イエス・キリスト〈下〉
井上良雄訳〈オンデマンド〉　9500円

和解論 Ⅳ（KD Ⅳ/4. Fragment）

キリスト教的生
井上良雄訳　5000円

以上全36巻

著者　佐藤司郎（さとう・しろう）

1946年山形県に生まれる。東北大学文学部卒業。東京神学大学大学院修士課程修了。日本基督教団大洲教会、信濃町教会の牧師をへて、1998年から東北学院大学文学部教授。著書：『われは教会を信ず』『新しい言葉をもって』『生ける主に従う』（新教出版社）他。訳書：ブッシュ『バルト神学入門』、テート『ヒトラー政権の共犯者、犠牲者、反対者』（共訳）、『カール・バルト説教選集』1、2、他。

カール・バルトの教会論

旅する神の民

2015年2月28　第1版第1刷発行

著　者……佐藤司郎

発行者……小林　望

発行所……株式会社新教出版社

〒162-0814 東京都新宿区新小川町 9-1

電話（代表）03 (3260) 6148

振替 00180-1-9991

印刷・製本……株式会社シナノ

ISBN 978-4-400-31076-1　C1016

略　語　表

人名・事項索引

文　献　表

略語表

CD	Die christliche Dogmatik im Entwurf
DEK	Deutsche Evangelische Kirche
EKD	Evangelische Kirche in Deutschland
EKU	Evangelische Kirche der Union
EvTh	Evangelische Theologie
GA	Gesamtausgabe (Karl Barth)
KD	Die Kirchliche Dogmatik
SJTh	The Scottish Jounal of Theology
TEH	Theologische Existenz heute
ThSt	Theologische Studien
ThSt(B)	Theologische Studien, hg. v. K.Barth
ZdiTh	Zeitschrift für Dialektische Theologie
ZdZ	Zeichen der Zeit
ZEE	Zeitschrift für evangelische Ethik
ZThK	Zeitschrift für Theologie und Kirche
ZZ	Zwischen den Zeiten

人名・事項索引

（カール・バルトを除く。括弧内の数字は注部分の頁数）

ア行

カ行

サ行

タ行

ナ行

ハ行

マ行

ヤ行

ラ行

ワ行

文献表

I. 文献目録（バルトの著作およびバルトに関する著作の最も包括的な目録）

Bibliographie Karl Barth
Band 1 : Veröffentlichungen von Karl Barth, hrsg. v. H. A. Drewes, 1984, TVZ.
Band 2 : Veröffentlichungen über Karl Barth, hrsg. v. J. M. Osthof. Teil 1, Teil 2, 1992, TVZ.

II.-1. バルト全集（既刊分） なお（ ）内の数字は刊行順序

Gesamtausgabe (=GA), TVZ.
GA I (説教)
Konfilmandenunterricht 1909 - 1921 (18)
Predigten 1913 (8)
Predigten 1914 (5)
Predigten 1915 (27)
Predigten 1916 (29)
Predigten 1917 (32)
Predigten 1918 (37)
Predigten 1919 (39)
Predigten 1920 (42)
Predigten 1921 (44)
Predigten 1921 - 1935 (31)
Predigten 1935 - 1952 (26)
Predigten 1954 - 1967 (12)
GA II（学問的著作）
Der Römerbrief (Erste Fassung) 1919 (16)
Der Römerbrief (Zweite Fassung) 1922 (47)
Die Theologie Calvins 1922 (23)
Die Theologie Zwinglis 1922/1923 (40)

Die Theologie der reformierten Bekenntnisschriften 1923 (30)
Die Theologie Schleiermachers 1923/1924 (11)
《Unterricht in der christlichen Religion》 Erster Band: Prolegomena 1924 (17)
《Unterricht in der christlichen Religion》 Zweiter Band: Die Lehre von Gott/Die Lehre vom Menschen 1924/1925 (20)
《Unterricht in der christlichen Religion》 Dritter Band: Die Lehre von der Versöhnung/Die Lehre von der Erlösung 1925/1926 (38)
Erklärungen des Johannes-Evangeliums (Kapitel 1-8) 1925/1926 (9)
Die christliche Dogmatik im Entwurf, Erster Band: Die Lehre vom Wort Gottes (14)
Ethik I, 1928 (2)
Ethik II, 1928/1929 (10)
Fides quaerens intellectum 1931 (13)
Das christliche Leben, Die Kirchliche Dogmatik IV/4 1959-1961 (7)
Erklärungen des Epheser- und des Jakobusbriefes 1919 - 1929 (46)
Unveröffentlichte Texte zur Kirchlichen Dogmatik (50)
GA III（講演、小論文）
Vorträge und kleinere Arbeiten 1905 - 1909 (21)
Vorträge und kleinere Arbeiten 1909 - 1914 (22)
Vorträge und kleinere Arbeiten 1914 - 1921 (48)
Vorträge und kleinere Arbeiten 1922 - 1925 (19)
Vorträge und kleinere Arbeiten 1925 - 1930 (24)
Vorträge und kleinere Arbeiten 1930 - 1933 (49)
GA IV（対話）
Gespräche 1959 - 1962 (25)
Gespräche 1963 (41)
Gespräche 1964 - 1968 (28)
GA V（書簡）
Offene Briefe 1909 - 1935 (35)
Offene Briefe 1935 - 1942 (36)
Offene Briefe 1945 - 1968 (15)
Briefe 1961 - 1968 (6)
Karl Barth - Eduard Thurneysen Briefwechsel Bd.1.1913 - 1921 (3)
Karl Barth - Eduard Thurneysen Briefwechsel Bd.2.1921 - 1930 (4)
Karl Barth - Eduard Thurneysen Briefwechsel Bd.3.1930 - 1935 (34)

Karl Barth - Emil Brunner Briefwechsel 1916 - 1966 (33)
Karl Barth - Rudolf Bultmann Briefwechsel 1922 - 1966 (1)
Karl Barth - Rudolf Bultmann Briefwechsel 1911 - 1966 (1), 2. Auflage.
Karl Barth - Charlotte von Kirschbaum. Briefwechsel Bd.1 1925 - 1935 (45)
Karl Barth - W. A. Visser't Hooft. Briefwechsel 1930 - 1968 (43)
GA VI（生涯）

II.-2.『教会教義学』

Die Kirchliche Dogmatik I/1-IV/4, 1932-1967.

II.-3. 本書に関連する主な著作（上記に収録されているものを含む）

Das Wort Gottes und die Theologie, Gesammelte Vorträge Bd. 1, 1924.〔『カール・バルト著作集』を見よ〕
Die Theologie und die Kirche, Gesammelte Vorträge Bd. 2, 1928.〔『カール・バルト著作集』を見よ〕
Die Theologie und die Mission in der Gegenwart, ZZ 10, 1932.
Theologische Existenz heute!, ZZ Beiheft 2, 1933. Neu herausgegeben und eingeleitet von H. Stoevesandt, 1984（『今日の神学的実存』）
Für die Freiheit des Evangeliums, TEH 2, 1933.
Reformation als Entscheidung, TEH 3, 1933.〔『決断としての宗教改革』〕
Lutherfeier 1933, TEH 4, 1933.〔『ルター祭』〕
Die Kirche Jesu Christi, TEH 5, 1933.
Das Evangelium in der Gegenwart, TEH 25,1935.
Das Bekenntnis der Reformation und unser Bekennen, TEH 29, 1935.
Evangelium und Gesetz, TEH 32, 1935.〔『福音と律法』〕
Gottes Gnadenwahl. TEH 47, 1936.
Rechtfertigung und Recht, ThSt (B) 1, 1938.（『義認と法』）
Eine Schweizer Stimme, 1938-1945, 1945.〔『カール・バルト著作集』を見よ〕
Christengemeinde und Bürgergemeinde, ThSt (B) 20,1946.〔『キリスト者共同体と市民共同体』〕
Dogmatik im Grundriß im Anschluß an das apostolische Glaubensbekenntnis, 1947.〔『教義学要綱』〕
Die Kirche - die lebendige Gemeinde des lebendigen Herrn Jesus Christus, in: ders.,

Die Schrift und die Kirche, ThSt (B) 22, 1947.〔『教会――活ける主の活ける教団』〕

Der Botschaft von der freien Gnade Gottes (These 6 der Barmer Erklärung), ThSt (B) 23, 1947.（『神の自由な恵みの使信』）

Christliche Gemeinde im Wechsel der Staatsordnungen, 1948.〔『国家秩序の転換の中にあるキリスト教会』〕

Die wirkliche Kirche, in: EvTh 8. Jahrgang, 1948/49.〔『真実の教会』〕

Die Kirche zwischen Ost und West, 1949.〔『東と西の間にある教会』〕

Theologische Fragen und Antworten, Gesammelte Vorträge Bd. 3 (1927 - 1942), 1957.

Die Menschlichkeit Gottes, 1956.〔『神の人間性』〕

Evangelische Theologie im 19. Jahrhundert, ThSt (B) 49, 1957.〔『十九世紀の福音主義神学』〕

»Der Götze wackelt«. Zeitkritische Aufsätze, Reden und Briefe von 1930 bis 1960, herausgegeben von Karl Kupisch, 1961.〔『カール・バルト著作集』を見よ〕

Ad Limina Apostolorum, 1967.

Letzte Zeugnisse,1969〔『最後の証し』〕

Texte zur Barmer Theologischen Erklärung. Mit einer Einleitung von Eberhard Jüngel und einem Editionsbericht herausgegeben von Martin Rohkrämer, 1984.〔『カール・バルト著作集』を見よ〕

II.-4. 主な関連邦訳

『教会教義学』全 36 巻、井上良雄、吉永正義訳、新教出版社

『ローマ書』吉村善夫訳、新教出版社、『ローマ書講解』小川圭治・岩波哲男訳、平凡社

『ローマ書新解』川名勇訳、新教出版社

『カール・バルト著作集』井上良雄、吉永正義他訳、全 18 巻（既刊 17 冊)、新教出版社

『カール・バルト説教選集』雨宮栄一・大崎節郎・小川圭治編、全 18 巻、日本基督教団出版局

『バルト・コレクション』天野有訳、全 7 巻（既刊 3 冊)、新教出版社

『キリスト教倫理学総説』吉永正義訳、全 4 冊、新教出版社

『キリスト教的生』天野有訳、全 2 冊、新教出版社

『教会 : 活ける主の活ける教団』井上良雄訳、新教出版社

『啓示・教会・神学／福音と律法』井上良雄訳、新教出版社

『カール・バルト戦後神学論集：1946-1957』井上良雄編訳、新教出版社
『教会の洗礼論』宍戸達訳、新教出版社
『説教の本質と実際』小坂宣雄訳、新教出版社
『最後の証し』小塩節・野口薫訳、新教出版社
『カール・バルト＝滝沢克己往復書簡』寺園喜基訳、新教出版社

III. 評伝・伝記

エーバーハルト・ブッシュ『カール・バルトの生涯』小川圭治訳、1989年、新教出版社
カール・クーピッシュ『カール・バルト』宮田光雄・村松恵二訳、1994年、新教出版社
『バルト自伝』佐藤敏夫訳解説、1961年、新教出版社

IV. 関連文献（本書で使用したものを中心に厳選した。アルファベット順）

A

Althaus, P., Kirche und Volkstum, in: ders., Evangelium und Leben. Gesammelte Vorträge, 1927.

——— Gott und Volk, in: ders., Die deutsche Stunde der Kirche, 1933.

——— Bedenken zur "Theologischen Erklärung" der Barmer Bekenntnissynode, Korrespondenzblatt für die evangelisch-lutherischen Geistlichen in Bayern, Nr.28 vom 9. Juli, 1934.

雨宮栄一『バルメン宣言研究：ドイツ教会闘争史序説』1975年

———『ドイツ教会闘争の史的背景』2013年

朝岡　勝『「バルメン宣言」を読む：告白に生きる信仰』2011年

Asmussen, H., Barmen !, TEH 24, 1935.

B

Bächli, O., Das Alte Testament in der Kirchlichen Dogmatik von Karl Barth, 1987.

Baier, K. A., Unitas ex auditu. Die Einheit der Kirche im Rahmen der Theologie Karl Barths,1978.

Balthasar, H. U. von, Karl Barth, 1961.

*Barth,Chr.,*Bekenntnis im Werden. Neue Quellen zur Entstehung der Barmer Erklärung.1979.

Bauer-Tornack, G., Sozialgestalt und Recht der Kirche. Eine Untersuchung zum

Verhältnis von Karl Barth und Erik Wolf, 1996.

Bäumler, Ch., Die Lehre von der Kirche in der Theologie Karl Barths, 1964.

Beintker, M., Die Dialektik in der »dialektischen Theologie« Karl Barths. Studien zur Entwicklung der Barthschen Theologie und zur Vorgeschichte der »Kirchlichen Dogmatik«,1987.

——— »Das Volk Gottes im Weltgeschehen«. Die Gemeinde Jesu Chriti als Zeitgenossin, in: S. Holtmann und P. Zocher (Hg.), Krisis und Gnade, 2013.

——— Barths Bedeutung für das Verhältnis von Theologie und Kirche, in: ZDiTh 22, Sonderausgabe 2006.

Beintker,M., Link, Chr., und Trowitzsch, M.(Hrsg.), Karl Barth in Deutschland〔1921 - 1935〕. Aufbruch - Klärung - Widerstand, 2005.

——— Karl Barth im europäischen Zeitgeschehen〔1935 - 1950〕. Widerstand - Bewährug - Orientierung, 2010.

Belok,M. und Kropač, U.(Hrsg.), Volk Gottes im Aufbruch, 40. Jahre II. Vatikanisches Konzil, 2005.

Bender, K. J., Karl Barth's Christological Ecclesiology, 2005.

Berkhof, H., Die Bedeutung Karl Barths für Theologie, Kirche und Welt. Sonderdruck aus: EvTh 8. Jg. 1948/49.

——— Barths Lichterlehre im Rahmen der heutigen Theologie, Kirche und Welt, in: Berkhof, H., Kraus, H.-J., Karl Barths Lichterlehre, ThSt 123, 1978.

Bethge, E., Dietrich Bonhoeffer. Theologe - Christ - Zeitgenosse, 1967.〔『ボンヘッファー伝』〕

Beyreuther, E., Kirche in Bewegung, Geschichte der Evangelisation und Volksmission, 1968.

Blaser, K., Calvins Lehre von den drei Ämtern Christi, 1970.

Boor, F. de, Zur Entstehungsgeschichte der Barmer Theologischen Erklärung, in: Vierzig Jahre Barmen, 1974.

Bornkamm, K., Die reformatorische Lehre vom Amt Christi und ihre Umformung durch Karl Barth, in: ZThK Beiheft 6, 1986.

Boyens, A., Kirchenkampf und Ökumene 1933 - 1939. 1973.

——— Kirchenkampf und Ökumene 1939 - 1945. 1973.

Bonhoeffer, D., Sanctorum Communio 1930.〔『聖徒の交わり』〕

ブラッハー、K．D．『ドイツの独裁』I,II, 1975.

Brakelmann, G.(Hg.), Kirche im Krieg, 1979.

Brocke, E., und *Seim, J.* (Hg.), Gottes Augapfel. Beiträge zur Erneuerung des Ver-

hältnisses von Christen und Juden, 1986.

Brunner, E., Das Misverständnis der Kirche, 1951.〔『教会の誤解』〕

Buckley, J., A Field of Living Fire : Karl Barth on the Spirit and the Church, Modern Theology, January, 1994.

Buess, E., Zur Prädestinationslehre Karl Barths, 1955.

Burgsmüller, A., und Weth, R., Die Barmer Theologische Erklärung. Einführung und Dokumentation, 1983.

Burgsmüller, A.(Hg.), Zum politischen Auftrag der christlichen Gemeinde, Barmen II, Votum des Theologischen Ausschusses der EKU, 1974.

——— Kirche als von »Gemeinde von Brüdern«, Barmen III, Bd.1,Vorträge aus dem Theologischen Ausschuß der EKU, 1980, Bd.2, Votum des Theologischen Ausschusses der EKU, 1981.

Busch, E., Karl Barths Lebenslauf. Nach seinen Briefen und autobiographischen Texten, 1976.〔『カール・バルトの生涯 : 1886 - 1968』〕

——— Unter dem Bogen des einen Bundes. Karl Barth und die Juden 1933-1945, 1996.〔『カール・バルトと反ナチ闘争 : ユダヤ人問題を中心に』上下〕

——— Die grosse Leidenschaft. Einführung in die Theologie Karl Barths, 1998.

——— Gelebte theologische Existenz bei Karl Barth, in: Köckert, H./Krötke,W. (Hg.), Theologie als Christologie. Zum Werk und Leben Karl Barths. Ein Symposium, Berlin 1988.

——— Barmer Thesen 1934 - 2004, 2004.

——— Reformiert. Profil einer Konfession, 2007.

——— Karl Barth. Einblicke in seine Theologie, 2008.〔『バルト神学入門』〕

Busch, E. (Hg.), Reformationstag 1933. Dokumente der Begegnung Karl Barths mit dem Pfarrernotbund in Berlin. Herausgegeben und eingeleitet von E. Busch, 1998.

ブッシュ、E.「成人した信仰共同体としての教会」(『カール・バルトと現代 : ひとつの出会い——E. ブッシュ教授をむかえて』所収) 1990年

C

Cochrane, A., The Church's Confession under Hitler, 1962.

Congar, Yves M.-J., L'Église. une, sainte, catholique et apostolique, 1970.〔『教会 : 一つであり、聖なる、カトリック的で、使徒的な教会』〕

コンガール、Y.「神の民としての教会」(日本版コンキリウム編集局編『旅する神の民』) 1968年

*Cornu, D.,*Karl Barth und die Politik. Widerspruch und Freiheit. 1969.

D

Dahm, K. W., Identität und Realität der Kirche. Zum Gespräch mit Karl Barth, in: Unterwegs für die Volkskirche, 1987.

Dannemann, U., Theologie und Politik im Denken Karl Barths, 1977.

Dibelius, O., Das Jahrhundert der Kirche. Geschichte, Betrachtung, Umschau und Ziele, 1926.

——— Die Verantwortung der Kirche. Eine Antwort an Karl Barth, 1931.

Döring, H., Grundriß der Ekklesiologie, Zentral Aspekte des katholischen Selbstverstäntnisses und ihre ökumenische Relevanz, 1986.

Dulk, M. den, Eine Gesellschaft mit einem Gedicht als Grundsatz. Über Karl Barths Ekklesiologie in KDIV3, § 72, in: ZDiTh 20, 2004.

E

Eichholz, G., Die Theologie des Paulus im Umriß, 5. Aufl. 1985.

エリクセン、R．P．『第三帝国と宗教——ヒトラーを支持した神学者たち』2000 年

Elert, W., Der christliche Glaube. Grundlinien der lutherischen Dogmatik, 1940.

F

Feil, E., Die Theologie Dietrich Bonhoeffers. Hermeneutik, Christologie, Weltverständnis, 1971.〔『ボンヘッファーの神学：解釈学・キリスト論・この世理解』〕

Feuerer, G., Der Kirchenbegriff der dialektischen Theologie, 1933.

Fischer, H., Systematische Theologie, in: G. Strecker (Hrsg.), Theologie im 20. Jahrhundert,1983.

Flett, J. G., The Witness of God, The Trinity, *Missio Dei*, Karl Barth, and the Nature of Christian Community, 2010.

Friedrich, M., Kirche. Ökumenische Studienhefte, 14, 2008.

Frey, Chr., Die Theologie Karl Barths. Eine Einführung, 1988.

深井智朗『ヴァイマールの聖なる政治的精神：ドイツ・ナショナリズムとプロテスタンティズム』2013 年

Fürst, W. (Hg.), Dialektische Theologie in Scheidung und Bewährung 1933-1936, 1966.

G

Gauger, J., Chronik der Kirchenwirren, Bd. 2: Von der Barmer Bekenntnis-Reichssynode im Mai 1934 bis zur Einsetzung der Vorläufigen Leitung der Deutschen evangelischen Kirche im November 1934, 1935.

Gestrich, Chr., »Barmen I« und das Problem der natürlichen Theologie, in: ZDiTh 1, 1985.

Goebel, H. Th., Die Entbehrlichkeit der Kirche für die Welt und die Unentbehrlichkeit der Welt für die Kirche, in: ZDiTh 20, 2004.

——— Die Frage nach der wahren Kirche. Hans-Georg Geyer - Karl Barth - Hans Joachim Iwand, in: ZDiTh 22, 2006.

Gogarten,F., Das Wort und die Frage nach der Kirche, in: ZZ 4, 1926.

——— Einheit von Evangelium und Volkstum?, 1933.

Gollwitzer, H., Reich Gottes und Sozialismus bei Karl Barth, 1972.

Gräb, W., Aktion und Kommunikation. Die Lebenswirklichkeit der Gemeinde in der Pneumatologie F. Schleiermachers und K. Barths, in: ZDiTh 5, 1989.

——— Die sichtbare Darstellung der Versöhnung. Überlegungen zur Möglichkeit einer empirischen Ekklesiologie bei F. Schleiermacher und K. Barth, in: Korsch, H., Ruddies, H. (Hg.), Wahrheit und Versöhnung. Theologische und philosophische Beiträge zur Gotteslehre, 1989.

——— Karl Barths Ekklesiologie im Kontext der Problemgeschichte des neuzeitlichen Kirchenverständnisses, in: ZDiTh 7, 1991.

Graf, F. W., »Der Götze wackelt«? Erste Überlegungen zu Karl Barths Liberalismuskritik, in: EvTh 46, 1986.

——— Der Weimarer Barth——ein linker Liberaler?, in: EvTh 47, 1987.

——— Vom munus Propheticum Christi zum prophetischen Wächteramt der Kirche? Erwägungen zum Verhältnis von Christologie und Ekklesiologie, in: ZEE 32, 1988.

Greive, W., Die Kirche als Ort der Wahrheit. Das Verständnis der Kirche in der Theologie Karl Barths, 1991.

Greschat, M., Die evangelische Christenheit und die deutsche Geschichte nach 1945. Weichenstellungen in der Nachkriegszeit, 2002.

Großhans, H.-P., Universale Versöhnung im geschichtlichen Vollzug. Zur Ekklesiologie in Karl Barths Versöhnungslehre, in: ZDiTh, 22, 2006.

Guder, D. L., editor. Missional Church, 1998.

——— The Continuing Conversion of the Church, 2000.

H

Härle, W., Sein und Gnade. Die Ontologie in Karl Barths Kirchlichen Dogmatik, 1975.

畠山保男『歴史の主に従う：フロマートカの神学的遺産』1995 年

Healy, N. M., The Logic of Karl Barth's Ecclesiology : Analysis, Assessment and Proposed Modification, Modern Theology, July, 1994 .

――― Karl Barth's ecclesiology reconsidered, in: SJTh Vol. 57, 2004, .

Heimbucher, M., und Weth, R.(Hg.), Die Barmer Theologische Erklärung : Einführng und Dokumentation, 2009.

Herms, E., Karl Barths Entdeckung der Ekklesiologie als Rahmentheorie der Dogmatik und seine Kritik am neuzeitlichen Protestantismus, in: M. Beintker, Chr. Link, M. Trowitzsch (Hrsg.), Karl Barth in Deutschland〔1921 - 1935〕, Aufbruch — Klärung — Widerstand, 2005.

――― Theorie für die Praxis. Beiträge zur Theologie, 1982.

Hirsch, E., Das kirchliche Wollen der Deutschen Christen, 1933.

Hoedemaker, L. A., Die Welt als theologisches Problem. Kritischer Rückblick auf die niederländische Theologie des Apostolates, in: ZDiTh 20, 2004.

Hoffmann, H., Kirche im Kontext—Zur Zeitbezogenheit der Ekklesiologie Karl Barths, 2007.

Honecker, M., Kirche als Gestalt und Ereignis. Die Sichtbarkeit der Kirche als dogmatisches Problem, 1963.

細川道弘『コンテクストの中の神学：バルト神学の原点と展開』1997 年

Huber, W., Kirche, 1979

――― Die wirkliche Kirche—Das Verhältnis von Botschaft und Ordnug als Grundproblem evangelischen Kirchenverständnisses im Anschluß an die 3. Barmer These, in: Folgen christlicher Freiheit. Ethik und Theorie der Kirche im Horizont der Barmer Theologischen Erklärung, 1983.

――― Kirche in der Zeitwende. Gesellschaftlicher Wandel und Erneuerung der Kirche, 1998.

――― Herausforderungen für die Kirche im 21. Jahrhundert, in: epd-Dokumentation 14, 2003.

――― 70 Jahre danach: Die Barmer Theologische Erklärung. Vortrag vom 27. Mai 2004, in: Leben und Glauben (EKD).

――― Gerechtigkeit und Recht, Grundlinien christlicher Rechtsethik, 3. Aufl., 2006.

Hüffmeier, W. (Hg.), Das eine Wort Gottes - Botschaft für alle, Barmen I und VI, Bd.1., Vorträge aus dem Theologischen Ausschuß der EKU, 1994, Bd.2., Votum

des Theologischen Ausschusses der EKU, 1993.
——— Für Recht und Frieden sorgen: Auftrag der Kirche und Aufgabe des Staates nach Barmen V, Theologisches Votum der EKU, 1986.
Hunsinger, G., How to Read Karl Barth. The Shape of His Theology, 1991.
——— Disruptive Grace. Studies in the Theology of Karl Barth, 2000.
——— ,editor. For the Sake of the World. Karl Barth and the Future of Ecclesial Theology, 2004.

I

Immer, K. (Hg.), Bekenntnissynode der Deutschen Evangelischen Kirche, Barmen 1934.
井上良雄編『地上を旅する神の民：バルト「和解論」の教会論』1990年

J

Josuttis, M., Dogmatische und empirische Ekklesiologie in der praktischen Theologie. Zum Gspräch mit Karl Barth, in: W. Erk, Y. Spiegel (Hg.), Theologie und Kirchenleitung, 1976.
Jülicher, A., Ein moderner Paulusausleger, in: J. Moltmann (Hg.), Anfänge der dialektischen Theologie, Teil 1, 1962.
Jüngel, E., Gottes Sein ist im Werden. Verantwortliche Rede vom Sein Gottes bei Karl Barth. Eine Paraphrase, 2. Aufl. 1967.〔『神の存在：バルト神学研究』〕
——— „Das Sakrament - was ist das ? Versuch einer Antwort“, in: E. Jüngel/K. Rahner, Was ist ein Sakrament? Verstösse zur Verständigung, 1971.
——— Barth-Studien, 1982.
——— Zum Wesen des Friedens, 1983.
——— Einleitung: Die Barmer Theologische Erklärung als Bekenntnis der Kirche, in: M. Rohkrämer (Hg.),Texte zur Barmer Theologischen Erklärung, 1984.
——— Mit Frieden Staat zu machen, Politische Existenz nach Barmen V, 1984.
——— Zum Verhältnis von Kirche und Staat nach Karl Barth, in: ZThK. Beiheft 6, 1986.

K

菅円吉『バルト神学研究』1979年
Käsemann, E., An die Römer. 1980.〔『ローマ人への手紙』〕
加藤常昭『説教者カール・バルト：バルトと私』1995年

河島幸夫『戦争・ナチズム・教会』1993年
喜田川信『歴史を導く神：バルトとモルトマン』1986年。
Klappert,B., Die Auferweckung des Gekreuzigten. Der Ansatz der Christologie Karl Barths im Zusammenhang der Christologie der Gegenwart, 1971, 3. Aufl.1981.
——— Barmen I und die Juden, in: Moltmann, J. (Hg.), Bekennende Kirche wagen. Barmen 1934-1984, 1984.
——— Israel und die Kirche. Erwägungen zur Israellehre Karl Barths, TEH 207, 1980.
——— Versöhnung und Befreiung. Versuche, Karl Barth kontextuell zu verstehen, 1994.
Klappert,B./Strack, H. (Hg.), Umkehr und Erneuerung, Erläuterungen zum Synodalbeschluß der Rheinischen Landessynode 1980, »Zur Erneuerung des Verhältnisses von Christen und Juden«, 1980.
クラッパート、B.『和解と希望：告白教会の伝統と現在における神学』寺園喜基編、1993年
近藤勝彦『伝道の神学：21世紀キリスト教伝道のために』2002年
Kraus, H.-J. Logos und Sophia. Biblisch-theologische Grundlegung und Konkretisierung zum Thema »Das Licht und die Lichter«, in: Berkhof, H., Kraus, H.-J., Logos und Sophia. Karl Barths Lichterlehre, ThSt 123, 1978.
——— Die prophetische Sendung der Gemeinde, in: ders., Rückkehr zu Israel, 1991.
Krauss, A., Das Mittlerwerk Christi nach dem Schema des munus triplex, in: Jahrbücher für deutsche Theologie 17, 1872.
Kreck, W., Grundentscheidungen in Karl Barths Dogmatik, 1978.
Krötke, W., Gott und Mensch als »Partner«. Zur Bedeutung einer zentralen Kategorie in Karl Barths Kirchlicher Dogmatik, in: Theologie als Christologie. Zum Werk und Leben Karl Barths, hrsg. von H. Köckert und W. Krötke, 1988.
——— Der Mensch und die Religion nach Karl Barth, 1981.
——— Die Kirche als »vorläufige Darstellung« der ganzen in Christus versöhnten Menschenwelt, in: ZDiTh 22, 2006.
Kupisch, K. (Hg.), Quellen zur Geschichte des deutschen Protestantismus 1871 bis 1945. 1960.
クーピッシュ、K.『ドイツ教会闘争への道：近代ドイツ教会史1815 - 1945』1967年
Kühn, U., Kirche, 1980.
——— Sakramente, 1985.

——— Kirche, in: TRE, Bd.18, S.262ff.
Küng, H., Rechtfertigung, 1957.
キュンク、H.『教会論』上下、1976 - 1977 年
栗林輝夫『現代神学の最前線 (フロント) :「バルト以後」の半世紀を読む』2004 年
計良祐時『カール・バルトのキリスト論研究』1998 年
L
Lange, E., Kirche für die Welt, 1981.
Link, Chr., Die Kennzeichen der Kirche aus reformierter Sicht, in: Welker, M., Willis, D. (Hg.), Die Zukunft der reformierten Theologie, 1998.

M
Manecke, D., Mission als Zeugendienst. Karl Barths theologische Begründung der Mission im Gegenüber zu den Entwürfen von Walter Holsten, Walter Freytag und Joh. Christian Hoekendijk, 1972.
Margull, H.-J.(Hg.), Zur Sendung der Kirche, 1963.
Marquardt, F.-W., Theologie und Sozialismus. Das Beispiel Karl Barths, 1972.
Matoševič, L., Lieber katholisch als neuprotestantisch. Karl Barths Rezeption der katholischen Theologie, 2004.

McCormack, B. L., Karl Barth's Critically Realistic Dialectical Theology. Its Genesis and Development 1909-1936, 1995.
——— Barths grundsätzlicher Chalkedonismus? , in: ZDiTh 18, 2002.
Meier, K., Der evangelische Kirchenkampf, Band I, 1976.
宮田光雄『政治と宗教倫理 : 現代プロテスタンティズム研究』1975 年
———『ナチ・ドイツの精神構造』1991 年
———『十字架とハーケンクロイツ : 反ナチ教会闘争の思想史的研究』2000 年
———『カール・バルトとその時代』2011 年
宮田光雄編『ドイツ教会闘争の研究』1986 年
———『ヴィマル共和国の政治思想』1988 年
宮田光雄・柳父圀近編『ナチ・ドイツの政治思想』2002 年
Moltmann, J. (Hg.), Anfänge der dialektischen Theologie, Teil I, II, 1977.
モルトマン、J.『聖霊の力における教会』1981 年
森野善右衛門「『兄弟たちの共同体』としての教会」(『聖書と教会』1984 年 5 月)

N

Neuser, W. H., Karl Barth in Münster 1925 - 1930, ThSt 130, 1985.
Nicolaisen, C., Der lutherische Beitrag zur Entstehung der Barmer Theologischen Erklärung, in: Hauschild u. a. (Hg.), Die lutherische Kirchen und Barmen, 1984.
——— Der Weg nach Barmen, Die Entstehungsgeschichte der Theologischen Erklärung von 1934, 1985.
Niesel, W. (Hg.), Bekenntnisschriften und Kirchenordnungen der nach Gottes Wort reformierten Kirche, 1938.
ニーゼル、ヴィルヘルム『福音と諸教会』1978 年
Niemöller, G., Die erste Bekenntnissynode der Deutschen Evangelischen Kirche zu Barmen, I, II, 1959.
Niemöller, M., Der Bruderrat der deutschen evangelischen Kirche im Kirchenkampf, in: Wort und Tat im Kirchenkampf.
Niemöller, W. (Hg.), Die zweite Bekenntnissynode der Deutschen Evangelischen Kirche zu Dahlem, Text - Dokumente - Berichte, 1958.
——— Der Pfarrernotbund. Geschichte einer Kämpfenden Bruderschaft, 1973.
Norden, G. van, Die Weltverantwortung der Christen neu begreifen——Karl Barth als homopoliticus, 1997.

O

Obst,G., Veni Creator Spiritus! Die Bitte um den Heiligen Geist als Einführung in die Theologie Karl Barths, 1998.
小川圭治『主体と超越：キルケゴールからバルトへ』1975 年
———『神をめぐる対話：新しい神概念を求めて』2006 年
小川圭治編『カール・バルトと現代：ひとつの出会い——E・ブッシュ教授をむかえて』1990 年
小川圭治・寺園喜基編『カール・バルトとユダヤ人問題——再びE・ブッシュ教授を迎えて』2004 年
大木英夫『バルト』1984 年
大崎節郎『カール・バルトのローマ書研究』1987 年
———『恩寵と類比：バルト神学の諸問題』1992 年

P

Perterson, Erik., Was ist Theologie ? , 1925.
ピオ十二世『ミステチ・コルポリス：キリストの神秘体』1965 年
Plasger, G., Wort vom Wort, in: ZDiTh 16, 2000.

Prolingheuer, H., Der Fall karl Barth. Chronographie einer Vertreibung 1934-1935, 1977.

Przywara, E., Das katholische Kirchenprinzip, ZZ 7, 1929.

R

Rendtorff, T., Radikale Autonomie Gottes――Zum Verständnis der Theologie Karl Barths und ihrer Folgen, in: ders.,Theorie des Christentums, 1972

S

ザッセ、H.『み言葉に立つ教会:ルター神学の中心課題』1961年(原著は1936年)

佐々木徹『三位一体の神:カール・バルトの神学』2000年

佐藤司郎「『信仰の一致における政治的決断』とは何か」東北学院大学キリスト教文化研究所紀要、19号、2001年

――「バルメン宣言と今日の教会的実存」(『福音と世界』2005年5月)

――「前進命令としての和解――バルト没後四十年を迎えて」(『福音と世界』2008年9月)

――「戦争と平和――カール・バルトの神学的・政治的軌跡」(『教会と神学』47号2008年)

――「第二次世界大戦の勃発と告白教会の説教」(『説教黙想アレテイア 特別増刊号:危機に聴くみ言葉』2011年11月)

――「遠い目標へ、その途上にある諸教会――第2バチカン公会議とカール・バルト」(『福音と世界』2012年6月)

――「『戦後七十年』と教会――バルト=ボンヘッファーの線に立って」(『福音と世界』2015年1月)

佐藤敏夫『近代の神学』1964年

Schellong, D., Barmen II und die Grundlegung der Ethik, in: E. Busch, J. Fangmeier, M. Geiger (Hg.), Parrhesia. Karl Barth zum 80. Geburtstag, 1966.

―― Karl Barth als Theologe der Neuzeit, in: Steck, K. G., ders., Karl Barth und die Neuzeit, TEH 173, 1973.〔『バルトと近代市民社会』〕

―― Bürgertum und christliche Religion, TEH 187, 1975.〔『バルトと近代市民社会』〕

Schilling, M., Das eine Wort Gottes zwischen den Zeiten. Die Wirkungsgeschichte der Barmer Theologischen Erklärung vom Kirchenkampf bis zum Fall der Mauer, 2005.

Schlatter, A., Karl Barths《Römerbrief》, in: J. Moltmann (Hg.), Anfänge der dialek-

tischen Theologie, Teil 1, 1962.

Schleiermacher, F. D. E., Der christliche Glaube, nach den Grundsäzen der evangelischen Kirche im Zusammenhange dargestellt. 2. Aufl. (19830/31), Bd. 1, 2, KG, 2003.

——— Über die Religion. Reden an die Gebildeten unter ihren Verächtern, 1799.〔『宗教論』〕

Schmid, F., Verkündigung und Dogmatik in der Theologie Karl Barths. Hermeneutik und Ontologie in einer Theologie des Wortes Gottes, 1964.

Scholder, K., Die Kirchen und das Dritte Reich, Bd. 1, Vorgeschichte und Zeit der Illusion 1918-1934, 1977, Bd. 2, Das Jahr der Ernüchternug 1934, Barmen und Rom, 1985.

——— Neuere deutsche Geschichte und protestantische Theologie. Aspekte und Fragen, in: Die Kirchen zwischen Republik und Gewaltherrschaft. Gesammelte Aufsätze, 1988.

Siller, A., Kirche für die Welt. Karl Barths Lehre vom prophetischen Amt Jesu Christi in ihre Bedingungen der Moderne, 2009.

Soosten, J. von, Die Sozialität der Kirche, 1992.

Spieckermann, I., Gotteserkenntnis. Ein Beitrag zur Grundfrage der neuen Theologie Karl Barths, 1985.

Steck, K. G., Über das ekklesiologische Gespräch zwischen Karl Barth und Erich Przywara 1927/29, in: Antwort, 1956.

T

滝沢克己『カール・バルト研究』1972 年

武田武長『世のための存在する教会』1995 年

田部郁彦『カール・バルトにおける神認識の特徴』1991 年

寺園喜基『カール・バルトのキリスト論研究』1974 年

———『バルト神学の射程』1987 年

———『途上のキリスト論:「バルト＝ボンヘッファー」の今日的意味」』1999 年

寺園喜基編『バルト＝ボンヘッファーの線で:クラッパート教授来日特集』1996 年

トーランス、T．F．『バルト初期神学の展開 1910-1931 年』1977 年

Thurneysen, E., Das Wort Gottes und die Kirche , Aufsätze und Vorträge, 1971.

Tödt, H. E., Karl Barth, der Liberalismus und der Nationalsozialismus, in: EvTh 46, 1986.

テート、H．E．『ヒトラー政権の共犯者、犠牲者、反対者——《第三帝国》におけ

るプ ロテスタント神学と教会の《内面史》のために』2004年。
Trillhaas, W., Karl Barth in Göttingen, in: ders., Perspektiven und Gestalten des neuzeitlichen Christentums, 1975.

V

Visser't Hooft, W. A., Ansprache, in: Karl Barth 1886-1968, Gedenkfeier im Basler-Münster, 1969.
——— Karl Barth und die Ökumenische Bewegung, in: ZdZ 35, 1981.

W

Weber, O., Kirche und Welt nach Karl Barth, in: Antwort, Karl Barth zum 70. Geburtstag, 1956.
ヴェーバー、O.『集められた共同体』1979年
Webster,J., The Church as Witnessing Community, in: Scottish Bulletin of Evangelical Theology 21, no.1., 2003.
Weinrich, M., Christus als Zeitgenosse. Von der Gegenwart der Parusie Jesu Christi, in: ZDiTh 4, 1988.
Wendebourg, E.-W., Die Christusgemeinde und ihr Herr. Eine kritische Studie zur Ekklesiologie Karl Barths, 1967.
Welker, M., Karl Barths und Dietrich Bonhoeffers Beiträge zur zukünftigen Ekklesiologie, in: ZDiTh 22, 2006.
Weth, R., "Barmen" als Herausfordernug der Kirche. Beiträge zum Kirchenverständnis im Licht der Barmer Theologischen Erklärung (TEH 220), 1984.
Willems, B. A., Karl Barth. Eine Einführung in sein Denken, 1964.
Wolf, E., Barmen, 3. Aufl. 1984.
ヴォルフ、エーリク『教会法：その歴史的展開』1994年

Y

Yocum, J., Ecclesial Mediation in Karl Barth, 2004.
吉永正義『神の言葉の神学：バルト神学とその特質Ⅰ』1988年
吉永正義『受肉と聖霊の注ぎ：バルト神学とその特質Ⅱ』1992年

Z

Zahrnt, H., Die Sache mit Gott. Die protestantische Theologie im 20. Jahrhundert, 1966.〔『二十世紀のプロテスタント神学』上下〕